高等院校经济管理类核心课程系列规划教材

经济法

ECONOMIC LAW

主编　王　辉

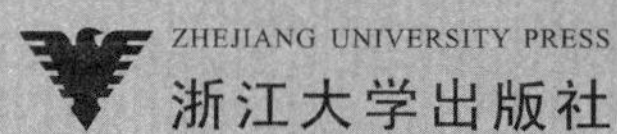

图书在版编目（CIP）数据

经济法／王辉主编．—杭州：浙江大学出版社，2011.7(2013.12重印)
ISBN 978-7-308-08859-6

Ⅰ．①经… Ⅱ．①王… Ⅲ．①经济法—中国—高等学校—教材 Ⅳ．①D922.29

中国版本图书馆CIP数据核字（2011）第134511号

经济法
主编　王　辉

责任编辑　朱　玲
文字编辑　徐　霞
封面设计　联合视务
出版发行　浙江大学出版社
（杭州市天目山路148号　邮政编码310007）
（网址：http://www.zjupress.com）
排　　版　杭州中大图文设计有限公司
印　　刷　杭州丰源印刷有限公司
开　　本　787mm×1092mm　1/16
印　　张　21.5
字　　数　523千
版 印 次　2011年7月第1版　2013年12月第3次印刷
书　　号　ISBN 978-7-308-08859-6
定　　价　39.00元

浙江大学出版社发行部联系方式：0571—88925591；http://zjdxcbs.tmall.com

前　言

本教材针对高等院校经济、管理类非法学专业“经济法”课程的教学需要，是以教育部制定的课程教学基本原则为依据而组织编写的。教材立足于提高非法学专业学生的法律素养，实现复合型、应用型人才的培养目标，反映经济法所特有的理论性、应用性及实用性的特点。

在浙江大学出版社的大力支持下，我们编写的这本《经济法》教材，是按照经济关系法律调整的基本逻辑，结合国家注册会计师和司法资格考试对经济法知识体系的要求，并充分考虑经济、管理类专业学生在今后学习和工作中可能遇到的法律实务问题，认真设计各章节的内容，并依据经济主体制度、财产制度、市场交易和管理制度、市场竞争制度、宏观调控制度及经济纠纷解决法律制度的法律内在体系关系对各章节进行编排。

由于经济法的知识点涉及内容广泛，所以各章明确了主要内容和教学要求，使学生和教师能够全面了解相关知识点和教学要求。在每章后所附的练习题基本有四种题型：单项选择题、多项选择题、简答题和案例分析题，为学生复习和掌握本章的重要知识点提供了检测平台，也有助于培养学生理论联系实际的能力。

本书由注重经济法教学和研究、经验丰富的老师集体编写，由王辉任主编。参加各章编写的作者及分工如下：第一章、第三章、第九章、第十三章、第十四章和第十五章由王辉编写，第二章、第五章、第六章和第七章由董玉鹏编写，第四章和第八章由李伟编写，第十章、第十一章和第十二章由韩小梅编写。初稿完成后，由王辉修改定稿。

由于能力水平和时间上的关系，本书也难免存在不当和疏漏。在此，全体编写人员欢迎使用本教材的师生和读者反馈意见，我们将虚心接受您宝贵的批评和指正，以便今后进行修订和完善。

编　者

2011 年 5 月 17 日

目　录

第一章　绪　论

【主要内容】

本章分析了市场经济与法律的关系，指出了我国社会主义市场经济需要经济法调整，并总结出了经济法的概念和调整对象。经济法律关系由主体、内容、客体三部分构成。经济法的渊源有多种表现形式。

【教学要求】

了解市场经济和法律的关系；掌握经济法的概念和调整对象；熟悉经济法律关系和经济法的渊源。

第一节　市场经济及法律调整

一、西方资本主义国家的市场经济

（一）市场经济的含义

市场经济一词在国内外文献中通常有三种不同的含义：一是指生产的产品是用作交换的商品，因此，往往把市场经济等同于商品经济，以区别于自给自足的自然经济；二是指在社会经济中配置资源的手段，因此往往把市场经济等同于市场机制，以区别于通过计划和国家干预来配置资源的方法；三是指一种社会的经济制度，资产阶级经济学家一般都把市场经济等同于资本主义经济。这三种含义都是其客观存在的思想反映，而且相互联系，共同构成一个完整统一的市场经济内涵。简言之，市场经济就是指在商品经济已有一定发展的基础上形成起来的、用以配置资源和维护人们一定经济利益关系的经济体系。

（二）西方的资本主义市场经济

资本主义市场经济经历了两个发展阶段：自由竞争资本主义阶段和垄断资本主义阶段。

自由竞争资本主义阶段。这是资本主义市场经济的初级阶段。在经济上，政府采取自由放任政策，实行自由竞争的市场经济；在法律制度上，注重对私有财产的确认和保护，强调法律面前人人平等。政府在经济领域实行不干预的自由主义政策，扮演着“消极政府”、“守夜人”的角色。在这种情况下，资本主义法律的作用正如英国 18 世纪著名法学家布莱克斯通所说的:"法律对私有财产关怀备至,以至于法律不会授权对财产加以侵犯,即使为了全社会的一般利益也不会加以侵犯。"资本主义法律制度在维护资产阶级的政治统治和政治利益的同时,通过保护私有财产权和契约自由的权利,确认无过错不负损害赔偿责任原则等,有效地保护和促进了自由资本主义市场经济的稳步发展。

垄断资本主义阶段。这是资本主义市场经济的成熟阶段。在经济上,政府更多地用"看得见的手"干预经济,实行社会福利政策;在法律制度上,产生并加强了经济立法和社会立法。1929 年,资本主义世界爆发全面经济危机,社会矛盾加剧,促使主要资本主义国家的政府从市场经济的后台走向前台,由"消极政府"转变为"积极政府",从"守夜人"变为"干预者"。政府更多地用"看得见的手"干预市场经济,并逐步建立起社会保障制度。尤其是 1933 年罗斯福入主白宫以后,要求国会授予总统"紧急时期特权",先后颁布了《产业复兴法》、《农业调整法》、《紧急银行法》、《紧急救济法》等法律,对经济生活实行全面干预,使美国经济在经历了严重的危机后,仍能快速走向复兴。

二、中国的社会主义市场经济

在社会主义社会,究竟应该实行计划经济还是应该实行市场经济?这在理论上和实践中都是一个长期争论的问题。市场经济作为一种资源配置的方式,本身并不反映社会经济制度的本质属性,它既可以同资本主义制度结合在一起,在资本主义条件下对资源配置起调节作用,也可以同社会主义制度结合在一起,在社会主义条件下发挥调节经济运行的作用。也就是说,社会主义市场经济是同社会主义基本制度结合在一起的市场经济。实行市场经济是世界各国发展经济的历史经验总结,也是中国改革开放以来发展经济和实践经验的总结。市场经济体制是一个大系统,它由许多要素构成,依据市场经济的一般规律和基本特征,结合社会主义经济的具体情况和发展的要求,1993 年 11 月,中共十四届三中全会通过的《中共中央关于建立社会主义市场经济体制若干问题的决定》(以下简称《决定》),对社会主义市场经济的基本框架作了科学、准确、详尽的阐述。《决定》指出:"建立社会主义市场经济体制,就是要使市场在国家宏观调控下对资源配置起基础性作用。为实现这个目标,必须坚持以公有制为主体、多种经济成分共同发展的方针,进一步转换国有企业经营机制,建立适应市场经济要求,产权清晰、权责明确、政企分开、管理科学的现代企业制度;建立全国统一开放的市场体系,实现城乡市场紧密结合,国内市场与国际市场相互衔接,促进资源优化配置;转变政府管理经济的职能,建立以间接手段为主的完善的宏观调控体系,保证国民经济的健康运行;建立以按劳分配为主体,效率优先、兼顾公平的收入分配制度,鼓励一部分地区一部分人先富起来,走共同富裕的道路;建立多层次的社会保障制度,为城乡居民提供同我国国情相适应的社会保障,促进经济发展和社会稳定。这些主要环节是相互联系和相互制约的有机整体,构成社会主义市场经济的基本框架。"

三、市场经济需要法律调整

市场经济具有自主、平等、诚信等特点,市场经济主体的自主性、市场关系的契约性、市场行为的竞争性、市场交易的开放性等属性,都需要法律来规范、引导、约束和保障。世界经济的发展实践已充分证实,市场不是万能的,市场调节的自发性、盲目性、滞后性,市场主体追求利润最大化的动机容易导致社会资源宏观配置的不合理，从而带来周期性的经济危机，因此需要法律来对市场经济进行相应的调整。

在微观经济方面，需要法律确认市场经济主体的独立地位，规范其经营行为。一方面，法律的作用在于赋予这些经营主体与自然人同样的人格，将其上升到民事主体的地位加以保护、规范。正是因为作为独立的民事主体，市场经济主体才可以自己的名义进行各种经济活动，成为法律意义上的人。另一方面，法律通过契约关系，来保障市场经济的有序进行。在现代市场经济中，契约成为经济交往的主要形式。通过契约的形式来建立经济关系和实现资源配置，是市场经济不同于其他经济形式的最本质区别。法律通过建立自由、平等竞争的市场经济秩序，鼓励和保护正当的、自由的、平等的竞争，充分发挥竞争的积极作用，促进市场经济的健康发展。

在宏观经济方面，国家在对市场经济进行宏观调控时，往往通过法律对其进行引导、规范、保障和促进。一方面要给市场经济主体最大限度进行经济活动的自由，另一方面又必须以完善的法律制度确保经济活动的顺利进行。由于市场经济的主体具有独立的经济地位，所以它更多的是根据自身对市场的认识和局部的利益，进行经营和取舍，以寻求自身利益的最大化。这就使得市场容易受局部利益的影响和调节，带有盲目性、冲动性和片面性，容易导致市场的供需失衡。保持市场经济的健康发展，不仅需要市场经济的自身运行机制，还需要运用法律对市场进行宏观的调控，通过引导主体遵循市场经济的普遍适用规则，抑制市场主体的随意发展，平衡不同主体之间的利益冲突，优化资源配置，建立和完善市场经济的有序发展。

第二节 经济法的概念及调整对象

一、“经济法”语词的出现

1755 年，法国著名的空想社会主义者摩莱里将他的《自然法典》一书中第二部分标题命名为“分配法或经济法”，首先使用了“经济法”这个词语，他主张的“经济法”是一种按人口数量实行需求平等的分配法。1843 年，法国著名空想社会主义者德萨米在他的《公有法典》一书中再一次使用了“经济法”一词，他认为“经济法”实行的最好的分配方式是按比例的平等分配。1865 年，法国小资产阶级激进派人物蒲鲁东在他的《工人阶级的政治能力》一文中又一次使用了“经济法”一词。蒲鲁东认为，“经济法是政治法和民法的补充和必然产物”。20 世纪初，德国著名法学家赫德曼于 1916 年在《经济学字典》中也使用过“经济法”一词。他认为，经济法是经济规律在法律上的反映。早期“经济法”语词的出现及使用和现代意义上的经济法有较大的区别。

现代意义上的经济法产生于资本主义时期，肇始于德国。德国在 1896 年就制定了世界上最早的反不正当竞争法。第一次世界大战及其恢复时期，德国政府颁布了一系列国家干预私人经济生活的法令，如《钾盐经济法》、《煤炭经济法》等以经济法命名的法律。但真正典型意义的、规范私人垄断的经济法却是出现于美国。美国联邦于 1887 年制定了有关铁路管理的《州际商务法》,并于 1890 年通过了参议员约翰·谢尔曼提出的《保护贸易和商业不受非法限制和垄断侵害法案》,即《谢尔曼法》。

我国经济法概念的出现,最早是在 1933 年上海大东书局出版的《法律大辞典》中的一个"经济法"条目,该条目是摘自德国法学中关于"经济法"的解释。1978 年,胡乔木同志在《按照经济规律办事,加速实现四个现代化》一文中提出了"经济立法"和"经济司法"两个专门性经济法律用法。

二、经济法概念的确立

我国改革开放之后,引进了经济法的概念,随后在法治理论和实践中得到了广泛使用,但没有在概念的内涵和外延上加以统一。这就导致了人们在不同学科背景下使用的经济法概念在含义上千差万别。特别是在经济学、管理学和法学等不同学科中,人们对经济法概念内涵与外延的理解相去甚远。在经济学、管理学等非法学学科中,经济法一词通常是对那些调整经济关系的法律规范的总称,它包括企业法、财产法、合同法、市场竞争法、财政税收法、金融法、消费者权益保护法和劳动与社会保障法等,几乎所有调整经济关系的民商法、经济法、行政法、刑法、甚至诉讼法等法律部门的基本规范都属于经济法的范畴。而法学学科中的经济法则是特指规范政府干预市场经济、调节国民经济运行行为的法律规范,它并不包括民商法中的公司法、物权法、合同法、知识产权法等调整平等主体间经济关系的法律规范。在法学学科中,经济法是与民商法、行政法、刑法相并列存在的一个法律部门,因而其内容所覆盖的规范范围要远远小于经济学、管理学等非法学学科中的经济法概念。

本书是面向经济、管理专业本科生的法学基础教材,为使教学内容与学生所学的相关专业知识体系相衔接,并最大限度地对学生今后学习和工作发挥指导作用,本书对经济法基本含义的阐述及其规范体系的归纳也将以经济学、管理学学科的认识为基础,以各类会计师资格考试大纲为蓝本,以求学以致用。基于此,本书将经济法定义为调整国家在组织和干预经济运行过程中发生的经济关系的法律规范的总称。

三、经济法的调整对象

法的调整对象是各种社会关系。经济法的调整对象指的是经济法调整的社会关系。由于人们对经济法概念有不同理解,造成了研究者对经济法的调整对象的不统一认识。一般说来,大多数研究者认为经济法的调整对象主要包括经济组织关系、市场运行规制关系和宏观调控关系等三个方面的关系。

(一)经济组织关系

经济组织关系是指各类经济组织在设立、变更、终止和经营管理的过程中所产生的各种社会关系。

经济组织是组成国民经济有机体的细胞,承担着国民经济生产和供给的基本运行职能。因此,国家为了保障国民经济的有序运行,必须对各类经济组织进行规范,对其设立、变更、终止,企业内部机构的设置,企业的财务会计制度等,都要进行必要的干预。其目的在于通过规范的经济组织制度建立公开透明和统一的市场准入机制,同时强化经济组织内部治理机制,保持经济组织的有效运行,使各类经济主体具备与其经营范围相适应的信用能力,以维护市场经济的安定有序。

(二)市场运行规制关系

市场运行规制关系是指各类市场主体在市场交易、市场竞争过程中形成的财产关系、合同关系、竞争关系等平等主体间具有经济内容的社会关系及国家对市场进行管理发生的积极关系。

市场运行规制关系包括两方面的含义:一是在平等的市场主体之间所发生的财产的归属界定、财产的处置方式,不同的财产所有者在交易过程中形成的平等的竞争关系等;二是在平等的市场主体进行的各种交易中,国家基于对市场的管理,应履行对市场稳定、经济发展的职责,制定对社会弱势群体有所帮助和对强势群体有所控制的法律制度。所以,市场运行规制关系可以包括物权、合同、票据、证券、破产、竞争和产品质量、消费者保护等内容。

(三)宏观调控关系

宏观调控关系是指国家从全局和社会公共利益出发,对关系国计民生的重大经济因素,实行全局性的调控过程中与其他社会组织所发生的社会关系。

宏观调控的目的在于维护国民经济发展在结构、总量和速度上的稳定,协调眼前利益与长远利益、局部利益与整体利益、经济效益与社会效益、生态环境效益之间的关系,从而保障国民经济健康、快速和可持续的发展。宏观调控关系主要包括产业调节、经济规划、国有资产管理和房地产管理等方面的关系。

第三节　经济法律关系

一、经济法律关系的概念

法律关系是法律规范在调整人们的行为过程中所形成的一种特殊的社会关系,即法律上的权利与义务的关系。社会关系是多种多样的,因而调整它的法律规范也是多种多样的,如调整平等主体之间的财产关系和人身关系而形成的法律关系,称为民事法律关系;调整行政管理关系而形成的法律关系,称为行政法律关系。经济法律关系是法律关系的一种,是指法律规范在调整经济组织、市场运行规制和宏观调控过程中所形成的社会经济关系。

二、经济法律关系的种类

(一)按法律性质分类

按法律性质分,经济法律关系可分为组织法律关系和财产法律关系。

组织法律关系是指各类主体在实行组织管理职能方面所发生的经济法律关系。

财产法律关系是指以一定的具体的财产形态为客体或以与财产相关的行为为客体所发生的经济法律关系。

(二)按结构形态分类

按结构形态分,经济法律关系可分为宏观调控法律关系和市场运行规制法律关系。

宏观调控法律关系是指依宏观经济调控法而产生的具有国家宏观调节和控制内容的权

利义务关系。它又可以分为规划法律关系、财政法律关系、金融调控法律关系、产业政策法律关系等。

市场运行规制法律关系是指依市场管理法而产生的直接对市场进行监督管理为内容的权利义务关系。它又可以分为反不正当竞争法律关系、反垄断法律关系、其他市场管理法律关系。

三、经济法律关系的发生、变更与消灭

经济法律关系的发生,是指根据经济法律规范在经济法律关系主体之间形成一定的经济权利和经济义务关系;经济法律关系的变更,是指经济法律关系主体、内容或客体的变化;经济法律关系的消灭,是指经济法律关系主体之间权利和义务关系的终止。

经济法律关系的发生、变更和消灭要求具备三个条件:一是有相应的法律规范为依据;二是有经济法律关系主体,这是法律权利与义务的实际承担者;三是有法律事实出现。法律事实,是指由法律规范所确定的、能够产生法律后果,即能够直接引起法律关系发生、变更或者消灭的情况。法律规范和法律主体只是法律关系产生的抽象的、一般的前提,并不能直接引起法律关系的变化,法律事实则是法律关系产生的具体条件,只有当法律规范规定的法律事实发生时,才会引起法律关系的发生、变更和消灭。法律事实是法律关系发生、变更和消灭的直接原因。法律事实可以分为两大类:法律行为和法律事件。

法律行为是指以法律关系主体意志为转移、能够引起法律后果,即引起法律关系发生、变更和消灭的人们有意识的活动。它是引起法律关系发生、变更和消灭的最普遍的法律事实。

按外在表现情况划分,法律行为可分为作为和不作为两种形式。作为是指积极地实行具有法律意义的动作行为;不作为是指消极地不实行法律要求的动作行为。

按行为性质划分,法律行为可分为合法行为和违法行为。合法行为引起法律关系的发生、变更和消灭的情况最为常见,如依法订立合同、缔结婚姻、录用职工。违法行为也可以引起法律关系的发生,如侵权行为可以引起民事诉讼和损害赔偿关系,违反行政法规可以引起行政处罚和行政处分关系,犯罪行为可引起刑事诉讼和刑事处罚关系等。

法律事件是指不以人的主观意志为转移的,能够引起法律关系发生、变更和消灭的法定情况或者现象。事件可以是自然现象,如地震、洪水、台风等造成的自然灾害;也可以是某些社会现象,如战争爆发、重大政策的改变等,虽属人的行为引起,但其出现在特定法律关系中并不以当事人的意志为转移。自然灾害可引起保险赔偿关系的发生或合同关系的解除;人的出生可引起抚养关系、户籍管理关系的发生;人的死亡可引起抚养关系、婚姻关系、劳务合同关系的消灭,继承关系的发生;重大社会变革可引起多领域法律关系的变化。由自然现象引起的事实又称为绝对事件,由社会现象引起的事实又称为相对事件。它们的出现都是不以人们(当事人)的意志为转移,具有不可抗力的特征。

四、经济法律关系的构成

主体、内容和客体是经济法律关系的三个构成要素。经济法律关系首先必须有参加者(主体);参加者需要根据经济法律、法规,确定彼此享受哪些权利,承担哪些义务,此即经济

法律关系的内容;另外,参加者之间的权利义务必然会指向特定的对象,即特定的财物、智力成果和需要实现的行为,这就是经济法律关系的客体。

(一)经济法律关系的主体

1. 经济法律关系主体的概念

经济法律关系的主体也称经济法的主体,是指参加经济法律关系,依法享有经济权利和承担经济义务的当事人。经济法律关系的主体是经济法律关系的参加者、当事人。在经济法律关系中,享有权利的一方称为权利人,承担义务的一方称为义务人。

2. 经济法律关系主体的种类

法律关系主体是由国家法律规定和确认的。根据我国法律规定,经济法律关系主体包括以下几个方面:

(1) 国家机关。国家机关是指行使国家职能的各种机关的通称,包括国家权力机关、国家行政机关和国家司法机关等。作为经济法律关系主体的国家机关主要是指国家行政机关中的经济管理机关。

(2) 经济组织和社会团体。经济组织包括企业法人和非法人经济组织。它是市场中最主要的主体,是经济法律关系中最广泛的主体。法人是指具有民事权利能力和民事行为能力,依法独立享有民事权利和承担民事义务的社会组织。根据我国法律规定,可将法人分为企业法人、机关法人、事业单位法人和社会团体法人。企业法人是指以营利为目的,独立从事商品生产和经营活动的经济组织。机关法人是指依照法律或行政命令而成立的,以国家预算作为独立的活动经费,依法享有国家赋予的权力,具有法人地位的中央和地方的各级国家机关。事业单位法人是指从事非营利性的、社会公益事业的各类法人,如从事文化、教育、卫生、体育、新闻、出版等公益事业的单位。社会团体法人是指由自然人或法人自愿组成,从事社会公益、文学艺术、学术研究、宗教等活动的各类法人。取得法人主体资格的基本条件是:①依法成立;②有必要的财产和经费;③有自己的名称、组织机构和场所;④能够独立承担民事责任。非法人经济组织是指没有取得法人资格,不能独立承担民事责任的经济组织。在我国,非法人经济组织主要是指不具备法人资格的事业单位、社会团体或法人设立的分支机构、个人独资企业和合伙企业等。社会团体主要是指人民群众或社会组织依法组成的非经营性社会组织,包括群众团体、公益组织、文化团体、学术团体、自律性组织等。

(3) 经济组织的内部机构和有关人员。经济组织内部担负一定经济管理职能的分支机构和有关人员,在根据法律、法规的有关规定参加经济组织内部的经济管理法律关系时,具有经济法律关系主体资格。

(4) 个人。个人包括个体工商户、农村承包经营户和自然人。当他们参与经济法律、法规规定的经济活动时,便成为经济法律关系的主体。个体工商户是指在法律允许的范围内,依法经核准登记,从事工商业经营的自然人。农村承包经营户是指农村集体经济组织成员,在法律允许的范围内按照承包合同规定从事商品经营。自然人是指基于出生这一自然状态而成为社会关系主体的人。在我国,自然人既包括中国公民,也包括居住在中国境内或在中国境内活动的外国公民和无国籍人。自然人的概念与法人的概念相对称,相对于法人而言,自然人有两种属性:①自然属性,即自然人根据出生这一自然状态而取得主体资格;②法律属性,即自然人独立自主地享有法律规定的权利和义务。这种享有法律规定的权利和义务的法律属性，就是自然人的权利能力和行为能力。权利能力指自然人取得具体民事权利和承担具体民事义务的前提和可能性。它起始于自然人的出生，终止于自然人的死亡。

（二）经济法律关系的内容

经济法律关系的内容是指经济法律关系主体所享有的经济权利和承担的经济义务。

1.经济权利

经济权利是指由经济法律、法规所确认的一种资格或许可。其含义包括以下几个方面：

(1)经济权利主体可以凭借这种资格，依法按照自己的意志为或不为一定经济行为，以实现自己的利益和要求。

(2)经济权利主体可以凭借这种资格，依据经济法律、法规、合同、协议的规定，要求经济义务主体为或不为一定经济行为，以实现自己的利益和要求。

(3)当经济义务主体不依法或不依约履行合同时，经济权利主体可以凭借这种资格，要求有关国家机关强制其履行或采取相应的补救措施，以保护和实现自己的利益。

在广义的经济权利中，还包含经济职权。经济职权是国家机关，主要是国家行政机关中的经济管理机关，行使经济管理职能时依法享有的权利。经济职权具有隶属性和行政权力性。在国家机关及其工作人员依法行使经济职权的时候，其他经济法主体均应服从，经济职权对国家机关及其工作人员而言，既是权利又是义务，不得随意放弃或转让。

2.经济义务

经济义务是指由经济法律、法规所确认的一种责任。其含义包括以下几个方面：

(1)经济义务主体必须依据经济法律、法规、合同、协议为或不为一定经济行为，以实现经济权利主体的利益和要求。

(2)经济义务主体应自觉履行经济法律、法规、合同、协议所确定的各项要求，否则要受到国家强制力的约束。

（三）经济法律关系的客体

经济法律关系的客体是指经济法主体所享有的经济权利和所应承担的经济义务共同指向的对象。经济法律关系的客体是经济法律关系中不可缺少的要素。在经济法律关系中，如果缺少客体，则经济法律关系的权利和义务就无所指，就会虚空，从而经济法律关系也就无任何法律意义。

1.物

物是指可为人们控制的、具有一定经济价值和实物形态的生产资料和消费资料。物可以是自然物，如土地、矿藏、水流、森林；也可以是人造物，如建筑物、机器等；还可以是财产物品的一般表现形式，如货币及有价证券。

2.智力成果

智力成果是指人们通过脑力劳动创造的、能够带来经济价值的精神财富，如著作、发现、发明、设计等。智力成果是一种精神形态的客体，是一种思想或者技术方案，不是物，但通常有物质载体，如书籍、图册、录像、录音等，就是记录、承载智力成果的物质形式。它的价值不在于它的物质载体价值，而在于它的思想或技术能够创造物质财富，带来经济效益，它是一种知识财富。

3. 行为

作为法律关系的客体不是指人们的一切行为，而是指法律关系的主体为达到一定目的所进行的作为（积极行为）或不作为（消极行为），如生产经营行为、经济管理行为、完成一定工作的行为和提供一定劳务的行为等。

第四节 经济法渊源

经济法渊源，即经济法律规范借以存在和表现的形式。它是指一定的国家机关依照法定职权和程序制定或认可的具有不同法律效力和地位的经济法律规范的不同表现形式。根据我国经济法律规范的效力来源不同进行划分，经济法主要包括以下几种渊源。

一、宪法

宪法是规定国家制度、社会制度的基本原则，具有最高法律效力的根本大法，其主要功能是制约和平衡国家权力，保障公民权利。宪法是我国的根本大法，在我国法律体系中具有最高的法律地位和法律效力，是我国层次最高的法律渊源。宪法主要由两个方面的基本规范组成：一是《中华人民共和国宪法》（以下简称《宪法》）；二是其他附属的宪法性文件，主要包括主要国家机关组织法、选举法、民族区域自治法、特别行政区基本法、国籍法、国旗法、国徽法、保护公民权利法及其他宪法性法律文件。宪法中关于国家基本经济制度的规定无疑是经济法发挥调整作用的根本依据。如《宪法》中关于“坚持公有制为主体、多种所有制经济共同发展的基本经济制度，坚持按劳分配为主体、多种分配方式并存的分配制度”和“国家实行社会主义市场经济。国家加强经济立法，完善宏观调控。国家依法禁止任何组织或者个人扰乱社会经济秩序”的规定等都是规范我国社会主义经济关系的重要渊源。

二、法律

这里的法律主要是专指效力等级仅次于宪法的调整经济关系的规范性文件，即狭义上的法律。在我国，狭义上的法律主要是指由全国人民代表大会和全国人民代表大会常务委员会制定颁布的规范性法律文件。法律分为基本法律和一般法律两类。基本法律是由全国人民代表大会制定的，调整国家和社会生活中带有普遍性的社会关系的规范性法律文件的统称，如刑法、民法、诉讼法以及有关国家机构的组织法等法律。一般法律是由全国人民代表大会常务委员会制定的调整国家和社会生活中某种具体社会关系或其中某一方面内容的规范性文件的统称。其调整范围较基本法律小，内容较具体，如公司法、合同法、物权法、商标法、文物保护法等。经济关系的法律规范分布非常广泛，上述各类法律规范性文件中都包含了大量的经济法律规范。

三、法规

法规是效力等级低于法律的规范性文件，主要包括行政法规和地方性法规两类。行政法规是国家最高行政机关国务院根据宪法和法律，就有关执行法律和行使行政管理职权的问题，以及依据全国人民代表大会的特别授权所制定的规范性文件的总称。其法律地位和法律效力仅次于宪法和法律，但高于地方性法规和法规性文件，这是我国经济法律规范中数量最庞大的组成部分。地方性法规是指依法由有地方立法权的地方人民代表大会及其常委会，就地方性事务以及根据本地区的实际情况执行法律、行政法规的需要所制定的规范性文件。有权制定地方性法规的地方人民代表大会及其常委会包括省、自治区、直辖市人民代表大会及其常委会、较大的市的人民代表大会及其常委会。[①] 地方性法规只在本辖区内有效。

四、规章

规章是效力等级次于法规的规范性文件，包括部门规章和地方规章两种基本形式。我国《立法法》第 71 条规定："国务院各部、委员会、中国人民银行、审计署和具有行政管理职能的直属机构，可以根据法律和国务院的行政法规、决定、命令，在本部门的权限范围内，制定规章。部门规章规定的事项应当属于执行法律或者国务院行政法规、决定、命令的事项。"这一规定明确了中央政府制定规章的主体是国务院各部、委员会、中国人民银行、审计署和具有行政管理职能的直属机构。部门制定规章的权限范围，一是执行法律、行政法规的事项；二是执行国务院的决定和命令。《立法法》第 73 条规定："省、自治区、直辖市和较大的市的人民政府，可以根据法律、行政法规和本省、自治区、直辖市的地方性法规，制定规章。"这一规定明确了地方政府制定规章的主体是省、自治区、直辖市和较大的市的人民政府。地方政府制定规章的权限范围也分为两个方面：一是根据上位法制定规章。有的上位法明确要求地方政府制定规章，有的上位法虽然没有明确要求地方政府制定规章，但地方政府仍可根据这些法律、行政法规和地方性法规结合本地区实际制定规章。二是根据本地区具体行政管理事项的需要制定规章。《宪法》、《地方政府组织法》和《立法法》都规定了地方人民政府可在《宪法》、《地方政府组织法》和《立法法》规定的职权范围内制定属于具体行政管理事项的规章。由于我国法治发展的水平尚处于不断提高阶段，因此大量的经济规范还未能及时上升到法律、法规阶段，行政性规章长期以来在规范经济关系中发挥了重要的作用。

五、民族自治地方与特别行政区的规范性法律文件

根据《宪法》的规定，民族自治地方的人民代表大会有权依照当地民族的政治、经济和文化的特点，对法律和行政法规的规定作出变通规定，但不得违背法律和行政法规的基本原则，不得对《宪法》和《民族区域自治法》的规定以及其他有关法律、行政法规专门就民族自治地方所作的规定作出变通规定。自治区的自治条例和单行条例，报全国人民代表大会常务委员会批准后生效。自治州、自治县的自治条例和单行条例，报省、自治区、直辖市的人民代表大会常务委员会批准后生效，其适用范围是该民族自治地方。此外，我国的香港特别行政区和澳门特别行政区根据宪法和法律的规定享有行政管理权、立法权、独立的司法权和终审权。特别行政区各类法的形式，是我国法律的一部分，是我国法律的一种特殊形式，特别行政区立法会制定的法律也是我国法的渊源。

① 较大的市，指省、自治区人民政府所在地的市，经济特区所在地的市和经国务院批准的较大的市。

六、司法解释

司法解释是指司法机关在具体适用法律过程中对法律规范的内容和含义所作的解答和说明，或者是对法律规范的定义及所使用的概念、术语、定义所作的进一步说明。在我国，根据作出解释的机关不同可将司法解释分为审判解释和检察解释两种。审判解释是最高人民法院对各级人民法院在审判工作中具体应用法律的问题所作的解释，其解释权来源于《人民法院组织法》、《各级人民代表大会常务委员会监督法》和《全国人民代表大会常务委员会关于加强法律解释工作的决议》。最高人民法院发布的司法解释，具有法律效力。检察解释，即最高人民检察院对各级人民检察院在检察工作中具体应用法律的问题所作的解释，其解释权来源于《全国人民代表大会常务委员会关于加强法律解释工作的决议》。最高人民检察院制定并发布的司法解释具有法律效力，人民检察院在起诉书、抗诉书等法律文书中，可以引用司法解释的规定。

七、国际条约

国际条约是指我国与外国缔结、参加、签订、加入、承认的双边、多边的条约、协定和其他具有条约性质的文件(国际条约的名称，除条约外还有公约、协议、协定、议定书、宪章、盟约、换文和联合宣言等)。这些文件的内容除我国在缔结时声明保留不受其约束的条款以外，都与国内法具有一样的约束力，所以国际条约也是我国法律的渊源。

【思考题】

一、单项选择题

1. 认为“经济法是政治法和民法的补充和必然产物”，是下列哪个学者提出的？（　　）

A. 摩莱里　　B. 德萨米　　C. 蒲鲁东　　D. 赫德曼

2. 在经济法的渊源中，具有最高法律效力的是（　　）

A. 法律　　B. 宪法　　C. 行政法规　　D. 部门规章

3. 只在本行政区域内适用的规范性法律文件是（　　）

A. 部门规章　　B. 行政法规　　C. 法律　　D. 自治条例

二、多项选择题

1. 在市场经济体制下，转换国有企业经营机制，建立现代企业制度必须坚持哪些要求？（　　）

A. 产权清晰　　B. 权责明确　　C. 政企分开　　D. 管理科学

2. 一般来说，经济法的调整对象包括下列哪几个方面？（　　）

A. 经济组织方面　　B. 市场运行规制方面

C. 宏观调控方面　　D. 劳动社会保障方面

3. 经济法律关系的构成要素是（　　）

A. 经济法律关系的主体　　B. 经济法律关系的客体

C. 经济法律关系的内容　　D. 经济法律关系的行为

三、简答题

1.法律如何对我国市场经济进行调整?

2.市场运行规制关系包括哪些内容?

3.经济法律关系有哪些主体?

4.如何理解经济权利?

第二章　企业法

【主要内容】

本章介绍了企业与企业法的概念，并主要讨论了我国个人独资企业法、合伙企业法、全民所有制工业企业法、外商投资企业法等企业法律制度。

【教学要求】

了解各类与企业设立的条件、设立程序、组织结构、企业事务管理、企业的终止等相关的法律问题；重点掌握法律规定的各类企业设立的条件、组织结构及法律对各类企业的特殊要求。

第一节　概　述

一、企业的概念与分类

（一）企业的概念与特征

1. 企业的概念

企业作为一个法律概念，是指以营利为目的、依法设立的、从事生产经营活动的独立核算的经济组织。

私有制产生后，随着分工和生产社会化的发展，出现了以生产某种主要用于出售的产品为职业的工匠及其组织，企业的雏形由此形成。在封建社会时代，由于生产的社会化程度和技术水平较低，企业的组织形式主要是简单的私人作坊或者是合伙企业。进入资本主义阶段后，出现了与现代工业技术以及规模化生产经营相适应的公司制企业。

2. 企业的特征

总体来看，企业主要有以下特征：

（1）企业是社会经济组织。现代意义上的企业作为市场主体，是由人力、物力、财力等各种生产要素组合而成的有机整体。它既区别于公民个人、以家庭为单位的个体承包户，也不同于不具有持续性的临时合伙组织。

（2）企业必须依法设立，并遵照法律及其他政策的规定运作。企业必须依据法律规定的条件和程序设立，才能取得相应的民事权利能力和行为能力、取得相应的法律地位、获得合法身份，并得到国家的认可和保护。在其他方面，如企业的组织形式方面，法律明确规定，企业只能在法律规定的范围内选择其组织形式，而不能超越法律规定的范围任意确定，否则有可能被依法撤销或取缔。

(3)企业是以营利为目的从事生产经营活动的经济性组织。企业从事的生产经营活动既包括物质资料的生产和销售活动，也包括提供商业性的信息、技术、咨询等服务活动，是创造社会财富和提供服务的活动。企业作为经济组织，与其他社会组织如国家机关、事业单位、社会团体等的主要区别就在于前者从事经营活动而后者从事非营利性活动。

(4)企业是具有独立或相对独立法律人格的经济组织。企业的法律地位因其法律形态的不同而不同：各类公司制企业属于法人，是人、财物和内部管理机构的集合体，经过法律确认，具有独立的法律人格；个人独资企业和合伙企业则属自然人组成的企业，不具有法人资格，其债务要由投资人或合伙人承担无限连带的责任。但不具有法人资格的企业仍然具有一定的市场主体资格，在财产、责任及生产经营上面也表现出一定程度的独立性。企业的内部职能机构和企业的分支机构不具有上述属性，因而不能成为市场主体。

(二)企业的分类

依据不同的分类标准，可以对企业进行不同的分类：

(1)按企业的经济性质进行划分，可以将企业分为全民所有制企业、集体所有制企业、私营企业以及混合所有制企业。采用这种划分方法除了可明确企业财产所有权的归属外，还可使国家对不同经济性质的企业采用不同的经济政策和监管办法。

(2)按出资者的身份不同进行划分，可以将企业划分为内资企业和外资企业。这样划分的目的是适应国家宏观经济决策和统计的需要，也是适应国家管理的需要。

(3)按企业的法律地位进行划分，可以将企业划分为法人企业和非法人企业。法人企业主要是指公司企业；非法人企业主要有个人独资企业、合伙企业等。

二、企业法的概念与我国企业法的体系

(一)企业法的概念

企业法是调整企业在设立、组织、运营、终止过程的法律规范的总称。企业法所调整的法律关系包括：国家对企业的经济管理关系、企业的内部组织关系、与企业组织特点直接相关的经营活动所产生的社会关系。

(二)我国企业法的体系

我国的企业立法与我国企业体制改革相伴，历经了由计划经济向市场经济转换的全过程。在这一过程中，立法的标准也不同。按所有制为标准的立法，有《全民所有制工业企业法》(1988 年)、《乡村集体所有制企业条例》(1990 年)、《乡镇企业法》(1996 年)和《私营企业暂行条例》(1988 年)等；按企业资本构成和投资人责任形式为标准的立法，有《公司法》(1993 年)、《合伙企业法》(1997 年)和《个人独资企业法》(2000 年)等；按内外资区别为标准的立法，有《中外合资经营企业法》(1979 年通过，1990 年、2001 年修改)、《外资企业法》(1986 年)和《中外合作经营企业法》(1986 年通过，2000 年修改)等。这些法律、法规对我国企业的经济性质、法律特点、法律地位、设立条件、组织结构、活动要求等作出了全面细致的规定。

第二节 个人独资企业法

一、概述

(一)个人独资企业的概念与特征

1. 个人独资企业的概念

个人独资企业是指依照《中华人民共和国个人独资企业法》(以下简称《个人独资企业法》)在中国境内设立,由一个自然人投资,并且财产为投资人个人所有,投资人以其个人全部财产对企业债务承担无限责任的经济实体。

2. 个人独资企业的特征

独资企业在繁荣经济、增加财政收入、增加社会就业和保持社会稳定方面发挥着重要作用。个人独资企业主要具有以下特征:

(1)个人独资企业是由一个自然人投资的企业。设立个人独资企业只能是一个自然人,国家机关、国家授权投资的机构或者国家授权的部门、企业、事业单位等都不能作为个人独资企业的设立人。自然人本无国籍的含义,既包括中国公民,也应包括外国公民,但是需要注意的是,《个人独资企业法》第47条将外商独资企业排除在本法规定范围之内。因此,《个人独资企业法》所指的自然人只是指中国公民。

(2)个人独资企业的内部机构设置简单,经营管理方式灵活。法律对其内部机构和经营管理方式不像公司那样加以严格的规定,给予了投资人以较大的操作空间。

(3)个人独资企业是非法人企业。个人独资企业由一个自然人出资,投资人对企业的债务承担无限责任,在权利义务上,企业和个人是融为一体的,企业的责任即是投资人个人的责任,企业的财产即是投资人的财产。因此,个人独资企业不具有法人资格,也无独立承担民事责任的能力。

(4)个人独资企业的投资人对企业的债务承担无限责任。由于个人独资企业的投资人是一个自然人,所以投资人对企业事务享有绝对控制权,可以完全按照自己的意愿经营企业。从义务上看,出资人与企业也是密不可分的。投资人对企业的债务承担无限责任,即当企业的资产不足以清偿企业到期债务时,投资人应以自己个人的全部财产用于清偿,这实际上将企业的责任与投资人的责任连为一体。

(二)个人独资企业法的概念与基本原则

1. 个人独资企业法的概念

个人独资企业法有广义和狭义之分。广义的个人独资企业法是指国家关于个人独资企业的各种法律规范的总称;狭义的个人独资企业法是指1999年8月30日第九届全国人民代表大会常委会第十一次会议通过、并于2000年1月1日起施行的《中华人民共和国个人独资企业法》。该法共6章48条,就个人独资企业的设立、个人独资企业的投资人及事务管理、个人独资企业的解散和清算、个人独资企业的法律责任等内容作了明确规定。

2. 个人独资企业法的基本原则

我国《个人独资企业法》遵循下列基本原则：

(1)依法保护个人独资企业的财产和其他合法权益。

(2)个人独资企业从事经营活动必须遵守法律、行政法规，遵守诚实信用原则，不得损害社会公共利益。

(3)个人独资企业应当依法履行纳税义务。

(4)个人独资企业应严格依照劳动法及有关规定招用职工。

(5)个人独资企业职工的合法权益受法律保护。

二、个人独资企业的设立

(一)个人独资企业的设立条件

根据《个人独资企业法》第8条规定，设立个人独资企业应当具备以下条件：

(1)投资人为一个自然人，并且只能是中国公民。

(2)有合法的企业名称。名称是企业的标志，企业必须有相应的名称，并应符合法律、法规的要求。个人独资企业的名称应当符合国家关于企业名称登记管理的有关规定，企业名称应与其责任形式及从事的营业相符合，个人独资企业的名称中不得使用“有限”、“有限责任”或者“公司”等字样，个人独资企业的名称可以叫“厂”、“店”、“工作室”等。

(3)有投资人申报的出资。《个人独资企业法》对设立个人独资企业的出资数额未作限制。根据国家工商行政管理局《关于实施〈个人独资企业登记管理办法〉有关问题的通知》的规定，设立个人独资企业可以用货币出资，也可以用实物、土地使用权、知识产权或者其他财产权利出资，采取实物、土地使用权、知识产权或者其他财产权利出资的，应折算成货币数额。投资人申报的出资额应当与企业的生产经营规模相适应。

(4)有固定的生产经营场所和必要的生产经营条件。

(5)有必要的从业人员。即要有与其生产经营范围、规模相适应的从业人员。

(二)个人独资企业的设立程序

1. 提出申请

申请设立个人独资企业，应当由投资人或者其委托的代理人向个人独资企业所在地的登记机关提出设立申请。投资人申请设立登记，应当向登记机关提交以下文件：

(1)投资人签署的个人独资企业设立申请书。设立申请书载明的事项应包括：企业的名称和住所、投资人的姓名和居所、投资人的出资额和出资方式、经营范围及方式。个人独资企业投资人以个人财产出资或者以其家庭共有财产作为个人出资的，应当在设立申请书中明确表示。

(2)投资人身份证明。

(3)企业住所证明和生产经营场所使用证明等文件。如土地使用权证明、房屋产权证或者租赁合同等。

(4)委托代理人申请设立登记的，应当提交投资人的授权委托书和代理人的身份证明或者资格证明等材料。

(5)从事法律、行政法规规定须报经有关部门审批的业务的，应当提交有关部门的审核批准文件。

2.个人独资企业登记

个人独资企业登记机关(工商行政管理部门)应当在收到设立申请文件之日起15日内,对符合《个人独资企业法》规定条件的予以登记,颁发营业执照;对不符合《个人独资企业法》规定条件的,不予登记,并发给企业登记驳回通知书。个人独资企业的营业执照的签发日期,为个人独资企业成立日期,在领取个人独资企业营业执照前,投资人不得以个人独资企业名义从事经营活动。

3.分支机构登记

个人独资企业设立分支机构,应当由投资人或者其委托的代理人向分支机构所在地的登记机关申请设立登记。分支机构的登记事项应当包括:分支机构的名称、经营场所、负责人姓名和居所、经营范围及方式。分支机构从事法律、行政法规规定须报经有关部门审批的业务,还应当提交有关部门的批准文件。个人独资企业投资人委派分支机构负责人的,应当提交投资人委派分支机构负责人的委托书及其身份证明。委托代理人申请分支机构设立登记的,应当提交投资人的委托书和代理人的身份证明或者资格证明。登记机关应当在收到按规定提交的全部文件之日起15日内,作出核准登记或者不予登记的决定。核准登记的,发给营业执照;不予登记的,发给登记驳回通知书。个人独资企业分支机构申请变更登记、注销登记,比照本办法关于个人独资企业申请变更登记、注销登记的有关规定办理。个人独资企业应当在其分支机构经核准设立、变更或者注销登记后15日内,将登记情况报该分支机构隶属的个人独资企业的登记机关备案。分支机构经核准登记后,应将登记情况报该分支机构隶属的个人独资企业的登记机关备案,备案应当提交下列文件:①分支机构登记机关加盖印章的分支机构营业执照复印件、变更登记通知书或者注销登记通知书;②国家工商行政管理局规定提交的其他文件。分支机构的民事责任由设立该分支机构的个人独资企业承担。

三、个人独资企业的投资人及其权利义务

(一)个人独资企业的投资人

根据《个人独资企业法》的规定,个人独资企业的投资人为一个具有中国国籍的自然人,但法律、行政法规禁止从事营利性活动的人,不得作为投资人申请设立个人独资企业。根据我国有关法律、行政法规规定,党政机关领导干部、警察、检察官、法官、商业银行工作人员等从事特定职业的人员,不得作为投资人申请设立个人独资企业。

个人独资企业投资人对本企业的财产依法享有所有权,其有关权利可以依法进行转让或继承。但是,投资人的个人财产和企业财产仍是有区别的:一是投资人申办个人独资企业,要申报出资,这一出资的财产与投资人的其他财产不同;二是企业应有一定稳定独立的资金,这是企业生产经营的需要。

个人独资企业投资人在申请企业设立登记时,明确以其家庭共有财产作为个人出资的,应当依法以家庭共有财产对企业的债务承担无限责任。

(二)个人独资企业投资人的权利和义务

1.个人独资企业投资人的权利

根据《个人独资企业法》的有关规定,个人独资企业的投资人享有以下权利:①依法申请

贷款。个人独资企业可以根据《商业银行法》、《合同法》和中国人民银行发布的《贷款通则》等一系列法律法规的规定申请贷款。②依法取得土地使用权。个人独资企业可根据《土地管理法》、《土地管理法实施细则》和《城镇国有土地使用权出让和转让暂行条例》等规定取得土地使用权。③法律、行政法规规定的其他权利。

2.个人独资企业投资人的义务

个人独资企业的投资人同时也有管理自己事务的义务。个人独资企业投资人可以自行管理企业事务,也可以委托或者聘用其他具有民事行为能力的人负责企业事务管理。投资人委托或者聘用他人管理个人独资企业事务,应当与受托人或者被聘用的人签订书面合同。受托人或者被聘用的人员应当履行诚信、勤勉义务,以诚实信用的态度对待投资人和企业,尽其所能依法保障企业利益,按照与投资人签订的合同负责个人独资企业的事务管理。

我国《个人独资企业法》规定,投资人委托或者聘用的管理个人独资企业事务的人员不得从事下列行为:①利用职务上的便利,索取或者收受贿赂;②利用职务或者工作上的便利侵占企业财产;③挪用企业的资金归个人使用或者借贷给他人;④擅自将企业资金以个人名义或者以他人名义开立账户储存;⑤擅自以企业财产提供担保;⑥未经投资人同意,从事与本企业相竞争的业务;⑦未经投资人同意,同本企业订立合同或者进行交易;⑧未经投资人同意,擅自将企业商标或者其他知识产权转让给他人使用;⑨泄露本企业的商业秘密;⑩法律、行政法规禁止的其他行为。

四、个人独资企业的变更登记

根据《个人独资企业登记管理办法》,个人独资企业存续期间登记事项发生变更的,应当办理变更登记。个人独资企业存续期间登记事项发生变更的,应当在作出变更决定之日起15日内依法向登记机关申请办理变更登记。个人独资企业变更企业名称、企业住所、经营范围及方式,应当在作出变更决定之日起15日内向原登记机关申请变更登记。个人独资企业变更投资人姓名和居所、出资额和出资方式,应当在变更事由发生之日起15日内向原登记机关申请变更登记。个人独资企业申请变更登记,应当向登记机关提交下列文件:①投资人签署的变更登记申请书;②国家工商行政管理局规定提交的其他文件。从事法律、行政法规规定须报经有关部门审批的业务的,应当提交有关部门的审核批准文件。委托代理人申请变更登记的,应当提交投资人的委托书和代理人的身份证明或者资格证明。

登记机关应当在收到按规定提交的全部文件之日起15日内,作出核准登记或者不予登记的决定。予以核准的,换发营业执照或者发给变更登记通知书;不予核准的,发给企业登记驳回通知书。个人独资企业变更住所跨登记机关辖区的,应当向迁入地登记机关申请变更登记。迁入地登记机关受理的,由原登记机关将企业档案移送迁入地登记机关。个人独资企业因转让或者继承致使投资人变更的,个人独资企业可向原登记机关提交转让协议书或者法定继承文件,申请变更登记。

五、个人独资企业的解散与清算

(一)个人独资企业的解散

个人独资企业解散是指个人独资企业作为经济实体资格消灭的过程。个人独资企业解散可以分为强制解散和自行解散。强制解散是指个人独资企业违反了法律、行政法规的规定而依法必须解散。自行解散是指个人独资企业自己决定解散或者其他强制解散以外的原因导致的解散情形。根据《个人独资企业法》第26条的规定，个人独资企业有下列情形之一时，应当解散：

(1)投资人决定解散。

(2)投资人死亡或者被宣告死亡，无继承人或者继承人决定放弃继承。

(3)被依法吊销营业执照。

(4)法律、行政法规规定的其他情形。

本条规定的前两种情形属于自行解散，后两种情形属于强制解散。

(二)个人独资企业的清算

个人独资企业解散时，应当进行清算。清算是企业解散的直接法律后果，是对解散企业的财产进行清理、收回债权、偿还债务、依法分配剩余财产全过程的统称。清算的方式，可以是投资人自行清算，也可以由债权人申请人民法院指定的人清算。《个人独资企业法》对个人独资企业清算规定如下。

1.通知和公告债权人

根据《个人独资企业法》第27条规定，个人独资企业解散，由投资人自行清算或者由债权人申请人民法院指定清算人进行清算。投资人自行清算的，应当在清算前15日内书面通知债权人，无法通知的，应当予以公告。债权人应当在接到通知之日起30日内，未接到通知的应当在公告之日起60日内，向投资人申报其债权。

2.财产清偿顺序

根据《个人独资企业法》第29条规定，个人独资企业解散的，财产应当按照下列顺序清偿：①所欠职工工资和社会保险费用；②所欠税款；③其他债务。个人独资企业财产不足以清偿债务的，投资人应当以其个人的其他财产清偿。

3.清算期间对投资人的要求

根据《个人独资企业法》第30条规定，清算期间，个人独资企业不得开展与清算无关的经营活动。在按前述财产清偿顺序清偿债务前，投资人不得转移或者隐匿财产。

4.投资人清偿债务的财产范围和时间范围

在财产范围上个人独资企业财产不足以清偿债务的，投资人应当以其个人的其他财产予以清偿。就本质而言，个人独资企业没有独立的财产，个人独资企业的债务由其投资人以全部个人财产承担保证责任。在时间范围上，《个人独资企业法》第28条规定个人独资企业解散后，原投资人对个人独资企业存续期间的债务仍应承担偿还责任，但债权人在5年内未向债务人提出偿债请求的，该责任消灭。

5.注销登记

个人独资企业清算结束后，投资人或者人民法院指定的清算人应当编制清算报告，并于清算结束之日起15日内向原登记机关申请注销登记。个人独资企业申请注销登记，应当向登记机关提交下列文件：①投资人或者清算人签署的注销登记申请书；②投资人或者清算人签署的清算报告；③国家工商行政管理局规定提交的其他文件。登记机关应当在收到按规定提交的全部文件之日起15日内，作出核准登记或者不予登记的决定。经登记机关注销登记，个人独资企业终止。

第三节 合伙企业法

一、概述

(一)合伙的概念

合伙是指两个以上的人为了共同目的,相互约定共同出资、共同经营、共享收益、共担风险的自愿联合。事实上,不能仅仅将合伙看成是一种合同关系,也不能单纯将合伙归结为一种企业形式,合伙应是一种以合同关系为基础的企业组织形式。

(二)合伙企业的概念与特征

1. 合伙企业的概念

《中华人民共和国合伙企业法》(以下简称《合伙企业法》)规定:"本法所称合伙企业,是指依照本法在中国境内设立的由各合伙人订立合伙协议,共同出资、合伙经营、共享收益、共担风险,并对合伙企业债务承担无限连带责任的营利性组织。"

2. 合伙企业的特征

合伙企业作为企业,具有企业的共同属性,即它们都是营利性的经济组织,这与不具有企业性质的合伙不同。但合伙企业作为一种独立的企业形态,与其他法律形式的企业相比,它又具有一般合伙的特征,这是个人独资企业和公司企业所不具备的。合伙企业的基本特征,可以概括为以下几项:

(1)由各合伙人组成。这是一项法律原则,合伙企业不是单个人的行为,而是多个人的联合。也就是说,一个合伙企业至少有两个以上的合伙人,至于合伙企业由多少合伙人组成,有些国家的法律作了限制性规定,但我国合伙企业法没有对此作出明确的限制。

(2)合伙企业没有法人资格。由于合伙企业只有相对独立的人格,且合伙人负无限连带责任,债权清偿风险因此大为降低,所以合伙企业的强制性规范较少,设立条件较公司类的企业宽松,既无注册资本的要求,出资方式也更为灵活,合伙人可以劳务、技能、社会信誉等方式参与投资,只要取得其他合伙人同意即可。

(3)合伙企业以合伙协议为法律基础。合伙协议是合伙人建立合伙关系,确定合伙人各自的权利义务,使合伙企业得以设立的前提,也是合伙企业的基础。如果没有合伙协议,合伙人之间未形成合伙关系,合伙企业便不能成立。合伙协议得以形成的基础是合伙人之间的信任关系,这与公司类的企业有很大不同。

(4)内部关系属于合伙关系。所谓合伙关系,就是共同出资、共同经营、共享收益、共担风险的关系,合伙人之间在合伙企业业务范围内形成相互代理关系。尽管不同合伙企业订立的合伙协议有很大差别,但是必须遵循上述基本准则。

(5)合伙人对合伙企业债务承担无限连带清偿责任。合伙企业是以合伙人个人财产为基础建立的,合伙人的共同出资构成合伙财产。合伙财产虽然由合伙企业使用与管理,但它属于合伙人所共有,仍然与合伙人的个人财产密切联系,各合伙人必须以其个人财产承担合伙企业的债务,当合伙企业的财产不足以清偿其债务时,合伙人应当以自己的个人财产承担该不足部分的清偿责任。超过约定比例清偿了合伙企业债务的合伙人有权要求其他合伙人予以补偿。

(6)合伙企业不得以破产方式解散并清算。我国实行具有法人资格的企业才有破产资格的制度,即法人制企业及其投资人对企业债务承担有限责任。

(三)合伙企业法的概念及其适用

合伙企业法有广义和狭义之分。广义的合伙企业法是指国家立法机关或者其他有权机关依法制定的、调整合伙企业合伙关系的各种法律规范的总称。由此,除了《合伙企业法》外,国家有关法律、行政法规和规章中关于合伙企业的法律规范,都属于合伙企业法的范畴。狭义的合伙企业法是指由国家最高立法机关依法制定的、规范合伙企业合伙关系的专门法律,即《中华人民共和国合伙企业法》。该法由第八届全国人民代表大会常务委员会第二十四次会议于1997年2月23日通过,自1997年8月1日起施行。《合伙企业法》对于确立合伙企业的法律地位,规范合伙企业的设立与经营,保护合伙企业及其合伙人的合法权益,发挥了积极作用。但是,随着社会主义市场经济体制的逐步完善,经济社会中出现了一些新的情况和问题,需要在法律中有所体现;同时,国外合伙立法也出现了一些新的动向。这些都需要对现行的《合伙企业法》进行修改。2006年4月,全国人大财政经济委员会向全国人大常委会提交了《合伙企业法(修订草案)》。经过常人大委会会议三次审议,2006年8月27日,第十届全国人大常委会第二十三次会议审议通过了《中华人民共和国合伙企业法(修订案)》。修改后的《合伙企业法》共109条,增加了"有限合伙"这种新的合伙企业形式,并对采用普通合伙形式的专业服务机构规定了特殊责任。

二、普通合伙企业

(一)普通合伙企业的设立条件和设立程序

1.普通合伙企业的设立条件

(1)有两个以上的合伙人。合伙人为自然人的,应当具有完全民事行为能力,无民事行为能力人、限制民事行为能力人不得成为普通合伙人。对于一些特殊市场主体,修订后的《合伙企业法》第3条规定:"国有独资公司、国有企业、上市公司以及公益性的事业单位、社会团体不得成为普通合伙人。"按此规定,上述组织只能参与设立有限合伙企业成为有限合伙人,而不得成为普通合伙人。

(2)有书面合伙协议。合伙协议是依法由全体合伙人协商一致,以书面形式订立,以确定合伙人相互间的权利、义务,具有法律约束力的文件。合伙协议经全体合伙人签名、盖章后生效。合伙协议未约定或者约定不明确的事项,由合伙人协商决定;协商不成的,依照《合伙企业法》和其他有关法律、行政法规的规定处理。根据《合伙企业法》第18条的规定,合伙协议应当载明下列事项:①合伙企业的名称和主要经营场所的地点;②合伙目的和合伙经营范围;③合伙人的姓名或者名称、住所;④合伙人的出资方式、数额和缴付期限;⑤利润分配、亏损分担方式;⑥合伙事务的执行;⑦入伙与退伙;⑧争议解决办法;⑨合伙企业的解散与清算;⑩违约责任。

(3)有合伙人认缴或者实际缴付的出资。合伙人可以用货币、实物、知识产权、土地使用权或其他财产权利出资,也可以用劳务出资。合伙人以实物、知识产权、土地使用权或其他财产权利出资，需要评估作价的，可以由全体合伙人协商确定，也可以由全体合伙人委托法定评估机构评估。合伙人以劳务出资的，其评估办法由全体合伙人协商确定，并在合伙协议中载明。合伙人应当按照合伙协议约定的出资方式、数额和缴付期限履行出资义务。以非货币财产出资的，依照法律、行政法规的规定，需要办理财产权转移手续的，应当依法办理。

(4)有合伙企业的名称和生产经营场所。合伙企业的名称应当符合企业名称登记管理的要求，并且合伙企业名称中应当标明“普通合伙”字样。经营场所是指合伙企业从事生产经营活动的所在地，合伙企业一般只有一个经营场所，即在企业登记机关登记的营业地点。经营场所的法律意义在于确定债务履行地、诉讼管辖、法律文书送达地等。

(5)法律、行政法规规定的其他条件。法律、行政法规有其他规定的，应当具备相应条件。《合伙企业法》规定，外国企业或者个人在中国境内设立合伙企业的管理办法由国务院规定。

2.普通合伙企业的设立程序

(1)申请设立登记。普通合伙企业设立，首先要由全体合伙人指定的代表或者共同委托的代理人向合伙管理机关申请设立登记。

(2)向企业登记机关提出申请，并提交相关文件。申请设立合伙企业，应当提交登记申请书、合伙人身份证明、合伙协议书等文件。合伙企业的经营范围中有属于法律、行政法规规定在登记前须经批准的项目的，该项经营业务应当依法经过批准，并在登记时提交批准文件。

(3)企业登记机关审核作出是否登记的决定。企业登记机关应审核申请人提交的登记申请材料是否齐全以及是否符合法定形式，企业登记机关能够当场登记的，应予当场登记，发给营业执照。除前述规定情形外，企业登记机关应当自受理申请之日起20日内，作出是否登记的决定。予以登记的，发给营业执照；不予登记的，应当给予书面答复，并说明理由。

(二)普通合伙企业的财产

1.合伙企业财产的构成

合伙企业的财产主要来源于以下两部分：

(1)合伙人的出资。当合伙人的出资转入合伙企业时，就变成了合伙企业的财产。

(2)合伙企业存续期间，合伙人的出资和所有以合伙企业名义取得的收益均为合伙企业的财产。合伙企业作为一个独立的经济实体，以其名义取得的收益作为合伙企业获得的财产，成为合伙财产的一部分。

2.合伙企业财产的性质

合伙企业的财产只能由全体合伙人共同管理和使用。在合伙企业存续期间，除非有合伙人退伙等法定事由，合伙人不得请求分割合伙企业的财产。合伙企业的合伙财产具有共有财产的性质，对合伙财产的占有、使用、收益和处分，均应当依据全体合伙人的共同意志进行。

3.合伙企业财产的转让

合伙企业财产的转让是指合伙人将自己在合伙企业中的财产份额转让于他人。由于合伙企业及其财产性质的特殊性，其财产的转让，将会影响到合伙企业以及合伙人的切身利益，因此，《合伙企业法》对合伙企业财产转让作了如下限制性规定：

(1)合伙企业存续期间,合伙人向合伙人以外的人转让其在合伙企业的全部或者部分财产份额时,应经其他合伙人一致同意。

(2)合伙人之间转让其在合伙企业中的全部或者部分财产份额时,应当通知其他合伙人。这一规定适用于合伙企业财产在合伙人之间的内部转让。

(3)合伙人依法转让其财产份额时,在同等条件下,其他合伙人有优先受让的权利。

(4)经全体合伙人同意,合伙人以外的人依法受让合伙企业财产份额时,经修改合伙协议即成为合伙企业新的合伙人,合伙企业的各合伙人依照修改后的合伙协议享有权利和承担责任。

4.合伙企业财产的出质

出质是物权法上的概念,是指债务人或第三人将特定的财产作为债的担保移交债权人占有。当债务人不履行债务时,债权人有权依法将其特定的财产折价、拍卖或变卖,所得的价款优先受偿。根据《合伙企业法》第25条规定,合伙人以其在合伙企业中的财产份额出质的,须经其他合伙人一致同意;未经其他合伙人一致同意,其行为无效,由此给善意第三人造成损失的,由行为人依法承担赔偿责任。

(三)普通合伙企业的事务执行

1.合伙企业事务执行的形式

合伙人执行合伙企业事务,有全体合伙人共同执行合伙企业事务、委托一名或数名合伙人执行合伙企业事务两种形式。全体合伙人共同执行合伙企业事务是合伙企业事务执行的基本形式,也是在合伙企业中经常使用的一种形式。在采取这种形式的合伙企业中,按照合伙协议的约定,各个合伙人都直接参与经营,处理合伙企业的事务,对外代表合伙企业。委托一名或数名合伙人执行合伙企业事务,是由合伙协议约定或者全体合伙人决定委托一名或者数名合伙人执行合伙企业事务,对外代表合伙企业。未接受委托执行合伙企业事务的其他合伙人,不再执行合伙企业的事务。合伙企业的下列事务必须经全体合伙人一致同意:

(1)改变合伙企业的名称。

(2)改变合伙企业的经营范围、主要经营场所的地点。

(3)处分合伙企业的不动产。

(4)转让或者处分合伙企业的知识产权和其他财产权利。

(5)以合伙企业名义为他人提供担保。

(6)聘任合伙人以外的人担任合伙企业的经营管理人员。

2.合伙人在执行合伙事务中的权利和义务

(1)合伙人在执行合伙事务中的权利:①合伙人对执行合伙事务享有同等的决定权;②不执行合伙事务的合伙人有权监督执行事务合伙人执行合伙事务的情况;③合伙人为了解合伙企业的经营状况和财务状况,有权查阅合伙企业会计账簿等财务资料;④合伙人分别执行合伙事务的,执行事务合伙人可以对其他合伙人执行的事务提出异议;⑤受委托执行合伙事务的合伙人不按照合伙协议或者全体合伙人的决定执行事务的,其他合伙人可以决定撤销该委托。

(2)合伙人在执行合伙事务中的义务:①执行事务合伙人应当定期向其他不执行合伙事务的合伙人报告事务执行情况以及合伙企业的经营和财务状况;②合伙人不得自营或者同

他人合作经营与本合伙企业相竞争的业务;③除合伙协议另有约定或者经全体合伙人一致同意外,合伙人不得同本合伙企业进行交易;④合伙人不得从事损害本合伙企业利益的活动。

3.合伙企业事务执行的决议办法

合伙人对合伙企业有关事项作出决议,按照合伙协议约定的表决办法办理。合伙协议未约定或者约定不明确的,实行合伙人一人一票并经全体合伙人过半数通过的表决办法。《合伙企业法》对合伙企业的表决办法另有规定的,从其规定。

4.合伙企业的利润分配与亏损分担

合伙企业的利润分配、亏损分担,按照合伙协议的约定办理。合伙协议未约定或者约定不明确的,由合伙人协商决定;协商不成的,由合伙人按照实缴出资比例分配、分担;无法确定出资比例的,由合伙人平均分配、分担;合伙协议不得约定将全部利润分配给部分合伙人或者由部分合伙人承担全部亏损。

5.非合伙人参与经营管理

经全体合伙人同意,合伙企业可以聘任合伙人以外的人担任合伙企业的经营管理人员。被聘任的经营管理人员,仅是合伙企业的经营管理人员,不是合伙企业的合伙人,因而不具有合伙人的资格。被聘任的合伙企业的经营管理人员应当在合伙企业的授权范围内履行职务。被聘任的合伙企业的经营管理人员,超越合伙企业授权范围履行职务,或者在履行职务过程中因故意或者重大过失给合伙企业造成损失的,要依法承担赔偿责任。

(四)合伙企业与第三人的关系

合伙企业与第三人的关系,实际上是指有关合伙企业的对外关系,涉及合伙企业对外代表权的效力、合伙企业和合伙人的债务清偿等问题。

1.对外代表权的效力

对外代表权的效力,就是指执行合伙事务的合伙人,谁有合伙企业事务执行权谁就能对外代表合伙企业。《合伙企业法》规定,执行合伙企业事务的合伙人,对外代表合伙企业。依据这一规定,可以取得合伙企业对外代表权的合伙人,主要有以下三种情况:

(1)由全体合伙人共同执行合伙企业事务的,全体合伙人都有权对外代表合伙企业,即全体合伙人都取得了合伙企业的对外代表权。

(2)由部分合伙人执行合伙企业事务的,只有受委托执行合伙企业事务的那一部分合伙人有权对外代表合伙企业,而不参加执行合伙企业事务的合伙人则不具有对外代表合伙企业的权利。

(3)特别事务的处理:由于特别授权在单项合伙事务上有执行权的合伙人,依照授权范围可以对外代表合伙企业。

执行合伙企业事务的合伙人,在取得对外代表权后,可以合伙企业的名义进行经营活动,在其授权的范围内做出法律行为。《合伙企业法》规定,合伙企业对合伙人执行合伙企业事务以及对外代表合伙企业权利的限制,不得对抗不知情的善意第三人。

2.合伙企业债务的清偿

(1)合伙人的连带清偿责任。合伙企业对其债务,应先以合伙企业自身全部财产进行清偿。合伙企业财产不足清偿到期债务的,各合伙人应当承担无限连带清偿责任。各合伙人所有个人的财产，除去依法不可执行的财产，如合伙人及其家属的生活必需品、已设定抵押权的财产等，均得用于清偿合伙企业债务。

(2)合伙人之间的债务分担和内部追偿。以合伙企业财产清偿合伙企业债务时，其不足的部分，由各合伙人按照分担亏损比例，用其在合伙企业出资以外的个人财产承担清偿责任。

此外，合伙人之间的分担比例对债权人没有约束力。债权人可以根据自己的清偿利益，请求全体合伙人中的一人或数人承担全部清偿责任，也可以按照自己确定的比例向各合伙人分别追偿。如果合伙人实际支付的债务数额超过其依照既定比例所应承担的数额，该合伙人有权就超过部分向其他未支付或者未足额支付应承担数额的合伙人追偿。追偿的数额不得超过追偿人超额清偿的部分和被追偿人未足额清偿部分。

3.合伙人个人债务的清偿

(1)合伙人发生与合伙企业无关的债务，相关债权人不得以其债权抵消其对合伙企业的债务。

(2)合伙人发生与合伙企业无关的债务，其债权人不得代为行使该合伙人在合伙企业中的权利。

(3)合伙人个人财产不足清偿其个人所负债务的，该合伙人只能以其从合伙企业中分取的收益用于清偿；债权人也可依法请求人民法院强制执行该合伙人在合伙企业中的财产份额用于清偿。

(五)入伙与退伙

1.入伙

入伙是指在合伙企业存续期间，合伙人以外的第三人加入合伙企业，从而取得合伙人资格。

(1)入伙的条件与程序。新合伙人入伙，除合伙协议另有约定外，应当经全体合伙人一致同意，并依法订立书面入伙协议。订立入伙协议时，原合伙人应当向新合伙人如实告知合伙企业的经营状况和财务状况。

(2)新合伙人的权利与义务。入伙的新合伙人与原合伙人享有同等权利，承担同等责任。入伙协议另有约定的，从其约定。新合伙人对入伙前合伙企业的债务承担无限连带责任。

2.退伙

退伙是指合伙人退出合伙企业，从而丧失合伙人资格。

(1)退伙的原因。退伙一般有两种原因：一是自愿退伙；二是法定退伙。

自愿退伙是指合伙人基于自愿的意思表示而退伙。自愿退伙可以分为协议退伙和通知退伙两种。合伙协议约定合伙企业的经营期限的，有下列情形之一时，合伙人可以协议退伙：①合伙协议约定的退伙事由出现；②经全体合伙人一致同意；③发生合伙人难以继续参加合伙的事由；④其他合伙人严重违反合伙协议约定的义务。关于通知退伙：合伙协议未约定合伙企业的经营期限的，合伙人在不给合伙企业事务执行造成不利影响的情况下，可以退伙，但应当提前30日通知其他合伙人，合伙人违反上述规定擅自退伙的，应当赔偿由此给其他合伙人造成的损失。

法定退伙是指合伙人因出现法律规定的事由而退伙。法定退伙分为当然退伙和除名退伙。合伙人有下列情形之一的，发生当然退伙：①作为合伙人的自然人死亡或者被依法宣告死亡；②个人丧失偿债能力；③作为合伙人的法人或者其他组织依法被吊销营业执照、责令关闭、撤销，或者被宣告破产；④法律规定或者合伙协议约定合伙人必须具有相关资格而丧失该资格；⑤合伙人在合伙企业中的全部财产份额被人民法院强制执行。当然退伙以法定事由实际发生之日为退伙生效日。合伙人有下列情形之一的，经其他合伙人一致同意，可以决议将其除名：①未履行出资义务；②因故意或者重大过失给合伙企业造成损失；③执行合伙企业事务时有不正当行为；④发生合伙协议约定的其他事由。

(2)退伙的效力。退伙产生的效力主要有三种：一是退伙人丧失合伙人身份；二是退伙结算；三是财产继承。

第一，退伙人丧失合伙人身份。这是合伙人退伙的当然结果。

第二，退伙结算。合伙人退伙，其他合伙人应当与该退伙人按照退伙时的合伙企业财产状况进行结算，退还退伙人的财产份额。退伙人对给合伙企业造成的损失负有赔偿责任的，相应扣减其应当赔偿的数额。退伙时有未了结的合伙企业事务的，待该事务了结后进行结算。

第三，财产继承。合伙人死亡或者被依法宣告死亡的，对该合伙人在合伙企业中的财产份额享有合法继承权的继承人，按照合伙协议的约定或者经全体合伙人一致同意，从继承开始之日起，取得该合伙企业的合伙人资格。合伙企业也可以依法退还被继承合伙人的财产份额。合伙人的继承人为无民事行为能力人或者限制民事行为能力人的，经全体合伙人一致同意，可以依法成为有限合伙人，普通合伙企业依法转为有限合伙企业。全体合伙人未能一致同意的，合伙企业应当将被继承合伙人的财产份额退还该继承人。

(六)特殊的普通合伙企业

随着社会对各项专业服务需求的迅速增长，专业服务机构的规模扩大，合伙人数目大增，以致合伙人之间并不熟悉甚至不认识，各自的业务也不重合，与传统普通合伙中合伙人人数较少、共同经营的模式有所不同。因而，让合伙人对其并不熟悉的合伙人的债务承担无限连带责任，有失公平。为了减轻专业服务机构中普通合伙人的风险，促进专业服务机构的发展壮大，在修改《合伙企业法》时，在普通合伙企业一章中以专节“特殊的普通合伙企业”对专业服务机构中合伙人的责任作出了特别规定。

1.特殊的普通合伙企业的适用范围

以专业知识和专门技能为客户提供有偿服务的专业服务机构，可以设立为特殊的普通合伙企业。《合伙企业法》只规范注册为企业的专业服务机构，而很多专业服务机构，如律师事务所并未注册为企业，不适用《合伙企业法》的规定，但在责任形式上也可以采用《合伙企业法》规定的特殊的普通合伙的责任形式。

2.特殊的普通合伙企业合伙人的责任形式

特殊的普通合伙企业合伙人的责任形式是特殊的普通合伙企业制度中最关键的内容，《合伙企业法》借鉴国外的立法经验，并结合我国实际，将其规定为：一个合伙人或者数个合伙人在执业活动中因故意或者重大过失造成合伙企业债务的，应当承担无限责任或者无限连带责任，其他合伙人以其在合伙企业中的财产份额为限承担责任。合伙人在执业活动中非因故意或者重大过失造成的合伙企业债务以及合伙企业的其他债务，由全体合伙人承担无限连带责任。

3.对特殊的普通合伙企业的公示要求

特殊的普通合伙企业，其合伙人对特定的合伙企业债务只承担有限责任，为保护交易相对人的利益，应当对这一情况予以公示。因此，特殊的普通合伙企业名称中应当标明“特殊普通合伙”字样。

4.对特殊的普通合伙企业债权人的保护

由于特殊的普通合伙企业合伙人责任形式的不同，对合伙企业的债权人的保护相对削弱。因此，《合伙企业法》规定：特殊的普通合伙企业应当建立执业风险基金、办理职业保险；执业风险基金用于偿付合伙人执业活动造成的债务；执业风险基金应当单独立户管理；执业风险基金的具体管理办法由国务院规定。

三、有限合伙企业

有限合伙企业是指对合伙企业债务承担无限责任的普通合伙人与承担有限责任的有限合伙人共同组成的合伙企业。

与普通合伙企业相比，有限合伙企业具有资本的优势，这是因为有限合伙人享有有限责任的权利；与公司相比较，有限合伙企业又具有信用的优势，这是由于普通合伙人对合伙企业债务承担无限责任或者无限连带责任。有限合伙将资金与管理有机地结合了起来，尤其有利于高风险企业的投融资。为推动我国企业的发展，2006 年 8 月修订后的《合伙企业法》增加了“有限合伙企业”一章。

（一）有限合伙企业的设立条件

(1)有限合伙企业由 2 个以上 50 个以下合伙人设立，但是法律另有规定的除外，有限合伙企业至少应当有一个普通合伙人。

(2)合伙协议除符合普通合伙企业的规定外，还应当载明下列事项：①普通合伙人和有限合伙人的姓名或者名称、住所；②执行事务合伙人应具备的条件和选择程序；③执行事务合伙人权限与违约处理办法；④执行事务合伙人的除名条件和更换程序；⑤有限合伙人入伙、退伙的条件、程序以及相关责任；⑥有限合伙人和普通合伙人相互转化的程序。

(3)关于出资类型，有限合伙人可以用货币、实物、知识产权、土地使用权或者其他财产性权利作价出资。但是，有限合伙人不得以劳务出资。

(4)有限合伙企业名称中应当标明“有限合伙”字样。有限合伙企业登记事项中应当载明有限合伙人的姓名或者名称及认缴的出资数额。

（二）有限合伙企业的事务执行

1.有限合伙企业的事务执行的形式

有限合伙企业由普通合伙人执行合伙事务，执行事务合伙人可以要求在合伙协议中确定执行事务的报酬以及报酬的提取方式；有限合伙人不执行合伙事务，不得对外代表有限合伙企业。

2.有限合伙人的权利与义务

(1)有限合伙人可以同本有限合伙企业进行交易，但是，合伙协议另有约定的除外。

(2)有限合伙人可以自营或者同他人合作经营与本有限合伙企业相竞争的业务,但是,合伙协议另有约定的除外。

(3)有限合伙人可以将其在有限合伙企业中的财产份额出质,但是,合伙协议另有约定的除外。

(4)有限合伙人可以按照合伙协议的约定向合伙人以外的人转让其在有限合伙企业中的财产份额,但应当提前30日通知其他合伙人。

(5)第三人有理由相信有限合伙人为普通合伙人并与其交易的,该有限合伙人对该笔交易承担与普通合伙人同样的责任。

(6)有限合伙人未经授权以有限合伙企业名义与他人进行交易,给有限合伙企业或者其他合伙人造成损失的,该有限合伙人应当承担赔偿责任。

3.利润分配与亏损分担

有限合伙企业不得将全部利润分配给部分合伙人,但是,合伙协议另有约定的除外。

(三)有限合伙人的入伙与退伙

1.入伙

新入伙的有限合伙人对入伙前有限合伙企业的债务,以其认缴的出资额为限承担责任。

2.退伙

有限合伙人有下列情形之一的,当然退伙:

(1)作为合伙人的自然人死亡或者被依法宣告死亡。

(2)作为合伙人的法人或者其他组织依法被吊销营业执照、责令关闭、撤销,或者被宣告破产。

(3)法律规定或者合伙协议约定合伙人必须具有相关资格而丧失该资格。

(4)合伙人在合伙企业中的全部财产份额被人民法院强制执行。

作为有限合伙人的自然人在有限合伙企业存续期间丧失民事行为能力的,其他合伙人不得因此要求其退伙。

作为有限合伙人的自然人死亡、被依法宣告死亡或者作为有限合伙人的法人及其他组织终止时,其继承人或者权利承受人可以依法取得该有限合伙人在有限合伙企业中的资格。有限合伙人退伙后,对基于其退伙前发生的有限合伙企业债务,以其退伙时从有限合伙企业中取回的财产承担责任。

(四)有限合伙人与普通合伙人的转化

(1)除合伙协议另有约定外,普通合伙人转变为有限合伙人,或者有限合伙人转变为普通合伙人,应当经全体合伙人一致同意。

(2)有限合伙人转变为普通合伙人的,对其作为有限合伙人期间有限合伙企业发生的债务承担无限连带责任。

(3)普通合伙人转变为有限合伙人的,对其作为普通合伙人期间合伙企业发生的债务承担无限连带责任。

(4)有限合伙企业仅剩有限合伙人的,应当解散;有限合伙企业仅剩普通合伙人的,转为普通合伙企业。

四、合伙企业的解散与清算

(一)合伙企业的解散

合伙企业的解散是指各合伙人解除合伙协议,合伙企业终止活动。合伙企业有下列情形之一的,应当解散:

(1)合伙期限届满,合伙人决定不再经营。

(2)合伙协议约定的解散事由出现。

(3)全体合伙人决定解散。

(4)合伙人已不具备法定人数满30日。

(5)合伙协议约定的合伙目的已经实现或者无法实现。

(6)依法被吊销营业执照、责令关闭或者被撤销。

(7)法律、行政法规规定的其他原因。

(二)清算人的产生与职责

合伙企业解散,应当由清算人进行清算。清算人由全体合伙人担任。经全体合伙人过半数同意,可以自合伙企业解散事由出现后15日内指定一个或者数个合伙人,或者委托第三人,担任清算人。自合伙企业解散事由出现之日起15日内未确定清算人的,合伙人或者其他利害关系人可以申请人民法院指定清算人。清算人在清算期间执行下列事务:

(1)清理合伙企业财产,分别编制资产负债表和财产清单。

(2)处理与清算有关合伙企业的未了结事务。

(3)清缴所欠税款。

(4)清理债权、债务。

(5)处理合伙企业清偿债务后的剩余财产。

(6)代表合伙企业参加诉讼或者仲裁活动。

(三)清算程序

1.通知和公告债权人

清算人自被确定之日起10日内将合伙企业解散事项通知债权人,并于60日内在报纸上公告。债权人应当自接到通知书之日起30日内,未接到通知书的自公告之日起45日内,向清算人申报债权。

2.债权人申报债权

债权人申报债权,应当说明债权的有关事项,并提供证明材料。清算人应当对债权进行登记。

3.清偿顺序

合伙企业财产在支付清算费用和职工工资、社会保险费用、法定补偿金以及缴纳所欠税款、清偿债务后的剩余财产,依照利润分配的相关规定进行分配。

4.注销登记

清算结束,清算人应当编制清算报告,经全体合伙人签名、盖章后,在15日内向企业登记机关报送清算报告,申请办理合伙企业注销登记。

合伙企业注销后,原普通合伙人对合伙企业存续期间的债务仍应承担无限连带责任。

合伙企业不能清偿到期债务的，债权人可以依法向人民法院提出破产清算申请，也可以要求普通合伙人清偿。合伙企业依法被宣告破产的，普通合伙人对合伙企业债务仍应承担无限连带责任。

第四节 全民所有制企业法

一、全民所有制企业的概念与立法情况

(一)全民所有制企业的概念与特征

全民所有制企业又称国有企业，是指以财产全民所有为基础的，依法自主经营、自负盈亏、独立核算的生产经营单位。

全民所有制企业的财产属于全民所有，国家依照所有权和经营权分离的原则授权企业经营管理。企业对国家授予其经营管理的财产享有占有、使用和依法处分的权利。全民所有制企业依法取得法人资格，以国家授予其经营管理的财产承担法律责任，全民所有制企业清偿债务以其经营管理的全部财产承担责任。

国有企业的概念经历了一个演变过程。我国在实行计划经济之初，称之为国营企业；20世纪80年代中期，我国对国营体制进行了反思，就称谓而言，开始称之为全民所有制工业企业，并在规范性文件中大量开始使用，包括《中华人民共和国全民所有制工业企业法》(以下简称《全民所有制工业企业法》)；20世纪90年代，我国确立社会主义市场经济体制，全民所有制企业的称谓演变为国有企业，并一直沿用至今。

(二)全民所有制企业立法情况

《全民所有制工业企业法》是全民所有制企业的基本法，是第七届全国人民代表大会第一次会议于1988年4月13日通过，并于1988年8月1日施行，共8章69条。该法适用于全民所有制的交通运输、邮电、地质勘探、建筑装饰、商业、外贸、物资、农林、水利企业等。除此之外，国务院相继发布并实施了《全民所有制企业厂长工作条例》、《全民所有制工业企业转换经营机制条例》、《企业法人登记管理条例》等一系列关于全民所有制工业企业的规定，共同构成了对全民所有制工业企业的规范。

二、全民所有制企业的经营权

全民所有制企业经营权是指企业对国家授予其经营管理的财产享有占有、使用和依法处分的权利。全民所有制企业经营权有如下特点：

(1)全民所有制企业经营权是国有财产权的派生性权利。全民所有制企业经营权与财产所有权是不同的，这主要表现在两个方面：一是财产所有权是指所有人依法对自己的财产享有占有、使用、收益和处分的权利；而全民所有制企业经营权只包括占有、使用和依法处分的权利，不包括收益权利。不包括收益权利并不是说企业占有、使用和依法处分国有资产，在生产经营活动中无权取得收入，而是指企业经营的所得最终归国家，不归企业自身所有。二是财产所有权的四项权能归所有者自由行使，而全民所有制企业经营权的三项权能是有

限制的,全民所有制企业只能"依法处分",即应遵守国有资产管理的一系列规定。

(2)全民所有制企业经营权的主体是全民所有制企业自身,而不是国家、集体单位和个人。

(3)全民所有制企业经营权的客体是国家授权其经营管理的财产。这种财产是指全民所有制企业的整体财产,而不是指某一个单项财产。

(4)全民所有制企业经营权是一种企业管理方面的综合权利,既包括各种财产经营权,也包括企业行政管理权,如劳动用工权、人事管理权和机构设置权等。

三、全民所有制企业的组织机构

(一)全民所有制企业厂长(经理)的地位和职权

1.厂长(经理)的地位

厂长(经理)是企业的法定代表人,即厂长(经理)依法代表企业行使权力,表达企业的意志。如厂长(经理)代表企业进行各种经济交往和民事活动,代表企业进行诉讼活动等。

2.厂长(经理)的职权

根据《全民所有制工业企业法》的规定,厂长(经理)的职权有:

(1)依照法律和国务院规定,决定或者报请审查批准企业的各项计划。

(2)决定企业行政机构的设置。

(3)提请政府主管部门任免或者聘任、解聘副厂级行政领导干部,法律和国务院另有规定的除外。

(4)任免或者聘任、解聘企业中层行政领导干部,法律另有规定的除外。

(5)提出工资调整方案、奖金分配方案和重要的规章制度,提请职工代表大会审查同意,提出福利基金使用方案和其他有关职工生活福利的重大事项的建议,提请职工代表大会审议决定。

(6)依法奖惩职工,提请政府主管部门奖惩副厂级行政领导干部。

(二)全民所有制企业职工和职工代表大会

1.全民所有制企业职工的权利和义务

根据我国《宪法》和《全民所有制工业企业法》等法律、法规的规定,企业职工具有如下权利:

(1)企业职工有权参加企业民主管理,对企业的生产和工作提出意见和建议。职工参与企业民主管理主要是通过职工代表大会的形式进行。

(2)依法享受劳动保护、劳动保险、休息休假的权利。劳动保护包括安全技术、劳动卫生、女职工的特殊保护等。劳动保险是指职工在年老、疾病、丧失劳动力、失业的情况下有权获得物质帮助、生活保障。劳动保险主要包括负伤、疾病、残废、死亡、养老、生育、待业等方面的保险。

(3)有权向国家机关反映真实情况,对企业领导干部提出批评和控告。我国法律规定职工的这一权利,主要包括三方面内容:一是明确职工有反映真实情况、对企业领导提出批评和控告的权利;二是这种权利是国家法律授予企业职工的,是受国家法律保护的,凡是对职工行使批评控告权进行打击报复的,要予以制止和惩罚;三是职工反映的情况应当真实,国家制止并惩罚对企业领导干部的诬告陷害。

职工的义务主要表现在：一是完成生产和工作任务；二是遵守劳动纪律和规章制度。

2. 全民所有制企业职工代表大会的权利和义务

职工代表大会是我国法律规定的在全民所有制企业特有的一种组织形式，它是企业实行民主管理的基本形式，也是职工行使民主管理的机构。

根据《全民所有制工业企业法》的规定，企业职工代表大会的职权有：

(1)听取和审议厂长关于企业的经营方针、长远规划、年度计划、基本建设方案、重大技术改造方案、职工培训计划、留用资金分配和使用方案、承包和租赁经营责任制方案的报告，提出意见和建议。

(2)审查同意或者否决企业工资调整方案、奖金分配方案、劳动保护措施、奖惩办法以及其他重要的规章制度。

(3)审议决定职工福利基金使用方案、职工住宅分配方案和其他有关职工生活福利的重大事项。

(4)评议、监督企业各级行政领导干部，提出奖惩和任免建议。

(5)根据政府主管部门的决定选举厂长，报政府主管部门批准。

企业职工代表大会的义务主要有：

(1)支持厂长依法行使职权。在全民所有制企业中，厂长负责制和职工代表大会制度都是企业的基本制度，厂长和职代会在工作中都必须互相支持。

(2)教育职工履行《全民所有制工业企业法》规定的义务。职工代表大会作为职工利益的代表机构应教育职工履行法定义务，这既是为了维护企业的利益，也是为了维护企业职工的利益。

四、全民所有制企业的设立、变更与终止

(一)全民所有制企业的设立

1. 全民所有制企业设立的条件

根据《全民所有制工业企业法》的规定，设立全民所有制企业须符合以下条件：

(1)产品为社会所需要。

(2)有能源、原材料、交通运输的必要条件。

(3)有自己的名称和生产经营场所。

(4)有符合国家规定的资金。

(5)有自己的组织机构。企业的组织机构是指企业的法人机关，法人机关对外代表企业承办各种事项，对内实施管理活动。

(6)有明确的经营范围。

(7)法律、法规规定的其他条件。

2. 设立全民所有制企业的程序

设立全民所有制企业的程序如下：

(1)依照法律和国务院规定，报请政府或者政府主管部门审核批准。这种审核批准分两种：一是设立全民所有制企业，其设立者必是某一个全民所有制单位，该单位新设立一个企

业会影响国有资产等方面的变化，它必须报经自己的主管部门或者政府审核批准；二是一些特殊经营范围还须经有关监督管理部门或者人民政府批准。如生产医药品、食品、金银制品、录音录像制品等。

(2)办理工商登记。工商登记是企业取得合法地位的一种法律行为，企业只有在国家法定机关依法登记后，才能正式成立。

(二)全民所有制企业的变更与终止

1.全民所有制企业的变更

企业的变更是指企业的合并、分立以及其他事项的变更。全民所有制企业变更的形式包括以下内容：

(1)合并。合并是指两个以上的企业依照法律法规的规定程序，变为一个企业的行为。其形式有吸收合并和新设合并两种。吸收合并是指接纳一个或一个以上的企业加入本企业，加入方解散并取消原企业资格，接纳方存续。新设合并是指企业与一个或一个以上的企业合并成为一个新企业。原合并各方解散，取消原企业资格。

(2)分立。分立是指一个企业依法分为两个以上的企业。分立也有两种情况：一是企业以一部分财产和业务另设一个新的企业，原企业存续；二是企业全部财产和业务分别归入两个以上的新设企业，原企业解散。

(3)其他事项的变更。其他事项的变更是指在国家工商行政管理部门已登记的其他事项的变更。如企业名称的变化，住所、隶属关系的变化，生产经营范围的变化，注册资本的变化等。根据《企业法人登记管理条例施行细则》的规定，企业法人实有资金比原注册资金数额增加或者减少超过20％时，应持资金信用证明或者验资证明申请变更登记。

2.全民所有制企业的终止

企业终止是企业资格的撤销。全民所有制企业的终止是指该企业法人资格的撤销。企业终止后，不再享有民事权利能力和民事行为能力。企业终止时，必须保护其财产，依法清理债权债务。

根据《全民所有制工业企业法》的规定，全民所有制企业终止的原因有：

(1)违反法律、法规被责令撤销。违反法律、法规被责令撤销的前提是企业有违法活动，如违反工商行政管理规定，搞非法经营活动，违反环保法规定，造成重大环境污染等。有权决定撤销全民所有制企业的是人民政府及政府有关部门，其他非授权单位均无权撤销全民所有制企业。

(2)政府主管部门依照法律、法规的规定决定解散。企业的解散应由企业的投资人决定，其解散的原因一般有以下几种：一是企业存续期届满；二是企业设立的宗旨已经实现或者企业经营的业务已经完成；三是企业章程规定的其他解散事由已出现；四是企业因合并或分立需要解散；五是企业的投资人决议解散。

(3)依法被宣告破产。破产是指企业因经营管理不善造成严重亏损，不能清偿到期债务，由人民法院审理决定，强制将其全部财产公平清偿给债权人的一种法律制度。企业一经被宣告破产，即宣告终止。

(4)其他原因。

第五节 外商投资企业法

一、概述

(一)外商投资企业的概念与种类

外商投资企业是指按照中华人民共和国的法律规定、在中国境内设立的、由中国投资者和外国投资者共同投资或者仅由外国投资者投资的企业。所称的中国投资者包括中国的公司、企业或者其他经济组织,外国投资者包括外国的公司、企业或者其他经济组织或者个人。

根据我国有关法律和行政法规的规定,我国目前的外商投资企业主要有三种类型:中外合资经营企业、中外合作经营企业、外商独资企业。1979 年通过,并于 1990 年和 2001 年修改的《中华人民共和国中外合资经营企业法》(以下简称《合资经营企业法》)及其实施条例,是中外合资经营企业的主要法律依据。1988 年通过,并于 2000 年修改的《中华人民共和国中外合作经营企业法》(以下简称《合作经营企业法》)及其实施细则,是中外合作经营企业主要的法律依据。1986 年通过,2000 年修改的《中华人民共和国外资企业法》(以下简称《外资企业法》)及其实施细则,是外资企业适用的主要依据。

我国《公司法》第 218 条规定:"外商投资的有限责任公司和股份有限公司适用本法;有关外商投资的法律另有规定的,适用其规定。"可见,《公司法》的相关规定也可适用于外商投资企业。

(二)中国对外商投资企业的法律管辖和保护

外商投资企业是中国企业,必须遵守中国法律,受中国法律管辖和保护。外商投资企业符合中国法人条件的,具有中国法人资格。其中,中外合资经营企业是有限责任公司,具有法人资格;中外合作经营企业和外资企业可以具有法人资格,也可以不具有法人资格。

《外商投资企业法》规定,外商投资企业必须遵守中国的法律、法规,不得损害中国的社会公共利益;国家有关机关依法对外商投资企业实行管理和监督。同时,为了保护外商的合法利益,国家对外商投资企业不实行国有化和征收;在特殊情况下,根据社会公共利益的需要,对外商投资企业可以依照法律程序实行征收,并给予相应的补偿。

二、中外合资经营企业法

(一)中外合资经营企业的概念

中外合资经营企业亦称股权式合营企业,简称"合营企业",是指外国的公司、企业和其他经济组织或者个人,按照平等互利的原则,经中国政府批准在中华人民共和国境内同中国的公司、企业和其他经济组织共同投资、共同经营管理、按照各自的出资比例共担风险、共负盈亏的企业。它采取有限责任公司或者股份有限责任公司的组织形式,是中国法人。

(二)中外合资经营企业的设立

1. 中外合资经营企业的设立条件

在中国境内设立的合营企业应当能够促进中国经济的发展和科学技术水平的提高,有利于社会主义现代化建设。根据相关规定,我国允许设立外商企业的主要行业包括:

(1)能源开发,建筑材料工业,化学工业,冶金工业。

(2)机械制造工业,仪器仪表工业,海上石油开采设备的制造业。

(3)电子工业,计算机工业,通讯设备的制造业。

(4)轻工业,纺织工业,食品工业,医药和医疗器械工业,包装工业。

(5)农业,牧业,养殖业。

(6)旅游和服务业。

但在新闻、出版、广播、电视、电影、邮电通信,以及我国政府规定的其他行业,禁止设立外资企业;而在公用事业、交通运输、房地产、信托投资、租赁等行业限制设立外资企业。

申请设立的外商企业有下列情形之一的,不予批准:

(1)有损中国主权的。

(2)违反中国法律的。

(3)不符合中国国民经济发展要求的。

(4)造成环境污染的。

(5)签订的协议、合同、章程显属不公平,损害合营一方权益的。

2.中外合资经营企业的设立程序

合营企业的设立一般要经过申请、审批和登记三个阶段:

(1)申请。申请设立合营企业,由中外合营者共同向审批机构报送下列文件:①设立合营企业的申请书;②合营各方共同编制的可行性研究报告;③由合营各方授权代表签署的合营企业协议、合同和章程;④由合营各方委派的合营企业董事长、副董事长、董事的人选名单;⑤审批机构规定的其他文件。

(2)审批。在中国境内设立合营企业,必须报国家对外经济贸易主管部门审查批准。批准后,发给批准证书。

(3)登记。合营企业的申请者应当自收到批准证书之日起1个月内,按照国家有关规定,向工商行政管理机关办理登记手续。登记机构应当在受理申请后30日内,做出核准登记或者不予核准登记的决定。核准登记的,领取《企业法人营业执照》,取得中国法人资格。合营企业营业执照的签发日期,为合营企业的成立日期。

(三)中外合资经营企业的投资

关于投资方式,合营各方可以现金、实物、工业产权等进行投资。外国合营者作为投资的技术和设备,必须确实是我国需要的先进技术和设备。如果有意以落后的技术和设备进行欺骗,造成损失的,应赔偿损失。中国合营者的投资可以包括为合营企业经营期间提供的场地使用权。如果场地使用权未作为中国合营者投资的一部分,合营企业应当向中国政府缴纳使用费。合营者以非货币形式出资的,其作价由合营各方按照公平合理的原则协商确定,或者聘请合营各方同意的第三者评定。

(四)中外合资经营企业的组织机构

《合资经营企业法》确定合营企业的组织机构是董事会及其经营管理机构,又称董事会领导下的总经理负责制,即董事会制。

1.合营企业的董事会

董事会是合营企业的最高权力机构,决定合营企业的一切重大问题。如企业发展规划、生产经营活动方案、收支预算、利润分配、劳动工资计划、停业，以及总经理、副总经理、总工程师、总会计师、审计师的任命或聘请及其职权和待遇。董事长是合营企业的法定代表人。

2.合营企业的经营管理机构

合营企业设经营管理机构，负责企业的日常经营管理工作。经营管理机构设总经理1人，副总经理若干人。

（五）中外合资经营企业的经营管理

1.合营企业的购买与销售

合营企业在批准的经营范围内所需的机器设备、原材料、燃料、配套件、运输工具和办公用品等，按照公平、合理的原则，有权自行决定在中国购买或者向国外购买。中国政府鼓励合营企业向国际市场销售其产品。合营企业有权自行出口其产品，其产品也可在中国市场上销售。

2.合营企业的劳动管理

合营企业职工的招聘、辞退、辞职、工资福利、劳动保险、劳动保护、劳动纪律等事宜，按照《中外合资经营企业劳动管理规定》办理，并依法通过签订合同加以规定。

（六）中外合资经营企业的合营期限、解散与清算

1.合营企业的合营期限

合营企业的合营期限，按不同行业、不同情况，做不同的约定。有的行业的合营企业，应当约定合营期限；有的行业的合营企业，可以约定，也可以不约定合营期限，约定合营期限的，合营各方同意延长合营期限的，应当在距合营期满6个月前向审批机关提出申请。审批机关应自接到申请之日起1个月内决定批准或不批准。

2.合营企业的解散

合营企业在下列情形下解散：

(1)合营期限届满。

(2)合营企业发生严重亏损，无力继续经营。

(3)合营一方不履行合营企业协议、合同、章程规定的义务，致使企业无法继续经营。

(4)因自然灾害、战争等不可抗力遭受严重损失，无法继续经营。

(5)合营企业未达到其经营目的，同时又无发展前途。

(6)合营企业合同、章程所规定的其他解散原因已经出现。

3.合营企业的清算

合营企业宣告解散时，应当进行清算。合营企业应当按照《外商投资企业清算办法》的规定成立清算委员会，由清算委员会负责清算事宜。清算工作结束后，由清算委员会提出清算结束报告，提请董事会会议通过后，报告审批机构，并向登记管理机构办理注销登记手续，缴销营业执照。

三、中外合作经营企业法

（一）中外合作经营企业的概念与特征

1.中外合作经营企业的概念

中外合作经营企业又称契约式合营企业，简称“合作企业”，是由外国投资者同中国的公

司、企业或其他经济组织，依照中国法律并经中国政府批准，在中国境内设立的，通过双方达成的合作合同来约定各自的权利义务的企业。

2. 中外合作经营企业的特征

与合营企业相比较，合作企业具有如下特征：

(1)合营方式不同。合营企业属于股权式的合营，中外合营各方按各自的出资比例共担风险、共负盈亏；而合作企业属于契约式的合营，中外合作各方通过签订合同具体确定各方的权利和义务。

(2)组织形式不同。合营企业必须是依法取得中国法人资格的企业，为有限责任公司；而合作企业可以是依法取得中国法人资格的企业，为有限责任公司，也可以是不具备法人资格的企业。不具备法人资格的合作企业及其合作各方，依照中国民事法律的有关规定承担民事责任。

(3)投资回收方式不同。合营企业只有在依法终止时，外国合营者才能收回自己的资本，在合营企业存续期内，外国合营者是不能收回自己的资本的；而合作企业中的外国合作者在一定条件下可以先行回收投资。

(4)利润分配方式不同。合营企业是在毛利润扣除所得税和按规定提取的基金后，将净利润按各方的股权比例进行分配；而合作企业是按合同约定的方式和比例分配利润，可以采取净利润分成、产品分成或产值分成等分配方式。

(二)中外合作经营企业的设立

1. 合作企业的设立条件

国家鼓励举办的合作企业包括：产品出口的生产型合作企业；技术先进的生产型合作企业，即外国合作者提供先进技术，从事新产品开发，实现产品升级换代，以增加出口创汇或者替代进口的生产型合作企业。

2. 合作企业的设立程序

申请设立合作企业，应当将中外合作者签订的协议、合同和章程等文件报国务院对外经济贸易主管部门或者国务院授权的地方人民政府审查批准。审批机关应当自接到申请之日起 45 日内决定批准或者不批准。对外经济贸易主管部门和国务院授权的部门批准设立的合作企业，由对外经济贸易主管部门颁发批准证书；国务院授权的地方人民政府批准设立的合作企业，由有关地方人民政府颁发批准证书，并自批准之日起 30 日内报对外经济贸易主管部门备案。设立合作企业的申请经批准后，应当自接到批准证书之日起 30 日内向工商行政管理机关申请登记，领取营业执照。合作企业的营业执照签发之日，为该企业的成立日期。合作企业应当自成立之日起 30 日内向税务机关办理税务登记。

(三)中外合作经营企业的投资方式

中外合作各方的投资可以是货币、实物、土地使用权、工业产权、非专利技术和其他财产权利。合作各方应当以其自有的财产或财产权利作为投资或合作条件，对该投资或合作条件也不得设置抵押权或其他形式的担保。

(四)中外合作经营企业的组织机构

合作企业的管理形式主要有以下三种，合作各方可以选择其中一种。

1. 董事会制

具有法人资格的合作企业，一般实行董事会制。董事会是合作企业的最高权力机构，决定合作企业的重大问题，董事长、副董事长由各合作方协商产生。合作者一方担任董事长的，由另一方担任副董事长。董事会可以决定任命或者聘任总经理负责合作企业的日常管理工作。

2. 联合管理制

不具有法人资格的合作企业，一般实行联合管理制。联合管理机构由各方代表组成，是合作企业的最高权力机构，决定合作企业的重大问题。合作一方担任联合管理机构的主任，可由另一方担任副主任。联合管理机构可以设立经营管理机构，也可以不设立经营管理机构。

3. 委托管理制

经合作各方一致同意，合作企业也可以委托中外合作一方进行经营管理，另一方不参加管理；也可以委托合作方以外的第三人管理企业。合作企业成立后委托第三方经营管理的，属于合作合同的重大变更，须经董事会或者联合管理机构一致同意，报审批机关审批，向工商行政管理机关办理登记手续。

（五）中外合作经营企业的收益分配、亏损风险承担及投资回收

1. 中外合作经营企业的收益分配、亏损风险承担

《合作经营企业法》第 22 条规定："中外合作者依照合作企业合同的约定，分配收益或者产品，承担风险和亏损。"可见，合作企业的收益分配和亏损风险承担主要是根据合同的约定而不一定是投资比例来确定，即使在合作企业中存在出资比例，合作者依然可以做出不按出资比例分配收益和承担亏损的约定。根据《合作经营企业法实施细则》的规定，中外合作者可以采用分配利润、分配产品或者合作各方共同商定的其他方式分配收益。

2. 中外合作经营企业的投资回收

中外合作者在合同中约定合作期满时合作企业的全部固定资产无偿归中方所有的，可以在合作企业合同中约定外国合作者在合作期限内先行回收投资。外国合作者先行回收投资的方法主要有以下三种：①约定扩大外国合作者的收益分配比例，即从利润中归还投资，开始时多分配，后逐年递减；②经财政税务部门批准，外国合作者在企业税前回收投资；③经批准的其他方式，如经税务机关批准从固定资产折旧费中回收投资，即以折旧按约定数额偿还外方合作者当年应当回收的投资本金，并列入成本摊还。

无论采取哪种方式回收投资，在合作企业的亏损未弥补前，外国合作者不能先行回收投资。外国合作者在合作期限内先行回收投资的，中外合作者应当按法律规定和合同约定对合作企业的债务承担责任。

（六）中外合作经营企业的期限与解散

1. 中外合作经营企业的期限

合作企业的期限由中外合作者协商确定，并在合作企业合同中订明。

合作企业期限届满，合作各方协商同意要求延长合作期限的，应当在期限届满的 180 日前向审查批准机关提出申请，说明原合作企业合同执行情况、延长合作期限的原因，同时报送合作各方就延长期限内各方的权利、义务等事项所达成的协议。经审查批准机关批准延

长合作期限的，合作企业凭批准文件向工商行政管理机关办理变更登记手续，延长的期限从期限届满后的第1天起计算。

2.中外合作经营企业的解散

中外合作经营企业出现下列情形之一时解散：

(1)合作期限届满。

(2)合作企业发生严重亏损，或者因不可抗力遭受严重损失，无力继续经营。

(3)中外合作者一方或者数方不履行合作企业合同、章程规定的义务，致使合作企业无法继续经营。

(4)合作企业合同、章程中规定的其他解散原因已经出现。

(5)合作企业违反法律、行政法规，被依法责令关闭。

四、外资企业法

(一)外资企业的概念与特征

1.外资企业的概念

外资企业是依照中国法律、经中国政府批准、在中国境内设立的全部资本由外国投资者投资的企业，但不包括外国企业和其他经济组织在中国境内设立的分支机构。外国投资者可以是外国的企业和其他经济组织，也可以是外国的个人。

2.外资企业的特征

外资企业具有以下特征：

(1)外资企业的全部资本是由外国投资者投资的。外资企业由外国投资者独立进行投资，无论外国投资者是选择单独投资还是联合投资，只要企业的全部资本来源于境外，就是外资企业。

(2)外资企业是外国投资者依照中国法律在中国境内设立的。外资企业是依照中国法律在中国境内设立的企业，是中国企业，因而必须遵守中国的法律、法规。

(3)外资企业由外国投资者独立经营、自负盈亏。外资企业中没有中方的出资，也没有中方的人员参与经营，除法律规定外资企业在批准的经营范围内自主经营，不受干预。外资企业能以自己的名义从事生产经营活动，并对自己的行为负责，是一个利益自享、风险自担的经济实体。

(二)外资企业的设立与变更

1.外资企业的设立

设立外资企业，必须有利于中国国民经济的发展，能够取得显著的经济效益。国家鼓励外资企业采用先进技术和设备，从事新产品开发，实现产品升级换代，节约能源和原材料，并鼓励举办产品出口的外资企业。

设立外资企业的程序包括申请、审批和登记三个阶段：

(1)申请。外国投资者设立外资企业，应当通过拟设立外资企业所在地的县级或者县级以上地方人民政府向审批机关提出申请，并报送下列条件：①设立外资企业的申请书；②可行性研究报告；③外资企业法定代表人(或者董事会人选)名单；④外国投资者的法律证明文件和资信证明文件；⑤拟设立外资企业所在地的县级或者县级以上地方人民政府的书面答复;⑥需要进口的物资清单;⑦其他需要报送的文件。

(2)审批。设立外资企业的申请,由国家对外贸易经济主管部门或者国务院授权的机关审查批准。审查机关在收到申请之日起90日内决定批准或者不批准。

(3)登记。设立申请得到批准后,外国投资者应当在受理申请后30日内做出核准登记或者不批准登记的决定。经过核准,领取营业执照后,企业即告成立。企业成立后的30日内在税务机关办理税务登记。

2.外资企业的变更

外资企业的分立、合并或者其他原因导致资本发生重大变动,须经审批机关批准,并应当聘请中国注册会计师验证和出具验资报告,经批准机关批准后,向工商行政管理机关办理变更登记手续。

(三)外资企业的出资与土地使用

1.外资企业的出资

(1)出资方式。外国投资者可以用自由兑换的外币出资、机器设备、工业产权、专有技术等作价出资,经审批机关批准,也可以用其从中国境内举办的其他外商投资企业获得的人民币利润出资。作为出资的工业产权、专有技术必须符合下列要求:第一,外国投资者自己所有的;第二,能生产中国急需的新产品或者出口适销产品的。该工业产权、专有技术的作价应当与国际上通常的作价原则相一致,其作价金额不得超过外资企业注册资本的20%。

(2)出资期限。外国投资者缴付出资的期限应当在设立外资企业申请书和外资企业章程中载明。可以分期缴付出资,第一期出资不得少于外国投资者认缴出资额的15%,并应当在外资企业营业执照签发之日起90日内缴清,最后一期出资应当在营业执照签发之日起3年内缴清。外国投资者未能在上述规定期限内缴付第一期出资的,外资企业批准证书即自动失效,应当向工商行政管理机关办理注销登记手续,缴销营业执照;不办理注销登记手续和缴销营业执照的,由工商行政管理机关吊销其营业执照,并予以公告。

2.外资企业的土地使用

外资企业的用地,由外资企业所在地的县级或者县级以上地方人民政府根据本地区的情况进行审核后,予以安排。外资企业应当在营业执照签发之日起30日内,持批准证书和营业执照到外资企业所在地县级或者县级以上地方人民政府的土地管理部门办理土地使用手续,领取土地证书。土地证书是外资企业使用土地的法律凭证,在经营期限内未经批准,其土地使用权不得转让。外资企业在领取土地证书时,应当向其所在地土地管理部门缴纳土地使用费。外资企业使用经过开发的土地,还应当缴付土地开发费。外资企业的土地使用年限,与经批准的该外资企业的经营期限相同。

(四)外资企业的经营管理

1.物资采购管理

关于外资企业的物资购买,外资企业有权自行决定购买本企业自用的机器设备、原材料、燃料、零部件、配套件、元器件、运输工具和办公用品等。

2.产品销售管理

关于外资企业的产品销售,企业有权自行出口本企业生产的产品,也可以委托中国的外贸公司代销或者委托中国境外的公司代销;可以自行在中国销售本企业生产的产品,也可以委托商业机构代销其产品。出口的产品，依照中国规定需要领取出口许可证的，应当编制年度出口计划，每半年向发证机关申领一次。

3. 财务会计管理

关于外资企业的财务和会计，企业应当依照中国法律、法规和财政机关的规定，建立财务会计制度并报其所在地财政机关，相关文件和报表需用中文书写和独立核算，外资企业的年度会计报表和清算会计报表，应当依照中国财政、税务机关的规定编制，聘请中国的注册会计师进行验证并出具报告，同时编制外币折合为人民币的会计报表，在规定的时间内报送财政、税务机关，并报审批机关和工商行政管理机关备案。

4. 劳动用工管理

关于企业职工的劳动管理，应当在中国境内雇用职工，并且依照中国法律法规签订劳动合同。合同中注明雇用、辞退、报酬、福利、劳动保护、劳动保险等事项。

(五)外资企业的解散和清算

1. 外资企业的解散

外资企业有下列情形之一的，应予解散：①经营期限届满；②经营不善，严重亏损，外国投资者决定解散；③因自然灾害、战争等不可抗力而遭受严重损失，无法继续经营；④破产；⑤违反中国法律、法规，危害社会公共利益而被依法撤销；⑥外资企业章程规定的其他解散事由已经出现。

2. 外资企业的清算

外资企业如果因上述①、②、③、⑥项情形而解散的，应当在解散之日起 15 日内对外公告并通知债权人，并在解散公告发出之日起 15 日内，提出清算程序、清算原则和清算委员会人选，报审批机关审核后进行清算。外资企业清算结束，应当向工商行政管理机关办理注销登记手续，缴销营业执照。

【思考题】

一、单项选择题

1. 企业发生变更后，原来的债务变化是　(　　)

A. 原有债务自行消灭　B. 原有债务由变更后的企业承担

C. 原有债务由上级主管机关承担　D. 原有债务由变更前的企业承担

2. 甲、乙、丙 3 人依法成立了某合伙企业，并推举甲为企业负责人，其经营活动　(　　)

A. 对全体合伙人不发生效力　B. 只有经甲认可后方发生效力

C. 对全体合伙人发生效力　D. 须经全体合伙人认可后方发生效力

3. 合伙企业解散后，原合伙人对合伙企业存续期间的债务仍应承担无限连带责任，但债权人在几年内未向债务人提出债权要求的，责任消灭？　(　　)

A. 1 年　B. 2 年　C. 3 年　D. 5 年

4. 甲、乙、丙分别按 50%、40%、10%的比例以个人财产出资创办了一家合伙企业，后因经营不善，企业对外负债人民币 10 万元，而企业全部资产仅人民币 5 万元，现债权人丁要求偿还人民币 10 万元，依照法律，此人民币 10 万元债务应　(　　)

A. 先由企业资产人民币 5 万元偿还，不足部分由甲、乙、丙按各自投资比例偿还

B. 先由企业资产人民币 5 万元偿还，不足部分由甲、乙、丙平均负担偿还

C. 先由企业资产人民币 5 万元偿还，不足部分由甲、乙、丙负连带偿还责任偿还

D. 由企业资产人民币 5 万元偿还，不足部分不再偿还

二、多项选择题

1. 新合伙人入伙的条件和程序是 （ ）

A. 全体合伙人一致同意

B. 订立书面入伙协议

C. 新合伙人完全接受原合伙协议

D. 原合伙人就原合伙企业的经营情况与财务状况履行告知义务

2. 某合伙企业欠甲人民币 2 万元，同时合伙人乙欠甲人民币 1 万元。某日，甲向该合伙企业购买货物一批，应付货款人民币 1 万元。甲的这一付款义务，可因下列哪些原因而消灭 （ ）

A. 甲向该企业支付人民币 1 万元

B. 甲以对该企业享有的人民币 2 万元债权的一半相抵消

C. 乙向该企业支付人民币 1 万元，同时了结乙对甲的债务

D. 甲以对乙的债权与该付款义务相抵消

3. 合伙企业合伙人的出资方式包括 （ ）

A. 货币　　B. 土地使用权　　C. 劳务　　D. 知识产权

4. 个人独资企业具有下列哪些特征 （ ）

A. 由一个自然人投资的企业　　B. 投资人对企业的债务承担无限责任

C. 个人独资企业的内部机构设置简单　　D. 个人独资企业是非法人企业

三、简答题

1. 简述个人独资企业的概念、特征和设立条件。

2. 简述个人独资企业和私营企业的异同。

3. 简述外资企业的概念、特征和设立条件。

4. 简述合伙企业和第三人的关系。

四、案例题

甲与乙、丙两人商议合伙开办一食品加工厂，三人商定各出资人民币 2 万元，并订立了书面协议。经过筹备，发现资金仍然不够，甲于是动员丁支持他们人民币 2 万元。丁表示出资可以，但要参加合伙的盈余分配。经甲、乙、丙商议，对丁参加盈余分配表示同意，但约定丁不得参与合伙的经营活动。食品加工厂成立半年后，丁从侧面了解到该厂经营情况不景气，就以缺钱为由，要求抽回他的人民币 2 万元。甲不答应。某日，甲外出，丁遂找到乙、丙两位合伙人，以同样理由要求还钱并声称甲已经同意，两位合伙人便将该食品加工厂当时仅有的人民币 12000 元现金交给了丁。甲回来后对此表示十分不满。又过 3 个月，甲告知丁，食品加工厂现已累计亏损人民币 32000 元（有账可查），丁的人民币 8000 元应当用来还债，不予归还，且食品加工厂所负债务的债权人正在追讨之中 。

请回答下列问题：

(1)丁的出资行为能否视为新加入合伙企业？为什么？

(2)对丁抽走人民币 12000 元的行为应如何认定？他是否有权再要求抽回剩下的人民币 8000 元？请分别简述其理由。

(3)丁对食品加工厂的债务承担什么责任？为什么？

第三章　公司法

【主要内容】

本章对公司的概念、种类和公司的基本制度进行说明，重点介绍了我国有限责任公司和股份有限公司，并对一人有限公司和国有独资公司进行简要说明。公司债券和会计、财务制度也是公司法的重要内容。

【教学要求】

熟悉公司的概念和特征；重点掌握有限责任公司和股份有限公司，能够区分一人有限公司和国有独资公司以及普通有限责任公司的不同；了解公司债券和会计、财务制度。

第一节　概　述

一、公司的概念

在现代社会，公司是社会经济活动最重要的主体，也是最重要的企业形式。在不同国家和地区，甚至是同一国家，随着社会经济和公司法的发展，公司的概念也在发生变化。

日本《商法典》规定，“本法所谓公司，指以经营商行为为目的而设立的社团”，“依本法规定设立的以营利为目的的社团，虽不以经营商行为为业者，亦视为公司”，“公司为法人”。我国台湾地区“公司法”规定，“本法所称公司，谓以营利为目的依照公司法组织登记成立之社团法人”。英美国家和地区不注重对法律概念的严格界定，因而缺少明确的定义。我国香港地区在其“公司条例”中将公司解释为“依本条例组织及登记之公司或现已存在之公司”。

根据 2005 年修订的《中华人民共和国公司法》（以下简称《公司法》）规定，“本法所称公司是指依照本法在中国境内设立的有限责任公司和股份有限公司”，“公司是企业法人，有独立的法人财产，享有法人财产权。公司以其全部财产对公司的债务承担责任”。在我国，按照《公司法》的规定，公司是指由符合法定人数的股东投资设立的，股东依其出资额或所持股份为限，对公司承担责任，而公司以其全部资产对公司债务承担责任并依法设立的企业法人。

二、公司的特征

(一)公司具有法人人格

法人是与自然人并列的一类民商事主体,能够以自己的名义从事民商事活动,并以自己的财产独立承担民事责任,我国的公司是企业法人。公司法人资格的取得必须满足以下几点:

(1)依法设立。依法设立是指设立公司应当依法向公司登记机关申请设立登记。法律、行政法规规定设立公司必须报经批准的,应当在公司登记前依法办理批准手续。

(2)独立财产。独立财产是指公司作为一个以营利为目的的法人,必须有其可控制、可支配的财产,以从事经营活动。公司的原始财产由股东的出资构成,股东一旦履行了出资义务,其出资的财产权即转移至公司,构成公司的财产,公司对其享有"法人财产权",包括货币、实物的所有权、知识产权、债权等财产权利,股东则对公司享有"股权",即享有资产收益、参与重大决策和选择管理者等权利。公司的财产与股东个人的财产相分离。

(3)独立责任。独立责任是指公司必须在自主经营的基础上自负盈亏,用其全部法人财产,对公司债务独立承担责任。公司独立承担责任,就意味着股东仅仅以其对公司的出资额为限对公司承担责任,这就是股东有限责任。

由于公司独立承担责任的原则过于注重对股东利益的保护,对公司的债权人有失公平,有可能为股东特别是控制公司的股东谋取法外利益创造了机会。因此,我国《公司法》引入了公司人格否认制度:股东不得滥用其有限责任或恶意利用有限责任制度来损害公司其他股东或公司债权人的利益,否则否认其有限责任,并承担无限责任,这在公司法理论和制度上称为"公司人格否认或股东的直索责任",英美法称之为"刺破公司的面纱"。

(二)公司是社团组织,具有社团性

依法人内部组织基础的不同,可将法人分为社团法人和财团法人。前者以社员的结合为基础,如公司、合作社等;后者以财产的捐助为基础,如慈善机构、基金会等。公司属社团法人,以股东的结合为基础。公司的社团性表现为它通常由两个或两个以上的股东出资组成,通过产权的多元化实现股东间的利益制衡。《公司法》中的例外是一人有限责任公司和国有独资公司,还有根据我国《外资企业法》的规定外商独资设立的有限责任公司。除上述三种情况外,不允许设立其他类型的一人公司。

(三)公司以营利为目的,具有营利性

公司以营利为目的,是指设立公司的目的及公司的运作,都是为了谋求经济利益。公司的营利性是公司区别于非营利性法人组织的重要特征。公司的营利性并非指简单地以获取金钱为目的,而是通过经营取得营利。

三、公司的种类

公司依不同的标准可作不同分类,公司法理论上常把公司做如下分类。

(一)依股东的责任形式分类

依股东的责任形式分,公司可分为无限公司、有限责任公司、股份有限公司和两合公司。

(1)无限公司。无限公司是指全体股东对公司债务负无限责任的公司。在德国、法国的

法律中称为无限责任公司，我国称为合伙企业。

(2)有限责任公司。有限责任公司是指全体股东对公司债务仅以其出资额为限承担责任的公司。

(3)股份有限公司。股份有限公司是指公司资本划分为等额股份，全体股东对公司债务仅以其所持的股份额为限承担责任的公司。

(4)两合公司。两合公司是指一部分股东对公司债务承担无限责任，另一部分股东对公司债务仅以其出资额为限承担责任的公司。

(二)依公司的信用基础分类

依公司的信用基础分，公司可分为人合公司、资合公司和人合兼资合公司。

(1)人合公司。公司的信用基础在于股东个人，而不取决于公司的资本数额。最典型的人合公司是无限公司。

(2)资合公司。公司的信用基础取决于公司的资本数额，而不在于股东个人的信用。最典型的资合公司是股份有限公司。

(3)人合兼资合公司。公司的信用基础取决于公司的资本数额和股东个人的信用两方面。最典型的人合兼资合公司是有限责任公司。

(三)依公司之间的控制和支配关系分类

依公司之间的控制和支配关系分，公司可分为母公司和子公司。

(1)母公司。当一个公司拥有另一个公司一定比例的股份，能足以控制另一公司时，该公司即成为另一公司的母公司。

(2)子公司。子公司是其一定比例的股份被另一公司所拥有，并因此受该公司控制的公司。母公司与子公司均属于独立法人。

(四)依公司之间的管辖关系分类

依公司之间的管辖关系分，公司可分为总公司和分公司。

(1)总公司。总公司是指依法首先设立的管辖其全部组织的总机构。总公司具有法人资格。

(2)分公司。分公司是受总公司管辖的分支机构，分公司不是独立的民事主体，不具有法人资格，其申请登记的程序也比较简单，分公司无法人资格，仅为法人的一部分，分公司对外的民事责任由总公司承担。

(五)依公司的国籍分类

依公司的国籍分，公司可分为本国公司和外国公司。

具有本国国籍的公司为本国公司，不具有本国国籍的公司为外国公司。

四、我国公司法的立法

公司法是指规定各种公司设立、组织活动、解散以及其他与公司组织关系有关的对内对外关系的法律规范的总称。1993 年 12 月 29 日第八届全国人民代表大会常务委员会第五次会议通过了《中华人民共和国公司法》，该法自 1994 年 7 月 1 日起施行。该法规定了有限责任公司和股份有限公司两种公司类型。1999 年 12 月、2004 年 8 月和 2005 年 10 月，全国人民代表大会常务委员会对《公司法》进行了 3 次修订。

五、公司法的基本制度

(一)公司名称和住所

1.公司名称

公司名称是公司在生产经营活动中区别于其他民事主体的人格特定化的标记,它是公司章程的必要记载事项之一,也是公司设立的必要条件。根据《企业名称登记管理规定》:①公司只准使用一个名称,在登记主管辖区内不得与已登记注册的同行业企业名称相同或者近似;②企业名称应当由四个部分组成:行政区划、字号、行业或经营性质、组织形式;③名称应当使用符合国家规范的汉字,不得使用汉语拼音字母、阿拉伯数字;④名称不得违反公序良俗,也不得侵犯在先权利。

2.公司住所

公司住所是公司章程的必要记载事项之一。根据《公司法》的规定,公司以其主要办事机构所在地为住所,如公司总部所在地就为公司的住所。公司住所的法律意义主要表现在:公司住所是确定公司登记机关和管理机关的前提;公司住所是诉讼中确认地域管辖和诉讼文书送达地的依据;公司住所是确定合同履行地的重要标志;公司住所是涉外民事法律关系中确定准据法的依据之一。

(二)公司章程

公司章程规定公司的性质与宗旨、经营范围等内容,是公司经济活动的基本依据。公司章程还对公司内部组织机构的设置、权限和责任作出规定,为公司的经营决策、内部治理机构运转提供了组织前提。制定公司章程是必要条件和必经程序之一。

(三)公司资本

公司资本又称股本或股份资本,是公司章程确定并载明的股东出资总额。为了保障公司债权人的合法权益和交易的安全,促进公司资本的增加,许多国家主要是大陆法国家采取了有效的资本保障制度,其主要体现在确立了维持资本正常运转的三个基本原则,即资本确定、资本维持和资本不变,简称资本三原则。

1.资本确定原则

资本确定原则是公司在设立时,必须在章程中对公司的资本总额作出明确规定,并须由股东全部认足,否则公司不能成立。

资本确定原则是关于公司资本形成的原则,遵循这一原则形成的资本制度被称为法定资本制,要求公司资本在设立时就要数额明确,全部认足。因此常把资本确定原则和法定资本制相提并论。我国旧《公司法》实行的是严格的资本确定原则,要求公司设立时必须认足并缴足注册资本,并且注册资本不得低于法定最低资本额。新《公司法》对这种严苛的规定作了修正,在降低有限责任公司和股份有限公司法定最低资本额的同时,还允许有限责任公司和发起设立的股份有限公司在设立时只需认足注册资本,并可以分次缴纳。同时,新《公司法》还通过规定首次出资比例、出资缴纳时间、加重出资责任等方式,保证了资本确定原则的实现。

2.资本维持原则

资本维持原则又称资本充实原则,是指公司在存续过程中,应经常保持与资本额相当的财产。为防止公司资本的实质性减少,保持公司的偿债能力,确保公司本身业务活动的正常开展，大多数国家采纳了资本维持原则作为控制公司资本在公司存续状态中的工具，围绕资本维持原则建立了许多资本制度。我国《公司法》中规定的资本制度包括以下方面：

(1)禁止股东退股。公司成立后，无论以任何理由，股东都不能抽回出资。有限责任公司成立后，股东不得抽逃出资。股份有限公司发起人、认股人缴纳股款或者交付抵作股款的出资后，除未按期募足股份、发起人未按期召开创立大会或者创立大会决议不设立公司的情形外，不得抽回其股本。

(2)公司股份不得折价发行。股票发行价格可以按票面金额，也可以超过票面金额，但不得低于票面金额。

(3)限制非货币出资。对于非货币出资的形式，《公司法》规定：股东可以用货币出资，也可以用实物、知识产权、土地使用权等可以用货币估价并可以依法转让的非货币财产作价出资；但是，法律、行政法规规定不得作为出资的财产除外。对作为出资的非货币财产应当评估作价，核实财产，不得高估或者低估作价。法律、行政法规对评估作价有规定的，从其规定。全体股东的货币出资金额不得低于有限责任公司注册资本的30%。

3. 资本不变原则

资本不变原则是指公司资本一经确定，即不得随意改变，如需增减，必须严格按照法定程序进行。可见，这里的不变并非指资本绝对的不可改变，而是指不可随意增减。《公司法》规定：公司需要减少注册资本时，必须编制资产负债表及财产清单。公司应当自作出减少注册资本决议之日起10日内通知债权人，并于30日内在报纸上公告。债权人自接到通知书之日起30日内，未接到通知书的自公告之日起45日内，有权要求公司清偿债务或者提供相应的担保。公司减资后的注册资本不得低于法定的最低限额。

(四)公司的合并、分立、解散和清算

1. 公司合并

(1)公司合并的概念和形式

公司合并是指两个或两个以上的公司，依照法律程序，通过订立合并协议，归并成一个公司的法律行为。公司合并包括吸收合并和新设合并两种形式。吸收合并是指两个或者两个以上的公司合并时，其中一个公司兼并其他的公司，被兼并公司的法人资格消灭，兼并公司的法人资格继续存在的合并方式。新设合并是指两个或两个以上的公司合并时，合并各方解散，均失去法人资格，而同时创设一个新公司的法律行为。

(2)合并的程序

公司合并，先要由拟合并各方的董事、执行董事或其授权人员进行初步洽谈，明确合并意向；然后制定合并方案，签订合并协议，并经各方的董事会讨论通过。公司合并应当由股东会作出决议，该决议属特别决议，必须经出席会议的股东所持表决权的2/3以上通过，合并协议才能生效。报经国家有关部门批准后，参与合并各方的法定代表人应在协商一致的基础上签订合并协议，即合并合同。签订合并协议后，经参与合并的各个公司的股东会采取特别决议的方式批准后生效。然后，编制公司资产负债表和财产清单。

为保护公司债权人的利益，《公司法》第174条规定，公司应当自作出合并决议之日起10日内通知债权人，并于30日内在报纸上公告。债权人自接到通知书之日起30日内，未接到通知书的自公告之日起45日内，有权要求公司清偿债务或者提供相应的担保。合并各方根据合并合同的规定合并资本或股份，移交财产。合并后存续或新设的公司应召开股东会，新设公司为募集设立股份有限公司的则召开创立会议，选举公司董事会、监事会成员，通过合并后存续公司的章程修改或新设公司章程。公司合并时，合并各方的债权、债务，应当由合并后存续的公司或者新设的公司承继。公司合并后，消灭的公司应当依法向公司登记机关办理公司注销登记；合并后存续的公司应当办理变更登记；合并后新设的公司，应当办理公司设立登记。上述登记被核准之日公司合并即告完成。

2.公司分立

(1)公司分立的概念和形式

公司的分立是指一个公司依照法律的规定分为两个或两个以上的公司的法律行为。公司分立包括新设分立和派生分立两种形式。新设分立是指原公司解散，而分别设立两个或两个以上新公司的分立方式。派生分立是指原公司存续，而其一部分分出设立为一个或数个新公司的分立方式。

(2)公司分立的程序

根据《公司法》的规定，公司分立，先由公司董事会拟订分立方案，然后由公司的股东会(或股东大会)讨论作出决议。公司分立，其财产做相应的分割。应当编制资产负债表及财产清单。公司应当自作出分立决议之日起 10 日内通知债权人，并于 30 日内在报纸上公告。债权人自接到通知书之日起 30 日内，未接到通知书的自公告之日起 45 日内，有权要求公司清偿债务或者提供相应的担保。公司减资后的注册资本不得低于法定的最低限额。

公司分立前的债务由分立后的公司承担连带责任。但是，公司在分立前与债权人就债务清偿达成的书面协议另有约定的除外。公司派生分立，必然出现原公司登记注册事项，主要是注册资本的减少等变化和新公司的产生；新设分立中，必然出现的是原公司的解散和新公司的产生。因此，公司分立时，同样要办理公司变更、注销登记或设立登记。

3.公司的解散和清算

(1)公司的解散

公司的解散是公司成立取得法人资格后，基于一定原因或一定条件出现，不能持续经营时，就需要按照法律法规或公司章程的规定，终止经营活动解散公司，终结公司法人资格的行为。公司的解散必须经过清算程序从而终止公司权利义务，使公司法人资格消灭。依照《公司法》第 181 条规定，公司因下列原因解散：

①公司章程规定的营业期限届满或者公司章程规定的其他解散事由出现。

②股东会或者股东大会决议解散。

③因公司合并或者分立需要解散。

④依法被吊销营业执照、责令关闭或者被撤销。

⑤判决解散。

判决解散是指法院依当事人的请求裁定解散公司。在国外，当公司出现无力解决的不得已的事由或者公司董事的行为危及公司的存亡以及公司的业务遇到显著困难、公司的财产有受重大损失之嫌时，持有一定比例股份的股东有权请求法院解散公司。《公司法》第 183 条规定：公司经营管理发生严重困难，继续存续会使股东利益受到重大损失，通过其他途径不能解决的，持有公司全部股东表决权 10%以上的股东，可以请求人民法院解散公司。

(2)公司的清算

公司清算是指公司解散后，了结其债权债务，并分配剩余财产，使公司法人资格最终归于消灭的法律行为。《公司法》第 184 条规定：公司因本法第 181 条第(一)项、第(二)项、第(四)项、第(五)项规定而解散的，应当在解散事由出现之日起 15 日内成立清算组，开始清算。有限责任公司清算组由股东组成，股份有限公司清算组由董事或股东大会确定的人员组成。逾期不成立清算组进行清算的，债权人可以申请人民法院指定有关人员组成清算组进行清算。人民法院应当受理该申请，并及时组织清算组进行清算。

公司的清算程序。公司进行清算必须成立清算组负责清算事宜。依法宣告破产的，依照有关企业破产的法律实施破产清算，由人民法院依照有关法律的规定，组织股东、有关机关及有关专业人员成立清算组，对公司进行破产清算。清算组应当自成立之日起 10 日内通知债权人，并于 60 日内在报纸上公告。债权人应当自接到通知书之日起 30 日内，未接到通知书的自公告之日起 45 日内，向清算组申报其债权。债权人申报债权，应当说明债权的有关事项，并提供证明材料。清算组应当对债权进行登记。在申报债权期间，清算组不得对债权人进行清偿。清算期间，公司存续，但不得开展与清算无关的经营活动。清算组在清理公司财产、编制资产负债表和财产清单后，应当制订清算方案，并报股东会、股东大会或者人民法院确认。

公司财产能够清偿债务的，清算组应先拨付清算费用，然后按照下列顺序清偿：职工的工资、社会保险费用和法定补偿金，缴纳所欠税款，清偿公司债务后的剩余财产，有限责任公司按照股东的出资比例分配，股份有限公司按照股东持有的股份比例分配。

清算组在清理公司财产、编制资产负债表和财产清单后，发现公司财产不足清偿债务的，应当依法向人民法院申请宣告破产。公司经人民法院裁定宣告破产后，清算组应当将清算事务移交给人民法院。

公司清算结束后，清算组应当制作清算报告，报股东会、股东大会或者人民法院确认，并报送公司登记机关，申请注销公司登记，公告公司终止。

第二节　有限责任公司

有限责任公司通常是指两个以上股东组成的普通有限责任公司，但根据我国现行《公司法》的规定，还有两种特殊的有限责任公司，即一人有限责任公司和国有独资公司。

一、有限责任公司

(一)有限责任公司的概念与特征

1.有限责任公司的概念

有限责任公司，是指依照法律规定由一定人数的股东所组成的，股东以其出资额为限对公司承担责任，公司以其全部资产对公司的债务承担责任的企业法人。

2.有限责任公司的特征

有限责任公司有以下基本法律特征：

(1)股东人数的限制性。根据《公司法》规定，有限责任公司股东的人数为 2 人以上 50

人以下(一人有限公司除外)。

(2)股东责任的有限性。股东以认缴的出资额为限对公司承担责任,公司以其现有的全部资产对公司的债务承担责任。

(3)公司运作的封闭性。有限责任公司的资本只能由全体股东认缴,不能向社会公开募集资本。股东持有的出资证明不能在市场上自由流通,转让受法律严格限制,所以公司的会计账簿、经营信息等也无须向社会公开,公司登记也无须公告。

(4)股东出资转让有一定限制。股权的内部转让为自由转让,股权的外部转让为限制转让。

(5)有限责任公司是人合兼资合公司。有限责任公司虽然从本质上讲是一种资本的联合,但它与股份有限公司相比更加强调和注重股东之间的信任与合作,人合与资合的统一是有限责任公司最为本质的特点。

(6)公司机构设置的灵活性。公司股东会由全体股东组成,董事、监事由股东选举产生,其中规模较小和股东人数较少的有限责任公司可以不设董事会和监事会,只设 1 名执行董事和 1～2 名监事。股东会的召集方法和议事程序也较为简便。

(二)有限责任公司的设立

1. 设立条件

(1)股东符合法定人数。有限责任公司由 50 人以下股东共同出资设立。也就是说,一般情况下,50 个以下自然人或法人可以共同出资设立有限责任公司。

(2)股东出资达到法定资本最低限额。有限责任公司注册资本的最低限额为人民币 3 万元。法律、行政法规对有限责任公司注册资本的最低限额有较高规定的,从其规定。一人有限责任公司的注册资本最低限额为人民币 10 万元。股东应当一次足额缴纳公司章程规定的出资额。特定行业的有限责任公司注册资本最低限额需高于前款所定限额的,由法律、行政法规另行规定。

(3)股东共同制定公司章程。有限责任公司的公司章程是公司股东全体订立的,股东、公司的内部组织机构的组成人员、公司的内部职工等必须遵守的内部行为规则。有限责任公司章程应载明的事项包括:①公司的名称和住所;②公司的经营范围;③公司的注册资本;④股东的姓名或者名称;⑤股东的出资方式、出资额和出资时间;⑥公司的组织机构及其产生办法、职权和议事规则;⑦公司的法定代表人;⑧股东会认为需要规定的其他事项。

(4)有限责任公司名称与组织机构。有限责任公司名称除了前面对公司名称的要求之外,还必须有“有限责任”字样。有限责任公司要求的内部组织机构,即股东会、董事会、监事会。规模较小或股东人数较少的有限责任公司,可以不设董事会和监事会,而只设 1 名执行董事和 1～2 名监事。

(5)有公司住所。公司的住所是公司经济活动的中心,公司以其主要办事机构所在地为其住所。公司主要办事机构是指公司主要的经营管理机构。公司可以有多个营业场所,但只能有一个住所。

2. 设立程序

(1)订立发起人协议。有限责任公司只能由发起人发起设立。发起人协议是发起人在公司设立过程中明确权利义务的书面文件。

(2)订立公司章程。公司章程由公司全体股东共同订立,经全体股东同意,并签名盖章。

公司章程内容必须记载法定记载事项，任意记载事项不得与国家法律法规的内容相抵触。公司章程自公司成立之日起生效。

(3)申请名称预先核准。根据《公司登记管理条例》的规定，设立有限责任公司应当申请名称预先核准。设立有限责任公司，应当由全体股东指定的代表或者共同委托的代理人向公司登记机关申请名称预先核准；公司登记机关决定核准的，应当发给《企业名称预先核准通知书》。预先核准的公司名称保留期为 6 个月。预先核准的公司名称在保留期内不得用于从事经营活动，不得转让。

(4)缴纳出资并验资。股东应当按照其在发起人协议以及公司章程中认购的出资额出资。股东以货币出资的，应当将货币出资足额存入准备设立的公司在银行开设的临时账户；以非货币财产出资的，应当依法办理其财产权利的转移手续。股东出资应当由国家核准登记的注册会计师验资并出具证明。

(5)确立公司的组织机构。股东出资缴纳完毕后，应依法建立公司组织机构。根据《公司法》的规定，有限责任公司需要分情况建立以下组织机构：①股东会。除了国有独资的有限责任公司和一人有限责任公司外，公司都应该设立股东会，作为公司的权力机构。②董事会。除股东人数较少和规模较小的有限责任公司可设 1 名执行董事，不设董事会外，其余公司均应设立董事会，作为公司的执行机构。③监事会。除股东人数较少和规模较小的有限责任公司可设 1～2 名执行监事外，其他公司必须设立监事会，作为公司的监督机构。

(6)申请登记并颁照。根据《公司登记管理条例》的规定，设立有限责任公司，应当由全体股东指定的代表或者共同委托的代理人向公司登记机关申请设立登记。申请设立有限责任公司，应当向公司登记机关提交下列文件：①申请书；②公司代表或者共同委托代理人的证明；③公司章程；④股东出资证明；⑤股东的主体资格证明或者自然人身份证明；⑥公司董事、监事、经理的相关证明；⑦公司的法定代表人任职及身份证明；⑧企业名称预先核准通知书；⑨公司住所证明；⑩国家工商行政管理机关要求提交的其他文件。

公司登记机关作出准予公司设立登记决定的，应当出具《准予设立登记通知书》，告知申请人自决定之日起 10 日内，领取营业执照。公司登记机关作出不予登记决定的，应当出具《登记驳回通知书》，说明不予登记的理由，并告知申请人享有依法申请行政复议或者提起行政诉讼的权利。公司登记机关颁发《企业法人营业执照》之日起，公司即告成立。公司可以在银行开设账户，以公司名义从事经营活动，进行税务登记。

另外，法律、法规规定必须报经审批的，如保险公司、证券公司等，在登记前必须报国家主管机关批准。

(三)有限责任公司的股东出资及其转让

1. 股东的出资

股东可以用货币出资，也可以用实物、知识产权、土地使用权等可以用货币估价并可以依法转让的非货币财产作价出资，但不得以劳务、信用、自然人姓名、商誉、特许经营权或者设定担保的财产等作价出资。

有限责任公司的注册资本为在公司登记机关登记的全体股东认缴的出资额。公司全体股东的首次出资额不得低于注册资本的 20%，也不得低于法定的注册资本最低限额，其余部分由股东自公司成立之日起 2 年内缴足；其中，投资公司可以在 5 年内缴足。股东以非货币财产作为出资的，必须进行评估作价，核实财产，不得高估或者低估作价，并依法办理产权转让的手续。全体股东的货币出资金额不得低于有限责任公司注册资本的30%。股东全部缴纳出资后，必须经法定的验资机构验资并出具证明。股东缴纳出资后，注册会计师给他出具验资证明。

股东不按规定缴纳所认缴的出资，应当对已足额缴纳出资的股东承担违约责任。有限责任公司成立后，发现作为设立公司出资的非货币财产的实际价额显著低于公司章程所定价额的，应当由交付该出资的股东补足其差额；公司设立时的其他股东承担连带责任。

公司新增资本时，股东可以优先认缴出资。经股东同意转让的出资，在同等条件下，其他股东对该出资有优先购买权。股东在公司登记后，不得抽逃出资。股东以货币出资的，应当将货币出资足额存入准备设立的有限责任公司在银行开设的临时账户。

2. 股东出资的转让

股东之间可以互相转让出资。但股东向股东以外的人转让其出资时，必须经全体股东过半数同意。股东向公司股东以外的人进行转让，股东应就其股权转让事项书面通知其他股东征求同意，其他股东自接到书面通知之日起满30日未答复的，视为同意转让。其他股东半数以上不同意转让的，不同意的股东应当购买该转让的股权；不购买的，视为同意转让。经股东同意转让的出资，其他股东在同等条件下有优先购买权。两个以上股东主张行使优先购买权的，协商确定各自的购买比例；协商不成的，按照转让时各自的出资比例行使优先购买权。公司章程对股权转让另有规定的，从其规定。转让股权后，公司应当注销原股东的出资证明书，向新股东签发出资证明书，并相应修改公司章程和股东名册中有关股东及其出资额的记载。

（四）有限责任公司的组织机构

1. 股东会

（1）股东会的性质与职权。股东会是由全体股东组成的公司权力机构。股东会是公司的最高权力机关，也是法定必设机关。《公司法》第38条对股东会的职权作了明确规定：①决定公司的经营方针和投资计划；②选举和更换非由职工代表担任的董事、监事，决定有关董事、监事的报酬事项；③审议批准董事会的报告；④审议批准监事会或者监事的报告；⑤审议批准公司的年度财务预算方案、决算方案；⑥审议批准公司的利润分配方案和弥补亏损方案；⑦对公司增加或者减少注册资本作出决议；⑧对发行公司债券作出决议；⑨对公司合并、分立、变更公司形式、解散和清算等事项作出决议；⑩修改公司章程；⑪公司章程规定的其他职权。

（2）股东会的会议形式。股东会会议分定期会议与临时会议。定期会议按公司章程的规定召开。临时会议须由代表1/10以上表决权的股东，1/3以上的董事，监事会或者不设监事会的公司的监事提议方可召开；股东会首次会议由出资最多的股东召集和主持。

（3）股东会的议事规则。股东会会议由股东按照出资比例行使表决权，但是，公司章程另有规定的除外。股东会的议事方式和表决程序，除法律另有规定外，由公司章程规定，但股东会会议作出修改公司章程、增加或者减少注册资本的决议，以及公司合并、分立、解散或者变更公司形式的决议，必须经代表2/3以上表决权的股东通过。

2. 董事会

（1）董事会的性质与职权。董事会是公司的执行机构，一般由股东会选举的董事组成，对股东会负责。《公司法》第47条对董事会的职权作出了明确规定：①召集股东会会议，并向股东会报告工作;②执行股东会的决议;③决定公司的经营计划和投资方案;④制订公司的年度财务预算方案、决算方案;⑤制订公司的利润分配方案和弥补亏损方案;⑥制订公司增加或者减少注册资本以及发行公司债券的方案;⑦制订公司合并、分立、解散或者变更公司形式的方案;⑧决定公司内部管理机构的设置;⑨决定聘任或者解聘公司经理及其报酬事项,并根据经理的提名决定聘任或者解聘公司副经理、财务负责人及其报酬事项;⑩制定公司的基本管理制度;⑪公司章程规定的其他职权。

(2)董事会的组成与任期。有限责任公司的董事会成员为3～13人,任期由公司章程规定,但每届任期不得超过3年,可连选连任。董事会设董事长1人,可以设副董事长。董事长、副董事长的产生办法由公司章程规定。

(3)董事会的会议制度。董事会会议由董事长召集和主持;董事长不能履行职务或者不履行职务的,由副董事长召集和主持;副董事长不能履行职务或者不履行职务的,由半数以上董事共同推举一名董事召集和主持。董事会的议事方式和表决程序,除本法有规定的外,由公司章程规定。董事会应当对所议事项的决定做成会议记录,出席会议的董事应当在会议记录上签名。董事会决议的表决,实行一人一票。

3.监事会

(1)监事会的地位与职权。监事会是公司的监督机构。《公司法》第54条对监事会的职权进行了规定:①检查公司财务;②对董事、高级管理人员执行公司职务的行为进行监督,对违反法律、行政法规、公司章程或者股东会决议的董事、高级管理人员提出罢免的建议;③当董事、高级管理人员的行为损害公司的利益时,要求董事、高级管理人员予以纠正;④提议召开临时股东会会议,在董事会不履行本法规定的召集和主持股东会会议职责时召集和主持股东会会议;⑤向股东会会议提出提案;⑥依照《公司法》第152条的规定,对董事、高级管理人员提起诉讼;⑦公司章程规定的其他职权。

(2)监事会的组成及议事规则。监事会成员不得少于3人;经营规模较小、股东人数较少的,可以不组成监事会,只设立1～2名监事。监事会由股东代表和适当比例的公司职工代表组成,具体比例由公司章程规定,但职工代表的比例不得少于1/3。

4.经理

经理,一般称之为总经理,是指在董事会领导下负责公司日常经营管理的执行机关,是董事会的执行机构。经理由董事会聘任或者解聘,对董事会负责,经理列席董事会会议。《公司法》第50条规定经理行使下列职权:①主持公司的生产经营管理工作,组织实施董事会决议;②组织实施公司年度经营计划和投资方案;③拟定公司内部管理机构设置方案;④拟定公司的基本管理制度;⑤制定公司的具体规章;⑥提请聘任或者解聘公司副经理、财务负责人;⑦聘任或者解聘除应由董事会聘任或者解聘以外的负责管理人员;⑧公司章程和董事会授予的其他职权。公司章程对经理职权另有规定的,从其规定。

二、特殊有限责任公司

(一)一人有限责任公司

1.概念

一人有限责任公司是指只有一个自然人股东或者一个法人股东的有限责任公司。

2. 特征

(1)股东单一性。一人有限责任公司是由一个自然人或者一个法人投资设立的，并应当在公司登记中注明自然人独资或者法人独资，在公司营业执照中载明。

(2)责任有限性。一人有限责任公司的股东以公司现有资产为限承担债务，但股东不能证明公司财产独立于股东自己财产的，应当对公司债务承担连带责任。

(3)转投资的限定性。一个自然人只能投资设立一个一人有限责任公司。该一人有限责任公司不能投资设立新的一人有限责任公司，但法人作为股东的一人有限责任公司设立其他公司的行为不受限制。

(4)不设股东会。一人有限责任公司的股东仍然有权利行使《公司法》中规定的一般有限责任公司股东会的所有职权。

(二)国有独资公司

1. 概念

国有独资公司是指国家单独出资，由国务院或者地方人民政府委托本级人民政府国有资产管理机构履行出资人职责的有限责任公司。

2. 我国《公司法》对国有独资公司的组织机构的特殊规定

(1)国有独资公司不设股东会，由国有资产监督管理机构以唯一股东的身份行使股东会的职权。

(2)国有独资公司设董事会，作为公司的执行机关。董事的人选来自两个方面：一是由国有资产监督管理机构委派；二是公司职工代表，由公司职工民主选举产生。董事每届任期不得超过 3 年。董事会负责聘任或者解聘经理。经国有资产监督管理机构同意，董事会成员可以兼任经理。

(3)国有独资公司设监事会，作为公司的监督机构。国有独资公司监事会成员不得少于 5 人，其中职工代表的比例不得低于 1/3，具体比例由公司章程规定。监事会成员由国有资产监督管理机构委派；监事会成员中的职工代表由公司职工代表大会选举产生；监事会主席由国有资产监督管理机构从监事会成员中指定。

(4)国有独资公司章程由国有资产监督管理机构制定，或者由董事会制定，报国有资产监督管理机构批准。

第三节　股份有限公司

一、股份有限公司的概念与特征

(一)股份有限公司的概念

《公司法》规定，股份有限公司是全部资本分为等额股份，股东以其所持股份为限对公司承担责任，公司以其全部资产对公司的债务承担责任的企业法人。

(二)股份有限公司的特征

股份有限公司与其他类型的公司相比具有以下特征：

1. 股份有限公司的资合性

资合性是股份有限公司最本质的特征。股份有限公司是最典型的资合公司,公司对外的信用基础完全取决于公司的资本而不在于股东个人。股份有限公司是现代企业制度最典型的形式。

2. 股东人数的广泛性

公司法规定,股份有限公司的股东,为 2 人以上,而且,设立股份有限公司,发起人应当为 2 人以上 200 人以下,其中须有半数以上的发起人在中国境内有住所。

3. 股份的等额性

股份有限公司的全部资本分成等额股份。股份有限公司的全部资本平均分为股份,每一股的金额相等,这是股份有限公司区别于有限责任公司的重要特征之一。

4. 经营的公开性

股份公开发行并可自由转让,经营信息与财务会计报告要定期公开,设立时要对外公告;而有限责任公司为封闭式公司。

5. 股份公司设立程序的复杂性

股份公司在设立程序上比较复杂,要遵循许多规定,特别是要对外公开信息,同时,在内部组织机构设立要求方面也较为严格;有限公司设立程序简单,组织机构较为灵活。

二、股份有限公司的设立

(一)股份有限公司的设立条件

(1)发起人符合法定人数。发起人为 2 人以上 200 人以下,其中须半数以上在中国境内有住所。

(2)达到法定资本最低限额。股份公司最低注册资本为 500 万元人民币。法律、行政法规对股份有限公司注册资本的最低限额有较高规定的,从其规定。

(3)股份发行、筹办事项符合法律规定。

(4)发起人制定公司章程。

(5)有公司名称,建立符合股份有限公司要求的组织机构。

(6)有公司住所。

(二)股份有限公司的设立方式

1. 发起设立

发起设立是指公司发行的股份由发起人全部认足,而不再向社会公众募集,从而一次确定股东而设立公司。

股份有限公司采取发起设立方式设立的,注册资本为在公司登记机关登记的全体发起人认购的股本总额。公司全体发起人的首次出资额不得低于注册资本的 20%,其余部分由发起人自公司成立之日起 2 年内缴足,其中,投资公司可以在 5 年内缴足。在缴足前,不得向他人募集股份。

以发起设立方式设立股份有限公司的,发起人应当书面认足公司章程规定其认购的股份;一次缴纳的,应即缴纳全部出资;分期缴纳的,应即缴纳首期出资。以非货币财产出资的,应当依法办理其财产权的转移手续。

发起人不按照规定缴纳出资的，应当按照发起人协议的约定承担违约责任。

2.募集设立

募集设立是指由发起人认购公司应发行股份的一部分，其余股份向社会公开募集或者向特定对象募集而设立公司。

股份有限公司采取募集方式设立的，注册资本为在公司登记机关登记的实收股本总额。以募集设立方式设立股份有限公司的，发起人认购的股份不得少于公司股份总数的35%，但是，法律、行政法规另有规定的，从其规定。

(三)股份有限公司的设立程序

1.发起设立程序

发起设立比较简单，不需要向社会公众募集股份，主要程序和有限责任公司的设立程序相同。发起设立的主要程序如下：

(1)发起人签订发起协议。

(2)发起人制定公司章程。

(3)发起人认缴股款，股份有限公司的资本应当划分为等额的股份，发起人都应当以书面的方式承诺自己将要购买多少股份，并依照此承诺缴纳其所认购股份的全部金额。以非货币的方式出资的，应办理有关评估和转移手续。

(4)选举公司的董事会和监事会的成员。

(5)申请设立登记，董事会负责向公司登记机关报送设立公司的批准文件、公司章程、验资证明等文件，申请设立登记。

2.募集设立程序

募集设立，需要向社会公众募集股份。募集设立的程序如下：

(1)发起人签订发起协议。

(2)发起人制定公司章程。

(3)发起人认购部分股份。按照《公司法》的规定，发起人认购的股份不得少于公司股份总数的35%。

(4)公告招股说明书，并制作认股书。招股说明书应当附有发起人制定的公司章程，并载明下列事项：发起人认购的股份数；每股的票面金额和发行价格；无记名股票的发行总数；募集资金的用途；认股人的权利、义务；本次募股的起止期限及逾期未募足时认股人可以撤回所认股份的说明。

(5)呈报国务院证券监督管理部门核准。

(6)公告和招募股份。发起人的申请得到国务院证券管理部门的批准后，即可向社会公告其招股说明书，并制作认股书供认股人填写。

(7)召开创立大会。公司发行股份的股款缴足后，发起人应当在取得验资机构的验资证明后30日内主持召开创立大会。

(8)申请设立登记，董事会应当于创立大会结束后30日内向公司登记机关报送有关文件申请设立登记，公司营业执照签发之日为公司成立之日。

三、股份有限公司的组织机构

(一)股东大会

1.性质与职权

股东大会是股份公司的权力机构,由全体股东组成。股东大会是非常设机构,对外不代表公司,对内不执行业务。其职权与有限公司股东会职权一致。

2.形式

股东大会按召开的期限和内容的不同可分为定期股东大会和临时股东大会两种。股东大会应当每年召开一次年会。有下列情形之一的,应当在2个月内召开临时股东大会:①董事人数不足《公司法》规定人数或者公司章程所定人数的2/3时;②公司未弥补的亏损达实收股本总额1/3时;③单独或者合计持有公司10%以上股份的股东请求时;④董事会认为必要时;⑤监事会提议召开时;⑥公司章程规定的其他情形。临时股东大会不得对通知中未列明事项作出决议。

3.股东大会的通知、召集和主持

(1)股东大会的通知

召开股东大会会议,应当将会议召开的时间、地点和审议的事项于会议召开20日前通知各股东;临时股东大会应当于会议召开15日前通知各股东;发行无记名股票的,应当于会议召开30日前公告会议召开的时间、地点和审议事项。

单独或者合计持有公司3%以上股份的股东,可以在股东大会召开10日前提出临时提案并书面提交董事会;董事会应当在收到提案后2日内通知其他股东,并将该临时提案提交股东大会审议。临时提案的内容应当属于股东大会职权范围,并有明确议题和具体决议事项。股东大会不得对通知中未列明的事项作出决议。

无记名股票持有人出席股东大会会议的,应当于会议召开5日前至股东大会闭会时将股票交存于公司。

(2)股东大会的召集和主持

股东大会会议由董事会召集,董事长主持;董事长不能履行职务或者不履行职务的,由副董事长主持;副董事长不能履行职务或者不履行职务的,由半数以上董事共同推举一名董事主持。

董事会不能履行或者不履行召集股东大会会议职责的,监事会应当及时召集和主持;监事会不召集和主持的,连续90日以上单独或者合计持有公司10%以上股份的股东可以自行召集和主持。

4.股东大会的决议

(1)股份有限公司股东大会的决议分为特别决议和一般决议

特别决议是指公司修改公司章程、增加或者减少注册资本的决议,以及公司合并、分立、解散或者变更公司形式的决议,必须经出席会议的股东所持表决权的2/3以上通过。除此之外的决议为一般决议,只需经出席会议的股东所持表决权的过半数以上通过。

(2)股东大会的表决计票和出席

股东出席股东大会会议,所持每一股份有一表决权。但是,公司持有的本公司股份没有表决权，所持每一股份没有表决权。股东大会选举董事、监事时，可以根据公司章程的规定或者股东大会的决议，实行累积投票制。累积投票制是指股东大会选举董事或者监事时，每一股份拥有与应选董事或者监事人数相同的表决权，股东拥有的表决权可以集中使用。股东可以自己出席股东大会，也可以委托代理人出席股东大会，代理人应当向公司提交股东授权委托书，并在授权范围内行使表决权。无记名股票持有人出席股东大会会议的，应当于会议召开 5 日前至股东大会闭会时将股票交存于公司。会议记录由出席会议的董事签名。会议记录应当与出席会议的股东的签名册及代理出席的委托书一并保存。股东大会的会议记录由出席会议的主持人、董事签名。

（二）董事会

1. 性质与职权

董事会是股份公司的业务执行机构。由股东大会选举产生的董事组成，人员为 5～19 人，是公司的常设机构，对外代表公司。董事会的任期与职权同有限责任公司。董事会设董事长 1 人，可以设副董事长。董事长和副董事长由全体董事的过半数选举产生。

2. 董事会会议

董事会分定期会议与临时会议。董事会每年度至少召开两次会议，每次会议应当于会议召开 10 日前通知全体董事和监事。代表 1/10 以上表决权的股东、1/3 以上董事或者监事会，可以提议召开董事会临时会议。董事会召开临时会议，可以另定召集董事会的通知方式和通知时限。

董事长应当自接到提议后 10 日内，召集和主持董事会会议。董事长召集和主持董事会会议，检查董事会决议的实施情况。副董事长协助董事长工作，董事长不能履行职务或者不履行职务的，由副董事长履行职务；副董事长不能履行职务或者不履行职务的，由半数以上董事共同推举一名董事履行职务。董事会决议的表决，实行一人一票。董事会会议应有过半数的董事出席方可举行。董事会会议，应由董事本人出席；董事因故不能出席，可以书面委托其他董事代为出席，委托书中应载明授权范围。

董事会应当对会议所议事项的决定做成会议记录，出席会议的董事应当在会议记录上签名。董事应当对董事会的决议承担责任。董事会的决议违反法律、行政法规或者公司章程、股东大会决议，致使公司遭受严重损失的，参与决议的董事对公司负赔偿责任。但经证明在表决时曾表明异议并记载于会议记录的，该董事可以免除责任。

3. 经理

经理是对股份有限公司日常经营管理负有全责的高级管理人员，由董事会决定聘任或者解聘，对董事会负责。经理职权适用有限责任公司的规定。公司董事会可以决定由董事会成员兼任经理。

（三）监事会

监事会是股份有限公司的必设机构，对股东大会负责。

1. 性质与职权

股份公司的监事会是股份公司的经营监督机构。监事会由股东大会和职工代表大会选举的监事组成，代表股东大会履行监督职能，对股东大会负责。其任期与主要职能同有限责任公司。

2. 监事会的组成

股份有限公司设立监事会，其成员不得少于 3 人。监事会应当包括股东代表和适当比例的公司职工代表，其中职工代表的比例不得低于 1/3，具体比例由公司章程规定。监事会中的职工代表由公司职工通过职工代表大会、职工大会或者其他形式民主选举产生。

监事会设主席 1 人，可以设副主席。监事会主席和副主席由全体监事过半数选举产生。监事会主席召集和主持监事会会议；监事会主席不能履行职务或者不履行职务的，由监事会副主席召集和主持监事会会议；监事会副主席不能履行职务或者不履行职务的，由半数以上监事共同推举一名监事召集和主持监事会会议。

董事、高级管理人员不得兼任监事。监事的任期每届为 3 年，监事任期届满，可以连选连任。

3. 监事会会议与表决

监事会每 6 个月至少召开一次会议。监事可以提议召开临时监事会会议。监事会的议事方式和表决程序，可以由公司章程规定。监事会决议应当经半数以上监事通过。监事会应当对所议事项的决定做成会议记录，出席会议的监事应当在会议记录上签名。

第四节　股份有限公司的股份发行与转让

一、股份发行

（一）股份与股票概述

1. 股份

股份是指按相等金额或者相同比例平均划分公司资本的基本计量单位，代表股东在公司中的权利和义务，是资本的最小单位。资本等于股份数与各股金额之积。

股份的特征是：①股份是公司资本构成的最小单位，具有不可分性；②股份是对公司资本的等额划分，具有金额的等额性；③股份是股权的基础，具有权利上的平等性；④股份表现为有价证券，具有可自由转让性。

2. 股票

股票是股份有限公司签发的证明股东按其所持股份享有权利和承担义务的书面凭证。股票为表示股份的有价证券。

股票的特征是：①股票是一种证权证券；②股票是一种有价证券；③股票是一种要式证券；④股票是一种流通证券；⑤股票是一种永久性证券。

（二）股票的分类

1. 普通股和优先股

依股东承担风险和享有权益的大小为标准，可将股票分为普通股和优先股。普通股是享有普通权利承担普通义务的股份，是股份的最基本形式。普通股股东享有决策参与权、利润分配权、优先认股权和剩余资产分配权。优先股是享有优先权利的股份。优先股的股利须按约定的股利率支付，不受盈利影响，又被称为“旱涝保收股”，所以公司的利润分配政策对其没有影响，因此，在股东大会上不享有表决权。

2. 记名股和无记名股

依是否在股东名册上记载股东姓名为标准，可将股票分为记名股和无记名股。公司向发起人、法人发行的股票，应当为记名股票，并记载其姓名或名称；向社会公众发行的股票可不记名。

3. 面额股和无面额股

依股票是否载有一定金额为标准，可将股票分为面额股和无面额股。票面记载金额的为面额股。无面额股是指股票票面上没有标明票面金额，也可以叫比例股。我国不允许发行无面额股票。

4. A 股、B 股、H 股、N 股、S 股和 T 股

依认购股份的货币不同为标准，可将股票分为 A 股、B 股、H 股、N 股、S 股和 T 股。A 股是指人民币股，即以人民币标明股票面值。B 股是指人民币特种股票，即以人民币标值，以外汇买卖。H 股、N 股、S 股、T 股均为我国股份公司发行的，在境外上市的，以人民币标值，以外汇进行交易的股票。其中，H 股在香港上市交易；N 股在纽约上市交易；S 股在新加坡上市交易；T 股在东京上市交易。

（三）股份发行

1. 股份发行的概念

股份发行是指股份有限公司为募集资本而分配或出售自己的股份，由投资人认购的行为。股份有限公司在公司成立前可以为募集资本发行股份，称之为原始发行；成立后可以为扩充资本发行新股，称之为新股发行。

2. 股份发行的原则

股份的发行，实行公开、公平、公正的原则，同种类的每一股份应当具有同等权利。同次发行的同种类股票，每股的发行条件和价格应当相同；任何单位或者个人所认购的股份，每股应当支付相同价额。

3. 股份发行的价格

股票发行价格可以按票面金额，也可以超过票面金额，但不得低于票面金额。采用溢价发行所得的溢价款列入资本公积金。

4. 股份发行的条件与程序

(1)股份发行的条件。股份公司初次发行股份的条件就是股份公司设立的条件。新股的发行，应当符合下列条件：①具备健全且运行良好的组织机构；②具有持续盈利能力，财务状况良好；③最近 3 年财务会计文件无虚假记载，无其他重大违法行为；④经国务院批准的国务院证券监督管理机构规定的其他条件。

(2)股份发行的程序。股份发行应当依照以下程序进行：①发起人认购股份；②公告招股说明书，制作认股书；③签订承销协议和代收股款协议；④经国务院证券管理部门审核；⑤公开募集股份；⑥召开创立大会；⑦设立登记并公告。

二、股份转让

股份转让是指已经发行的股份在不同的投资者之间进行交换的行为。通过股份转让，

股东可以收回投资。

（一）转让场所

股东转让其股份，应当在依法设立的证券交易场所进行或按照国务院规定的其他方式进行。

（二）转让方式

记名股票，由股东以背书方式或者法律、行政法规规定的其他方式转让；转让后由公司将受让人的姓名或者名称及住所记载于股东名册。股东大会召开前20日内或者公司决定分配股利的基准日前5日内，不得进行股东名册的变更登记。但是，法律对上市公司股东名册变更登记另有规定的，从其规定。

无记名股票的转让，由股东将该股票交付给受让人后即发生转让的效力。持有无记名股票的人就是股东，依法享有并行使股东权，不必办理任何过户手续。

（三）转让限制

发起人持有的本公司股份，自公司成立之日起1年内不得转让。公司公开发行股份前已发行的股份，自公司股票在证券交易所上市交易之日起1年内不得转让。

公司董事、监事、高级管理人员应当向公司申报所持有的本公司的股份及其变动情况，在任职期间每年转让的股份不得超过其所持有本公司股份总数的25%；所持本公司股份自公司股票上市交易之日起1年内不得转让。上述人员离职后半年内，不得转让其所持有的本公司股份。公司章程可以对公司董事、监事、高级管理人员转让其所持有的本公司股份作出其他限制性规定。

（四）公司回收股票限制

公司不得收购本公司股份，但是，有下列情形之一的除外：①减少公司注册资本；②与持有本公司股份的其他公司合并；③将股份奖励给本公司职工；④股东因对股东大会作出的公司合并、分立决议持异议，要求公司收购其股份的；⑤公司不得接受本公司的股票作为质押权的标的。

三、上市公司

上市公司是指公司股票经批准可以在证券交易所进行交易的股份有限公司。

股份有限公司申请股票上市，应当符合下列条件：①股票经国务院证券监督管理机构核准已公开发行；②公司股本总额不少于人民币3000万元；③公开发行的股份达到公司股份总数的25%以上；④公司股本总额超过人民币4亿元的，公开发行股份的比例为10%以上；⑤公司最近3年无重大违法行为，财务会计报告无虚假记载；⑥国务院规定的其他条件。

证券交易所可以规定高于上述规定的上市条件，并报国务院证券监督管理机构批准。

第五节　公司债券

一、公司债券的概念

公司债券是指公司依照法定条件和程序发行，约定在一定期限还本付息的有价证券。

公司债券与公司股票都是有价证券，是公司向社会筹集资金的两种重要方式，都要受到公司法和证券法的规范和调整。两者的主要区别在于：①表现的法律关系的性质不同。基于公司债券产生的是债权债务法律关系，发行债券是一种债权融资行为，融入资金属于公司的负债，而非资本金；基于股票发行产生的是股权法律关系。②投资者所承担的风险不同。到期还本付息是公司债券投资的特点之一，而股票投资的特点之一是不得抽回投资且没有期限，投资回报一般不能事先约定，无盈不分是其基本原则。债券投资的风险比股票投资要小，当然，相应的投资回报也有可能低于股票。③投资者所享有的权利不同。股票投资者是公司的股东，享有基于股东身份产生的各种股东权利，包括经营管理权；公司债券投资者是公司的债权人，只享有到期要求还本付息的权利，无经营管理权。

二、公司债券的种类

（一）根据是否在公司债券票面记载持有人的姓名分类

根据是否在公司债券票面记载持有人的姓名，公司债券可分为记名公司债券和无记名公司债券。

记名公司债券是公司债券的持有人的姓名记载于债券票面的公司债券，由债券持有人以背书方式或者法律、行政法规规定的其他方式转让；转让后由公司将受让人的姓名或者名称及住所记载于公司债券存根簿。无记名债券是公司债券的持有人的姓名不记载于债券票面的公司债券，由债券持有人将该债券交付给受让人后即发生转让的效力。

（二）根据公司债券是否在一定条件下可转换为公司股票分类

根据公司债券是否在一定条件下可转换为公司股票，公司债券可分为可转换公司债券和不可转换公司债券。

可转换债券是指债券持有者可以将持有的公司债券，按照转换办法转换成公司股票的公司债券。上市公司经股东大会决议可以发行可转换为股票的公司债券，并在公司债券募集办法中规定具体的转换办法。上市公司发行可转换为股票的公司债券，应当报国务院证券监督管理机构核准。发行可转换为股票的公司债券，应当在债券上标明可转换公司债券字样，并在公司债券存根簿上载明可转换公司债券的数额。

发行可转换为股票的公司债券的，公司应当按照其转换办法向债券持有人换发股票，但债券持有人对转换股票或者不转换股票有选择权。

三、公司债券的发行

（一）公司债券的发行条件

（1）股份有限公司的净资产不低于人民币3000万元，有限责任公司的净资产不低于人民币6000万元。

（2）累计债券余额不超过公司净资产的40%。

（3）最近3年平均可分配利润足以支付公司债券1年的利息。

（4）筹集的资金投向符合国家产业政策。

（5）债券的利率不超过国务院限定的利率水平。

（6）国务院规定的其他条件。

公开发行公司债券筹集的资金，必须用于核准的用途，不得用于弥补亏损和非生产性支出。

(二)公司债券的发行程序

(1)作出发行公司债券的决议。股份有限公司和符合要求的有限责任公司发行公司债券事宜，由股东(大)会依公司章程规定的议事方式和表决程序作出决议；国有独资公司发行公司债券事宜，应由国家授权投资的机构或者国家授权的部门作出决定；由董事会提出发行申请。

(2)额度分配。在我国，公司债券的发行规模不能由发行人自主决定，而是实行发行额度的控制、分配。根据《公司法》第 164 条第 1 款规定，“公司债券的发行规模由国务院确定”，即我国对公司债券发行采取发行规模控制制度，并采取自下而上和自上而下的额度分配制度。

(3)提交申请文件。

(4)公司债券发行审批。作为证券种类之一的公司债券，其发行审批应遵守《证券法》的规定。根据我国《证券法》第 16 条、第 18 条的规定，国务院授权的部门应当自受理公司债券发行申请文件之日起 3 个月内作出决定；不予审批的，应当作出说明。对于已作出的审批发行的决定，发现不符合法律、行政法规规定的，国务院授权的部门应当予以撤销；尚未发行的，停止发行；已经发行的，公司债券持有人可以按照发行价并加算银行同期存款利息，要求发行人返还。

(5)公告公司债券募集办法。

(6)向社会公开发行公司债券。公司(发行人)公告债券募集办法后，即可开始募集工作。公司应当配置公司债券应募书。债券认购人应填写应募书，并缴纳债券款项，领取公司债券。

(7)向行业主管部门备案。在公司债券发行工作结束后，担任承销的证券经营机构应会同公司一道在一定期限内、将承销情况向行业主管部门备案。

四、公司债券的上市

根据《证券法》规定，公司申请公司债券上市交易，应当符合下列条件：①公司债券的期限为 1 年以上；②公司债券实际发行额不少于人民币 5000 万元；③公司申请债券上市时仍符合法定的公司债券发行条件。

第六节 公司财务会计制度

一、公司财务会计制度的概念

公司的财务会计制度是公司财务制度和会计制度的总称，是指法律、行政法规、公司章程中确立的公司财务、会计规则。财务会计制度是企业利用价值形式组织生产和进行分配和交换的必要手段。公司财务会计主要以定期编报会计报表的形式，为企业外部有关方面提供会计信息,同时也为企业内部管理服务,所提供的会计信息主要是反映企业过去和现在的经济活动情况及结果。为保护股东、债权人和社会的利益,保障公司有效运营,维护正常经济秩序,许多国家的公司法都规定公司,特别是股份有限公司,必须建立财务会计制度,使公司的财务会计成为公司法律制度的重要组成部分。

二、公司财务会计报告

(一) 公司财务会计报告的构成

公司财务会计报告是定期的反映企业财务状况和经营成果的总结性书面文件。

公司财务会计报告主要包括会计报表、会计报表附注和财务情况说明书。其中,会计报表由资产负债表、利润表、现金流量表及相关附表组成。会计报表附注是为便于会计报表使用者理解会计报表的内容而对会计报表的编制基础、编制依据、编制原则和方法及主要项目等所作的解释。财务情况说明书是对财务会计报表所反映的公司财务状况,作进一步说明和补充的文书。

为充分发挥财务会计报告的作用,各种会计报表提供的指标必须满足有关方面的要求。公司编制财务会计报告,应当根据真实的交易、事项及完整准确的账簿记录等资料,做到内容完整、数字真实、计算准确、不得漏报或任意取舍。公司应当在每一会计年度终了时编制财务会计报告,并依法经会计师事务所审计。财务会计报告应当依照法律、行政法规和国务院财政部门的规定制作。

(二) 公司财务会计报告的验证和公开

根据我国《会计法》、《公司法》等法律和行政法规的规定,公司对外提供的年度财务会计报告必须依法经注册会计师验证,并应当由公司法定代表人、总会计师、会计机构负责人和主管会计人员签署。

有限责任公司应当按照公司章程规定的期限,将公司财务会计报告及时送交公司的各个股东。股份有限公司的财务会计报告应当在召开股东大会年会之前 20 日置备于本公司,供股东查阅。以募集设立方式成立的股份有限公司必须公告其财务会计报告。根据《证券法》规定,上市公司还应当在每一会计年度的上半年结束之日起 2 个月内制作并公告中期财务会计报告。

三、公司公积金

(一)公积金的概念

公积金又称储备金、准备金,是公司为预防亏损和增强财力、扩大营业规模的目的,依照法律和公司章程的规定或股东会的决议,从公司盈余或公司资本收益中提取的不作为股利分配,而暂存于公司内部的特殊用途的基金。

(二)公积金的分类

根据公积金的提取是否为法律所强制规定,可以将其分为法定公积金和任意公积金。

1. 法定公积金

法定公积金是指依照法律的强制规定而提取的公积金,对其提取及提取比例,公司章程或股东会决议不得予以取消和变更。根据法定公积金的不同来源,法定公积金又可分为盈余公积金和资本公积金。

(1)盈余公积金。盈余公积金是指公司向股东分配股利前,依法按一定比例从公司利润中提取的公积金。《公司法》规定:"公司分配当年税后利润时,应当提取利润的10%列入公司法定公积金。公司法定公积金累计额为公司注册资本的50%以上的,可以不再提取。"

(2)资本公积金。资本公积金是指依法直接由公司资本、资产或其他收益所形成的公积金。《企业会计准则》第40条规定:"资本公积金包括股本溢价、法定财产重估增值、接受捐赠的资产价值等。"《公司法》规定:"股份有限公司依照本法规定,以超过股票票面金额的发行价格发行股票所得的溢价款以及国务院财政主管部门规定列入资本公积金的其他收入,应当为公司资本公积金。"

2.任意公积金

任意公积金是指非依法律的强制规定,而是依公司章程的规定或股东会的决议提取的公积金。任意公积金的用途由公司章程或股东会决议而定,法律不予限制。但其提取及用途一经确定,不得随意变更,其变更需经过修改公司章程或变更股东会决议。《公司法》规定:"公司从税后利润中提取法定公积金后,经股东会或者股东大会决议,还可以从税后利润中提取任意公积金。"

(三)公积金的用途

根据我国《公司法》的规定,法定公积金可以用于以下三个方面。

1.弥补亏损

公司可以用法定盈余公积金弥补亏损,以维持公司资本与资产的基本相当,增强公司的偿债能力,但资本公积金不能用于弥补亏损。

2.扩大公司生产经营规模

公司可以直接用公积金扩大生产经营规模,以增强公司的发展能力,可以为公司和股东赚取更多的利润。

3.增加资本

公司可以根据生产经营的需要及公司的资本结构,随时将法定公积金转增为资本。为防止转增资本后公司留存的法定盈余公积金过少,因此,《公司法》规定,法定公积金转为资本时,所留存的该项公积金不得少于注册资本的25%。

四、公司利润分配

公司的利润是指公司在一定时间内生产经营的成果,主要由营业利润、投资净收益和营业外收入净额组成。公司向股东分配股利的资金来源只能是公司的利润。各国公司法大多采取"无盈不分"的原则,即公司无利润时不得分配股利。根据《公司法》及有关财务税收法规,公司的年度利润应按以下顺序分配:①弥补公司以前年度的亏损。②提取法定公积金。公司弥补完亏损仍有剩余的,提取税后利润扣除前两项后的10%列入公司的法定公积金。③提取任意公积金。公司提取法定公积金、法定公益金后,经股东会决议,可以提取任意公积金,提取比例由股东会或公司章程确定。④向股东分配股利。公司利润在弥补亏损、提取法定公积金、任意公积金之后仍有剩余的,才可向股东分配股利。有限责任公司按照股东的出资比例分配,股份有限公司按照股东持有的股份比例分配。

【思考题】

一、单项选择题

1. 下列关于公司分类的哪一表述是错误的？（ ）

A. 一人公司是典型的人合公司

B. 上市公司是典型的资合公司

C. 非上市股份公司是资合为主兼具人合性质的公司

D. 有限责任公司是以人合为主兼具资合性质的公司

2. 公司在经营活动中可以自己的财产为他人提供担保。关于担保的表述中，下列哪一选项是正确的？（ ）

A. 公司经理可以决定为本公司的客户提供担保

B. 公司董事长可以决定为本公司的客户提供担保

C. 公司董事会可以决定为本公司的股东提供担保

D. 公司股东会可以决定为本公司的股东提供担保

3. 某国有企业拟改制为公司。除5个法人股东作为发起人外，拟将企业的190名员工都作为改制后公司的股东，上述法人股东和自然人股东作为公司设立后的全部股东。根据我国公司法的规定，该企业的公司制改革应当选择下列哪种方式？（ ）

A. 可将企业改制为有限责任公司，由上述法人股东和自然人股东出资并拥有股份

B. 可将企业改制为股份有限公司，由上述法人股东和自然人股东以发起方式设立

C. 企业员工不能持有公司股份，该企业如果进行公司制改革，应当通过向社会公开募集股份的方式进行

D. 经批准可以突破有限责任公司对股东人数的限制，公司形式仍然可为有限责任公司

二、多项选择题

1. 甲、乙两家公司与刘某、谢某欲共同设立一注册资本为人民币200万元的有限责任公司，他们在拟订公司章程时约定各自以如下方式出资。下列哪些出资是不合法的？（ ）

A. 甲公司以其企业商誉评估作价人民币80万元出资

B. 乙公司以其获得的某知名品牌特许经营权评估作价人民币60万元出资

C. 刘某以保险金额为人民币20万元的保险单出资

D. 谢某以其设定了抵押担保的房屋评估作价人民币40万元出资

2. 甲、乙两家公司拟募集设立一股份有限公司。他们在获准向社会募股后实施的下列哪些行为是违法的？（ ）

A. 其认股书上记载：认股人一旦认购股份就不得撤回

B. 与某银行签订承销股份和代收股款协议，由该银行代售股份和代收股款

C. 在招股说明书上告知：公司章程由认股人在创立大会上共同制订

D. 在招股说明书上告知：股款募足后将在60日内召开创立大会

3. 一枝花有限公司因营业期限届满解散，并依法成立了清算组，该清算组在清算过程中实施的下列哪些行为是合法的？（ ）

A. 为使公司股东分配到更多的剩余财产，将公司的库房出租给甲公司收取租金

B. 为减少债务利息，在债权申报期间清偿了可以确定的乙公司债务

C. 通知公司的合作伙伴丙公司解除双方之间的供货合同并对其作出相应赔偿

D. 代表公司参加了一项仲裁活动并与对方当事人达成和解协议

三、简答题

1. 简述我国有限责任公司的特征。

2. 简述我国股份有限公司的设立条件和程序。

3. 我国股份有限公司的组织机构有哪些？

4. 公司债券和股票有什么区别？

四、案例分析题

A、B、C 三人于 2009 年 3 月出资设立甲有限责任公司。2010 年 4 月，该公司又吸收 D 入股。2010 年 10 月，该公司因经营不善造成严重亏损，拖欠巨额债务，被依法宣告破产。人民法院在清算中查明：A 在公司设立时作为出资的机器设备，其实际价额为人民币 200 万元，显著低于公司章程所定价额人民币 350 万元；A 的个人财产仅为人民币 50 万元。

请回答下列问题：

(1)对于股东 A 出资不实的行为，在公司内部应承担何种法律责任？

(2)当甲公司被宣告破产时，对 A 出资不实的问题应如何处理？

(3)对 A 出资不足的问题，股东 D 是否应对其承担连带责任？

第四章　证券法

【主要内容】

本章主要叙述了证券的含义和分类、证券法的体系与原则，介绍了证券市场主体、证券发行制度和上市制度，并特别介绍了上市公司收购制度，最后叙述了证券市场中的违规违法行为，特别是虚假陈述、内幕交易、操纵市场和欺诈客户等四种行为以及其法律责任。

【教学要求】

了解证券的含义和分类、证券法的原则、证券市场的主体的职责；重点掌握证券发行制度和上市制度、上市公司的收购制度和四大违规违法行为的含义与构成要件；了解违规违法行为的法律后果。

第一节　概　述

一、证券概述

（一）证券的概念与特征

1. 证券的概念

证券是在专用纸张或其他载体上，以文字、图形等方式记载并代表一定权利的凭证的通称，是民事权利及其载体的结合物。该载体作为一种特殊的物，一般没有实际的物权价值，只是因为其所代表的权利才具有意义。证券有广义和狭义之分，广义的证券包括货币证券（如汇票、本票、支票）、资本证券（如股票、债券），狭义的证券仅指资本证券。本章在狭义上使用“证券”这一术语，即本章所称证券为资本证券。

资本证券是指由金融投资而产生或由与金融投资有直接联系的活动而产生的证券，持券人对发行人有一定的收入请求权的凭证。它包括股票、债券及其衍生品种。

2. 证券的特征

资本证券具有以下特征：

（1）资本证券是一种投资凭证，用来证明投资者一定的投资权利，是权利的载体。

（2）资本证券具有可转让性，证券的持有人可以通过依法转让所持有的证券，实现其自身的利益。

(3)资本证券具有要式性,资本证券必须依照法律规定的格式制作和签发,否则不具有相应的效力。

(二)我国证券法中的证券

现代证券种类繁多,范围广泛,各国证券法所调整的证券仅为证券中的一部分。根据《中华人民共和国证券法》(以下简称《证券法》)第2条的规定,我国证券法调整的证券包括股票、公司债券、政府债券、证券投资基金份额和国务院认定的其他证券。

1.股票

根据《公司法》第126条第2款的规定,股份有限公司的股份采取股票的形式,股票是股份有限公司签发的、证明股东所持股份的凭证。股票也是股东地位的证明,股东对公司享有经营管理、资产收益等多种权利。

2.公司债券

根据《公司法》第154条的规定,公司债券是指公司依照法定程序发行的,约定在一定期限内还本付息的有价证券,符合条件的股份有限公司和有限责任公司均可发行的公司债券。公司债券代表着债券持有人与公司之间的债权债务关系,公司债券持有人有权按照约定的期限收回本息,但对公司不享有经营管理的权利。

3.证券投资基金份额

基金份额是指基金发起人向不特定投资者发行的,表彰持有人对基金享有资产所有权、收益分配权和其他相关权利并承担相应义务的有价证券。投资基金根据“组合投资,专家理财”的观念而设立,将所募资金交给专门的机构管理,由投资专家具体操作运用,投资收益由原投资者获得,管理机构收取一定的管理费用。基金可以分为契约型基金和公司型基金,其中契约型基金依据《信托法》和《证券投资基金法》设立运行,受该两法调整;公司型基金的设立在我国尚未获得准许。

4.政府债券

政府债券是指中央政府或地方政府为筹措财政资金和建设资金,凭其信用,按照一定程序向投资者发行的,承诺到期还本付息的格式化的债权债务凭证。政府债券系以政府信用担保而发行的,信誉度高,又称为“金边债券”,但利率低于其他债券。根据《证券法》第2条的规定,政府债券的上市交易适用该法,其他法律、行政法规有特殊规定的,适用其规定。

5.国务院认定的其他证券

国务院依法认定的其他证券是指国务院在典型证券以外,根据其权利而依法认定的其他证券。在实践中,国务院可以通过三种方式进行证券认定:①国务院通过制定和发布行政法规进行认定;②国务院授权相关机构通过发布规范性文件进行认定;③国务院授权相关机构通过个案形式进行认定。采取这种立法模式能够不断地扩张证券的范围,有利于金融创新。

二、证券法概述

(一)证券法的概念与体系

证券法是指调整证券发行、交易、服务以及监管过程中所发生的各种社会关系的法律规范的总称。证券法分为实质意义上的证券法与形式意义上的证券法，其中形式意义上的证券法是指由国家立法机关依法定程序制定的，集中调整证券发行、交易、服务以及监管关系，并以证券法或证券交易法命名的法律规范。全国人大常委会 1998 年 12 月 29 日审议通过、2005 年 10 月 27 日修订的《中华人民共和国证券法》即为典型的形式意义上的证券法。实质意义上的证券法是指与证券法律关系相关的一切法律规范，不论其是否以证券法或证券交易法命名，只要其以证券法律关系为调整对象，即为实质意义上的证券法。在我国，除了《证券法》以外，《证券投资基金法》、《公司法》、《合同法》等都对证券市场有一定的规制作用，均属于实质意义上的证券法。

经过多年发展，我国的证券立法经历了从无到有、从简单到详尽的过程，目前已经形成了以法律、行政法规为主体，以司法解释、部门规章、自律监管规定为补充的证券立法体系。该体系中最重要的法律是全国人大常委会于 1998 年 12 月 29 日审议通过、2005 年 10 月 27 日进行修订的《证券法》，其他法律如《公司法》、《证券投资基金法》、《刑法》、《合同法》等也是《证券法》的重要关系法。除全国人大及其常委会制定的法律外，现行的与证券发行、交易、监管有关的行政法规包括《股票发行与交易管理暂行条例》、《国库券条例》、《企业债券管理条例》等；相关的部门规章包括《上市公司收购管理办法》、《证券经营机构证券自营业务管理办法》、《证券交易所管理办法》、《证券市场禁入暂行规定》等；相关的司法解释包括《最高人民法院关于审理证券市场因虚假陈述引发的民事赔偿案件的若干规定》等；相关的自律监管规范包括《交易所章程》、《交易所会员管理办法》、《交易所业务规则》等。

（二）证券法的基本原则

证券法的基本原则是指证券法所特有的，集中体现证券法的性质和宗旨，反映证券市场客观发展规律，广泛适用各种证券法律关系的基本准则，是证券立法、司法和执法活动的指导原则。我国证券法的基本原则包括“三公”原则和诚信原则。

“三公”原则，即公开、公平、公正三个原则的简称。“三公”原则源于《证券法》第 3 条的规定，是证券法最典型、最基本、最重要的原则，是证券市场正常运行的基本条件。

公开原则是指证券发行者在证券发行前和发行后应当根据法定的要求和程序向证券监督管理机构和证券投资者提供规定的、能够对证券价格造成影响的重要信息。公开原则包括两个阶段的信息公开，一是证券发行前的信息公开，即“发行信息披露”；二是证券发行之后的信息披露，即“持续信息披露”。为了公开原则的实现，我国证券法设置了一系列具体的规则，如信息预披露制度、信息披露制度、定期报告制度、临时报告制度以及违反信息披露的责任规则。

公平原则是指证券发行、交易活动的当事人应当具有平等的法律地位，给予其同等的机会，其合法权益受到同等的保障。其具体含义包括以下方面：①应向各类投资者提供同等的交易机会；②应当向各类投资者提供同等的接触信息的机会；③应当保障证券法律关系主体的权利，义务的对等；④应当健全证券市场主体的权利保护规则。

公正原则是指证券监督管理机构应当给予证券市场参与者以公正的待遇，着重强调监管者必须公正和不偏不倚地介入证券市场。公正原则包括两个方面的内容：①法律所确认的标准和规则应当是公正的；②监管者的管理行为公正。

诚实信用原则强调行为人依照主观善意行事，它要求证券市场参与者以最大的善意进行证券活动，任何人不得滥用权利或不履行义务而损害他人的利益。它的含义包括：①证券发行人和相关中介机构要依照诚实信用的要求对待投资者，履行信息披露义务；②证券发行人应当给予包括承销商在内的中介机构以同等对待；③证券市场参与人应善意从事证券市场活动，不得为牟取非法利益而损害他人的合法权益。

第二节　证券市场参与者

一、证券市场与证券市场参与者

（一）证券市场

证券市场，从狭义上说，是证券发行和交易的场所；从广义上讲，是指一切以证券为对象的交易关系的总和。

从纵向上，可将证券市场划分为发行市场和交易市场。证券发行市场又称"一级市场"，是指发行人以筹集资金为目的，按照一定的法律规定和发行程序，向投资者出售证券所形成的市场。证券交易市场又称为"二级市场"，是指已发行的证券通过买卖交易实现流通转让的场所。证券在完成在发行市场上的发行后即进入交易市场，这是一个具有连续性的过程。

从横向上，证券市场可以划分为股票市场、债券市场、基金市场等子市场。股票市场是股票发行和买卖交易的场所，股票市场的发行人为股份有限公司。债券市场是债券发行和买卖交易的场所，债券的发行人有中央政府、地方政府、金融机构、公司和企业。基金市场是基金证券发行和流通的市场，封闭式基金在证券交易所挂牌交易，开放式基金通过投资者向基金管理公司申购和赎回实现流通的。

（二）证券市场参与者

1. 证券发行人

证券发行人是指为筹措资金而发行债券、股票等证券的政府机构、金融机构、公司和企业。证券发行人是证券发行的主体。证券发行是把证券向投资者销售的行为，可以由发行人直接办理，称之为直接发行；也可以由中介机构代办发行，称之为间接发行。直接发行是比较特殊的发行行为，比较少见，市场上的发行行为多为间接发行。

2. 证券投资者

证券投资者是证券的购买者，是证券市场上的资金供给者。证券投资者可分为个人投资者和机构投资者两大类。个人投资者是指从事证券投资的自然人，他们是证券市场最广泛的投资者，其主要投资目的是追求盈利，谋求资本的保值和增值，十分重视本金的安全和资产的流动性。机构投资者包括企业、商业银行、非银行金融机构（如养老基金、保险基金、证券投资基金）等，相对于中小投资者而言拥有资金、信息、人力等优势，能影响某一证券价格变动。

3. 其他参与者

证券市场是一个高度发达的市场，除了投资者和发行人以外，还有另外三类不可或缺的主体，它们是证券市场中介机构、自律性组织和证券监管机构。其中，证券中介机构是指证券公司、证券登记结算机构和资产评估机构、审计机构等；证券自律性组织主要是指证券交易所和证券业协会；证券监管机构主要是指政府设立的监管组织，我国的证券监管机构为中国证监会。

二、证券公司

（一）证券公司的概念

证券公司是指符合《公司法》和《证券法》规定的设立条件，经证券监督管理机构批准从事证券经营业务的有限责任公司或者股份有限公司。根据《证券法》规定，证券公司可以采取有限公司或股份公司形式，但不得采取其他组织形式。

根据《证券法》第 6 条规定，证券业和银行业、信托业、保险业实行分业经营、分业管理，证券公司与银行、信托、保险业务机构分别设立。该法第 125 条又规定，经国务院证券监督管理机构批准，证券公司可以经营下列部分或者全部业务：①证券经纪；②证券投资咨询；③与证券交易、证券投资活动有关的财务顾问；④证券承销与保荐；⑤证券自营；⑥证券资产管理；⑦其他证券业务。

（二）证券公司的设立、变更与终止

1. 证券公司的设立

对于证券公司的设立，我国采取审批制。《证券法》第 122 条规定，设立证券公司，必须经国务院证券监督管理机构审查批准，未经国务院证券监督管理机构批准，任何单位和个人不得经营证券业务。该法第 144 条规定，设立证券公司，应当具备下列条件：①有符合法律、行政法规规定的公司章程；②主要股东具有持续盈利能力，信誉良好，最近 3 年无重大违法违规记录，净资产不低于人民币 2 亿元；③有符合《证券法》规定的注册资本；④董事、监事、高级管理人员具备任职资格，从业人员具有证券从业资格；⑤有完善的风险管理与内部控制制度；⑥有合格的经营场所和业务设施；⑦法律、行政法规规定的和经国务院批准的国务院证券监督管理机构规定的其他条件。另外，证券公司必须在其名称中标明“证券有限责任公司”或者“证券股份有限公司”字样。

2. 证券公司的变更

证券公司的变更是指经中国证监会审批的证券公司名称、住所、业务范围、注册资本、公司形式、股东、实际控制人等事项发生变动。这些事项的变动，有的不必经中国证监会批准而直接变更，有的则必须先向中国证监会申请，经批准后才能变更，未经批准则不得实施。《证券法》第 129 条规定：“证券公司设立、收购或者撤销分支机构，变更业务范围或者注册资本，变更持有 5%以上股权的股东、实际控制人，变更公司章程中的重要条款，合并、分立、变更公司形式、停业、解散、破产，必须经国务院证券监督管理机构批准。证券公司在境外设立、收购或者参股证券经营机构，必须经国务院证券监督管理机构批准。”

3. 证券公司的终止

证券公司的终止是指已获准成立的证券公司，因一定事由的发生而丧失其民事主体资格，不再具有民事权利能力与行为能力的状态。导致证券公司终止的事由有以下三种情形：①自行解散。证券公司可因其章程规定的解散事由出现而决定自行解散，但自行解散必须经中国证监会批准，证券公司一经解散，其主体资格即行丧失。②中国证监会依法予以撤

销。在证券公司存续期间,如发生严重违法行为,中国证监会可以取消其经营证券业务资格。③依法被宣告破产。如果证券公司的资产不能清偿到期债务,人民法院可根据债权人或债务人的申请,依法宣告其破产。

三、证券监督管理机构

(一)证券监督管理机构的概念

证券监管管理机构是指证券业中施行行业监管的行为主体。《证券法》中所称"证券监督管理机构"是指中国证券监督管理委员会,简称中国证监会。中国证监会属于国务院直属事业单位,是全国证券期货市场的主管部门。《证券法》第10章确立了我国证券市场集中统一的监督管理体制,赋予了国务院证券监督管理机构依法监督管理证券市场,维护证券市场秩序,保障其合法运行的基本任务,明确了国务院证券监督管理机构应当履行的监管职责以及为履行职责采取相应措施的权利。

(二)证券监督管理机构的职权

国务院证券监督管理机构,作为证券市场的监督和管理机关,应当依法行使职权,《证券法》规定了证券监督管理机构在实施证券市场监督管理过程中多项职权,可概括为下述几类。

1. 依法制定规范性文件

国务院证券监督管理机构作为证券市场的监督和管理机关,对证券业依法行使行政管理权。《证券法》赋予证券监督管理机构依法制定有关证券市场监督管理的规章、规则的权利,证券监督管理部门在行使这项职权时,应依据法律、行政法规或国务院相关规定,在授权的范围内制定有关证券市场监督管理的规范性文件,如证券发行的有关具体规定、信息披露的有关规定、证券业务经营机构和证券交易服务机构的有关规定。

2. 对进入证券市场的主体及其活动行使审批核准权

审批核准权是一种行政许可行为。按照《证券法》的规定,证券监督管理机构的行政许可权主要表现为审批权与核准权,即有关发行股票、证券在境外上市交易、股票上市、证券的发行、公司债券上市交易、证券公司的设立、证券登记结算机构的设立、申请歇业、解散等需经国务院证券监督管理机构审查批准或者核准的,由其行使审批权。

3. 对证券市场的活动和从事证券业务的机构行使监督管理权

对证券市场的活动进行监督管理,包括对证券的发行、交易、托管、登记、结算以及对证券发行和交易中信息公开情况的进行监督管理。

对从事证券业务的机构行使监督管理权,主要指对证券发行人、上市公司、证券交易所、证券公司、证券登记结算机构、证券投资基金管理机构、证券投资咨询机构、资信评级机构、资产评估机构以及从事证券业务的律师事务所、会计师事务所等社会中介机构的业务活动进行监督管理。

4. 对证券违法行为行使行政处罚权

《证券法》赋予了证券监督管理机构对违反证券市场管理法律、行政法规的行为行使行政处罚权。但行政处罚权必须依法行使,除了依据有关证券市场管理的法律、法规外,还要依照《行政处罚法》关于行政处罚范围、行政处罚程序的规定。

此外，证券监督管理机构对证券业协会的活动应当进行指导和监督，促使其正确履行职责，完成对证券行业的自律监管。

四、证券交易所

(一)概述

证券交易所是依据国家有关法律，经政府证券主管机关批准设立的集中进行证券交易的有形场所。证券交易所是证券市场的核心，是一个高度组织化、集中进行证券交易的市场，交易所本身不买卖证券，也不决定证券价格，而是为证券交易提供一定的场所和设施，配备必要的管理和服务人员，并对证券交易进行周密的组织和严格的管理。

(二)证券交易所的组织结构

根据《证券法》有关规定，证券交易所设会员大会、理事会、总经理和专门委员会。

1. 会员大会

会员大会是证券交易所的最高权力机构，每年至少召开一次。会员大会的职权有：制定证券交易所章程；选举和罢免理事；审议、通过理事会、总经理的工作报告；审议、通过证券交易所财务预算、决算报告；决定证券交易所的其他重大事项。

2. 理事会

理事会对会员大会负责，是证券交易所的决策机构，每届任期 3 年。理事会的职责包括：执行会员大会的决议；拟定、修改证券交易所的业务规则；聘任总经理和根据总经理的提名聘任副总经理；审定总经理提出的工作计划、财务预算及决算方案；审定对会员的接纳与处分；根据需要决定专门委员会的设置等。

3. 总经理

证券交易所设总经理 1 人，由国务院证券监督管理机构任免，总经理为证券交易所的法定代表人；设副总经理 1～3 人；总经理与副总经理的任期均为 3 年。总经理在理事会的领导下负责证券交易所的日常管理工作，是证券交易所法定代表人。

4. 专门委员会

证券交易所可根据需要设立专门委员会，如证券发行审核委员会、监察委员会等。上市委员会由 13 名委员组成，每届任期 3 年，主要职责有：监察理事、总经理等高级管理人员执行会员大会、理事会决议的情况；监察理事、总经理及其他工作人员遵守法律、法规和证券交易所章程、业务规则的情况；监察证券交易所的财务情况等。

(三)证券交易所的设立和解散

1. 证券交易所的设立

对于证券交易所的设立有两种不同的管理制度：一是特许制，即证券交易所的设立须经证券主管部门的批准，该制度以日本为代表；二是登记制，即证券交易所的设立需向证券主管部门登记，该制度以美国为代表。我国证券交易所的设立属于特许制。根据我国《证券法》的规定，证券交易所的设立，由国务院决定；设立证券交易所必须制定章程，证券交易所章程的制定和修改，必须经国务院证券监督管理机构批准。

我国目前有上海证券交易所和深圳证券交易所两个交易所。

2.证券交易所的解散

根据《证券法》规定，证券交易所的解散，由国务院决定。证券交易所的解散有两种情形：一是自愿解散，即出现章程规定的解散事由，由会员大会决议解散，报证券主管部门批准；二是强制解散，即因违法行为而被证券主管部门作出解散的决定。具体而言，证券交易所若出现章程规定的解散事由，由会员决议解散的，经国务院证券监督管理委员会审核同意后，报国务院批准解散。如果证券交易所有严重违法行为，则由国务院证券监督管理委员会作出解散决定，报国务院批准解散。

五、证券业协会

(一)证券业协会概述

中国证券业协会是依据《证券法》和《社会团体登记管理条例》的有关规定设立的证券业自律性组织，属非营利性社会团体法人，接受中国证监会和国家民政部的业务指导和监督管理。我国《证券法》规定，证券业协会是证券业的自律性组织，是社会团体法人。这一规定具有如下含义：①证券业协会具有法人资格，具有民事权利能力和民事行为能力，以自己独立的财产承担民事责任，其会员对证券业协会的民事行为不承担连带责任。②证券业协会是由具有特定资格的会员所组成，相当于"社团"，属人的组合，而非财产的集合。③证券业协会是非营利性组织，旨在为协会会员提供有关服务，协调会员之间的关系，不得从事营利性或经营性活动，收取的费用和收入不得向会员进行分配。④证券业协会必须依法办理注册登记手续，我国《社会团体登记管理条例》对社会团体法人登记条件、程序、名称使用、登记事项、章程、资产及财务制度等的规定，都适用于证券业协会。

根据《证券法》规定，证券业协会的权力机构为会员大会，会员大会由全体会员组成，依照协会章程决定协会重大事宜。证券业协会设理事会，理事会成员依章程的规定通过选举产生。理事会是证券业协会的常设性机构，负责管理协会的日常业务及活动。

(二)证券业协会的职责

1.《证券法》规定的职责

《证券法》第176条以列举方式，将证券业协会的主要职责归纳如下：①教育和组织会员遵守证券法律、行政法规；②依法维护会员的合法权益，向证券监督管理机构反映会员的建议和要求；③收集整理证券信息，为会员提供服务；④制定会员应遵守的规则，组织会员单位的从业人员的业务培训，开展会员间的业务交流；⑤对会员之间、会员与客户之间发生的证券业务纠纷进行调解；⑥组织会员就证券业的发展、运作及有关内容进行研究；⑦监督、检查会员行为，对违反法律、行政法规或者协会章程的，按照规定给予纪律处分；⑧证券业协会章程规定的其他职责。

2.行政法规、证监会规范性文件规定的职责

协会依据行政法规、中国证监会规范性文件规定，行使下列职责：①制定自律规则、执业标准和业务规范，对会员及其从业人员进行自律管理；②负责证券业从业人员资格考试、认定和执业注册管理；③负责组织证券公司高级管理人员资质测试和保荐代表人胜任能力考试，并对其进行持续教育和培训；④负责做好证券信息技术的交流和培训工作，组织、协调会员做好信息安全保障工作，对证券公司重要信息系统进行信息安全风险评估，组织对交易系

统事故的调查和鉴定;⑤负责制定代办股份转让系统运行规则,监督证券公司代办股份转让业务活动和信息披露等事项;⑥行政法规、中国证监会规范性文件规定的其他职责。

3. 自律管理职责

协会依据行业规范发展的需要,行使其他涉及自律、服务、交流的自律管理职责:①推动行业诚信建设,督促会员依法履行公告义务,对会员信息披露的诚信状况进行评估和检查;②制定证券从业人员职业标准,组织证券从业人员水平考试和水平认证;③组织开展证券业国际交流与合作,代表中国证券业加入相关国际组织,推动相关资质互认;④其他自律、服务、交流职责。

第三节　证券发行制度

一、概述

证券发行是指证券发行人依照法定的条件和程序创设证券权利并向投资者交付的行为,是证券发行人与证券认购人之间的证券买卖行为。证券发行是证券市场中的基础性行为,只有经过证券发行,才能形成一系列复杂的证券法律关系。我国《证券法》专设一章对证券发行进行规制。证券发行应当遵循公开、公平、公正的原则,在自愿有偿和诚实信用的基础上依照法律行政法规的规定进行。

依所发行的证券种类的不同,可将证券发行分为股票发行、债券发行和证券投资基金份额的发行。

依发行对象范围的不同,可将证券发行分为公募发行和私募发行。公募发行又称公开发行,是指发行人向不特定的社会公众公开发行证券的行为;私募发行又称不公开发行,是指向少数特定投资者发行证券的行为。根据《证券法》的规定,有下列情形之一的为公开发行:①向不特定对象发行证券的;②向特定对象发行证券累计超过 200 人的;③法律、行政法规规定的其他发行行为。另外,非公开发行,不得利用广告、公开劝诱等方式进行变相公开发行,否则"推定"为公开发行,要遵守公开发行的条件和程序。

依发行是否借助中介机构,可将证券发行分为直接发行和间接发行。直接发行是指证券发行人不通过证券承销机构,由自己承担发行风险,直接与投资者签订认购合同自行组织发行事宜的发行方式。间接发行是指证券发行人并不直接与投资者发生关系,而是委托证券承销机构代为发行证券的发行方式。间接发行包括代销和包销两种形式。公开发行一般要采取间接发行方式。

依发行的目的不同,可将证券发行分为设立发行与增资发行。这种分类方式仅适用于股票发行。设立发行是指在公司设立过程中,为筹集股本而首次发行股份的发行方式,它分为发起设立发行与募集设立发行两种。增资发行又称为增资扩股,是指已成立的股份有限公司为追加投资而发行股份的发行方式,它分为有偿增资发行(配股)、无偿增资发行(送股)以及有偿无偿混合增资发行(配股加送股)三种形式。

二、股票发行的条件与程序

股票发行是指股份有限公司为筹集股本或调整股权结构而分配或出售股票的行为。股票的发行依发行目的与阶段的不同，可划分为不同的类型，其相应的发行条件与程序也有所不同。根据《公司法》、《证券法》以及其他行政法规和规章的规定，我国现阶段股票发行的条件和程序可归纳为募集设立发行和公开发行新股两类。

（一）募集设立发行

1.募集设立发行股票的条件

设立股份有限公司发行股票，应当符合《公司法》规定的条件和经国务院批准的国务院证券监督管理机构规定的其他条件。概括如下：①发起人应当在2人以上200人以下，其中半数以上的发起人在中国境内有住所；②有符合法定要求的章程；③最低资本限额为500万元，法律、行政法规对股份有限公司注册资本有较高规定的，从其规定；④发起人认购的股份不得少于公司股份总数的35%，法律、行政法规另有规定的，从其规定；⑤应当由依法设立的证券公司承销证券，签订承销协议；⑥应当与银行签订代收股款协议；⑦依法制作招股说明书。

设立股份有限公司公开发行股票，应当向国务院证券监督管理机构报送募股申请和下列文件：①公司章程；②发起人协议；③发起人姓名或名称、发起人认购的股份数、出资种类及验资证明；④招股说明书；⑤代收股款银行的名称及地址；⑥承销机构的名称及有关协议；⑦法律、行政法规规定设立公司必须报经批准的，还应当提供相应的批准文件。此外，依照法律规定聘请保荐人的，还应当报送保荐人出具的发行保荐书。

2.募集设立发行股票的程序

根据《证券法》、《公司法》的规定，设立股份有限公司发行股票的程序为：

(1)股票发行前的准备工作。股票发行前的准备工作主要包括制订资金使用计划、拟订股票发行计划、制作有关的文件资料、聘请保荐人等。

(2)发起人认购不少于公司股本总数35%的股票。

(3)股票发行申请。发行公司将依法需提交的材料呈报国务院证券监督管理机构。

(4)预先披露。发行人申请首次公开发行股票的，在提交申请文件后，应当按照国务院证券监督管理机构的规定预先披露有关申请文件。

(5)发行审核。

(6)公告招股说明书并制作认股书。招股说明书旨在公开本次股票的发行情况。认股书是由发行人制作供认购人认股时填写的载明认股人的认股数、金额的法律文件。依学界通说，招股说明书为要约邀请，认股书为要约。认股人填写认股书后要受其形式拘束力和实质拘束力的约束。

(7)认购股票、缴纳股款和验资。

(8)召开创立大会并申请设立登记。发行股票的股款募足后，发起人应当在30日内召开公司创立大会。创立大会的召开应依《公司法》的相关规定通知和召集。公司董事会应当在创立大会结束之日起30日内，向公司登记机关报送有关文件，申请设立登记。

(9)交付股票。股份有限公司登记成立以后，即应当向股东正式交付股票，但公司成立以前不得向股东交付股票。在我国目前采用股票无纸化发行的情况下，股票的交付表现为将认股人的持股情况载入股东名册。

（二）公开发行新股

1. 公开发行新股的条件

公司公开发行新股，应当符合下列条件：①具备健全且运行良好的组织机构；②具备持续盈利能力，财务状况良好；③最近 3 年财务会计文件无虚假记载，无其他重大违法行为；④国务院批准的国务院证券监督管理机构规定的其他条件。上市公司公开发行新股，还应该符合国务院证券监督管理机构规定的其他条件，并报国务院证券监督管理机构批准。公司对公开发行股票所募集的资金，必须按照招股说明书所列的资金用途使用。擅自改变用途而未作纠正的或未经股东大会认可的，不得公开发行新股。

公司公开发行新股，应当向国务院证券监督管理机构报送募股申请和下列文件：①公司营业执照；②公司章程；③股东大会决议；④招股说明书；⑤财务会计报告；⑥代收股款银行的名称和地址；⑦承销机构的名称和有关的决议。另外，法律规定聘请保荐的，还应当报送保荐人出具的保荐书。

2. 公开发行新股的程序

公司公开发行新股的程序，是指按照《证券法》、《公司法》的规定，股份有限公司成立后公开发行新股所应遵循的工作流程，其具体内容如下：

(1)依照公司章程的规定由股东大会作出决议。决议的事项包括：①新股的种类及数额；②新股发行价格；③新股发行的起止日期；④向原有股东发行新股的种类与数额。

(2)准备发行文件。作出新股发行决议之后，公司应聘请相关中介机构对公司的资产、资信财务、盈利状况进行审定，完成审计报告、评估报告及法律意见书。另外，公开发行股票还必须聘请具有保荐资格的机构担任保荐人。

(3)股票发行申请。发行人应将有关材料报送国务院证券监督管理机构。

(4)预先披露。发行人申请首次公开发行股票的，在提交申请文件后，应当按照国务院证券监督管理机构的规定预先披露有关申请文件。该程序是 2005 年《证券法》修订新增加的制度，有助于提高股票发行申请审核的透明度和加强社会公众股票发行申请及其审核的监督。

(5)发行审核。

(6)公告新股招股说明书和财务会计报告，制作认股书。

(7)认购新股，缴纳股款，交付股票。

(8)发行人募足股款后，向公司登记机关申请变更登记并公告。

三、公司债券发行的条件与程序

根据《公司法》、《证券法》以及其他行政法规和规章的规定，我国现阶段债券发行的条件和程序可归纳为普通公司债券的发行和上市公司可转换公司债券的发行两类。现行立法对其条件和程序都作出了比较详细的规定。

（一）普通公司债券发行的条件和程序

1. 普通公司债券发行的条件

根据《证券法》第 16 条和第 18 条的规定，公开发行公司债券，须同时满足两个方面的条件,即积极条件与消极条件。

积极条件是指必须具备的条件,其具体内容为:①股份有限公司净资产不低于 3000 万元,有限责任公司净资产不低于 6000 万元;②累计债券余额不超过公司净资产的 40%;③最近 3 年平均可分配利润足以支付公司债券 1 年的利息;④筹集的资金投向符合国家的产业政策;⑤债券的利率不超过国务院限定的利率水平;⑥国务院规定的其他条件;⑦公开发行公司债券筹集的资金,必须用于核准的用途,不得用于弥补生产性支出。

消极条件是指不得存在的情况,具体内容是:①前次公开发行的公司债券尚未募足的;②对已公开发行的公司债券或者其他债务有违约或延迟支付本息的事实,仍处于继续状态的;③违反《证券法》规定,改变公开发行公司债券所募资金的用途的。

根据《证券法》第 17 条的规定,申请公开发行公司债券,应当向国务院授权的部门或国务院证券监督管理机构报送下列文件:①公司营业执照;②公司章程;③公司债券募集办法;④资产评估报告和验资报告;⑤国务院授权的部门或者国务院证券监督管理机构规定的其他文件;⑥依照《证券法》规定聘请保荐人的,还应当报送保荐人出具的发行保荐书。

2. 普通公司债券发行的程序

(1)公司董事会就发行公司债券作出决议。普通公司申请发行公司债券,董事会应当依法就下列事项作出决议,并提请股东大会批准:①本次公司债券发行的方案;②本次募集资金使用的可行性报告;③前次募集资金使用的报告;④其他必须明确的事项。

(2)公司股东大会就发行公司债券作出决议。

(3)准备发行文件。普通公司申请公开发行公司债券,应当由保荐人保荐,并向中国证监会申报。保荐人应当按照中国证监会的有关规定编制发行文件。

(4)发行申请。保荐人应当按照中国证监会的有关规定发行申请文件。证券发行申请未获核准的普通公司,自中国证监会作出不予核准的决定之日起 6 个月后,可再次提出发行申请。

(5)发行审核。国务院证券监督管理机构或者国务院授权的部门,应当在自受理证券发行申请文件之日起 3 个月内,依照法定条件和程序作出予以核准或者不予核准的决定,发行人根据要求补充、修改申请文件的时间,不计算在内;不予核准的,应书面告知理由。具体内容见下文相关论述。

(6)公告公开发行募集文件。证券发行申请经核准,发行人应当依照法律、行政法规的规定,在证券公开发行前,公告公开发行募集文件,并将该文件置备于指定场所供查阅。

(7)正式发行公司债券。自中国证监会核准发行之日,普通公司应在 6 个月内发行公司债券;超过 6 个月未发行的,核准文件失效,须经中国证监会重新核准后方可发行。

(二)上市公司可转换公司债券发行的条件和程序

1. 上市公司可转换公司债券发行的条件

关于转换公司债券的发行条件,根据《证券法》及《上市公司证券发行管理办法》的规定,可归纳为以下几点:①该上市公司具备发行股票的条件;②该上市公司具备发行普通债券的条件;③可转换公司债券的期限最短为 1 年,最长为 6 年;④可转换公司债券,每张面值为 100 元,其利率由发行人与主承销商协商确定,但必须符合国家的有关规定;⑤公开发行可转换公司债券,应当委托具有资格的资信评级机构进行信用评级;⑥公开发行可转换公司债券，应当约定保护债券持有人权利的办法，以及债券持有人会议的权利、程序和决议的生效条件；⑦公开发行可转换公司债券，应当提供担保，但最近一期末经审计的净资产不低于15亿元的公司除外。

2. 上市公司可转换公司债券发行的程序

(1)上市公司董事会就发行可转换公司债券作出决议。上市公司申请发行可转换公司债券，董事会应当依法就下列事项作出决议，并提请股东大会批准：①本次可转换公司债券发行的方案；②本次募集资金使用的可行性报告；③前次募集资金使用的报告；④其他必须明确的事项。

(2)上市公司股东大会就发行可转换公司债券作出决议。

(3)准备发行文件。上市公司申请公开发行可转换公司债券，应当由保荐人保荐，并向中国证监会申报。保荐人应当按照中国证监会的有关规定编制发行文件。

(4)发行申请。保荐人应当按照中国证监会的有关规定发行申请文件。证券发行申请未获核准的上市公司，自中国证监会作出不予核准的决定之日起6个月后，可再次提出发行申请。

(5)发行审核。

(6)公告公开发行募集文件。证券发行申请经核准，发行人应当依照法律、行政法规的规定，在证券公开发行前，公告公开发行募集文件，并将该文件置备于指定场所供查阅。

(7)正式发行可转换公司债券。自中国证监会核准发行之日，上市公司应在6个月内发行可转换公司债券；超过6个月未发行的，核准文件失效，须经中国证监会重新核准后方可发行。

四、证券发行审核制度

(一)概述

证券发行审核制度是指依据证券法规定由证券监管机构对发行人提出的证券发行申请进行审查，并决定是否同意的一种制度。国际上的证券发行审核制度可分为两种：注册制与核准制。

注册制又称为形式审查主义，是指证券发行人在公开发行前，按照法律的规定向证券发行主管机关提交与发行有关的文件，证券发行主管机关在一定期限内监管机构未提出异议的，其发行申请即发生效力的制度。核准制又称为实质审查主义，是指发行人不仅要公开全部可以供投资者作出投资判断的材料，还要符合证券发行的实质性条件，证券主管机关有权按照相关法律的规定决定是否同意发行申请的制度。

(二)我国的证券发行审核制度

从我国现行《证券法》的规定来看，我国对证券公开发行采取的是核准制，即实质审查主义。监管机构不仅要核查发行所提交的文件的完整性与真实性，还要审查证券是否符合法律法规规定的实质要件，然后才根据市场状况决定是否核准发行。

中国证监会审核证券发行申请的程序包括：

1. 申请

证券发行提出发行申请应当通过有保荐资格的证券公司向证监会提出申请。证监会收到申请文件5个工作日内作出是否受理的决定,未按规定制作申请文件的不予受理。

2.初审

证监会受理申请后就进入了初审程序,初审程序是由证监会的工作人员主持下进行的初步审查。在初步审查过程中,证监会所属的发行部门就股票发行申请文件以及相关事宜提出反馈意见,包括对申请文件以及其他方面的问题进行调查、查询和对证。

3.复审

复审是证监会发行部初审通过后,由抽选专家组成的发行审核委员会工作组以投票方式作出复审决定,发审委表决结果不是证监会发布核准意见的唯一依据,证监会可以做出与发行审核委员会表决结果不同的核准结论。

4.核准与复议

国务院证券监督管理机构应当自受理发行申请文件之日起3个月内依照法定条件和法定程序作出予以核准或者不予核准的决定,发行人根据要求补充、修改发行申请文件的时间不计算在内;不予核准的应当说明理由。

发行申请的未被核准的企业接到证监会书面决定60日内可提出复议申请,证监会在接到申请60日内对复议申请作出决定。

五、证券承销制度

(一)证券承销的概念

证券承销是指发行人委托证券公司(此时可称为承销商)向证券市场上不特定的投资者公开销售股票、债券及其他证券的活动。证券承销制度主要用以调整发行人与承销商之间的关系,但实际上涉及发行人、承销商与投资者之间的复杂关系。承销商在承销活动中起中介作用,将发行人与投资者的目标有机地结合起来。

《证券法》第28条的规定:"发行人向不特定对象发行的证券,法律、行政法规规定应当由证券公司承销的,发行人应当与证券公司签订承销协议。"这一规定划定了证券发行承销制度的适用范围:向不特定的对象发行证券应当采用承销方式,向特定对象发行证券可自主决定是否采用承销方式。

(二)证券承销的分类

按照发行人与证券公司之间法律关系的不同,可将证券承销分为代销和包销。证券代销是指证券公司发行人发售证券,在承销期结束后,将未出售的证券全部退还给发行人的承销方式。在这种承销方式下,发行人与承销商建立的是委托代理关系,发行失败的风险由发行人自身承担。证券包销是指证券公司将发行人的证券按照协议全部购入或在承销期间满后将剩余证券全部自行购入的承销方式。在该种承销方式下,证券发行失败的风险主要由承销商承担。

按照参与证券承销的承销商的数量,可将证券承销分为单独承销和承销团承销。单独承销是指由一家证券公司单独承担拟发行证券的承销方式。承销团承销是多个证券公司组成承销团,共同完成拟发行证券销售的承销。采取承销团承销有利于提高承销水平,降低承销失败的风险。根据《证券法》第32条的规定,向不特定对象发行的证券票面总值超过5000万元的,应当由承销团承销,其他情况下,由发行人与承销商共同商定是采用单独承销还是采用承销团承销。

（三）承销协议

证券承销协议是指发行人与证券公司签订的就证券承销的有关内容所达成的明确双方权利义务关系的协议。证券承销协议具有如下法律特征：①必须采用书面形式，口头或其他形式无效；②承销协议所记载的事项多为法律行政法规所规定的或证券监管机构所要求的，其内容有法定性。

证券承销协议必须载明下列条款：①当事人的名称、住所及法定代表人姓名；②代销包销的证券的种类、数量、金额及发行价格；③代销、包销的期限及起止日期；④代销、包销的付款方式及日期；⑤代销、包销的费用和结算办法；⑥违约责任；⑦国务院证券监督管理机构规定的其他事项。

六、信息披露制度

信息披露制度又称为信息公开制度，是指公开发行证券的公司在证券发行和交易过程中，依法将有关信息资料，真实、准确、完整、及时地在市场上公开，以供投资者做出判断的法律制度。信息披露是证券法上的重要规则，是保护投资者利益的重要制度设计，信息披露应当满足真实、准确、完整、及时的要求。

（一）发行信息披露

发行信息披露是指证券发行时发行人依法所承担的信息披露义务，是为了向社会公众发行证券而进行的信息披露。证券发行信息披露仅适用于公开发行证券的情形，非公开发行证券的发行人并无进行信息披露的义务。

发行信息披露依证券种类的不同，可将其划分为股票发行信息披露和公司债券发行信息披露；依发行主体不同，可将信息披露分为首次公开发行股票信息披露和上市公司公开发行证券信息披露。

发行信息披露所采用的文件形式主要包括招股说明书和上市公告书两种。

招股说明书是发行人制作的、专门表达其募集股份的意思并载明有关信息的书面文件。所有公开发行股票的公司必须向证监会报送招股说明书，招股说明书是股票公开发行的最基本的法律文件。为了明确招股说明书的制作和披露规则，中国证监会专门制定了《招股说明书准则》。招股说明书的制作和披露必须符合法定的格式、内容和程序。上市公告书是指证券上市交易申请核准后，证券发行人依法披露证券上市有关事项的文件。上市公告书是所有证券上市时均需提交的申请文件，也是上市公告文件的基本组成部分。为了规范上市公告书的制作与披露，中国证监会发布了《上市公告书准则》。该准则对上市公告书的内容、制作要求、披露规则等方面作出了详细的规定。

（二）持续信息披露

持续信息披露是指证券进入证券交易所交易之后，证券发行人依法向社会投资者披露对投资者的投资决策有重大影响的信息制度。持续信息披露的义务主体是证券发行人，证券发行人须按时或及时履行此义务。

根据我国《证券法》以及中国证监会发布的《公开发行证券的公司信息披露编报规则》，持续信息披露文件形式包括年度报告、半年度报告以及临时报告等形式。

年度报告是在每个会计年度结束后，由上市公司和公司债券上市交易的公司依法制作并提交的，反映公司本会计年度基本经营状况、财务状况等重大信息的法律文件。年度报告是最重要的定期报告，在内容、格式、公开规则等方面要求最为严格，《证券法》第 66 条以及中国证监会发布的《年度会计报告准则》对此作出了详细的规定。

半年度报告是在每个会计年度报告的前 6 个月结束后，由上市公司和公司债券上市的公司编制的反映公司半年度的基本经营状况、财务状况等重大信息的法律文件。《证券法》对此作出了直接规定，半年度报告应当从每个会计年度结束之日起 2 个月内编制完成并公告，中国证监会发布《半年度报告的内容和格式》对其进行了详细的规定。

临时报告是指上市公司就发生的可能对上市公司股票交易价格产生较大影响的重大事件，为了说明事件的起因、目前的状况和可能产生的法律后果而出具的临时报告。《证券法》第 67 条对“重大事件”的类型进行了概括，凡出现该条规定的事件，上市公司应当及时提交临时报告，向证券交易所和投资者履行信息披露义务。

第四节　证券上市与交易制度

一、证券上市的条件与程序

（一）证券上市概述

证券上市是指经证券交易所审核，已公开发行的证券获准在证券交易所挂牌交易。某种证券一旦获准上市，即成为上市证券。证券上市以证券发行为前提，但又不同于证券发行：证券发行是为了募集资金，证券上市是为了提高证券的流通性。

证券上市按照不同的标准，可以作出不同的分类。按上市场所的不同，可将证券上市分为证交所上市与场外市场上市。按照证券上市地域的不同，可将证券上市划分为境内上市与境外上市。按照上市的证券的种类不同，可将证券上市划分为股票上市、债券上市、权证上市、基金上市及其他证券衍生品上市等。

（二）证券上市的条件

关于证券上市条件的规制，《证券法》设有原则性的规定，除此之外，证券交易所还进行了具体的规定。只有达到了这些条件，证券才能上市。

1. 股票上市条件

根据《证券法》第 50 条第 1 款的规定，证券上市须满足以下条件：①股票经国务院证券监管管理机构核准已公开发行；②公司股本总额不少于人民币 3000 万元；③公开发行的股份达到公司股份总数的 25%以上；公司股本总额超过人民币 4 亿元的，公开发行股份的比例为 10%以上；④公司最近 3 年无重大违法行为，财务会计报告无虚假记载。

2. 公司债券上市条件

根据《证券法》第 57 条的规定，公司申请公司债券上市交易必须符合下列条件：①公司债券的期限为 1 年以上；②公司债券实际发行额不少于人民币 5000 万元；③公司申请债券上市时仍符合法定的公司债券发行条件。

关于可转换债券的上市条件,《证券法》未作具体规定的,应参照适用普通公司债券的上市条件,另外在申请上市时还应当同时符合法定的可转换债券的发行条件。

(三)证券上市的程序

证券上市牵涉面广,关系重大,必须有严格的上市程序来保障证券上市活动的顺利进行。证券上市的程序包括申请、审查、核准和订立上市合同等步骤。

1.证券上市申请和保荐

(1)股票上市申请。股票上市申请人为依法公开发行股票的股份有限公司,根据《证券法》第 52 条的规定,上市申请人提出股票上市交易申请时,应当向证券交易所报送以下文件:①上市报告书;②申请股票上市的股东大会决议;③公司章程;④公司营业执照;⑤依法经会计师事务所审计的公司最近 3 年的财会会计报告;⑥法律意见书和上市保荐书;⑦最近一次的招股说明书;⑧证券交易所上市规则规定的其他文件。

(2)公司债券上市申请。公司债券上市申请人为依法公开发行债券的股份公司和有限公司。根据《证券法》第 58 条的规定,公司债券上市申请人申请公司债券上市交易的,应当向证券交易所报送以下文件:①上市报告书;②申请公司债券上市的董事会决议;③公司章程;④公司营业执照;⑤公司债券募集办法;⑥公司债券实际发行额的证明文件;⑦证券交易所上市规则规定的其他文件。

(3)保荐。我国的保荐制度同时适用于证券发行和证券上市两个阶段,发行人申请股票、可转换公司债券或者法律、行政法规规定实行保荐制度的其他证券上市交易的,应当聘请具有保荐资格的机构担任保荐人,并向证券交易所提交保荐书。值得注意的是,申请普通公司债券上市不需要保荐。

2.证券交易所审核

我国现行《证券法》改变旧《证券法》的规定,把证券上市的核准权授予证券交易所。证券交易所根据相关法律规定和交易所上市规则进行审核。证券交易所设上市审核委员,对证券上市申请进行审核,证券交易所则根据上市审核委员会的审核结果作出是否准予上市的决定。准予上市的,应当与申请人签订协议;不准上市的,应将结果及时书面通知申请人。

3.签订上市协议

证券交易所同意申请证券上市交易的,应由申请人与证券交易所签订上市协议。上市协议是指上市申请人与证券交易所签订的,用以明确双方权利义务的协议。上市协议既是证券交易所与证券发行人之间形成证券上市交易服务关系的依据,也是证券交易所对证券发行人行使自律监管权的依据。

根据《证券交易所管理办法》第 52 条第 3 款的规定,上市协议的内容包括:①上市费用项目和数额;②证券交易所为公司证券发行上市所提供的技术服务;③要求公司指定专人负责证券事务;④上市公司定期报告、临时报告的报告程序及回复交易所质询的具体规定;⑤股票停牌事宜;⑥协议双方违反上市协议的处理;⑦仲裁条款;⑧证券交易所认为需要在上市协议中明确规定的其他内容。

4.上市公告与挂牌交易

上市公告是指证券发行人按照国家有关法律、法规、规章、政策和证券交易所业务规则的要求,于其证券上市前,就其公司及证券上市的相关事宜,通过指定的报刊向社会公众所作的信息披露。

证券获准上市并履行公告手续后,即可在证券交易所证券交易所指定的日期上市交易。至此,证券上市程序完成。

二、上市证券的暂停上市与终止上市

(一)暂停上市、终止上市的概念

暂停上市是指基于法定事由,由证券交易所暂时停止某种证券上市的行为。暂停上市只是上市公司的证券停止交易,该公司仍为上市公司,在其满足一定条件或履行一定义务的情况下可以恢复该证券上市。

终止上市是指基于法定的事由,证券交易所决定终止某种证券上市交易资格的行为。终止上市后,该种证券不再是上市证券,不能继续在证券交易所交易。

暂停上市、终止上市是证券交易所对上市公司的监管措施,暂停上市、终止上市措施的采取有助于促使上市公司主动履行依法披露信息、谨慎经营管理的职责,维护证券市场的正常秩序和保护投资者的合法权益,促进资本市场的健康发展。

我国《证券法》从暂停上市、终止上市的条件、程序等方面对该项制度进行了规定。证券交易所的交易规则在《证券法》的基础上进行了细化,进一步明确了该制度适用条件和程序。

(二)股票暂停上市、终止上市的法定事由

关于股票暂停上市的法定事由,《证券法》第 55 条规定了 5 种情形:①公司总股本、股权分布等发生了变化不再具有上市条件;②公司不按照规定公开其财务状况,或者对其财务会计报告作虚假记载,可能误导投资者;③公司有重大违法行为;④公司最近 3 年连续亏损;⑤证券交易所上市规则规定的其他情形。

关于股票终止上市的法定事由,《证券法》第 56 条也规定了 5 种情形:①公司总股本、股权分布等发生了变化不再具有上市条件,在证券交易所规定的期限内仍不能达到上市条件;②公司不按照规定公开其财务状况,对财务会计报告作虚假记载,可能误导投资者,且拒绝纠正的;③公司最近 3 年连续亏损,在其后一个年度未能恢复盈利;④公司解散或者被宣告破产;⑤证券交易所上市规则规定的其他情形。

(三)公司债券暂停上市和终止上市的法定事由

关于公司债券暂停上市的法定事由,《证券法》第 60 条规定了 5 种情形:①公司有重大违法行为;②公司情况发生重大变化不符合公司债券的上市条件;③公司债券所募集资金不按照核准的用途使用;④未按照公司债券募集办法履行义务;⑤公司最近两年连续亏损。

关于公司债券终止上市的法定事由,《证券法》第 61 条规定了 5 种情形:①公司有重大违法行为,经查实后果严重的;②公司情况发生重大变化不符合公司债券上市条件,在限期内未能消除的;③未按照公司债券募集办法履行义务,经查实后果严重的;④公司最近 2 年连续亏损,在限期内未能消除的;⑤公司解散或被宣告破产的。

(四)证券暂停上市、终止上市的程序

证券的暂停上市、终止上市不仅关系发行人的利益,也与广大投资者的利益息息相关,因此,有关机关必须根据法定的程序作出决定。根据《证券法》的规定,我国上市证券的暂停上市、终止上市的程序事项主要包括:①证券暂停上市、终止上市的决定权由证券交易所行

使;②证券交易所决定暂停上市或者终止证券上市交易的,应及时公告并报国务院证券监督管理机构备案;③发行人对证券交易所作出的暂停上市、终止上市决定不服的,可以向证券交易所设立的复核机构申请复核。

三、特别处理(ST)制度

特别处理制度也即"ST"(special treatment)制度,是指当上市公司的财务或其他状况出现异常,导致投资者难以对其作出投资判断,投资者的利益可能因此受损的情况下,证券交易所对公司股票实行特别处理,另设板块公布其行情的一种制度。我国上海、深圳两地证券交易所的上市规则对此均有规定。

特别处理制度不同于股票的暂停上市、终止上市,它只是对上市公司客观状况的一种揭示,目的是向投资者提示市场风险,引导投资者进行合理投资,其股票仍可以正常交易。进行特别处理的,一是要在公司的股票前冠以"ST"字样,以区别于其他股票;二是股票报价的日涨日跌幅度限制为5%。

根据有关规定,上市公司出现下列情况之一的,将被特殊处理:①最近两个会计年度审计结果显示的净利润为负值;②最近一个会计年度审计结果显示其股东权益低于注册资本,即每股净资产低于股票面值;③注册会计师对最近一个会计年度的财务报告出具无法表示意见或否定意见的审计报告;④最近一个会计年度经审计的股东权益扣除注册会计师、有关部门不予确认的部分,低于注册资本;⑤最近一份经审计的财务报告对上年度利润进行调整,导致连续两个会计年度亏损。

四、证券交易制度

(一)证券交易概述

证券交易是指证券持有人按照《证券法》和证券交易规则,在依法设立的证券交易所或通过其他方式将证券转让给其他投资者的行为。证券交易的标的物为证券,其转让应当遵循《证券法》的规定;在《证券法》没有进行特别规定的情况下,则应当遵守《合同法》以及《公司法》的一般规则。

证券交易依不同的标准可以作出不同的分类:依交易场所的不同,可分为集中市场交易和非集中交易市场交易;依买卖双方交易主体结合方式的不同,可分为协价交易和竞价交易;依达成交易方式的不同,可分为直接交易和间接交易;依交割期限和投资方式的不同,可分为现货交易、期货交易和信用交易;依证券交易价格形成方式的不同,可分为集中竞价交易和非集中竞价交易。

(二)上市证券的交易程序

如上所述,证券交易有多种形式,但总体来说,以证券投资者在场内市场集中竞价方式进行证券交易为典型形式,故本节主要介绍场内市场证券交易程序。

1. 开立账户

开立账户是投资者进行证券交易的前提条件,每个投资者从事证券交易都必须开立证券账户和资金账户,只有两个账户齐全才能进行证券买卖。

证券账户是专门用来存储投资者证券的账户,证券投资者只有将所持证券存入该账户,才能借助证券交易所系统出售证券，证券投资买入的证券也必须存入该证券账户。投资者向证券登记结算公司提出开户申请，开立证券账户应采用实名制。

资金账户是用于存储投资者的存款和卖出股票时所获价金的账户。在证券交易完成后，只需在证券账户和资金账户中相应划拨即可完成交易，而不需要现实地交付证券和支付价款。投资者可以选择一家具有证券经纪业务资格的证券公司开立资金账户。开立资金账户也实行实名制，开立资金账户的最低资金限额，由证券公司根据其营业规则确定。

2.发出证券交易委托指令

只有具有证券交易所会员资格的证券公司才能进入证券交易所进行集中交易，一般的投资者只有通过委托其开户的证券公司进行交易。投资者在证券公司开立账户，只是意味两者之间存在着概括性的委托关系；证券公司只能根据投资者随时发出的交易指令，才能为客户办理具体的证券买卖。因此，为了进行证券交易，投资者必须根据市场行情先把交易指令发送给证券公司，证券公司在对合法性、真实性进行审查之后，通过自身的通道发送到交易所主机，等待成交。

3.委托指令的竞价及成交

投资者发出委托指令之后，证券公司将该指令发送到交易所主机，交易所主机分别根据集合竞价或连续竞价的规则进行撮合，互相匹配的交易指令成交。

4.证券交易的结算

证券交易的结算是指证券买卖成交后，买卖双方通过证券交易所清算系统进行的资金和证券交付和收讫的过程，分为清算和交收两个步骤。

清算是指按照确定的规则计算证券和资金的应收和应付数额的行为。交收是指根据确定的清算结果，通过证券转移和资金划拨实现交易结果的行为。对于清算和交收的具体规则，《证券登记结算管理办法》有明确的规定，在此不再赘述。

5.证券登记过户

证券登记过户是指证券交易成交后，买卖双方通过证券公司以及证券登记结算机构进行证券权利转移与过户登记活动。证券交易所集中交易的证券，证券登记结算机构根据交收的结果，由电脑系统自动办理集中交易过户登记，并提供交割单。

（三）证券持有、交易的限制规则

证券交易具有高风险和高收益的特征，为了确保证券交易有序进行，必须对证券交易进行严格的监管。《证券法》对证券持有、交易的限制规则作出了相对完备的规定。

1.证券交易的期限限制

《证券法》第38条规定："依法发行的股票、公司债券及其他证券，法律对其转让期限有限制性，在限制的期限内不得买卖。"结合《公司法》等的规定，证券交易的期限限制主要表现在对发起人所持有股份的转让限制和对公司董事、监事、高级管理人员持有本公司股份的转让限制。

对于发起人转让所持有本公司股份的转让限制，《公司法》第142条第1款规定："发起人持有的本公司股份，自公司成立之日起1年内不得转让。公司公开发行股份前已经发行的股份，自公司股票在证券交易所上市交易之日起1年内不得转让。"

对于公司董事、监事、高级管理人员持有本公司股份的转让限制，《公司法》142条第2款规定:“公司董事、监事、高级管理人员应当向公司申报所持有本公司的股份及其变动情况，在任职期间每年转让的股份不得超过其所持有本公司股份总数的25%;所持有本公司股份自公司股票上市交易之日起1年内不得转让。上述人员离职后半年内,不得转让其所持有的本公司股份。公司章程可以对公司董事、监事、高级管理人员转让其所持有的本公司股份做出其他限制性规定。”

上市公司董事、监事、高级管理人员、持有上市公司股份5%以上的股东,将其持有的该公司的股票在买入后6个月内卖出,或者在卖出后6个月内又买入,由此所得收益归该公司所有,公司董事会应当收回其所得收益。

2.特定人员禁止持有和买卖股票的限制

《证券法》第43条规定:“证券交易所、证券公司和证券登记结算机构的从业人员、证券监督管理机构的工作人员以及法律、行政法规禁止参与股票交易的其他人员,在任期或者法定期限内,不得直接或者以化名、借他人名义持有、买卖股票,也不得收受他人赠与的股票。任何人成为前款所列人员时,其原已持有的股票,必须依法转让。”

3.特定证券服务机构和人员买卖股票的限制

《证券法》第45条第1款规定:“为股票发行出具审计报告、资产评估报告或者法律意见书等文件的证券服务机构和人员,在该股票承销期内和期满后6个月内,不得买卖该种股票。”该条第2款规定:“除前款规定外,为上市公司出具审计报告,资产评估报告或者法律意见书等文件的证券服务机构和人员,自接受上市公司委托之日起至上述文件公开后5日内不得买卖该种股票。”

第五节　上市公司收购

一、上市公司收购及收购人

(一)上市公司收购的概念与分类

上市公司收购是指投资者通过股份转让活动持有上市公司的股份达到一定比例,导致该投资者获得或可能获得对该公司的实际控制权的行为。更准确地说,应该称为“对上市公司的收购”,但习惯上称为上市公司收购。

对于上市公司收购,按公司收购所采取的方式的不同,可分为协议收购、要约收购和其他方式的收购。该分类是《证券法》第85条明确规定的分类方法,也是最重要的一种分类方法,具体内容将在下文论述。

以收购人收购目标公司股票的数量为标准,可将上市公司收购分为部分收购、全面收购和全部收购。部分收购是指收购人仅收购上市公司一部分股票的收购行为;全面收购是指收购人收购公司的绝大多数股票,其目的在于取得上市公司控制权的行为;全部收购是指收购人收购公司发行在外的全部股票使公司成为一人公司的行为。

按照收购人是否有收购的法定义务为标准,可将上市公司收购分为自愿收购和强制收购,这是对要约收购的再分类。自愿收购是指收购人基于其自愿而进行的收购;强制收购是指收购人持有目标公司一定数量或比例的股份时,法律要求收购人必须向该公司其余股东发出部分或全面要约收购。《证券法》第97条规定的收购即为强制收购。

《证券法》设专章对上市公司收购予以特别规定,除此之外,《上市公司收购管理办法》对上市公司收购给予更加详尽的规制,是处理上市公司收购问题的重要规则。

(二)上市公司收购人

收购人是指上市公司收购的直接主体,是向上市公司股东发出收购要约或者购买所持股票,并向其支付价款的投资者。根据《证券法》和《上市公司收购管理办法》的规定,持有或者可能持有股份比例为上市公司股本总额的5%的投资者为收购人。

依收购人是否为多数,可将其分为独立收购人和多数收购人。独立收购人又称为"单独收购人"或"单一收购人",独立收购人与其他收购人之间不存在事实上或法律上的协同关系,而以自己的名义为了自己的利益而进行收购。共同收购人是指相互合作或者协同收购上市公司采取一致行动的人,共同收购人又称为"一致行动人",对于共同收购人应当合并计算其持股数量。

(三)收购人的特别义务

收购人往往持有目标公司较高比例的股份,可以影响公司的股票价格以及公司的内部决策,且其收购意图具有隐蔽性。因此,收购人具有一般投资者所不具有的优势,很容易侵害其他投资者的利益。为了维护市场的公平和市场上其他主体的利益,有必要对收购人课以特别的义务。根据《证券法》以及《上市公司收购管理办法》的相关规定,收购人的特别义务可以归纳为以下几个方面。

1. 收购意图和收购计划的说明义务

《上市公司收购管理办法》第27条规定了收购人的收购意图说明义务,要求收购人在收购报告书说明有无将被收购公司终止上市的意图。该办法第29条要求要约收购报告书应当载明收购人关于收购决定以及收购的目的等内容。这些条款就确立了收购人所应承担的收购意图和收购计划说明义务。

2. 要约收购人平等对待公司股东的义务

要约收购人平等对待公司股东的义务是指根据《证券法》和《上市公司收购管理办法》的规定,持有上市公司30%以上股份的收购人必须向全体股东发出收购要约,向所有预售股东支付相同的价格。其中,拟收购公司部分收购人应当按照预售股票与预定收购股票的比例来确定向每个股东收购的股票数量。

3. 收购人的信息披露义务

上市公司收购可能会对目标公司的股票价格产生重大影响,不仅目标公司在收购中承担严格的信息披露责任,收购人也应履行信息披露义务。根据《上市公司收购管理办法》第3条第2款的规定,收购人进行上市公司收购,应当遵守该办法规定的规则,并按照该办法的规定及时履行报告、公告义务。

二、一般收购制度

(一)一般收购的概念与特征

一般收购是指已持有公司发行在外5%以上股份的收购人继续收购上市公司股票的行

为。一般收购具有如下特点:①一般收购的收购人是持有上市公司发行在外的5%以上股份的投资者。②一般收购以收购上市公司股票的5%～30%为限。如果投资者持有的上市公司的股份比例低于公司股本总额的5%,应当将投资者购买股票的行为作为一般的证券交易;如果投资者持有上市公司30%以上的股份,其继续购买股票应适用继续收购规则。③一般收购无须发出收购要约,可以采用法律允许的包括要约收购、协议收购、集中竞价交易等方式实施收购。

从本质上说,一般收购是股票交易的一种特殊规则,其目的在于防止因上市公司的股权分布发生重大变动甚至是控股权的变化而引发股票价格剧烈震荡。

法律对一般收购的规制集中体现在权益公开规则和慢走规则两个方面。

(二)权益公开规则

权益公开规则是指投资者直接或者间接持有上市公司发行在外的股票达到某一法定比例,或者持股达到法定比例后又发生一定比例增减变化时,都必须按法定的程序公开其持股状况。因该比例在各国通常为5%,故权益公开规则又称为"5%规则"。

《证券法》第86条对权益公开规则进行了规定,根据其规定,收购人在以下两种情况下须进行持股权益公开:①收购人通过证券交易所持有上市公司发行在外的股票5%时,应该在该事实发生之日起3日内向证券监督管理机构作出书面报告,向上市公司发出通知,并在证监会指定报刊上刊登公告。②收购人所持股票达到公司股本总额的5%以后,每增加或减少持股5%时,应当及时进行持股信息的报告、通知与公告。

根据《证券法》第87条的规定,权益公开应当采用书面报告和公告的形式。报告和公告的事项包括:①持股人的姓名或名称、住所;②持有股票的名称、数量;③持股达到法定比例或者持股增减变化达到一定比例的日期。

(三)慢走规则

慢走规则又称为台阶规则,是指投资者通过证券交易所的股票交易持有,或者通过协议或其他安排与他人共同持有某一上市公司已发行股份比例达到5%以上时,每增加或减少持有股份的一定比例时,均须暂停买卖该公司的股票,进行权益披露,且在法定期限内不得再买卖该种股票。《证券法》中规定的"增加或减少一定比例"为5%。法律设计该种制度是为了控制收购人大量买卖公司股票的节奏,该上市公司和广大投资者对收购人所披露的信息进行充分消化,防止收购人滥用其优势地位操纵证券市场,保护其他投资者的利益。

根据《证券法》第86条的规定,慢走规则的具体内容是:①投资者在通过证券交易所交易持有一家上市公司已发行股份5%时,应当在该事实发生之日起3日内,作出报告、通知和公告,且在该期限不得再买卖该种股票。②投资者持有一家上市公司已发行股份的5%时,其所持股票通过证券交易所买卖每增加或减少5%时,除应在该事实发生之日起3日内作出报告、通知和公告外,在报告期限内和作出报告、公告后2日内,不得买卖该种股票。

三、继续收购制度

(一)继续收购的概念与特征

继续收购是指已经持有上市公司已发行股份30%以上的投资者继续收购该上市公司股票的行为。《证券法》第88条对继续收购作出了规定。继续收购与一般收购是上市公司收购的两个阶段，在继续收购阶段，收购人持有上市公司更高比例的股份，对该公司有更强的控制力，更容易滥用其优势地位损害上市公司以及上市公司其他股东的利益。因此，法律对继续收购设置了更为严厉的规则。

与一般收购相比，继续收购具有如下特征：①继续收购是指持股达到30%的投资者进行的上市公司收购行为。无论是单独持股者还是共同持股者，只要其持有上市公司发行在外的股份达到30%，其继续收购行为就应当受继续规则的约束。②继续收购原则上须采取要约收购的形式，但证监会依法豁免要约收购义务的，可以采用协议收购等其他形式。③继续收购必须获得法定机构的审核或者批准。依现行《证券法》第90条的规定，在法定期限内，证券监管机构发现上市公司收购报告书不符合法律行政法规规定的，应及时告知收购人，收购人不得公布其收购要约。

（二）要约收购

要约收购是指投资者持有上市公司一定比例以上的股票时，应当通过向被收购公司的全体股东发出要约的方式来继续收购上市公司。在继续收购中，除被证券监管机构依法豁免的外，收购者均应采取要约收购的形式。

1.要约收购的概念

要约收购是指收购人向上市公司全体股东发出的，购买上市公司股票的意思表示。收购要约具有以下特征：①收购要约是收购人的单方意思表示，该意思表示一旦发出，即产生要约的实质拘束力和形式拘束力。②收购要约是要式文件，应当采取书面形式，并记载与收购直接相关各种条件，如收购人的名称、住所、被收购上市公司的名称、预定收购股份的数量等内容。收购要约发出前，应事先采取上市公司要约收购报告书的形式向证监会和证券交易所报告。③收购要约的受要约人为上市公司的全体股东，收购人不得仅对部分上市公司的部分股东发出要约。

2.要约收购的强制规则

要约收购为特别要约，适用下列强制性规则：①收购人应当在向证监会报送公司要约收购报告书之日起15日后公布收购要约，其具体时间由收购人决定；②根据《证券法》的规定，收购要约的有效期限最短不少于30日，最长不超过60日；③在收购要约的有效期限内，收购人需要变更收购要约事项的，须事先向证监会和证券交易所提出报告，经批准后予以公告；④在要约收购期内，收购人不得采取要约收购以外的形式收购其他股东所持有的股票，也不得超出要约的条件买卖该公司的股票。

（三）协议收购

协议收购是指收购人根据与上市公司股东达成的股份转让协议，从公司股东处收购上市公司股份的行为。

协议收购作为要约收购的例外，在上市公司收购中，适用如下的特殊规则：

(1)协议收购以收购人与上市公司的股东达成股份收购协议为成立标志，收购协议应当采用书面形式，其具体内容由当事人在平等协商的基础上确定。

(2)在继续收购中，协议收购仅在证监会依法免于发出收购要约的情况下方可采用。《上市公司收购管理办法》第61条对要约收购豁免制度作出了规定，第62条和第63条具体规定了可以申请豁免的情形，存在《上市公司收购管理办法》规定的豁免情形的，收购人可以向证监会提出豁免申请。证监会在受理申请的20个工作日内就收购人所申请的具体事项是否给予豁免作出决定,获得豁免的收购人可以通过协议方式进行继续收购。

(3)以协议方式进行上市公司收购的,达成协议后,收购人须在3日内将该项协议向国务院证券监督管理机构及证券交易所作出书面报告,并予以公告。在公告前,不得履行收购协议。

(4)由于办理公告手续需占用一定时间,致使收购协议的签订和履行之间有较长的时间间隔。为了控制由此而引发的风险,《证券法》第95条规定,采协议收购方式的,协议双方可以临时委托证券登记结算机构保管拟协议转让的股票,并将资金存放于指定的银行。

第六节 证券法律责任

一、概述

法律责任包括民事责任、行政责任、刑事责任三种基本形式,证券法律责任也由这三种形式的法律责任构成。在对证券市场的规制中,民事、行政、刑事责任各自发挥着不可或缺的作用,彼此之间互相配合,共同构成证券法律责任体系。民事责任偏重补偿,行政责任偏重管制,刑事责任偏重惩罚。在应对证券违法行为时,首先是用行政手段使不法行为人改正错误,纠正不法行为,行政责任首当其冲;在违法行为造成其他主体财产损失时,不法行为人应当承担民事责任以补偿受害人的损失;当不法行为人的行为侵害社会秩序,造成严重法律后果时,才动用最为严厉的刑事责任对其制裁,弥补受损的社会秩序。

行政责任、刑事责任具有较强的体系性和特殊性,本节不予涉及,作为经济法教材,仅就民事法律责任展开论述。

证券民事法律责任是指在证券的发行、交易等证券活动中,因行为人的违法行为或违约行为而造成他人损害时应当承担的民事法律责任。证券民事法律责任旨在弥补受害方因证券违法行为或违约行为而受到的损失,保护证券市场主体的合法权益。按民商法的一般原理,证券民事责任根据其产生的根源不同,可分为违约责任与侵权责任。

证券违约责任是指在证券活动中,违反证券合同义务而引起的民事责任。证券合同包括证券保荐合同、证券承销合同、证券上市合同等不同的类型,但总体来说,证券合同责任比较明确,对违约责任的追究依据《证券法》、《合同法》的一般理论即可解决,在此不作详细阐述。

证券侵权责任是指因行为人违反法律规定的义务而侵害其他主体的合法利益所应承担的责任。证券侵权责任在归责原则、责任主体、责任承担方式、因果关系认定等方面并不统一,法律的规定比较零散,因此有必要对证券侵权责任进行一定的梳理。

按照学界通说,证券侵权责任可以具体细化为虚假陈述、内幕交易、操纵市场、欺诈客户四种典型类型。

二、虚假陈述及其民事责任

(一)虚假陈述的概念

虚假陈述也称为不实陈述,是指信息披露义务人违反证券法律规定,在证券发行和交易过程中，作出违背事实真相的虚假记载、误导性陈述或者在披露重大信息时存在重大遗漏、不正当披露信息的行为。

对虚假陈述，我国《证券法》第63条、第69条等条文进行了明确的规定；另外，2002年12月26日最高人民法院通过的《关于审理证券市场因虚假陈述引发的民事赔偿案件的若干规定》对虚假陈述及其民事责任进行了详细的规定，是处理证券市场虚假陈述案件的主要依据。

（二）虚假陈述的具体类型

根据最高人民法院《关于审理证券市场因虚假陈述引发的民事赔偿案件的若干规定》，以虚假陈述的行为样态为分类标准，可将证券市场上的虚假陈述行为分为以下四种具体类型：

1. 虚假记载

虚假记载是指信息披露义务人在披露信息时，将不存在的事实在信息披露文件中予以记载的行为，即在信息披露文件中，将不存在合理基础或客观上未发生的事项记入其中的行为。

2. 误导性陈述

误导性陈述是指虚假陈述行为人在信息披露文件中或者通过媒介，作出使投资者对其投资行为发生错误判断并产生重大影响的陈述。如语意模糊不清、有歧义，易使公众产生不同的理解，或未对全面事由进行陈述，仅叙述了部分情况，遗漏了相关条件，容易误导投资者等。

3. 重大遗漏

重大遗漏作为一种消极不作为方式的不实陈述，是指信息披露义务人在信息披露文件中，未将应记载的事项完全记载或者仅部分予以记载。

4. 其他不当信息披露

其他不当信息披露是指信息披露义务人未在适当期限内或者未以法定方式公开披露应当披露的信息。其他不当信息披露可划分披露时间不适当和披露方式不适当两大类。在一定程度上说，其他不当披露是一个兜底性规定，对于属于虚假陈述且不适宜归入前三类的行为均可作为不当披露处理。

（三）虚假陈述的法律责任

根据《证券法》第69条的规定，发行人、上市公司公告的招股说明书、公司债券募集办法、财务会计报告、上市报告文件、年度报告、中期报告、临时报告以及其他信息披露资料，有虚假记载、误导性陈述或者重大遗漏，致使投资者在证券交易中遭受损失的，发行人、上市公司应当承担赔偿责任；发行人、上市公司的董事、监事、高级管理人员和其他直接责任人员以及保荐人、承销的证券公司，应当与发行人、上市公司承担连带赔偿责任，但是能够证明自己没有过错的除外；发行人、上市公司的控股股东、实际控制人有过错的，应当与发行人、上市公司承担连带赔偿责任。

三、内幕交易及其民事责任

（一）内幕交易概述

内幕交易又称为内部人交易、知情人交易，是指证券交易内幕信息的知情人和非法获取内幕信息的人利用内幕信息从事证券交易的行为。内幕交易由内幕信息、知情人和内幕交易行为三个要素构成。

内幕信息是指在证券交易活动中，涉及公司的经营财务或者对该公司证券的市场价格有重大影响的尚未公开的信息。非公开性是指该信息不为市场公众所熟悉。非公开性是认定内幕信息的核心标准，一项信息未公开是构成内幕信息的首要条件，该信息一旦公开为公众所知晓则不能构成内幕信息。重大性是指该信息可能对证券价格产生重大的影响。

《证券法》第 67 条第 2 款和第 75 条第 2 款均采取例示的方式对内幕信息进行了规定。其中，第 67 条第 2 款规定了具有"重大事件性质"的内幕信息，第 75 条第 2 款规定了其他内幕信息。

知情人是指知晓公司内幕信息的人，无论其是直接还是间接知晓，无论其是合法知晓还是非法知晓。以知悉内幕信息的行为合法与否，可将知情人划分为合法知情人、非法知情人和正当知情人。这是《证券法》对知情人的法定分类，具有重要的实践意义。

合法知情人是指依其职务获得内幕信息的人，根据《证券法》第 74 条的规定，其典型形态包括：①发行人的董事、监事、高级管理人员；②持有公司 5%以上股份的股东及其董事、监事、高级管理人员；③发行人控股的公司及其董事、监事、高级管理人员；④由于所任职务可以获得公司有关内幕信息的人员；⑤证券监督管理机构工作人员以及由于法定责任对证券的发行、交易进行管理的人员；⑥保荐人、承销的证券公司、证券交易所、证券登记结算机构、证券服务机构的有关人员；⑦国务院证券监督管理机构规定的其他人。

非法知情人是指故意采取非法手段获得内幕信息的人，包括盗窃、偷听或者其他违法方式获得内幕信息的人员，因该类人员事实上知悉了内幕信息，若其滥用内幕信息会给证券市场造成损害，因此将其作为知情人对待，并承担知情人的义务。

正当知情人是指不是由于本人的违法行为而是因为其他原因而获得内幕信息的人，如偶然听到知情人谈话或者捡到某上市公司的文件等。这些人获得内幕信息既不是基于其职务也不是基于过错，其本身并无可归责之处，但是鉴于其已经事实上形成了对内幕信息的掌握和控制，因此也要承担知情人的义务。

根据《证券法》第 76 条第 1 款的规定，证券交易内幕信息知情人和非法获取内幕信息人，在内幕信息公开以前，不得买卖该公司的证券，或者泄露秘密，或者建议他人买卖该证券。

（二）内幕交易的民事责任

根据《证券法》第 76 条第 3 款规定，内幕交易行为给投资者造成损失的，行为人依法当承担赔偿责任。这就确立了内幕交易的民事责任规则。但遗憾的是，我国目前的立法中对内幕交易的民事责任也仅有此原则性的规定，对内幕交易民事责任的原告资格，因果关系认定以及损害赔偿的范围及计算方法均无具体规定。

四、操纵市场及其民事责任

（一）操纵市场的概念与类型

操纵市场行为是指利用资金优势或者信息优势滥用职权，操纵市场影响证券市场价格，制造证券市场假象，诱使投资者在不了解事实真相的情况下作出投资判断，扰乱证券市场秩序的行为。

根据《证券法》第 77 条的规定，可将操作市场行为概括为如下四个类型。

1.连续买卖

连续买卖又称为连续交易操作，是指行为人为了抬高、压低或者维持交易价格，单独或合谋连续高价买入或连续高价卖出某种证券的行为。连续买卖发生证券权利的转移，属于真实买卖，与相互买卖、冲洗买卖不同。

2.串通相互买卖

串通相互买卖是指行为人与他人串通，以事先约定的时间、价格和方式相互之间进行证券交易，影响证券交易价格或者证券交易量的行为。串通相互买卖的构成要件如下：①必须存在两方以上相互串通的行为人；②必须是同种证券的相互买卖，若买卖此证券品种不同，则不可能构成相互买卖；③必须是交易时间和交易价格具有相似性的反向交易。只有交易时间、交易价格之间具有相似性，买卖之间才能互相配合，形成互相买卖，进而在不转移证券权利的情况下操控证券的价格或交易量。

3.冲洗买卖

冲洗买卖是指以自己为交易对象，进行不转移证券权利的自卖自买，影响证券交易价格或者交易量的行为。冲洗买卖的核心特点是在自己控制的证券账户之间进行不转移证券实质所有权的买卖。冲洗买卖的表现形式多种多样，包括在自己控制的信托账户、自己控制的全权委托账户、关联人账户、盗用的账户之间进行的反向买卖。

4.其他操纵市场行为

操纵市场行为是一个宽泛的概念，包括了证券市场上形形色色的操纵证券价格和证券交易数量的行为。为了保持法律的开放性，《证券法》第 77 条第 1 款第 4 项特设此规定。

(二)操纵市场的民事责任

《证券法》仅对操纵市场民事责任作了原则性的规定，而未规定具体的规则。仅《证券法》第 77 条第 2 款规定操作证券市场行为给投资者造成损失的，行为人应当依法承担赔偿责任，其他法律法规对此并无规定。

五、欺诈客户及其民事责任

(一)欺诈客户概述

欺诈客户是指证券公司及其工作人员在证券交易及相关活动中违反忠实及勤勉义务，采取欺诈手段损害客户利益的行为。证券投资者在证券公司办理开户手续以后，双方之间就形成了概括性的委托关系，在进行具体的证券交易时，证券公司依投资者发出的委托指令进行证券买卖，交易结果由投资者本人承担，鉴于双方存在严重的信息不对称，为了平衡双方之间地位，维护投资者的合法权益，各国和地区的证券法都规定了证券公司的忠实和勤勉义务，禁止证券公司欺诈客户。

(二)欺诈客户行为的类型

根据《证券法》第 79 条第 1 款的规定，证券公司及其从业人员不得从事下列损害客户利益的行为：

(1)违背客户的委托为其买卖证券。这种行为表现为证券公司及其从业人员不按客户指令的要求从事证券买卖。

(2)不在规定的时间内向客户提供交易的书面确认文件。根据上海证券交易所和深圳证券交易所的规定，证券公司应在证券买卖成交7日内将书面确认文件或确认书交给客户，若证券公司不提供，即构成欺诈客户。

(3)挪用客户所委托买卖的证券或者客户账户上的资金。客户所委托买卖的证券和客户账户上的资金属于信托财产，证券公司应保证上述财产不被挪作他用。

(4)未经客户的委托擅自为客户买卖证券或者假借客户的名义买卖证券。

(5)为牟取佣金收入，诱使客户进行不必要的证券买卖。

(6)利用传播媒介或其他方式提供，传播虚假或者误导投资者的信息。该种行为发生在证券公司和与证券公司有委托关系的投资者之间，若无此委托关系的存在，则不构成欺诈客户，但却可能构成证券法上所禁止的其他行为。

(7)其他违背客户真实意思，损害客户利益的行为。该项为兜底性条款，为了保持法律开放性以应对现实生活中花样繁多的欺诈客户的行为。

(三)欺诈客户的民事责任

《证券法》第79条第2款规定："欺诈客户行为给客户造成损失的，行为人应当依法承担赔偿责任。"但该规定过于原则，不具有操作性，对于欺诈客户的构成要件、诉讼管辖、赔偿范围及计算方法均无规定，造成在审理和认定方面存在一定的难度。

【思考题】

一、单选题

1. 甲有限责任公司拟公开发行公司债券，下列有关该公司资产额的表述中，符合《证券法》规定公开发行公司债券条件的是 ( )

A. 该公司总资产额为人民币3000万元　B. 该公司净资产额为人民币3000万元

C. 该公司总资产额为人民币6000万元　D. 该公司净资产额为人民币6000万元

2. 下列人员中，不属于《证券法》规定的证券交易内幕信息的知情人员的是 ( )

A. 上市公司的总会计师　B. 持有上市公司3%股份的股东

C. 上市公司控股的公司的董事　D. 上市公司的监事

3. 某证券公司利用资金优势，在3个交易日内连续对某一上市公司的股票进行买卖，使该股票从每股人民币10元上升至每股人民币13元，然后在此价位大量卖出获利。根据《证券法》的规定，下列关于该证券公司行为效力的表述中，正确的是 ( )

A. 合法，因该行为不违反平等自愿、等价有偿的原则

B. 合法，因该行为不违反交易自由、风险自担的原则

C. 不合法，因该行为属于操纵市场的行为

D. 不合法，因该行为属于欺诈客户的行为

二、多选题

1. 根据《证券法》的规定，某上市公司的下列人员中，不得将其持有的该公司的股票在买入后6个月内卖出，或者在卖出后6个月内又买入的有 ( )

A. 董事会秘书　B. 监事会主席

C. 财务负责人　　　　　　　　D. 副总经理

2. 根据《证券法》的规定，上市公司发生可能对上市公司股票交易价格产生较大影响而投资者尚未得知的重大事件时，应当立即将有关该重大事件的情况向国务院证券监督管理机构和证券交易所报送临时报告，并予以公告。下列各项中，属于重大事件的有　（　）

A. 公司董事因涉嫌职务犯罪被公安机关刑事拘留

B. 公司 1/3 以上监事辞职

C. 公司董事会的决议被依法撤销

D. 公司经理被撤换

3. 根据《证券法》的规定，证券投资咨询机构及其从业人员不得从事的证券服务业务的行为有　（　）

A. 代理委托人从事证券投资

B. 与委托人约定分享证券投资收益

C. 买卖本咨询机构提供服务的上市公司股票

D. 利用传播媒介向投资者推荐上市公司股票

三、简答题

1. 证券法的基本原则是什么？

2. 公司股票暂停或终止上市交易的情形有哪些？

3. 上市公司要约收购的程序如何？

4. 证券市场四种违法行为的含义及其构成要件各是什么？

四、案例题

甲、乙同为丙公司的子公司，甲、乙通过证券交易所的证券交易分别持有丁上市公司(该公司股本总额为 3.8 亿元)2%、3%的股份。甲、乙在法定期间内向国务院证券监督管理机构和证券交易所报告并公告其持股比例后，继续在证券交易所进行交易。当分别持有丁上市公司股份 10%、20%时，甲、乙决定继续对丁上市公司进行收购，在向国务院证券监督管理机构报送上市公司收购报告书之日起 15 日后，即向丁上市公司的所有股东发出并公告收购该公司全部股份的要约，收购要约约定的收购期限为 60 日。

收购要约期满，甲、乙持有丁上市公司的股份达到 85%，持有其余 15%股份的股东要求甲、乙继续以收购要约的同等条件收购其股票，遭到拒绝。

收购行为完成后，甲、乙在 15 日内将收购情况报告国务院证券监督管理机构和证券交易所，并予以公告。

根据上述事实及证券法律制度的规定，回答下列问题：

(1)甲、乙是否为一致行动人？简要说明理由。

(2)收购要约期满后，丁上市公司的股票是否还具备上市条件？简要说明理由。

(3)甲、乙拒绝收购其余 15%股份的做法是否合法？简要说明理由。

第五章 票据法

【主要内容】

本章以票据法基本理论体系为线索，依据现行法律法规，着重阐述了票据法的基本概念、基本理论和基本规则，注重理论联系实际；同时结合国外立法、理论和我国实践，从比较法的角度，分析了我国立法和实务中存在的问题及完善对策。

【教学要求】

了解票据与票据法的一般问题、票据法律关系；掌握票据行为，票据当事人的权利，票据的更改、伪造、变造与涂销；理解票据的丧失与补救，汇票、本票、支票制度的主要内容等。

第一节 概 述

一、票据法的概念及我国的票据立法

（一）票据的概念与特征

1.票据的概念

《中华人民共和国票据法》（以下简称《票据法》）第2条第2款规定："本法所称的票据，是指汇票、本票和支票。"有鉴于此，我国票据法上的票据就是指出票人依法签发的、约定自己或委托付款人在见票时或指定的日期向收款人或持票人无条件支付一定金额并可转让的有价证券。

2.票据的特征

我国《票据法》上的票据具有以下特征：

（1）票据是出票人依法签发的有价证券。法律依据不同的票据种类，规定了不同的形式，出票人必须依照法律规定的要求签发相关票据，否则即不受法律上保护。

（2）票据以支付一定金额为目的。票据的签发和转让以支付票据上的金额为最终目的，该金额得到全部支付后，票据上的权利义务即为消灭。

（3）票据所表示的权利与票据不可分离。票据权利的发生，必须作成票据；票据权利的转让，必须交付票据；票据权利的行使，必须提示票据，权利与票据融为一体。

(4)票据所记载的金额由出票人自行支付或委托他人支付。由出票人自行支付的是本票,由出票人委托他人支付的是汇票和支票。

(5)票据的持票人只要向付款人提示票据,付款人即应无条件向持票人支付票据金额。票据是一种无因证券,持票人只要向票据债务人提示票据就可行使票据权利,而不问票据取得的原因是否无效或有瑕疵。

(6)票据是一种可转让的证券。根据国际上通行的做法,凡记名票据,必须经背书才能交付转让;凡无记名票据,则可直接交付转让。我国《票据法》规定的票据均为记名票据,故其必须通过背书的方式进行转让。

(二)票据法的概念

票据法是指规定票据的种类、形式、内容以及各当事人之间权利义务关系的法律规范的总称。票据法亦有广狭二义。广义上的票据法是指各种法律中有关票据规定的总称,包括以"票据法"名称颁布的法律以及其他法律中有关票据的规定;狭义上的票据法则仅是指票据的专门立法,即可称为"票据法"的法律及其有关实施性规定。

(三)我国票据立法概况

新中国成立以后,由于我国长期实施计划经济体制,一切信用集中于银行,因而实践中便缺少票据使用的条件,我国的票据立法也几乎处于空白状态。十一届三中全会以来,随着我国经济、金融体制的不断改革,社会主义市场经济体制的逐步建立,票据的使用也得到了较大的发展。在20世纪80年代末,中国人民银行全面推行了以汇票、本票、支票为主体的结算制度,允许票据在经济主体之间使用和流通,票据便得到了普遍的推广和广泛的运用。

为适应票据的发展和需要,中国人民银行及一些地方人民政府先后颁布了若干调整票据关系的法律规定。1988年6月,上海市人民政府发布了《上海市票据暂行规定》;1988年12月,中国人民银行颁布了《银行结算办法》;1993年5月,中国人民银行发布了《商业汇票办法》;等等。但是,随着票据的推广使用和流通,运用票据进行支付和资金清算的日益增多,国际贸易往来支付活动的日趋上升,没有一部专门的票据法具体调整各种票据关系是不行的,在实践中亦出现了一系列的问题,如出票、背书、承兑、保证、付款等票据行为不够规范;有的票据权利人不正确地行使票据权利;有的票据债务人不履行票据义务,随意宣布票据无效,拒付票款,形成许多票据纠纷;有的甚至利用票据进行违法犯罪行为等。因此,从1990年开始,有关部门便组织力量起草《票据法》,经过多次研究、讨论和修改,在广泛征求社会各界意见的基础上,终于在1993年底完成了《票据法》送审稿。国务院经过讨论修改,于1994年12月5日提交全国人大常委会审议,第八届全国人民代表大会常务委员会第十三次会议于1995年5月10日正式通过,并于1996年1月1日起施行。2004年8月28日,第十届全国人民代表大会常务委员会第十一次会议对《票据法》进行了修订。《票据法》出台之后,中国人民银行组织制定了《票据管理实施办法》和《支付结算办法》等有关票据方面的实施办法及配套规定,最高人民法院为了正确适用《票据法》,公正、及时审理票据纠纷案件,保护票据当事人的合法权益,维护金融秩序和金融安全,于2000年11月14日公布了《最高人民法院关于审理票据纠纷案件若干问题的规定》。

二、票据法律关系

(一)票据法律关系的概念

票据法律关系是指票据当事人之间在票据的签发和转让等过程中发生的权利义务关系。票据法律关系可分为票据关系和票据法上的非票据关系。票据关系是指当事人之间基于票据行为而发生的债权债务关系,如出票人与收款人之间的关系、收款人与付款人之间的关系、背书人与被背书人之间的关系等。票据法上的非票据关系则是指由《票据法》所规定的,不是基于票据行为直接发生的法律关系,如票据上的正当权利人对于因恶意而取得票据的人行使票据返还请求权而发生的关系、因手续欠缺而丧失票据上权利的持票人对于出票人或承兑人行使利益偿还请求权而发生的关系、票据付款人付款后请求持票人交还票据的关系等。

(二)票据法律关系的主体

票据法律关系的主体即是指票据法律关系的当事人,包括出票人、持票人、承兑人、付款人、收款人、背书人、被背书人、保证人等。由于票据的种类不同,当事人的构成不尽一样,票据行为的性质不同,当事人的称谓亦有区别。

(三)票据法律关系的客体

票据法律关系的客体是指票据法律关系的权利和义务所共同指向的对象。该对象亦称为标的。这是权利义务的载体,否则权利义务都无所依归。鉴于票据法律关系是因支付或清偿一定的金钱而发生的法律关系,因而,其客体只能是一定数额的金钱,而不是某种物品。尽管签发票据的原因可能是由于买卖某种货物而引起的,但因票据关系是一种独立的法律关系。与票据的基础关系不同,因而基础关系中的客体并不是票据关系中的客体,故物品也就不能成为票据法律关系的客体,由此也不允许用其他物品来代替金钱进行支付或清偿。

(四)票据法律关系的内容

票据法律关系的内容是指票据法律关系的主体依法所享有的权利和承担的义务。权利和义务是票据法律关系的实质所在。票据权利是指票据法律关系的当事人依照票据法或票据行为可以为一定行为或要求他人为一定行为。票据义务系指票据法律关系的当事人依照票据法或票据行为必须进行或不进行一定的行为。

三、票据行为

(一)票据行为的概念与特征

1.票据行为的概念

票据行为是指票据关系的当事人之间以发生、变更或终止票据关系为目的而进行的法律行为。

2.票据行为的特征

票据行为主要有以下特征:

(1)票据行为是在票据关系当事人之间进行的行为。票据关系当事人包括:①出票人。出票人是指依法定方式作成票据并在票据上签名盖章,并将票据交付给收款人的人。②收款人。收款人是指票据到期并经提示后收取票款的人。③付款人。付款人是指根据出票人的命令支付票款的人。④持票人。持票人是指持有票据的人。占有票据的收款人、被背书人或来人抬头票据的持有人都是票据的持票人。⑤承兑人。承兑人是指接受汇票之出票人的付款委托,同意承担支付票款义务的人。⑥背书人。背书人是指在转让票据时,在票据背面签字或盖章,并将该票据交付给受让人的票据收款人或持有人。⑦被背书人。被背书人是指记名受让票据或接受票据转让的人。⑧保证人。保证人是指为票据债务提供担保的人。⑨其他当事人。

(2)票据行为是以设立、变更或终止票据关系为目的的行为。这表明,票据行为是一种意思表示行为,即票据关系之当事人进行票据行为时都是有目的地设定、变更或终止某项票据权利或义务,并将该种意思表现于外。事实行为不具备意思表示的因素,因而其不属票据行为。

(3)票据行为是一种合法行为。票据行为是一种民事法律行为。根据《民法通则》第 54 条的规定,民事法律行为是一种合法行为,故票据行为就是一种合法行为。换言之,凡是行为主体不合格、意思表示不真实、行为内容违法等的违法行为就不是票据行为,不受法律的保护。

(二)票据行为成立的有效条件

票据行为是一种民事法律行为,故其必须符合民事法律行为成立的一般条件。根据《民法通则》和《票据法》的有关规定,票据行为的成立,必须符合以下基本条件。

1.行为人必须具有从事票据行为的能力

从事票据行为的能力亦称票据能力。《票据法》第 16 条规定:"无行为能力人或者限制民事行为能力人在票据上签章的,其签章无效。"因此,在票据行为中,在票据上签章的自然人必须是具有完全民事行为能力的人,否则,该签章不具有任何效力,签章者并不因此而成为票据上的债务人,其他票据当事人也不得据此签章向无行为能力人或限制行为能力人主张任何票据债权。此外,法律、法规禁止公民从事某项票据行为的,公民即不具有从事该行为的能力。

2.行为人的意思表示必须真实或无缺陷

《票据法》第 12 条第 1 款规定:"以欺诈、偷盗或者胁迫等手段取得票据的,或者明知有前列情形,出于恶意取得票据的,不得享有票据权利。"这表明,尽管票据的形式符合法定条件,但从事票据行为的意思表示不真实或存在缺陷,票据持有人亦不得享有票据上的权利,该等行为无效。具体来说:

(1)因欺诈而取得票据的行为。这是指票据受让人故意告知签发人或转让人虚假情况,或者故意隐瞒真实情况,诱使签发人或转让人作出错误的出票行为或转让行为。由于签发人或转让人受蒙骗而不知真实情况,做出的出票或转让行为并不是其真实意思的反映,故其是无效的。

(2)因偷盗而取得票据的行为。这是指行为人在票据权利人或票据保管人不知情的情况下窃取其票据而占为己有的行为。实际上,票据权利人并未作出任何转让票据的意思表示,当然非法占有人取得票据的行为也就不能成为有效的行为,不受法律的保护。

(3)因胁迫而取得票据的行为。这是指行为人以给公民及其亲友的生命、健康、荣誉、名誉、财产等造成损害或者以给法人、其他组织的荣誉、名誉、财产等造成损害为要挟,迫使对方作出违背真实意思表示而签发或转让票据的行为。签发票据的人或转让票据的人,因精神受到恐吓作出的行为不是其真实的意思表示,故而该行为是无效的。

(4)因恶意而取得票据的行为。这是指票据取得人明知票据转让者存在权利上的瑕疵,没有处分、转让票据的权利,仍受让其票据的行为。如果票据取得人不知道或者不可能知道票据转让者存在权利上的瑕疵,没有处分、转让票据的权利而受让其票据,根据民法理论中善意取得原则,只要票据形式合法,该票据取得人获得的票据即受法律保护。

除上述情形之外,根据《民法通则》第 58 条规定,行为人之间恶意串通损害国家、集体或者第三者利益的,其行为无效。这亦适用于票据行为。

3.票据行为的内容必须符合法律、法规的规定

票据行为是一种合法行为,故其内容必须符合法律、法规的规定。这里所指的合法主要是指票据行为本身必须合法,即票据行为的进行程序、记载的内容等合法,至于票据的基础关系涉及的行为是否合法,则与此无关。

4.票据行为必须符合法定形式

票据行为是一种要式行为,即须采用法律规定的形式。因此,票据行为必须符合法律、法规规定的形式。《票据法》对此内容作了详尽的规定,具体表现在以下几个方面:

(1)关于签章。在票据上,签章是票据行为生效的一个重要条件。《票据法》第 7 条第 1 款规定:"票据上的签章,为签名、盖章或者签名加盖章。"这就是说,签章既包括签名,也包含盖章,这是我国票据法上一个特有的概念。具体来说,行为人在票据上签章,可以采用签名、盖章或者签名加盖章的其中之一。票据上的签章是票据行为表现形式中绝对应记载的事项。《票据法》第 7 条第 2 款规定:"法人和其他使用票据的单位在票据上的签章,为该法人或者该单位的盖章加其法定代表人或者其授权的代理人的签章。"根据该规定,法人和其他单位的签章必须同时采用两种方式,即该法人或该单位的盖章和该法人或该单位的法定代表人或者其授权的代理人的签章。这是法律规定的特定要求,否则,票据行为就不产生效力。关于票据的签名,《票据法》第 7 条第 3 款规定:"在票据上的签名,应当为该当事人的本名。"根据《票据管理实施办法》第 16 条规定,该本名是指符合法律、行政法规以及国家有关规定的身份证件上的姓名。

(2)关于票据记载事项。票据记载相关事项是票据行为的一项重要内容。票据记载事项一般分为绝对记载事项、相对记载事项、非法定记载事项等。绝对记载事项是指票据法明文规定必须记载的,如无记载,票据即为无效的事项;相对记载事项是指某些应该记载而未记载,适用法律的有关规定而不使票据失效的事项;非法定记载事项是指票据法规定由当事人任意记载的事项。由于票据种类的不同,记载的事项亦不一样,故这里只说明各类票据共同必须绝对记载的内容:①票据种类的记载,即汇票、本票、支票的记载;②票据金额的记载;③票据收款人的记载;④年、月、日的记载。票据行为只有同时具备以上四个条件,才能发生法律效力,达到行为人预期的目的,否则票据行为即为无效。

四、票据权利与抗辩

(一)票据权利

1.票据权利的概念

票据权利是指持票人向票据债务人请求支付票据金额的权利。票据权利是票据关系中票据债权人享有的权利,是一种证券权利,产生于票据债务人的票据行为,因此在学理上,该

权利也叫票据上的权利。这与票据法上的权利不是同一个概念。票据法上的权利是根据票据法的规定所产生的权利，从广义上讲，票据权利也属票据法上的权利范畴。但是一般认为，票据法上的权利在性质上属于非票据关系。

2.票据权利的内容

票据权利是以获得一定金钱为目的的债权，债权是一种请求权，即为请求他人为一定行为或不为一定行为的权利。票据权利作为一种金钱债权，表现为请求支付一定数额货币的权利，《票据法》规定票据权利为付款请求权和追索权。这表明票据权利的内容与一般的金钱债权不同。一般的金钱债权是一种简单的一次性的请求权，而票据权利则体现为二次请求权。第一次请求权是付款请求权，这是票据上的主要权利；第二次请求权为追索权，这是指第一次请求权（即付款请求权）得不到满足时，向付款人以外的票据债务人要求清偿票据金额及有关费用的权利，故该权利又称偿还请求权。由于追索权是一种附条件的权利，即有赖于第一次请求权不能实现才得以行使的权利，故又叫从票据权利。

3.票据权利的取得

票据权利的取得，亦称票据权利的发生。票据权利是以持有票据为依据的，因此，行为人合法取得票据，即取得了票据权利。根据一般情形，当事人取得票据主要有以下几种情况：第一，从出票人处取得。出票是创设票据权利的票据行为，从出票人处取得票据，即取得票据权利。第二，从持有票据的人处受让票据。票据通过背书或交付等方式可以转让他人，以此取得票据即获得票据权利。第三，依税收、继承、赠与、企业合并等方式获得票据。

根据我国《票据法》的有关规定，行为人合法取得票据，依法取得票据权利，必须注意以下几个问题：

(1)票据的取得，必须给付对价。对价是一个特定的法律概念，是指当事人一方在获得某种利益时，必须给付对方相应的代价。

(2)因税收、继承、赠与可以依法无偿取得票据的，不受给付对价之限制。

(3)因欺诈、偷盗、胁迫、恶意或重大过失而取得票据的，不得享有票据权利。

4.票据权利的消灭

票据权利的消灭是指因发生一定的法律事实而使票据权利不复存在。票据权利消灭之后，票据上的债权、债务关系也随之消灭。在一般情况下，票据权利可因履行、免除、抵消等事由的发生而消灭。这里主要说明票据权利因时效而消灭的情形。

我国民法确定的时效主要是指消灭时效，这是指权利人在法律规定的时效期间内不行使权利，即引起权利丧失的一种制度。根据我国《票据法》的规定，票据权利因在一定期限内不行使而消灭的情形有 4 种：

(1)持票人对票据的出票人和承兑人的权利，自票据到期日起 2 年。见票即付的汇票、本票，自出票日起 2 年。这是有关付款请求权的时效规定。依此规定，持票人对票据的出票人和承兑人、本票的发票人享有的付款请求权。自票据到期日起 2 年内不行使，见票即付的汇票、本票的付款请求权，自出票日起 2 年内不行使，其权利归于消灭。

(2)持票人对支票出票人的权利，自出票日起 6 个月。这也是有关付款请求权的时效规定。依此规定，持票人对支票的出票人的付款请求权，自出票日起 6 个月内不行使，其权利归于消灭。

(3)持票人对前手的追索权,在被拒绝承兑或者被拒绝付款之日起6个月。这是有关追索权的时效规定。持票人的付款请求权被拒绝之后,自被拒绝承兑或者被拒绝付款之日起6个月不行使追索权的,该项权利归于消灭。

(4)持票人对前手的再追索权,自清偿日或者被提起诉讼之日起3个月。这也是有关追索权的时效规定。再追索权是指受到追索而偿还了票款的人因取得票据上的权利而向其前手再追索的追索权。票据的被追索人清还票款之后,即取得持票人的同一权利,故有权向其前手行使追索权。根据我国《票据法》的规定,被追索人清偿了票款之后,自清偿日或者被提起诉讼之日起3个月内,应向其前手行使再追索权,否则即丧失该权利。

5.票据权利的行使与保全

票据权利的行使是指票据权利人向票据债务人提示票据,请求实现票据权利的行为,如请求承兑、提示票据请求定期付款、行使追索权等。票据权利的保全是指票据权利人防止票据权利丧失的行为,如为防止付款请求权与追索权因时效而丧失,采取中断时效的行为;为防止追索权丧失而请求作成拒绝证明的行为等。

票据权利人为了防止票据权利的丧失,在人民法院审理、执行票据纠纷案件时,可以请求人民法院依法对票据采取保全措施或者执行措施。《票据法》第16条规定:"持票人对票据债务人行使票据权利,或者保全票据权利,应当在票据当事人的营业场所和营业时间内进行,票据当事人无营业场所的,应当在其住所进行。"此处所指的票据当事人是指对票据债务承担义务的承兑人、付款人、保证人、出票人或前手背书人等。此处所指的住所,依照《民法通则》规定,法人以他的主要办事机构所在地为住所;公民以他的户籍所在地的居住地为住所,经常居住地与住所不一致的,经常居住地视为住所。

6.票据权利补救

我国《票据法》第15条规定了票据丧失后的补救措施。该补救措施主要有三种形式,即挂失止付、公示催告、普通诉讼。无论是采取哪一种补救措施,均必须符合以下几个条件:第一,必须有丧失票据的事实。丧失票据(或票据丧失)是指票据因灭失、遗失、被盗等原因而使票据权利人脱离其对票据的占有。在此情况下,票据的物质客体可能已经消灭,或者虽然还存在但失票人不知其在何处。第二,失票人必须是真正的票据权利人。第三,丧失的票据必须是未获付款的有效票据。如果是已经付款的票据,或者属于必要记载事项不全的票据,或手续欠缺以及时效届满其权利已消灭的票据等,均不得采取该等补救措施。以下分别对三种补救措施进行说明。

(1)挂失止付

挂失止付是指失票人将丧失票据的情况通知付款人并由接受通知的付款人暂停支付的一种方法。我国《票据法》第15条规定:"票据丧失,失票人可以及时通知票据的付款人挂失止付,但是,未记载付款人或者无法确定付款人及其代理付款人的票据除外。"根据这一规定,挂失止付的票据应当是不属于未记载付款人的票据或者无法确定付款人及其代理付款人的票据。未记载付款人的汇票、本票、支票属于无效票据,故不能挂失止付;无法确定付款人的代理付款人的银行汇票、银行承兑汇票、银行本票是由代理付款人在见票时直接支付票款,且代理付款人的名称都未在票据上记载,经背书转让后,更难确定代理付款人,故挂失止付通知无法送达,当然也不能挂失止付。

失票人在通知票据的付款人或者代理付款人挂失止付时，应当填写挂失止付通知书并签章。根据《票据管理实施办法》第 19 条的规定，挂失止付通知书应当记载下列事项：①票据丧失的时间和事由；②票据种类，号码、金额、出票日期、付款日期、付款人名称、收款人名称；③挂失止付人的名称、营业场所或者住所及联系方法。

《票据法》第 15 条第 2 款规定："收到挂失止付通知的付款人，应当暂停支付。"依此规定，付款人对通知止付的票据，应承担停止付款的义务，否则，则应承担民事赔偿责任。

(2)公示催告

公示催告是指在票据丧失后，由失票人向人民法院提出申请，请求人民法院以公告方法通知不确定的利害关系人限期申报权利，逾期未申报者，则权利失效，而由人民法院通过除权判决宣告所丧失的票据无效的一种制度或程序。《民事诉讼法》第 18 章规定了公示催告程序。该法第 193 条规定："按照规定可以背书转让的票据持有人，因票据被盗、遗失或者灭失，可以向票据支付地的基层人民法院申请公示催告。"《票据法》第 15 条第 3 款规定："失票人应当在通知挂失止付后 3 日内，也可以在票据丧失后，依法向人民法院申请公示催告"。根据《民事诉讼法》相关规定，票据公示催告程序如下：

①失票人向票据支付地的基层人民法院提出公示催告的申请。票据支付地是指票据的履行地。银行汇票以出票人所在地为支付地；商业汇票以承兑人或付款人所在地为支付地；银行本票以出票人所在地为支付地；支票以出票人开户银行所在地为支付地。票据的代理付款银行是受付款人的委托向持票人支付票款，因此，代理付款银行所在地不能确定为票据支付地。失票人向人民法院递交公示催告申请书时，应当写明票面金额、出票人、持票人、背书人等主要内容和申请的理由以及事实等。如果是已通知挂失止付的，应当在通知挂失止付后 3 日内向人民法院提出公示催告的申请。

②人民法院决定受理申请后，应当同时向付款人及代理付款人发出止付通知，并自立案之日起 3 日内发出公告。止付通知是由人民法院向付款人发出的停止付款的通知，如果付款人拒不止付，由此给失票人造成损失的，应承担相应的责任。付款人接到停止付款通知后，应当停止支付，直至公示催告程序终结。公告是由人民法院在受理公示催告申请后，以公开文字形式向社会发出的旨在敦促利害关系人限期申报权利的一种告示。该公告应当在全国性的报刊上登载。人民法院应在受理申请后 3 日内发出公告，公示催告的期间不得少于 60 日，涉外票据可根据情况适当延长，但最长不得超过 90 日。

③人民法院收到利害关系人的申报后，应当裁定终结公示催告程序。人民法院在收到利害关系人提出的票据权利主张后，应通知公示催告申请人在指定的期间查看票据。如果公示催告的票据与利害关系人出示的票据不一致的，法院应裁定予以驳回利害关系人的申报。

④公示催告期间届满以及在判决作出前，没有利害关系人申报权利的，公示催告申请人应当自申报权利期间届满的次日起一个月内申请法院作出判决。法院判决丧失票据无效。判决应当公告，并通知付款人。判决生效后，公示催告申请人有权依据判决向付款人请求付款或向其他票据债务人行使追索权。至此，票据丧失后的权利补救措施完成。

(3)普通诉讼

普通诉讼是指丧失票据的失票人向人民法院提起民事诉讼，要求法院判定付款人向其支付票据金额的活动。失票人向人民法院提起诉讼以补救票据权利的，应注意以下几点：第一，票据丧失后的诉讼被告一般是付款人，但在找不到付款人或付款人不能付款时，也可将其他票据债务人（出票人、背书人、保证人等）作为被告。第二，诉讼请求的内容是要求付款人或其他票据债务人在票据的到期日或判决生效后支付或清偿票据金额。第三，失票人在向法院起诉时，应提供所丧失的票据的有关书面证明。第四，失票人向法院起诉时，应当提供担保，以防由于付款人支付已丧失的票据票款后可能出现的损失。担保的数额相当于票据载明的金额。第五，在判决前，丧失的票据出现时，付款人应以该票据正处于诉讼阶段为由暂不付款，而将情况迅速通知失票人和人民法院，法院应终结诉讼程序。失票人与提示人对票据债权人没有争议的，应由真正的票据债权人持有票据并向付款人行使票据权利；如失票人与提示人对票据债权人有争议的，任何一方均可向法院起诉，由法院确认。在判决生效后，丧失的票据出现时，付款人不为付款，应将情况通知失票人。如果失票人与提示人对票据权利没有争议的，由真正的票据权利人向付款人行使票据权利；如有争议，任何一方可向法院起诉，请求确认权利人。

（二）票据抗辩

1.票据抗辩的概念

票据抗辩是指票据的债务人依照《票据法》的规定，对票据债权人拒绝履行义务的行为。票据抗辩是票据债务人的一种权利，是债务人保护自己的一种手段。法律之所以规定债务人可以在一定情况下具有拒绝履行义务的权利，主要是基于票据是一种可流通证券，让与极为频繁，在每一个转让环节都有可能使票据出现缺陷，因此赋予债务人的票据抗辩权则可依法保护其合法利益。

2.票据抗辩的种类

票据债务人行使抗辩权的情形较为复杂，前述有关内容已提及一些。从总的来看，票据抗辩权的行使必须严格依照票据法的规定进行，否则，不得行使抗辩权。根据抗辩原因不同以及抗辩效力的不同，票据抗辩可分为两种：对物抗辩和对人抗辩。

（1）对物抗辩

对物抗辩是指基于票据本身的内容而发生的事由所进行的抗辩。这一抗辩可以对任何持票人提出。其主要包括以下情形：①票据行为不成立而为的抗辩。如票据应记载的内容有欠缺；票据债务人无行为能力；无权代理或超越代理权进行票据行为；票据上有禁止记载的事项；背书不连续；持票人的票据权利有瑕疵等。②依票据记载不能提出请求而为的抗辩。如票据未到期、付款地不符等。③票据载明的权利已消灭或已失效而为的抗辩。如票据债权因付款、抵消、提存、免除、除权判决、时效届满而消灭等。④票据权利的保全手续欠缺而为的抗辩。如应作成拒绝证书而未作等。⑤票据上有伪造、变造情形而为的抗辩。

（2）对人抗辩

对人抗辩是指票据债务人对抗特定债权人的抗辩。这一抗辩多与票据的基础关系有关。为此，《票据法》第 13 条第 2 款亦规定："票据债务人可以对不履行约定义务的与自己有直接债权债务关系的持票人，进行抗辩。"在理解这一规定时，应注意的是：票据债务人只能对基础关系中的直接相对人不履行约定义务的行为进行抗辩，该基础关系必须是该票据赖以产生的民事法律关系，而不是其他的民事法律关系；如果该票据已被不履行约定义务的持票人转让给第三人，而该第三人属善意、已对价取得票据的持票人，则票据债务人不能对其进行抗辩。

3.票据抗辩的限制

票据抗辩是有限制的，这是各国立法普遍采用的做法。我国《票据法》第13条第1款亦规定："票据债务人不得以自己与出票人或者与持票人的前手之间的抗辩事由，对抗持票人。但是，持票人明知存在抗辩事由而取得票据的除外。"这便是对票据抗辩限制的规定。根据这一规定，我国票据法中对票据抗辩的限制主要表现在以下方面：

(1)票据债务人不得以自己与出票人之间的抗辩事由对抗持票人。这就是说，如果票据债务人与出票人之间存在抗辩事由，该票据债务人不得以此抗辩事由对抗善意持票人。

(2)票据债务人不得以自己与持票人的前手之间的抗辩事由对抗持票人。如果票据债务人与持票人的前手存在抵消关系，而持票人的前手将票据转让给了持票人，票据债务人就不能以其与持票人的前手存在抗辩事由而拒绝向持票人付款。

(3)凡是善意的、已付对价的正当持票人可以向票据上的一切债务人请求付款，不受前手权利瑕疵和前手相互间抗辩的影响。

(4)持票人取得的票据是无对价或不相当对价的，由于其享有的权利不能优于其前手的权利，故票据债务人可以对抗持票人前手的抗辩事由对抗该持票人。

(三)票据的伪造和变造

伪造和变造的票据直接影响票据权利，因此，我国《票据法》第14条对票据的伪造和变造的责任和效力作了规定。

1.票据的伪造

票据的伪造是指假冒他人名义或虚构人的名义而进行的票据行为。票据上的伪造包括票据的伪造和票据上签章的伪造两种。前者是指假冒他人或虚构他人的名义进行出票行为，如在空白票据上伪造出票人的签章或者盗盖出票人的印章进行出票；后者则是指假冒他人名义进行出票行为之外的其他票据行为，如伪造背书签章、承兑签章、保证签章等。票据的伪造与票据的无权代理不同的是，票据伪造的伪造人必须是假冒他人名义签章，而票据的无权代理则是在票据上表明了代理关系，将被代理人的姓名或名称记载在票据上并由代理人签章。

票据的伪造行为是一种扰乱社会经济秩序、损害他人利益的行为，在法律上不具有任何票据行为的效力。由于其从一开始就是无效的，故持票人即使是善意取得，对被伪造人也不能行使票据权利。对伪造人而言，由于票据上没有以自己名义所作的签章，因此也不应承担票据责任。但是，如果伪造人的行为给他人造成损害的，必须承担民事责任，构成犯罪的，还应承担刑事责任。

根据《票据法》第14条第2款规定，票据上有伪造签章的，不影响票据上其他真实签章的效力。这就是说，在票据上真正签章的人，仍应对被伪造的票据的债权人承担票据责任，票据债权人按票据法的规定提示承兑、提示付款或行使追索权时，在票据上真正签章人不能以伪造为由进行抗辩。

2.票据的变造

票据的变造是指无权更改票据内容的人，对票据上签章以外的记载事项加以变更的行为。例如,变更票据上的到期日、付款日、付款地、金额等。构成票据的变造,须符合以下条件:一是变造的票据是合法成立的有效票据;二是变造的内容是票据上所记载的除签章以外的事项;三是变造人无权变更票据的内容。

根据《票据法》第 14 条第 3 款规定,票据的变造应依照签章是在变造之前或之后来承担责任。如果当事人签章在变造之前,应按原记载的内容负责;如果当事人签章在变造之后,则应按变造后的记载内容负责;如果无法辨别是在票据被变造之前或之后签章的,视同在变造之前签章。但是,在实践中,变造人可能签章,也可能不签章,无论是否签章,其都应就行为承担法律责任。尽管被变造的票据仍为有效,但是,票据的变造是一种违法行为,故变造人的变造行为给他人造成经济损失的,应对此承担赔偿责任,构成犯罪的,应承担刑事责任。

第二节 汇 票

一、汇票的概念与种类

(一)汇票的概念

汇票是指出票人签发的、委托付款人在见票时或者在指定日期无条件支付确定的金额给收款人或者持票人的票据。由此可见,汇票是这样一种票据:第一,汇票有三个基本当事人,即出票人、付款人和收款人。由于这三个当事人在汇票发行时既已存在,故属基本当事人,缺一不可。但是随着汇票的背书转让,汇票上设立保证等,被背书人、保证人等也成为汇票上的当事人。第二,汇票是由出票人委托他人支付的票据,是一种委托证券,而非自付证券。第三,汇票是在指定到期日付款的票据。指定到期日是指见票即付、定日付款、出票后定期付款、见票后定期付款四种形式。第四,汇票是付款人无条件支付票据金额给持票人的票据。此处的持票人包括收款人、被背书人或受让人。

(二)汇票的种类

汇票可从不同角度作出不同分类:①以付款期限长短为标准,汇票可分为即期汇票和远期汇票。即期汇票是指见票即行付款的汇票,包括标明"见票即付"的汇票、到期日与出票日相同的汇票以及未记载到期日的汇票。远期汇票是指约定一定的到期日付款的汇票,包括定期付款汇票、出票日后定期付款汇票和见票后定期付款汇票。②以记载受款人的方式不同为标准,汇票可分为记名式汇票和无记名式汇票。③以签发和支付地点不同,汇票可分为国内汇票和国际汇票。前者指在一国境内签发和付款的汇票,后者指汇票的签发和付款一方在国外,或都在国外的汇票。④以银行对付款的要求不同,汇票可分为跟单汇票和原票。前者指使用汇票时需附加各种单据,后者是指只需提出汇票本身即可付款,无需附加任何单据的汇票。

我国《票据法》将汇票分为银行汇票和商业汇票,前者是指银行签发的汇票,后者则是指银行之外的企事业单位、机关、团体等签发的汇票。在实践中,银行汇票一般由汇款人将款项交存当地银行,由银行签发给汇款人持往异地办理转账结算或支取现金。单位、个体经济组织和个人需要使用各种款项,均可使用银行汇票。

银行汇票的当事人是:①出票人。这是指“签发行”。根据我国现行做法,只有参加“全国联行往来”的银行才能签发汇票,即充当出票人。②收款人。这是指收款人可以是“汇款人”,也可以是其他人。③付款人。银行汇票的出票银行为银行汇票的付款人。“汇款人”不是汇票上的当事人,而是与出票人有原因关系的人。“汇款人”可以是单位、个体经济组织和个人。汇款人与签发行的关系是委托关系。银行汇票的提示付款期限自出票日起 1 个月。

商业汇票是指收款人或付款人签发,由承兑人承兑,并于到期日向收款人或被背书人支付款项的票据。商业汇票按承兑人的不同,分为商业承兑汇票和银行承兑汇票。前者指由收款人签发,经付款人承兑,或由付款人签发并承兑的票据;后者指由收款人或承兑申请人签发、并由承兑申请人向开户银行申请,经银行审查同意承兑的票据。商业汇票的收款人、付款人或承兑申请人一般指供货和购货单位。在商业承兑汇票中,汇票上的当事人是:①出票人。出票人是交易中的收款人,即卖方,或者是交易中的付款人,即买方。②承兑人。出票人若是卖方,承兑人为买方;出票人若是买方,出票人为承兑人。③付款人。付款人是买方的开户银行。④收款人。收款人是交易中的收款人,即卖方。在银行承兑汇票中,汇票上的当事人是:①出票人是承兑申请人。②付款人和承兑人是承兑行,即承兑申请人的开户银行。③收款人是与出票人签订购销合同的收款人,即卖方。根据有关规定,商业汇票的付款期限,最长不得超过 6 个月;商业汇票的提示付款期限,自汇票到期日起 10 日。

二、出票

(一)出票的概念

根据《票据法》第 20 条规定,出票是指出票人签发票据并将其交付给收款人的票据行为。出票实际包括两种行为:一是出票人依照票据法的规定作成票据,即在原始票据上记载法定事项并签章;二是交付票据,即将做成的票据交付给他人占有。这两者相辅相成,缺一不可。

汇票的出票人在为出票行为时,必须与付款人具有真实的委托付款关系,并且具有支付汇票金额的可靠资金来源;汇票的出票人不得签发无对价的汇票用以骗取银行或者其他票据当事人的资金。由于汇票是出票人委托付款人向持票人支付票据金额的一种委付证券,故出票人与付款人之间必须存在真实的支付委托关系,即出票人与付款人之间必须存在事实上的资金关系或者其他的债权债务关系。与此同时,出票人在出票时,必须确保在汇票不承兑或不获付款时,具有足够的清偿能力。《票据法》强调汇票的签发,必须给付对价,即出票人不得与其他当事人相互串通,利用签发没有对价的承兑汇票,通过转让、贴现来骗取银行或其他票据当事人的资金。由于票据是一种无因证券,因此,即使出票人签发没有对价的汇票,出票人等债务人仍应按照汇票上记载的事项承担票据责任。

(二)汇票的格式

汇票是一种要式证券,出票行为是一种要式行为,故汇票的作成必须符合法定的格式。汇票的格式就是作成汇票后表现于汇票之上的内容。该内容可分为绝对应记载事项、相对应记载事项和非法定记载事项。

1. 汇票的绝对应记载事项

汇票的绝对应记载事项是指票据法规定必须在票据上记载的事项,若欠缺记载,票据便为无效。《票据法》第 22 条规定,汇票的绝对应记载事项包括七个方面的内容,如果汇票上未记载以下七个方面事项之一的，汇票无效：

(1)表明“汇票”的字样。这是指在票据上必须记载足以表明该票据是汇票的文字。如果没有该文字，汇票则为无效。根据我国现行汇票的用法，汇票可有“银行汇票”、“银行承兑汇票”、“商业承兑汇票”等称谓，因此，只要能够有表明“汇票”字样的，即可。

(2)无条件支付的委托。这是汇票的支付文句，即须表明出票人委托付款人支付汇票金额是不附带任何条件的。换言之，如果汇票附有条件，则汇票无效。那么，汇票上未记载“无条件支付的委托”是否就导致汇票无效呢？从我国目前使用的汇票来看，主要有银行汇票、商业承兑汇票、银行承兑汇票三种。这三种汇票都未记载支付文句。从银行汇票来看，出票人同时又是付款人，出票人实际上是约定自己支付汇票金额，而不存在出票人对他人的支付委托，也就没有必要记载支付委托。从商业承兑汇票来看，以付款人为出票人的，出票人与付款人为同一个，也不存在支付委托问题；以收款人为出票人的，则存在出票人对付款人的支付委托。从银行承兑汇票来看，则存在支付委托的问题。我们认为，尽管实务中上述三种汇票的付款都是无条件付款，但是，《票据法》生效之后，应严格依此规定记载该等支付文句。否则，汇票即为无效。

(3)确定的金额。这是指汇票上记载的金额必须是固定的数额。如果汇票上记载的金额是不确定的，汇票将无效。在实践中，银行汇票记载的金额有汇票金额和实际结算金额。汇票金额是指出票时汇票上应该记载的确定金额；实际结算金额是指不超过汇票金额，而另外记载的具体结算的金额。汇票上记载有实际结算金额的，以实际结算金额为汇票金额。如果银行汇票记载汇票金额而未记载实际结算金额，并不影响该汇票的效力，而以汇票金额为实际结算金额。实际结算金额只能小于或等于汇票金额，如果实际结算金额大于汇票金额的，实际结算金额无效，以汇票金额为付款金额。

(4)付款人名称。付款人是指出票人在汇票上的委托支付汇票金额的人。付款人是汇票的主债务人。如果汇票上未记载付款人的名称，收款人或者持票人将不知道向谁提示承兑或提示付款。因此，汇票上未记载付款人，汇票便为无效。

(5)收款人名称。收款人是指出票人在汇票上记载的受领汇票金额的最初票据权利人。在英、美、法国家，法律允许签发无记名式汇票，没有将收款人名称规定为应记载事项，而我国《票据法》则不允许签发无记名汇票。故汇票上应将收款人名称作为应记载的绝对之事宜，这有利于汇票的转让和流通，减少发生纠纷。

(6)出票日期。这是指出票人在汇票上记载的签发汇票的日期。出票日期在法律上具有重要的作用，即可以确定出票后定期付款汇票的付款日期、确定见票即付汇票的付款提示期限、确定见票后定期付款汇票的承兑提示期限、确定利息起算日、确定某些票据权利的时效期限、确定保证成立之日期、判定出票人于出票时的行为能力状态以及代理人的代理权限状态等。因此，如果汇票上不记载出票日期，这将不利于保护持票人的票据权利。其应为绝对应记载事项。

(7)出票人签章。这是指出票人在票据上亲自书写自己的姓名或盖章。这一问题在前述有关内容已作说明。如果汇票出票人不在汇票上签章，汇票即为无效。

2.汇票的相对应记载事项

这也是汇票上必须应记载的内容，但是，相对应记载事项未在汇票上记载，并不影响汇票本身的效力，汇票仍然有效。票据上未记载的事项可以通过法律的直接规定来补充确定，具体包括以下内容：

(1)付款日期。这是指支付汇票金额的日期。汇票除见票即付外，其金额一般是在签发汇票后一段时间才支付。因此，汇票应记载一个付款日期以作为票据权利人行使票据权利的依据。但是，如果汇票上未记载付款日期的，并不必然导致票据的无效，根据《票据法》第23条第2款的规定，此为见票即付。

关于付款日期，《票据法》第25条规定了四种形式，即见票即付、定日付款、出票后定期付款、见票后定期付款。付款日期为汇票到期日。出票人签发汇票时，只能在这四种法定形式中选定，而不能选用法定形式以外的其他任何形式。见票即付是指汇票的付款人一经持票人为付款提示，即应该予以付款的一种付款日期形式。汇票上未记载具体付款时间，表明了“见票即付”字样或依法推定为见票即付的，持票人提示汇票的提示日就是付款日期，即属汇票到期。但是，为了防止持票人久久不提示票据，损害债务人的利益，《票据法》第53条规定，见票即付汇票的法定付款提示期限为出票日起1个月。持票人未在此期限内为付款提示的，即丧失对其一切前手的追索权。定日付款是指汇票上记载特定年、月、日为支付款日期的一种付款日期形式。由于该形式的付款日期最为明确，故实践中使用较多。出票后定期付款是指汇票上记载的从出票日起经过一定期间方能付款的一种付款日期形式。这是从出票日作为起算日，直到汇票上记载的一定期间的最后一日为到期日。见票后定期付款是指出票人在汇票上记载的于付款人承兑日起经过一定期间方能付款的一种付款日期形式。如见票后3个月付款或承兑后6个月付款等。

(2)付款地。这是指汇票金额的支付地点。此项内容应在票据上加以明确记载，以便于收款人或持票人知道在何地提示付款。但是，如果汇票上未记载付款地的，也不必然导致票据无效，而是依据法律的规定确定付款地。根据《票据法》第23条第3款规定，在此情况下，付款地为付款人的营业场所、住所或者经常居住地。付款人的营业场所为其从事生产经营活动的固定场所，付款人没有经营场所的，以其住所为付款地，住所与经常居住地不一致的，则以其经常居住地为付款地。根据我国有关法律解释，经常居住地一般是指公民最后连续居住满1年以上的日常生活居住地。

(3)出票地。这是指出票人签发票据的地点，此一内容亦应在票据上加以明确记载。如果汇票上未记载出票地的，依照《票据法》第23条第4款规定，出票人的营业场所、住所或者经常居住地为出票地。

3.汇票的非法定记载事项

汇票的非法定记载事项是指法律规定以外的记载事项。根据《票据法》第24条，汇票上可以记载本法规定事项以外的其他出票事项，但是该记载事项不具有汇票上的效力。法律规定以外的事项主要是指与汇票的基础关系有关的事项，如签发票据的原因或用途、该票据项下交易的合同号码等。因此，这些事项尽管有利于当事人清算方便，但却与票据关系本身关系不大，故其不具有票据上的效力。

(三)出票的效力

出票是以创设票据权利为目的的票据行为。所以，出票人依照《票据法》的规定完成出票行为之后，即产生票据上的效力。这一效力表现为创设票据权利和引起票据债务的发生，这种权利义务因汇票当事人的地位不同而不相同。

1. 对收款人的效力

收款人取得出票人发出的汇票后，即取得票据权利，一方面就票据金额享有付款请求权；另一方面，在该请求权不能满足时，即享有追索权。

2. 对付款人的效力

出票行为是单方行为，付款人并不因此而有付款义务，只有付款之权限。但基于出票人的付款委托使其具有承兑人的地位，在其对汇票进行承兑后，即成为汇票上的主债务人。

3. 对出票人的效力

出票人委托他人付款，一旦该行为成立，就必须保证该付款能得以实现。如果付款人不予付款，出票人就应该承担票据责任。因此，《票据法》第 126 条规定："出票人签发汇票后，即承担保证该汇票承兑和付款的责任。出票人在汇票得不到承兑或者付款时，应当向持票人清偿本法第 70 条、第 71 条规定的金额和费用。"这一规定表明，收款人在向付款人行使票据权利而得不到满足时，出票人必须就此承担票据责任，从法律上讲，该责任是一种担保责任，即担保汇票的承兑和付款。担保汇票的承兑是指汇票到期日前不获承兑时，收款人或持票人可以请求出票人偿还票据金额、利息和有关费用。担保汇票的付款是指汇票到期时，付款人虽已承兑但拒绝付款的，出票人必须承担清偿责任。

三、背书

（一）汇票转让与背书

汇票的转让是指汇票的持票人以背书或仅凭交付的方式而将票据权利让与他人的一种票据行为。票据权利与票据是不可分的，因而票据的转让也就是票据权利的转让。一般而言，票据转让主要有背书交付和单纯交付两种。单纯交付是指持票人未在票据上作任何转让事项的记载而直接将票据交与他人的一种法律行为；背书交付是指持票人以转让票据权利为目的，按法定的事项和方式记载于票据上的一种票据行为。但是，我国《票据法》第 27 条第 3 款规定，"持票人行使第一款规定的权利时，应当背书并交付汇票"，而该条第一款规定，"持票人可以将汇票权利转让给他人或者将一定的汇票权利授予他人行使"。这表明，我国《票据法》规定的汇票转让只能采用背书的方式，而不能仅凭单纯交付方式，否则就不产生票据转让的效力。

根据《票据法》第 27 条第 2 款规定，出票人在汇票上记载"不得转让"字样，汇票不得转让。尽管此处标明的是"不得转让"，但在实践中只要表明了禁止背书的含义，如"禁止背书"、"禁止转让"等字样，亦是有效的。依此规定，如果收款人或持票人将出票人作禁止背书的汇票转让的，该转让不发生票据法上的效力，出票人和承兑人对受让人不承担票据责任。

（二）背书的形式

背书是一种要式行为，故其必须符合法定的形式，即其必须作成背书并交付，才能有效成立。从背书的记载事项而言，根据《票据法》的有关规定，其应与出票一样，符合有关出票时应记载的事项内容。

1. 关于背书签章和背书日期的记载

《票据法》第 29 条规定："背书由背书人签章并记载背书日期。背书未记载日期的，视为在汇票到期日前背书。"背书人背书时，必须在票据上签章，背书才能成立，否则，背书行为无效。背书人签章是确定背书的债务人地位及其担保责任的依据，故此属绝对应记载事项。关于背书日期，其是相对应记载事项，因为，背书未记载日期的，视为在汇票到期日前背书。这表明背书未记载背书日期，并不因之无效，而是以法律的补充规定来确定背书日期。票据法确定"汇票到期日前"作为未记载背书日期的日期，这主要是为了保护善意持票人的权利不因背书未记载日期而无效。

2.关于被背书人名称的记载

《票据法》第30条规定："汇票以背书转让或者以背书将一定的汇票权利授予他人行使时，必须记载被背书人名称。"这一规定表明，我国票据法不承认不记名背书。如果背书人不作成记名背书，即不记载被背书人名称，汇票转让将不能成立，背书行为无效。因此，被背书人名称是背书应记载之绝对事项。但是，根据《最高人民法院关于审理票据纠纷案件若干问题的规定》第49条规定，背书人未记载被背书人名称即将票据交付他人的，持票人在票据被背书人栏内记载自己的名称与背书人记载具有同等法律效力。

3.关于禁止背书的记载

背书人的禁止背书是背书行为的一项任意记载事项。如果背书人不愿意对其后手以后的当事人承担票据责任，即可在背书时记载禁止背书。《票据法》第34条规定："背书人在汇票上记载'不得转让'字样，其后手再背书转让的，原背书人对后手的被背书人不承担保证责任。"这是指背书人之后手将记载有禁止背书的汇票转让，原背书人对依此取得汇票的一切当事人，包括以后的被背书人、背书人、最后持票人等，将不承担票据责任，其只对直接的被背书人承担责任。

4.关于背书时粘单的使用

《票据法》第28条规定："票据凭证不能满足背书人记载事项的需要，可以加附粘单，粘附于票据凭证上。粘单上的第一记载人，应当在汇票和粘单的粘接处签章。"由于票据转让次数较多，票据背面没有记载的余地，背书人可以使用粘单，即因票据不能满足背书记载事项的需要而粘附于票据上的纸张，将背书的事项记载于粘单上。为了保证粘单的有效性和真实性，第一位使用粘单的背书人必须将粘单粘接在票据上，并且在粘接处签章，否则该粘单记载的内容即为无效。

5.关于背书不得记载的内容

根据《票据法》第33条规定，背书不得记载的内容有两项：一是附有条件的背书；二是部分背书。附有条件的背书是指背书人在背书时，记载一定的条件，以限制或者影响背书效力。根据《票据法》第33条第1款规定，背书时附有条件的，所附条件不具有汇票上的效力。这与一般民事法律行为可以附条件是不同的。这里所指的"所附条件不具有汇票上的效力"并不影响背书行为本身的效力，被背书人仍可依该背书取得票据权利。部分背书是指背书人在背书时，将汇票金额的一部分或者将汇票金额分别转让给两人以上的背书。由于背书人将背书金额的一部分或将背书金额分别转让给两人以上，该背书金额的另一部分权利人或数个权利人对同一背书金额无从行使票据权利。因此，《票据法》第33条第3款规定部分背书无效。

（三）背书连续

背书连续是指在票据转让中，转让汇票的背书人与受让汇票的被背书人在汇票上的签章依次前后衔接。这就是说，票据上记载的多次背书，从第一次到最后一次在形式上都是相连续而无间断的。一般而言，连续背书的第一背书人应当是在票据上记载的收款人，最后的票据持有人应当是最后一次背书的被背书人。《票据法》第 31 条第 1 款规定："以背书转让的汇票，背书应当连续。"这就是说，如果背书不连续的，付款人可以拒绝向持票人付款，否则付款人得自行承担责任。

背书连续主要是指背书在形式上连续，如果背书在实质上不连续，如有伪造签章等，付款人仍应对持票人付款。但是，如果付款人明知持票人不是真正票据权利人，则不得向持票人付款，否则应自行承担责任。

(四)委托收款背书和质押背书

委托收款背书和质押背书属非转让背书，各自具有自己的特殊性。

1. 委托收款背书

委托收款背书是指持票人以行使票据上的权利为目的，而授予被背书人以代理权的背书。以此可见，该背书方式不以转让票据权利为目的，而是以授予他人一定的代理权为目的，其确立的法律关系不属于票据上的权利转让与被转让关系，而是背书人与被背书人之间在民法上的代理关系，该关系形成后，被背书人可以代理行使票据上的一切权利。在此情形下，被背书人只是代理人，而未取得票据权利，背书人仍是票据权利人。

根据《票据法》第 35 条第 1 款规定，背书记载"委托收款"字样的，被背书人有权代背书人行使被委托的汇票权利。但是，被背书人不得再以背书转让汇票权利。这就是说，被背书人因委托收款背书而取得代理权后，可以代为行使付款请求权和追索权，在具体行使这些权利的过程中，还可以请求作成拒绝证明、发出拒绝事由通知、行使利益偿还请求权等，但不能行使转让票据等处分权利，否则，原背书人对后手的被背书人不承担票据责任。

委托收款背书与其他背书一样，持票人依据法律规定的记载事项作成背书并交付，才能生效。按《票据法》的规定，背书人可以记载"委托收款"字样，但如果记载"因收款"、"托收"、"代理"等字样的，也应该认为有效。

2. 质押背书

质押背书是指持票人以票据权利设定质权为目的而在票据上作成的背书。背书人是原持票人，也是出质人，被背书人则是质权人。质押背书确立的是一种担保关系，即在背书人(原持票人)与被背书人之间产生一种质押关系，而不是一种票据权利的转让与被转让关系。因此质押背书成立后，即背书人作成背书并交付，背书人仍然是票据权利人，被背书人并不因此而取得票据权利。但是，被背书人取得质权人地位后，在背书人不履行其债务的情况下，可以行使票据权利，并从票据金额中按担保债权的数额优先得到偿还。换言之，如果背书人履行了所担保的债务，被背书人则必须将票据返还背书人。

质押背书与其他背书一样，也必须依照法定的形式作成背书并交付。与此同时，根据《票据法》第 35 条第 2 款规定，质押时应当以背书记载"质押"字样。但如果在票据上记载质押文句表明了质押意思的，如"为担保"、"为设质"等，也应视为其有效。如果记载"质押"文句的，其后手再背书转让或者质押的，原背书人对后手的被背书人不承担票据责任，但不影响出票人、承兑人以及原背书人之前手的票据责任。该条第 2 款还规定："被背书人依法实现其质权时，可以行使汇票权利。"这里所指的汇票权利包括付款请求权和追索权以及为实现该等权利而进行的一切行为，如提示票据、请求付款、受领票款、请求作成拒绝证明、进行诉讼等。

(五)法定禁止背书

法定禁止背书是指根据《票据法》的规定而禁止背书转让的情形。由于法律规定在某些情况下，汇票不得背书转让，因此，如果背书人将此类汇票以背书方式转让的，应当承担汇票责任。《票据法》第36条规定："汇票被拒绝承兑、被拒绝付款或者超过付款提示期限的，不得背书转让；背书转让的，背书人应当承担汇票责任。"根据这一规定，法定禁止背书的情形有以下三种。

1.被拒绝承兑的汇票

被拒绝承兑的汇票是指持票人在汇票到期日前，向付款人提示承兑而遭拒绝的汇票。汇票上的付款人只有在汇票承兑后，才是汇票上的主债务人。如果付款人对汇票拒绝承兑的，就不具有汇票上债务人的地位，不承担支付票据金额的责任。因此，收款人或持票人虽然在汇票成立时即已取得付款请求权，但因付款人拒绝承兑，该付款请求权也就无法确定，当然也就不能将这种付款请求权再背书转让。在付款人拒绝承兑的情况下，收款人或持票人只能向其前手行使追索权，取得票据金额；如果其将这种票据转让的，受让人取得该汇票时，也只能通过向其前手行使追索权，取得票据金额。

2.被拒绝付款的汇票

被拒绝付款的汇票是指对不需承兑的汇票或者已经付款人承兑的汇票，持票人于汇票到期日向付款人提示付款而被拒绝的汇票。被拒绝付款的汇票，付款人即使对汇票已作承兑，负有于汇票到期日无条件付款的责任，但是，付款人在汇票到期日拒绝付款的，收款人或者持票人的付款请求权也不能得到实现。如果持票人将该种汇票再行转让，受让人尽管也可以取得付款请求权，但实现的可能性极小。因此，《票据法》便禁止将该种票据再行背书转让，如果背书转让的，背书人应承担汇票责任，受让人有权向其前手行使追索权。

3.超过付款提示期限的汇票

超过付款提示期限的汇票是指持票人未在法定付款提示期间内向付款人提示付款的汇票。法定付款提示期间是法律规定的由收款人或者持票人行使付款请求权的期限。收款人或者持票人应当在汇票到期日起至法定提示期间届满前行使付款请求权，如果收款人或持票人未在此期间内行使付款请求权的，即丧失对其前手的追索权。因此，《票据法》便规定不允许将该种汇票再行转让，否则，受让人的利益就可能受到损害。背书人以背书将该种票据进行转让，应该承担汇票责任。

四、承兑

(一)承兑的概念

承兑是指汇票付款人承诺在汇票到期日支付汇票金额的票据行为。承兑是汇票特有的制度。汇票是一种出票人委托他人付款的委付证券。但是出票人的出票行为完成之后，由于其是一种单方法律行为，因此对付款人并不当然产生约束力，只有在付款人表示愿意向收款人或持票人支付汇票金额后，持票人才可于汇票到期日向付款人行使付款请求权，承兑就是这样一种明确付款人的付款责任，确定持票人票据权利的制度。

(二)承兑的程序

承兑的程序主要包括两个方面:一是提示承兑;二是承兑成立。

1.提示承兑

提示承兑是指持票人向付款人出示汇票,并要求付款人承诺付款的行为。根据我国《票据法》的有关规定,因汇票付款日期的形式不同,提示承兑的期限亦不一样。

(1)定日付款和出票后定期付款汇票的提示承兑期限。《票据法》第 39 条规定:"定日付款或者出票后定期付款的汇票,持票人应当在汇票到期日前向付款人提示承兑"。在票据法理论上,定日付款汇票和出票后定期付款的汇票,属于可以提示承兑汇票。也就是说,持票人既可以在到期日前提示承兑,待付款人承兑后而于到期日即行使付款请求权,也可以不提示承兑,而于到期日直接向付款人请求付款。但是。根据我国目前使用的银行承兑汇票和商业承兑汇票来看,其都必须提示承兑。因此,这两种汇票都属必须提示承兑的汇票。根据票据法的上述规定,上述两类汇票的提示承兑期限实际是指从出票人出票日起至汇票到期日止。在此期间,持票人应当向付款人提示承兑,否则,即丧失对其前手的追索权。

(2)见票后定期付款汇票的提示承兑期限。《票据法》第 40 条第 1 款规定:"见票后定期付款的汇票,持票人应当自出票日起 1 个月内向付款人提示承兑。"见票后定期付款汇票的付款日期,是以见票日为起算日期来确定的,汇票不经提示承兑,就无法确定见票日,也就无法确定付款日期,从而持票人便无法行使票据权利,因此,该种汇票属于必须提示承兑的汇票。根据《票据法》的规定,该种汇票的持票人应当自出票日起 1 个月内向付款人提示承兑。否则,即丧失对其前手的追索权。

(3)见票即付汇票的提示承兑问题。《票据法》第 40 条第 3 款规定:"见票即付的汇票无需提示承兑。"这就是票据法理论上通常所说的无需提示承兑汇票。这种汇票主要包括两种:一是汇票上明确记载有"见票即付"的汇票;二是汇票上没有记载付款日期,根据法律直接规定视为见票即付的汇票。我国的银行汇票,未记载付款日期,故其属见票即付的汇票,该汇票无需提示承兑。

2.承兑成立

(1)承兑时间。持票人向付款人提示承兑后,付款人应即决定是否承兑。为此,法律一般都规定一个让付款人考虑的时间。《票据法》第 41 条第 1 款规定:"付款人对向其提示承兑的汇票,应当自收到提示承兑的汇票之日起 3 日内承兑或者拒绝承兑。"一般来说,如果付款人在 3 日内不作承兑与否表示的,则应视为拒绝承兑,持票人可以请求其作出拒绝承兑证明,向其前手行使追索权。

(2)接受承兑。这是指持票人向付款人提示承兑时,付款人需要向持票人办理的收取汇票的手续。《票据法》第 41 条第 2 款规定:"付款人收到持票人提示承兑的汇票时,应当向持票人签发收到汇票的回单。回单上应当记明汇票提示承兑日期并签章。"这里所指的回单实际是指持票人收到的付款人向其出具的已收到请求承兑汇票的证明。这一手续办理完毕,即意味着接受承兑。

(3)承兑的格式。这是指付款人办理承兑手续时需要在汇票上记载的事项和如何记载该等事项。《票据法》第 42 条规定:"付款人承兑汇票的,应当在汇票正面记载'承兑'字样和承兑日期并签章;见票后定期付款的汇票,应当在承兑时记载付款日期。汇票上未记载承兑日期的，以前条第一款规定期限的最后一日为承兑日期。”根据这一规定，付款人办理承兑手续时，应在汇票上记载承兑的事项包括承兑文句、承兑日期、承兑人签章。在这三个记载事项中，承兑文句和承兑人签章是绝对应记载事项，缺一不可，否则承兑行为无效。而承兑日期则属于相对应记载事项，即使该项内容欠缺，承兑仍然有效，但应以法律的规定作为补充，即以付款人 3 日的承兑考虑时间的最后一日为承兑日期。与此同时，见票后定期付款的汇票，付款人还应当在承兑时记载付款日期，这是因为，该汇票的付款日期是依据见票日计算确定的，如果不记载这一内容，收款人或持票人的付款请求权就无法得以行使。

(4)退回已承兑的汇票。付款人依承兑格式填写完毕应记载事项后，并不意味着承兑生效，只有在其将已承兑的汇票退回持票人才产生承兑的效力。

(三)承兑的效力

承兑生效后，即对付款人产生相应的效力。《票据法》第 44 条规定：“付款人承兑汇票后，应当承担到期付款的责任。”这就是有关承兑效力的规定。该等到期付款的责任是一种绝对责任。其表现在：第一，承兑人于汇票到期日必须向持票人无条件地支付汇票上的金额，否则其必须承担迟延付款责任；第二，承兑人必须对汇票上的一切权利人承担责任，该等权利人包括付款请求权人和追索权人；第三，承兑人不得以其与出票人之间资金关系来对抗持票人，拒绝支付汇票金额；第四，承兑人的票据责任不因持票人未在法定期限提示付款而解除。

五、保证

(一)保证的概念

这里所指的保证即是票据保证，即为票据债务人以外的第三人，以担保特定债务人履行票据债务为目的，而在票据上所为的一种附属票据行为。保证的作用在于加强持票人票据权利的实现，确保票据付款义务的履行，促进票据流通。

(二)保证的当事人与格式

1.保证的当事人

保证的当事人为保证人与被保证人。就保证人而言，根据《票据法》第 45 条第 2 款之规定，其由汇票债务人以外的他人担当。由此可见，保证人是指票据债务人以外的，为票据债务的履行提供担保而参与票据关系中的第三人。已成为票据债务人的，不得再充当票据上的保证人。此外，根据《票据管理实施办法》第 12 条和《最高人民法院关于审理票据纠纷案件若干问题的规定》第 60 条的规定，保证人应是具有代为清偿票据债务能力的法人、其他组织或者个人；国家机关、以公益为目的的事业单位、社会团体、企业法人的分支机构和职能部门不得为保证人；但是经国务院批准为使用外国政府或者国际经济组织贷款进行转贷，国家机关提供票据保证的，以及企业法人的分支机构在法人书面授权范围内提供票据保证的除外。票据保证无效的，票据的保证人应当承担与其过错相应的民事责任。就被保证人而言，这是指票据关系中已有的债务人，包括出票人、背书人、承兑人。票据债务人一旦由他人为其提供保证，其在保证关系中就称为被保证人。

2.保证的格式

保证的格式是指在办理保证手续时需要在汇票上记载的事项和如何记载该等事项。根据《票据法》第46条之规定，在办理保证手续时，保证人必须在汇票或粘单上记载下列事项：表明“保证”的字样；保证人名称和住所；被保证人的名称；保证日期；保证人签章。有关保证的记载事项和记载方法问题，具体分析如下：

(1)票据保证必须作成于汇票或粘单之上。保证是一种书面行为，并须作成于汇票或粘单之上，如果另行签订保证合同或者保证条款的，不属于票据保证，人民法院应当适用我国《担保法》的有关规定。

(2)票据保证记载的事项，有绝对应记载事项和相对应记载事项。其中，绝对应记载事项包括保证文句和保证人签章两项；相对应记载事项包括被保证人的名称、保证日期和保证人住所。关于被保证人的名称，如果不记载这一内容，根据《票据法》第47条第1款的规定，已承兑的汇票，承兑人为被保证人；未承兑的汇票，出票人为被保证人。关于保证日期，如果不记载这一内容，根据《票据法》第47条第2款的规定，出票日期为保证日期。关于保证人的住所，如果不记载这一内容，依据《票据法》第16条的规定，可以推定为保证人的营业场所或住所。

(3)保证的记载方法。《票据法》未规定保证的记载方法，但是，依照《支付结算办法》第35条第2款的规定，如果是为出票人、承兑人保证的，则应记载于汇票的正面；如果是为背书人保证，则应记载于汇票的背面或者粘单上。

(4)保证不得记载的内容。《票据法》第48条规定：“保证不得附有条件；附有条件的，不影响对汇票的保证责任。”这一规定表明，保证是无条件的，即不得附加任何条件。如果保证附加条件，不论是作为停止条件，还是作为解除条件都会使票据保证的效力具有不确定性，从而使保证人的票据债务人地位不能得到明确，这就不能达到设立票据保证的目的。因此，《票据法》便规定保证附有条件的，所附条件无效，保证本身仍然具有效力，保证人应向持票人承担保证责任。

(三)保证的效力

保证一旦成立，即在保证人与被保证人之间产生法律效力，保证人必须对保证行为承担相应的责任。

1.保证人的责任

《票据法》第49条规定：“保证人对合法取得汇票的持票人所享有的汇票权利，承担保证责任。但是，被保证人的债务因汇票记载事项欠缺而无效的除外。”这是有关保证人责任的规定。根据这一规定，保证行为成立之后，保证人就成为票据上的债务人，必须向被保证人的一切后手承担票据责任，即满足被保证人票据权利的实现。但是，保证人承担保证责任是有一定前提条件的。根据《票据法》的前述规定，如果被保证人的债务因形式要件欠缺而无效，保证人的债务，即承担的保证责任，也将归于无效。换言之，如果被保证人的债务无效是因实质上的原因而无效，保证人的债务，即保证责任则不能免除。如被保证人因无行为能力发出汇票或伪造汇票等原因而使汇票无效，保证人的责任不能免除。这里所指的形式要件欠缺是指汇票记载事项有缺陷而导致汇票无效的情况。

在票据法理论上，保证具有从属性，这是指保证人的责任与被保证人的责任是同一的。我国《票据法》第50条亦肯定了这一内容，即：“被保证的汇票，保证人应当与被保证人对持票人承担连带责任。汇票到期后得不到付款的，持票人有权向保证人请求付款，保证人应当足额付款。”

2. 共同保证人的责任

共同保证是指保证人为两人以上的保证。《票据法》第 51 条规定:“保证人为两人以上的,保证人之间承担连带责任。”这就是说,在共同保证的情况下,持票人可以不分先后向保证人中的一人或者数人或者全体就全部票据金额及有关费用行使票据权利,共同保证人不得拒绝。

3. 保证人的追索权

保证人的追索权是指保证人在向持票人清偿债务后,依照法律规定取得持票人对被保证人及被保证人之前手的偿还请求权。这一偿还请求权不是从持票人处获得的,而是根据法律规定而获得。《票据法》第 52 条对此作了规定:“保证人清偿汇票债务后,可以行使持票人对被保证人及其前手的追索权。”由此可见,保证人的这一偿还请求权是一种追索权,保证人行使这一权利时,被保证人及其前手不得以对抗持票人的事由而对抗保证人。

保证人是否可以享有对票据承兑人的付款请求权和追索权,《票据法》未作明确规定。由于承兑人并不因保证人清偿债务而解除责任,承兑人仍是票据上的主债务人,保证人应该享有对承兑人的付款请求权和追索权。

六、付款

(一)付款的概念

付款是指付款人依据票据文义支付票据金额,以消灭票据关系的行为。付款是付款人的行为,这与出票人、背书人等偿还义务的行为不同;前者是支付票据金额的行为,并以消灭票据关系为目的;后者则并不以票据金额为依据而支付,不能引起票据关系的消灭。

(二)付款的程序

1. 付款提示及其法定期限

付款提示是指持票人向付款人或承兑人出示票据,请求付款的行为。持票人只有在法定期限内为付款提示的,才产生法律效力。关于这种法律效力,主要表现在两个方面:①付款人一经持票人提示,即应付款;②持票人得以保全对其前手的追索权,即在付款人拒绝付款的情况下,持票人可以请求付款人作成拒绝证明,向其前手行使追索权。

根据《票据法》第 53 条规定,持票人提示付款的法定期限如下:①见票即付的汇票,自出票日起 1 个月内向付款人提示付款;②定日付款、出票后定期付款或者见票后定期付款的汇票,自到期日起 10 日内向承兑人提示付款。如果持票人未在上述法定期限内为付款提示的,则丧失对其前手的追索权。但是,持票人丧失的追索权仅限于其前手,而对于承兑人并不发生失权的效果。因为承兑人是汇票的主债务人,所负责任为绝对责任,即使持票人未在法定期内为付款提示,承兑人仍应负责。如果承兑人或者付款人对逾期提示付款的持票人付款的,与按照规定的期限付款具有同等法律效力。《票据法》第 53 条第 3 款规定:“持票人未按照前款规定期限提示付款的,在作出说明后,承兑人或者付款人仍应当继续对持票人承担付款责任。”这是一种例外性规定。在实践中,持票人可能会因不可抗力的原因等而不能在法定提示付款期间提示付款,如果持票人由此而丧失对其前手的追索权,有些不尽合理,因此,法律便要求持票人作出说明,承兑人或付款人仍应继续对持票人承担付款责任。关于付款提示的方法,一般是由持票人亲自到付款人处,或者通过邮局寄交付款人处。但根据

《票据法》第 53 条第 3 款的规定，通过委托收款银行或者通过票据交换系统向付款人提示付款的，亦视同持票人提示付款。

付款提示的当事人包括提示人和受提示人。提示人一般是持票人，但也可以是持票人的代理人和质押权人；受提示人通常是付款人，在汇票中受提示人包括已进行承兑的承兑人及未承兑的付款人。在我国实践中，银行汇票属见票即付汇票，银行为受提示人；因银行之间建立联行结算制度建立了代理关系的，银行汇票的代理付款银行也可为受提示人。银行承兑汇票的受提示人是承兑银行，因银行之间建立联行结算代理关系的，该代理付款银行也是受提示人。

2. 支付票款

支付票款是指持票人向付款人或承兑人进行付款提示后，付款人无条件地在当日按票据金额足额支付给持票人的行为。《票据法》第 54 条规定："持票人依照前条规定提示付款的，付款人必须在当日足额付款。"依此规定，付款人必须在当日向提示人付款，且该支付的款项为全部票面金额。依照《票据法》第 106 条的规定，如果付款人或承兑人不能当日足额付款的，应承担迟延付款的责任。

在支付票款的过程中，持票人必须向付款人履行一定的手续，根据《票据法》第 55 条的规定，持票人获得付款的，应当在汇票上签收，并将汇票交给付款人。根据《票据管理实施办法》第 25 条的规定，此处所指的"签收"是指持票人在票据的正面签章，表明持票人已经获得付款。

在实践中，持票人和付款人的收款或付款行为往往是通过委托银行代理进行的。该等受托收款或付款的银行不是汇票的当事人，只是代理人，因此，他们只能依照委托按汇票上记载的内容进行资金结算。因此，《票据法》第 56 条规定："持票人委托的收款银行的责任，限于按照汇票上记载事项将汇票金额转入持票人账户。付款人委托的付款银行的责任，限于按照汇票上记载事项从付款人账户支付汇票金额。"

付款人或者代理付款人在付款时应当尽审查义务。根据《票据法》第 57 条的规定，付款人及其代理付款人付款时，应当审查汇票背书的连续，并审查提示付款人的合法身份证明或者有效证件。但该等审查义务仅限于汇票格式是否合法，即汇票形式上的审查，而不负责实质上的审查。如果付款人及其代理付款人以恶意或者有重大过失付款的，应当自行承担责任。此外，如果付款人对定日付款、出票后定期付款或者见票后定期付款的汇票在到期日前付款，根据《票据法》第 58 条的规定，应由付款人自行承担所产生的责任。付款人的这一责任包括，在持票人不是票据权利人时，对于真正的票据权利人并不能免除其票据责任。而对由此造成损失的，付款人只能向非正当持票人请求赔偿。

（三）付款的效力

根据《票据法》第 60 条的规定，付款人依法足额付款后，全体汇票债务人的责任解除。付款人依照票据文义支付票据金额之后，票据关系随之消灭，汇票上的全体债务人的责任便予以解除。但是，如果付款人付款存在瑕疵，即未尽审查义务而对不符法定形式的票据付款，或其存在恶意或重大过失而付款的，则不发生上述法律效力，付款人的义务不能免除，其他债务人也不能免除责任。

七、追索权

(一)追索权的概念

追索权是指持票人在票据到期不获付款或期前不获承兑或有其他法定原因,并在实施行使或保全票据上权利的行为后,可以向其前手请求偿还票据金额、利息及其他法定款项的一种票据权利。追索权是在票据权利人的付款请求权得不到满足之后。法律赋予持票人对票据债务人进行追偿的权利,它是用来弥补付款请求权对保护持票人票据权利的实现所带来的局限的一种制度。

(二)追索权发生的原因

追索权的发生须具备一定的条件,该条件包括实质条件和形式条件,以下分别加以说明。

1. 追索权发生的实质条件

根据《票据法》第 61 条的规定,追索权发生的实质条件包括以下内容:①汇票到期被拒绝付款;②汇票在到期日前被拒绝承兑;③在汇票到期日前,承兑人或付款人死亡、逃匿的;④在汇票到期日前,承兑人或付款人被依法宣告破产或因违法被责令终止业务活动。在发生上述情形之一的,持票人可以行使追索权。

2. 追索权发生的形式条件

追索权的发生除了构成前述实质条件之外,还须具有一定的形式条件。这一形式条件即是持票人行使追索权必须履行一定的保全手续而不致使追索权丧失。该等保全手续包括:第一,在法定提示期限提示承兑或提示付款;第二,在不获承兑或不获付款时,在法定期限内作出拒绝证明。根据《支付结算办法》第 41 条的规定,拒绝证明应当包括下列事项:①被拒绝承兑、付款的票据种类及其主要记载事项;②拒绝承兑、付款的事实依据和法律依据;③拒绝承兑、付款的时间;④拒绝承兑人、拒绝付款人的签章。根据《票据法》的有关规定,拒绝证明主要形式有:

(1)拒绝证书。拒绝证书是由国家授权的机关制作的用以证明持票人已依法行使票据权利而被拒绝,或者无法行使票据权利的一种公证书。拒绝证书分拒绝承兑证书和拒绝付款证书。拒绝承兑证书是指汇票因付款人拒绝承兑或者因付款人死亡等原因而无须提示承兑时,持票人请求作成的证书。拒绝付款证书是指汇票因付款人拒绝付款或者因其他法定原因而无法提示付款致使持票人不获付款所作成的证书。持票人已请求作成拒绝承兑证书的,而无须再请求作成拒绝付款证书。拒绝证书是公证机关制作的公证书,具有一定的格式,主要包括以下内容:①拒绝人和被拒绝人的名称;②汇票的内容,即汇票记载的事项;③提示日期;④拒绝事由或无从提示的原因;⑤作成日期;⑥公证机关和公证员盖章。

(2)退票理由书。汇票的持票人委托银行办理票据托收,或者向代理付款银行提示付款时,如果付款人或者代理付款银行拒绝付款,可由其出具退票理由书,说明退票理由。该退票理由书可起到拒绝证书的作用,即证明持票人已行使其权利而未获结果,故持票人有退票理由书就无须再请求作成拒绝证书。根据《支付结算办法》第 42 条的规定,退票理由书应包括下列事项:①所退票据的种类;②退票的事实依据和法律依据;③退票时间;④退票人签章。

(3)承兑人、付款人或者代理付款银行直接在汇票上记载提示日期、拒绝事由、拒绝日期并盖章。这也是拒绝证明的形式之一,可起到证明持票人已行使其权利而无结果的情况,可代替拒绝证书。

(4)持票人因承兑人或者付款人死亡、逃匿或者其他原因,不能取得拒绝证明的,可以依法取得其他有关证明。该等证明包括死亡证明、失踪证明书等。这些证明也具有拒绝证明的作用。

(5)人民法院的有关司法文书。根据《票据法》第 64 条第 1 款的规定,承兑人或者付款人被人民法院依法宣告破产的,人民法院的有关司法文书具有拒绝证明的效力。这表明持票人在上述情形下无法向承兑人或者付款人提示承兑或者提示付款,故有权向其前手行使追索权。

(6)有关行政主管部门的处罚决定。承兑人或者付款人因违法被责令终止业务活动的,持票人也无法向承兑人或者付款人提示承兑或者付款,因而,该等处罚决定便具有拒绝证明的作用。

持票人出具上述文书之一的,即构成其行使追索权的形式条件。《票据法》第 65 条规定:"持票人不能出示拒绝证明、退票理由书或者未按照规定期限提供其他合法证明的,丧失对其前手的追索权。但是,承兑人或者付款人仍应当对持票人承担责任。"这表明,持票人未依法提供拒绝证明,将丧失的是对其前手的追索权,其前手却是票据上的偿还债务人,即次债务人,而对于付款人或承兑人来讲,他们是票据上的主债务人,即使持票人未在法定期限内作成拒绝证明,主债务人仍应负绝对付款责任。根据《支付结算办法》第 44 条的规定,持票人应当自收到被拒绝承兑或者被拒绝付款的有关证明之日起 3 日内,将被拒绝事由书面通知其前手,其前手应当自收到通知之日起 3 日内书面通知其再前手。持票人也可以同时向各票据债务人发出书面通知。

(三)追索权的行使

持票人按照法定手续保全了追索权之后,就可进入行使追索权的程序。该程序一般包括由持票人发出追索通知、确定追索对象、请求偿还、受领清偿金额等阶段。

1. 发出追索通知

(1)通知的当事人。通知的当事人分为通知人和被通知人。通知人是指持票人以及收到通知后再为通知的背书人及其保证人。持票人是最初的通知人,但收到持票人发来追索通知的债务人,如果在其前手还存在债务人,其也必须向其前手发出该追索通知,因此收到追索通知的债务人也可以成为通知人,这些债务人一般包括背书人及其保证人。被通知人是指向持票人承担担保承兑和付款的票据上的次债务人;他们都是被追索的当事人,因此被通知人可泛指持票人的一切前手,包括出票人、背书人、保证人等。

(2)通知的期限。这是持票人向其前手或者收到通知的被通知人向其前手发出追索通知的期间。《票据法》第 66 条第 1 款规定:"持票人应当自收到被拒绝承兑或者被拒绝付款的有关证明之日起 3 日内,将被拒绝事由书面通知其前手;其前手应当自收到通知之日起 3 日内书面通知其再前手。持票人也可以同时向各汇票债务人发出书面通知。"这就是《票据法》有关通知期限的规定。依此规定,无论是持票人,还是收到追索通知的背书人及其保证人,发出追索通知的期限都是 3 日。在计算时间上,持票人发出追索通知的起算日为其收到拒绝证明之日，收到追索通知的背书人及其保证人发出追索通知的起算日为其收到追索通知之日。

(3)通知的方式和通知应记载的内容。依照《票据法》第 66 条的规定，通知应当以书面形式发出。书面形式包括书信、电报、电传等。在规定期限内将通知按照法定地址或约定的地址邮寄的，视为已发出通知。根据《票据法》第 67 条的规定，书面通知应记明汇票的主要记载事项，并说明该汇票已被退票。该等主要记载事项包括出票人、背书人、保证人以及付款人的名称和地址、汇票金额、出票日期、付款日期等。汇票退票的情况主要是指汇票何以不获承兑或者不获付款。

(4)未在规定期限内发出追索通知的后果。如果持票人未按规定期限发出追索通知或其前手收到通知未按规定期限再通知其前手，根据《票据法》第 66 条第 2 款的规定，持票人仍可以行使追索权，因延期通知给其前手或者出票人造成损失的，由没有按照规定期限通知的汇票当事人，承担对该损失的赔偿责任，但是所赔偿的金额以汇票金额为限。

2. 确定追索对象

(1)确定追索对象。这里所指的追索对象是指在追索关系中的被追索人，该被追索人为出票人、背书人、承兑人和保证人。根据《票据法》第 68 条第 2 款的规定，持票人可以不按照汇票债务人的先后顺序，对其中任何一人、数人或者全体行使追索权。这是有关持票人选择追索权的规定。据此规定，持票人在确定追索权行使对象时，可以根据自己的意愿，自由选择其前手债务人或者承兑人，并请求其偿还。根据《支付结算办法》第 45 条第 2 款的规定，持票人对票据债务人中的一人或者数人已经进行追索的，对其他票据债务人仍可以行使追索权。但是，《票据法》第 69 条规定："持票人为出票人的，对其前手无追索权。"这是有关回头背书中持票人追索权限制的规定。回头背书是指背书人以其前手债务人为被背书人所作的背书。它以票据上既存的债务人为受让人，因此又称为还原背书或逆背书。

(2)被追索人的责任承担。如前所述，出票人、背书人、承兑人和保证人均为被追索人。依据《票据法》第 68 条的规定，该等被追索人对持票人承担连带责任。这一责任的含义是指各票据债务人在持票人向其行使追索权时，必须承担全部清偿的责任，而不得以持票人未向其他票据债务人请求清偿为由拒绝履行清偿责任；同时，也不得只为部分金额的清偿而要求持票人就其余部分金额，再向其他票据债务人请求清偿。

在票据上存在着多个债务人的情况下，票据的追索并不以持票人完成追索而宣告结束。《票据法》第 68 条第 3 款规定："持票人对汇票债务人中的一人或者数人已经进行追索的，对其他汇票债务人仍可以行使追索权。被追索人清偿债务后，与持票人享有同一权利。"这就是说，持票人受领被追索人清偿的，如不足清偿，还可向其他票据债务人继续追索，在其完全得到清偿之后，其追索即宣告完成，但被追索人则可以向其前手进行追索而又进入新的追索程序中，该被追索人的前手清偿债务后，也可以向其前手进行追索而又开始一个新的追索程序，直至到出票人为止。正因如此，被追索人清偿债务后，即取得了向其前手及承兑人的票据权利，该权利与持票人享有的权利相同，即既包括再追索权，也包括对承兑人的付款请求权。

3. 请求清偿金额和受领

(1)请求清偿金额。这是指持票人行使追索权，可以请求被追索人支付的金额和费用。

根据《票据法》第 70 条的规定，该金额和费用包括：①被拒绝付款的汇票金额；②汇票金额自到期日或者提示付款日起至清偿日止，按照中国人民银行规定的同档次流动资金贷款利率计算的利息；③取得有关拒绝证明和发出通知书的费用。由此可见，作为追索权标的的追索金额，通常要比作为付款请求权标的的票据金额要大。

(2)受领清偿金额。这是指持票人或行使再追索权的被追索人接受被追索人的清偿金额。根据《票据法》第 70 条和第 71 条的规定，持票人或行使再追索权的被追索人在接受清偿金额时，应当履行相应的义务，这一义务即是其应当交出汇票和有关拒绝证明，并出具所收到利息和费用的收据。如果持票人或行使再追索权的被追索人拒绝履行该等义务的，被追索人即可拒绝清偿有关金额和费用。

(3)被追索人清偿债务后的效力。根据《票据法》第 72 条的规定，被追索人清偿债务后，其责任解除。这里的责任解除是以被追索人自己或其前手清偿票据债务为前提的，在被追索人按照《票据法》第 70 条、第 71 条的规定向追索权人进行清偿后，即发生解除票据责任的效力。

第三节 本 票

一、概述

本票是指出票人签发的，承诺自己在见票时无条件支付确定的金额给收款人或者持票人的票据。本票是由出票人约定自己付款的一种自付证券，其基本当事人有两个，即出票人和收款人，在出票人之外不存在独立的付款人。在出票人完成出票行为之后，即承担了到期日无条件支付票据金额的责任，不需要在到期日前进行承兑。因此，本票与汇票是不同的。

本票的种类依照不同的标准，可以对本票作不同分类。根据《票据法》第 73 条第 2 款和第 75 条的规定，本票仅限于银行本票，且为记名式本票和即期本票。

本票作为票据的一种，具有与其他票据相同的一般性质和特征。因此，《票据法》总则中的内容均适用于本票。《票据法》对汇票的规定较为详细，而汇票中的有关规定，如出票、背书、保证、付款、追索权等具体制度，都可适用于本票，故《票据法》在立法体制上对本票的规定只就其个性方面，即与其他票据不同的方面加以规定。而对于与汇票相同的方面，则采用准用的办法适用汇票的有关规定。因此本节也采用与《票据法》立法体例相同的做法说明本票的内容。

二、出票

本票的出票与汇票一样，包括作成票据和交付票据。本票的出票行为是以自己负担支付本票金额的债务为目的的票据行为。《票据法》第 74 条规定："本票的出票人必须具有支付本票金额的可靠资金来源，并保证支付。"由此可见，本票出票人是票据金额的直接支付人，与汇票的承兑人相同，这与汇票的出票人只承担担保责任是不同的。

本票出票人出票，必须按一定的格式记载相关内容。与汇票一样，本票的记载事项也包括绝对应记载事项和相对应记载事项。

本票的绝对应记载事项。根据《票据法》第 75 条和《支付结算办法》第 101 条的规定，本票的绝对应记载事项包括以下 6 个方面的内容：①表明“本票”字样。这是本票文句记载事项，无此记载，本票即为无效。②无条件支付的承诺。这是有关支付文句，表明出票人无条件支付票据金额，而不附加任何条件，否则，票据即为无效。③确定的金额。④收款人名称。⑤出票日期。⑥出票人签章。在上述绝对应记载事项中，除①、②项以及未规定付款人名称外，其余 4 项与汇票的规定完全相同。

本票的相对应记载事项。根据《票据法》第 76 条规定，本票的相对应记载事项包括 2 项内容：①付款地。本票上未记载付款地的，出票人的营业场所为付款地。②出票地。本票上未记载出票地的，出票人的营业场所为出票地。此外，根据《票据法》第 80 条第 2 款的规定，本票的出票行为，可适用《票据法》第 24 条关于汇票的规定。根据该条规定，本票上可以记载《票据法》规定事项以外的其他出票事项，但是这些事项并不发生本票上的效力。

三、见票付款

根据《票据法》的规定，银行本票是见票付款的票据，收款人或持票人在取得银行本票后，随时可以向出票人请求付款。根据《支付结算办法》第 108 条的规定，跨系统银行本票的兑付，持票人开户银行可根据中国人民银行规定的金融机构同业往来利率向出票银行收取利息。

为了防止收款人或持票人久不提示票据而给出票人造成不利。《票据法》第 78 条规定了本票的付款提示期限，即：“本票自出票日起，付款期限最长不得超过两个月。”持票人依照前述规定的期限提示本票的，出票人必须承担付款的责任。如果持票人超过提示付款期限不获付款的，在票据权利时效内向出票银行作出说明，并提供本人身份证或单位证明，可持银行本票向出票银行请求付款。从上可见，本票的出票人是票据上的主债务人，负有向持票人付款的责任。

如果本票的持票人未按照规定期限提示本票的，则丧失对出票人以外的前手的追索权。这里所指的出票人以外的前手是指背书人及其保证人。由于本票的出票人是票据上的主债务人，对持票人负有绝对付款责任，除票据时效届满而使票据权利消灭或者要式欠缺而使票据无效外，并不因持票人未在规定期限内向其行使付款请求权而使其责任得以解除。因此，持票人仍对出票人享有付款请求权和追索权，只是丧失对背书人及其保证人的追索权。

四、本票准用汇票的有关规定

《票据法》第 80 条规定：“本票的背书、保证、付款行为和追索权的行使，除本章规定外，适用本法第二章有关汇票的规定。本票的出票行为，除本章规定外，适用本法第 24 条关于汇票的规定。”关于出票的引用，前述有关内容已作过说明，这里主要说明以下内容：

(1)背书。本票的背书与汇票的背书完全相同，可以准用《票据法》第 2 章第 2 节背书第 27 条至第 34 条、第 35 条第 1 款、第 36 条、第 37 条的规定。

(2)保证。本票的保证可以准用《票据法》第 2 章第 4 节关于保证第 45 条至第 52 条的规定。

(3)付款。本票的付款可以准用《票据法》第 2 章第 5 节关于付款的一些规定，即为第 53

条第 3 款、第 54 条、第 55 条、第 56 条第 1 款和第 57 条、第 59 条、第 60 条。

(4)追索权。本票的追索权可以准用《票据法》第 2 章第 6 节关于追索权即第 61 条第 1 款和第 2 款第 3 项、第 62 条、第 64 条、第 66 条至第 72 条的规定。

第四节　支　票

一、概述

(一)支票的概念与特征

支票是出票人委托银行或者其他金融机构见票时无条件支付一定金额给收款人或者持票人的票据。支票的基本当事人有三个:出票人、付款人和收款人。支票是一种委付证券,与汇票相同,与本票不同。

支票与汇票和本票相比,有两个显著的特征:第一,以银行或者其他金融机构作为付款人;第二,见票即付。

(二)支票的种类

依不同的分类标准,可以对支票进行不同的分类。我国《票据法》按照支付票款方式,将支票分为普通支票、现金支票和转账支票。

1. 普通支票

普通支票未印有“现金”或“转账”字样,其既可以用来支取现金,亦可用来转账。根据《票据法》第 83 条第 1 款的规定,普通支票用于转账时,应当在支票正面注明,即在普通支票左上角画两条平行线。有该画线标志的支票,亦称为画线支票,画线支票只能用于转账,不得支取现金。

2. 现金支票

根据《票据法》第 83 条第 2 款规定,支票中专门用于支取现金的,可以另行制作现金支票,现金支票只能用于支取现金。

3. 转账支票

根据《票据法》第 83 条第 3 款规定,支票中专门用于转账的,可以另行制作转账支票,转账支票只能用于转账,不得支取现金。

在实践中,我国一直采用的是现金支票和转账支票,没有普通支票,但为了方便当事人,并借鉴国外的方法经验,《票据法》只规定了普通支票的形式。

(三)《票据法》对支票体例的规定

与本票一样,《票据法》只是对支票的特性方面的问题作了规定,而有关其一般性的问题,则适用《票据法》总则中的有关规定和汇票中的相关规定。本节也仅对支票有关特性方面的问题,即与汇票、本票不同的有关内容加以说明。

二、出票

(一)出票的概念

出票人签发支票并交付的行为即为出票。但是,出票人签发支票必须具备一定的条件,即为在经中国人民银行当地分支行批准办理支票业务的银行机构开立可以使用支票的存款账户的单位和个人。《票据法》第 82 条规定:“开立支票存款账户,申请人必须使用其本名,并提交证明其身份的合法证件。开立支票存款账户和领用支票,应当有可靠的资信,并存入一定的资金。开立支票存款账户的申请人应当预留其本名的签名式样和印鉴。”这些规定主要在于保证支付支票票款的安全,保护支票权利义务各方当事人的合法权益。

(二)支票的格式

与汇票一样,支票出票人作成有效的支票,必须按法定要求记载有关事项。该等事项亦可分为绝对应记载事项和相对应记载事项。

1. 绝对应记载事项

根据《票据法》第 84 条的规定,支票的绝对应记载事项共有 6 项内容:①表明“支票”字样。这是支票文句的记载事项,无此内容即为无效。②无条件支付的委托。这是支票有关支付文句的记载事项。我国现行使用的支票记载支付的文句,一般是支票上已印好的“上列款项请从我账户内支付”的字样。③确定的金额。④付款人名称。⑤出票日期。⑥出票人签章。

2. 相对应记载事项

《票据法》第 86 条第 2 款、第 3 款规定了相对应记载事项。该相对应记载事项包括两项内容:①付款地。根据《票据法》第 86 条第 2 款的规定,支票上未记载付款地的,付款人的营业场所为付款地。②出票地。根据《票据法》第 86 条第 3 款的规定,支票上未记载出票地的,出票人的营业场所、住所或者经常居住地为出票地。此外,根据《票据法》第 93 条第 2 款的规定,支票上可以记载非法定记载事项,但这些事项并不发生支票上的效力。

(三)出票的其他法定条件

支票的出票行为取得法律上的效力,必须依法进行,除须按法定格式签发票据外,还须符合其他法定条件。根据《票据法》第 87 条和第 88 条的规定以及有关规定,这些法定条件包括:①支票的出票人所签发的支票金额不得超过其付款时在付款人处实有的存款金额。如果出票人签发的支票金额超过其付款时在付款人处实有的存款金额,在法律上,该支票称为空头支票。签发空头支票是一种违法行为,对其责任人要给予严厉的处罚和制裁,构成犯罪的,要依法追究其刑事责任。②支票的出票人不得签发与其预留本名的签名式样或者印鉴不符的支票,使用支付密码的,出票人不得签发支付密码错误的支票。支票的出票人委托付款人支付票款给收款人或持票人,作为支票付款人的银行并不是支票上的债务人,只是受出票人的委托从其账户支付票款。由于出票人开立支票存款账户时必须预留其本名的签名式样和印鉴或使用了支付密码,为了保障银行支付的票款确系出票人签发支票的票款,故出票人签发支票时,必须使用与其本名的签名式样和印鉴相一致的签章或使用相应的支付密码,否则,该支票即为无效。

(四)出票的效力

出票人作成支票并交付之后,对出票人产生相应的法律效力。依照《票据法》第 89 条第 1 款的规定,出票人必须按照签发的支票金额承担保证向该持票人付款的责任。这一责任包括两项:一是出票人必须在付款人处存有足够可处分的资金,以保证支票票款的支付;二是当付款人对支票拒绝付款或者超过支票付款提示期限的,出票人应向持票人承担付款责任。

三、付款

支票属见票即付的票据，因而没有到期日的规定，支票的出票日实质上就是到期日。《票据法》第 90 条规定："支票限于见票即付，不得另行记载付款日期。另行记载付款日期的，该记载无效。"因此，出票人在付款人处的存款足以支付支票金额时，付款人应当在见票当日足额付款。

提示期间支票为见票即付的票据，但是，为了防止持票人久不提示支票，给出票人在管理上造成不便，以及防止空头支票的出现，《票据法》规定了持票人的提示期间。《票据法》第 91 条第 1 款规定："支票的持票人应当自出票日起 10 日内提示付款；异地使用的支票，其提示付款的期限由中国人民银行另行规定。"目前，我国支票主要在城市票据交换范围内使用和流通，故在同城范围内，支票的提示期间为 10 日。随着支票使用和流通范围的扩大，在异地使用时，则需延长提示期间，而这一提示期间最终由中国人民银行另行规定。

超过提示付款期限的，依照《票据法》第 91 条第 2 款的规定，付款人可以不予付款，但是付款人不予付款的，出票人仍应当对持票人承担票据责任。由于支票不同于汇票、本票，没有主债务人，出票人处于相当于主债务人的地位，所以必须加重出票人的责任。持票人超过提示付款期限的，并不丧失对出票人的追索权，出票人仍应当对持票人承担支付票款的责任。

持票人在提示期间内向付款人提示票据，付款人在对支票进行审查之后，如未发现有不符规定之处，即应向持票人付款。《票据法》第 89 条第 2 款规定："出票人在付款人处的存款足以支付支票金额时，付款人应当在当日足额付款。"

关于付款责任的解除，《票据法》第 92 条规定："付款人依法支付支票金额的，对出票人不再承担受委托付款的责任，对持票人不再承担付款的责任。但是，付款人以恶意或者有重大过失付款的除外。"这是有关付款人付款责任解除的规定。

这里所指的恶意或者有重大过失付款是指付款人在收到持票人提示的支票时，明知持票人不是真正的票据权利人，支票的背书以及其他签章系属伪造，或者付款人不按照正常的操作程序审查票据等情形。在此情况下，付款人不能解除付款责任。由此造成损失的，由付款人承担赔偿责任。

四、支票准用汇票的有关规定

《票据法》第 93 条规定："支票的背书、付款行为和追索权的行使，除本章规定外，适用本法第 2 章有关汇票的规定。支票的出票行为，除本章规定外，适用本法第 24 条、第 26 条关于汇票的规定。"据此规定，支票准用汇票的条款有如下情形：

(1)出票。如前所述的出票引用汇票的有关规定外，还适用《票据法》第 26 条的规定。

(2)背书。支票背书准用《票据法》第 2 章第 2 节第 27 条至第 34 条、第 35 条第 1 款、第 36 条、第 37 条的规定。

(3)付款。支票的付款行为准用《票据法》第 2 章第 5 节第 53 条第 3 款、第 55 条、第 56 条第 1 款、第 57 条第 1 款、第 59 条、第 60 条的规定。

(4)追索权。支票的追索权的行使准用《票据法》第 2 章第 6 节第 61 条第 1 款和第 2 款第 3 项、第 62 条、第 64 条、第 66 条、第 72 条的规定。

【思考题】

一、单项选择题

1. 持票人对票据的出票人和承兑人的票据权利，自票据到期日起2年。见票即付的汇票、本票，票据时效的起算日是 （　　）

A. 出票日　　B. 到期日　　C. 承兑日　　D. 付款日

2. 背书转让与一般债权转让的主要不同在于 （　　）

A. 背书转让无须通知票据债务人，一般债权转让应当通知债务人

B. 背书人转让票据后退出票据关系，一般债权人转让债权后不退出债权债务关系

C. 背书转让属于不要式行为，一般的债权转让都是要式行为

D. 背书转让的只能是财产权，一般债权转让的既可以是财产权也可以是人身权

3. 以下票据取得方式中，必须支付对价的是 （　　）

A. 因税收取得票据　　B. 因买卖取得票据

C. 因继承取得票据　　D. 因赠与取得票据

二、多项选择题

1. 关于支票与汇票的共同点，下列表述中哪些是错误的 （　　）

A. 两者都是见票即付的票据

B. "无条件支付的委托"均为两者绝对应当记载的事项

C. 两者有三方基本当事人

D. 两者的出票人必须与付款人有一定的资金关系

2. 以下各项关于票据行为文义性的表述中哪些是正确的 （　　）

A. 甲公司签发了一张支票，由于财务人员疏忽，支票上出票日期与实际出票日期不符，甲公司如果有充分证据证明，则支票的出票日期应当是实际出票日期

B. 在票据变造之前签章的人，对原记载事项负责；在票据变造之后签章的人，对变造之后的记载事项负责

C. 乙公司签发了一张以张某为收款人的银行承兑汇票，张某将汇票质押给王某，但是张某未在汇票上记载"质押"字样，而是与王某签订了一份质押协议，将汇票直接背书转让给王某，王某将汇票背书转让给陈某，张某可以用质押协议证明王某转让汇票的行为无效

D. 丙公司签发了一张以丁公司为付款人的商业汇票，戊公司作为丁公司的保证人，必须在汇票上记载"保证"字样，戊公司必须在汇票上签章

三、简答题

1. 票据行为的独立性主要体现在哪些方面？

2. 空白票据与不完全票据的区别有哪些？

3. 票据权利消灭的情形主要有哪些？

四、案例分析

甲公司向某工商银行申请一张银行承兑汇票，该银行作了必要的审查后受理了这份申请，并依法在票据上签章。甲公司得到这张票据后没有在票据上签章便将该票据直接交付给乙公司作为购货款。乙公司又将此票据背书转让给丙公司以偿债。到了票据上记载的付

款日期，丙公司持票向承兑银行请求付款时，该银行以票据无效为理由拒绝付款。

请回答下列问题：

(1)从以上案情显示的情况看，这张汇票有效吗？

(2)根据我国《票据法》关于汇票出票行为的规定，记载了哪些事项的汇票才是有效票据？

(3)银行既然在票据上依法签章，它可以拒绝付款吗？为什么？

第六章　破产法

【主要内容】

本章主要介绍了破产法的基本法律制度，包括破产申请、受理、宣告以及清算等内容。

【教学要求】

了解和掌握破产法的基本概念、基本知识、基本理论；熟悉有关破产制度的法律法规，从而能够应用破产法知识解决现实问题。

第一节　概　述

一、破产的概念与特征

（一）破产的概念

破产是指在债务人不能清偿到期债务时，经债权人或者债务人申请，由人民法院依法定程序宣告其破产并强制执行其全部财产，公平清偿给全体债权人，或者在人民法院的监督下，由债权人会议达成和解协议或重整计划以使企业复苏，避免企业倒闭清算的法律制度的总称。

（二）破产的特征

1. 破产必须以债务人不能清偿到期债务为前提

“不能清偿到期债务”是指债务的履行期限已届满，并且债务人明显缺乏清偿债务的能力。当债务人停止清偿到期债务并呈连续状态时，如无相反证据，也可推定为“不能清偿到期债务”。

2. 存在两个以上的债权人

如果只有一个债权人，采用一般的民事执行程序即可清偿债务。当存在多个债权人时，如何对债务人的财产进行公正的分配，满足债权人的清偿要求，一般的民事执行程序无法解决，必须由法律进行特别规定。

3. 破产以公平清偿债权为宗旨

破产的主要目的是将债务人的财产按照一定的程序和比例公平合理地分配给各债权

人，不能清偿的部分也由各债权人公平分担。

4.按诉讼程序处理

从破产申请到破产宣告，从债权申报到财产清理，从破产分配到破产终结，有关当事人的活动均应在法院的主持和监督下按法定程序进行。

二、企业破产法的概念与适用范围

（一）企业破产法的概念

企业破产法是指调整破产债权人和债务人、法院、管理人以及其他破产参加人相互之间在破产过程中所发生的社会关系的法律规范的总称，主要包括破产程序规范和破产实体规范。在我国，狭义上的企业破产法是指第十届全国人民代表大会常务委员会第二十三次会议于2006年8月27日通过，自2007年6月1日起施行的《中华人民共和国企业破产法》(以下简称《企业破产法》)。广义上的企业破产法还包括其他处理破产案件的程序规范和实体规范，如1991年4月9日公布实施的《中华人民共和国民事诉讼法》中关于企业法人破产还债程序的规定以及公司法、合伙企业法、保险法等单行法中关于破产的实体性规范。

（二）企业破产法的适用范围

根据《企业破产法》第2条、第134条、第135条的规定，企业破产法适用范围为：

(1)企业法人，即适用于所有具有法人资格的企业。

(2)商业银行、证券公司、保险公司等金融机构出现破产原因后，国务院金融监督管理机构可以向人民法院提出对该金融机构进行重整或者破产清算的申请。但由于其特殊性，所以特别规定：国务院金融监督管理机构依法对出现重大经营风险的金融机构采取接管、托管等措施的，可以向人民法院申请中止以该金融机构为被告或者被执行人的民事诉讼程序或者执行程序。金融机构实施破产的，国务院可以依据企业破产法和其他相关法律的规定制定实施办法。

(3)为解决其他非法人组织的破产无法可依的问题，规定企业法人之外的其他组织(如合伙企业)，如果属于破产清算的，可以参照适用《企业破产法》规定的程序。

第二节　破产申请与受理

一、破产界限

破产界限也称破产原因，是指适用破产程序所依据的特定的法律条件或法律事实，也就是受理破产案件的实质条件。《企业破产法》第2条规定了企业法人的破产界限的3种情形：①不能清偿到期债务，并且资产不足以清偿全部债务的；②不能清偿到期债务，明显缺乏清偿能力的；③有明显丧失清偿能力可能的。该项仅适用于提起重整申请。

二、破产申请的提出

破产申请是指破产申请人向法院请求受理破产案件，适用破产程序，宣告破产的意思表示。我国现行破产法采用了申请主义，即债务人在符合破产界限时，可以向人民法院提出重整、和解或者破产清算申请；债务人不能清偿到期债务的，债权人可以向人民法院提出对债务人进行重整或者破产清算的申请；企业法人已解散但未清算或者未清算完毕，资产不足以清偿债务的，依法负有清算责任的人应当向人民法院申请破产清算。向人民法院提出破产申请，应当提交破产申请书和有关证据。破产申请应当向债务人住所地的人民法院提出。

三、破产申请的受理

破产案件的受理是指人民法院在收到破产申请后，认为申请符合法定条件而予以接受，并由此开始破产程序的司法行为。破产案件受理的程序如下：

（一）审查和处理

债权人提出破产申请的，人民法院应当自收到申请之日起5日内通知债务人。债务人对申请有异议的，应当自收到人民法院的通知之日起7日内向人民法院提出。人民法院应当自异议期满之日起10日内裁定是否受理。除前述情形外，人民法院应当自收到破产申请之日起15日内裁定是否受理。有特殊情况需要延长前面规定的裁定受理期限的，经上一级人民法院批准，可以延长15日。

人民法院受理破产申请的，应当自裁定作出之日起5日内送达申请人。债权人提出申请的，人民法院应当自裁定作出之日起5日内送达债务人。债务人应当自裁定送达之日起15日内，向人民法院提交财产状况说明、债务清册、债权清册、有关财务会计报告以及职工工资的支付和社会保险费用的缴纳情况。

人民法院裁定不受理破产申请的，应当自裁定作出之日起5日内送达申请人并说明理由。人民法院受理破产申请后至破产宣告前，经审查发现债务人不符合破产界限的，可以裁定驳回申请。申请人对裁定不服的，可以自裁定送达之日起10日内向上一级人民法院提起上诉。

（二）指定破产管理人

破产管理人是指在破产程序进行过程中负责债务人或破产人财产的管理、处分、业务经营以及破产方案拟订和执行的专门机构。人民法院裁定受理破产申请的，应当同时指定管理人。这一规定使债务人财产从破产程序一开始就置于专门管理人的管理和控制之下，有效地避免了部分债务人因某种目的采取不当或非法的手段处置财产、损害债权人利益的事情发生，从而可以最大限度地保障债权人的利益。

1. 破产管理人的组成及报酬

破产管理人由人民法院指定。债权人会议认为管理人不能依法、公正执行职务或者有其他不能胜任职务情形的，可以申请人民法院予以更换。

《企业破产法》规定，可以担任破产管理人的有：①由有关部门、机构的人员组成的清算组；②依法设立的律师事务所、会计师事务所、破产清算事务所等社会中介机构；③人民法院根据债务人的实际情况，可以在征询有关社会中介机构的意见后，指定该机构具备相关专业知识并取得执业资格的人员担任管理人。

同时，《企业破产法》还规定了不得担任管理人的情形：①因故意犯罪受过刑事处罚；②曾被吊销相关专业执业证书；③与本案有利害关系；④人民法院认为不宜担任管理人的其他情形。个人担任管理人的，应当参加执业责任保险。

管理人的报酬由人民法院确定。债权人会议对管理人的报酬有异议的，有权向人民法院提出。指定管理人和确定管理人报酬的办法，由最高人民法院规定。

2.管理人的职责与义务

管理人应当履行下列职责：①接管债务人的财产、印章和账簿、文书等资料；②调查债务人财产状况，制作财产状况报告；③决定债务人的内部管理事务；④决定债务人的日常开支和其他必要开支；⑤在第一次债权人会议召开之前，决定继续或者停止债务人的营业；⑥管理和处分债务人的财产；⑦代表债务人参加诉讼、仲裁或者其他法律程序；⑧提议召开债权人会议；⑨管理人经人民法院许可，可以聘用必要的工作人员；⑩人民法院认为管理人应当履行的其他职责。

管理人应当履行下列义务：①管理人依照《企业破产法》规定执行职务，向人民法院报告工作，并接受债权人会议和债权人委员会的监督；②管理人应当列席债权人会议，向债权人会议报告职务执行情况，并回答询问；③在第一次债权人会议召开之前，管理人决定继续或者停止债务人的营业或者有《企业破产法》第 69 条规定的行为之一的，应当经人民法院许可；④管理人应当勤勉尽责，忠实执行职务；⑤管理人没有正当理由不得辞去职务，管理人辞去职务应当经人民法院许可。

（三）通知和公告

人民法院应当自裁定受理破产申请之日起 25 日内通知已知债权人，并予以公告。通知和公告应当载明法律规定的事项。自人民法院受理破产申请的裁定送达债务人之日起至破产程序终结之日，债务人的有关人员承担下列义务：

(1)妥善保管其占有和管理的财产、印章和账簿、文书等资料。

(2)根据人民法院、管理人的要求进行工作，并如实回答询问。

(3)列席债权人会议并如实回答债权人的询问。

(4)未经人民法院许可，不得离开住所地。

(5)不得新任其他企业的董事、监事、高级管理人员。

（四）破产受理裁定的法律效力

破产受理后将产生下列法律效力：

(1)债务人对个别债权人的债务清偿无效。

(2)债务人的债务人或者财产持有人应当向管理人清偿债务或者交付财产。债务人的债务人或者财产持有人故意违反前述规定向债务人清偿债务或者交付财产，使债权人受到损失的，不免除其清偿债务或者交付财产的义务。

(3)管理人对破产申请受理前成立而债务人和对方当事人均未履行完毕的合同有权决定解除或者继续履行，并通知对方当事人。管理人自破产申请受理之日起 2 个月内未通知对方当事人，或者自收到对方当事人催告之日起 30 日内未答复的，视为解除合同。管理人决定继续履行合同的，对方当事人应当履行。但是，对方当事人有权要求管理人提供担保，管理人不提供担保的，视为解除合同。

(4)有关债务人财产的保全措施应当解除，执行程序应当中止。

(5)已经开始而尚未终结的有关债务人的民事诉讼或者仲裁应当中止，在管理人接管债务人的财产后,该诉讼或者仲裁继续进行。

(6)有关债务人的民事诉讼,只能向受理破产申请的人民法院提起。

第三节 债权人会议与债权人委员会

一、债权申报

人民法院受理破产申请后,应当确定债权人申报债权的期限。债权申报期限自人民法院发布受理破产申请公告之日起计算,最短不得少于30日,最长不得超过3个月。

债权人应当在人民法院确定的债权申报期限内向管理人申报债权。债务人所欠职工的工资和医疗、伤残补助、抚恤费用,所欠的应当划入职工个人账户的基本养老保险、基本医疗保险费用,以及法律、行政法规规定应当支付给职工的补偿金等不必申报,由管理人调查后列出清单并予以公示。职工对清单记载有异议的,可以要求管理人更正,管理人不予更正的,职工可以向人民法院提起诉讼。

在人民法院确定的债权申报期限内,债权人未申报债权的,可以在破产财产最后分配前补充申报。但是,此前已进行的分配,不再对其补充分配。为审查和确认补充申报债权的费用,由补充申报人承担。债权人未依法申报债权的,不得行使权利。

管理人收到债权申报材料后,应当登记造册,对申报的债权进行审查,并编制债权表。债权表和债权申报材料由管理人保存,供利害关系人查阅,并应当提交第一次债权人会议核查。

债务人、债权人对债权表记载的债权无异议的,由人民法院裁定确认。债务人、债权人对债权表记载的债权有异议的,可以向受理破产申请的人民法院提起诉讼。

二、债权人会议

(一)债权人会议的概念

债权人会议是由全体债权人组成,以维护债权人共同利益为目的,在法院监督下对有关破产事宜表达债权人意思的临时性机构。它伴随着破产程序的开始而产生,破产程序终结后,其使命也宣告结束。

(二)债权人会议的组成

依法申报债权的债权人为债权人会议的成员,有权参加债权人会议,享有表决权。债权尚未确定的债权人,除人民法院能够为其行使表决权而临时确定债权额的外,不得行使表决权。债权人会议设主席一人,由人民法院从有表决权的债权人中指定。债权人会议主席主持债权人会议。债权人会议应当有债务人的职工和工会代表参加,对有关事项发表意见。

(三)债权人会议的职权

债权人会议行使下列职权:①核查债权;②申请人民法院更换管理人,审查管理人的费用和报酬;③监督管理人;④选任和更换债权人委员会成员;⑤决定继续或者停止债务人的营业;⑥通过重整计划;⑦通过和解协议;⑧通过债务人财产的管理方案;⑨通过破产财产的变价方案;⑩通过破产财产的分配方案;⑪人民法院认为应当由债权人会议行使的其他职权。其中,对债务人的特定财产享有担保权的债权人,未放弃优先受偿权利的,对于和解协议与破产财产的分配方案不享有表决权。

(四)债权人会议的召集与决议

1.债权人会议的召集

第一次债权人会议由人民法院召集,自债权申报期限届满之日起15日内召开。以后的债权人会议,在人民法院认为必要时,或者管理人、债权人委员会、占债权总额1/4以上的债权人向债权人会议主席提议时召开。召开债权人会议,管理人应当提前15日通知已知的债权人。

2.债权人会议的决议

债权人会议的决议,由出席会议的有表决权的债权人过半数通过,并且其所代表的债权额占无财产担保债权总额的1/2以上。但是,《企业破产法》另有规定的除外。债权人会议的决议,对于全体债权人均有约束力。

债权人认为债权人会议的决议违反法律规定,损害其利益的,可以自债权人会议作出决议之日起15日内,请求人民法院裁定撤销该决议,责令债权人会议依法重新作出决议。

对于债务人财产的管理方案和破产财产的变价方案,经债权人会议表决未通过的,或者债权人会议对所议事项经两次表决仍未通过的,由人民法院裁定。对此裁定,人民法院可以在债权人会议上宣布或者另行通知债权人。

三、债权人委员会

(一)债权人委员会的组成

债权人会议可以决定设立债权人委员会。债权人委员会由债权人会议选任的债权人代表和一名债务人的职工代表或者工会代表组成。债权人委员会成员不得超过9人。债权人委员会成员应当经人民法院书面决定认可。

(二)债权人委员会的职权

债权人委员会行使下列职权:①监督债务人财产的管理和处分;②监督破产财产分配;③提议召开债权人会议;④债权人会议委托的其他职权。

债权人委员会执行职务时,有权要求管理人、债务人的有关人员对其职权范围内的事务作出说明或者提供有关文件。管理人、债务人等有关人员违反法律规定拒绝接受监督的,债权人委员会有权就监督事项请求人民法院作出决定,人民法院应当在5日内作出决定。

(三)债权人委员会对管理人的约束

管理人实施下列行为,应当及时报告债权人委员会:①涉及土地、房屋等不动产权益的转让;②探矿权、采矿权、知识产权等财产权的转让;③全部库存或者营业的转让;④借款;⑤设定财产担保;⑥债权和有价证券的转让;⑦履行债务人和对方当事人均未履行完毕的合同;⑧放弃权利;⑨担保物的取回;⑩对债权人利益有重大影响的其他财产处分行为。未设立债权人委员会的,管理人实施前述规定的行为应当及时报告人民法院。

第四节　重整与和解

一、重整

重整是指已具破产界限或有破产界限之虞而又有再生希望的债务人实施的旨在挽救其生存的法律程序。其目的不在于公平分配债务人财产，因而有别于破产程序。其手段为调整债权人、股东及其他利益关系人与重整企业的利益关系，并限制担保物权的行使，故又有别于和解程序。

（一）重整申请的提出

债务人或者债权人可以依照企业破产法的规定，直接向人民法院申请对债务人进行重整。债权人申请对债务人进行破产清算的，在人民法院受理破产申请后、宣告债务人破产前，债务人或者出资额占债务人注册资本1/10以上的出资人，可以向人民法院申请重整。

（二）重整期间

1. 重整期间的时间界定

人民法院经审查认为重整申请符合企业破产法规定的，应当裁定债务人重整，并予以公告。自人民法院裁定债务人重整之日起至重整程序终止，为重整期间。

2. 重整期间的相关内容

(1)在重整期间，经债务人申请，人民法院批准，债务人可以在管理人的监督下自行管理财产和营业事务。已接管债务人财产和营业事务的管理人应当向债务人移交财产和营业事务，管理人的职权由债务人行使。

(2)管理人负责管理财产和营业事务的，可以聘任债务人的经营管理人员负责营业事务。

(3)在重整期间，对债务人的特定财产享有的担保权暂停行使。但是，担保物有损坏或者价值明显减少的可能，足以危害担保权人权利的，担保权人可以向人民法院请求恢复行使担保权。

(4)在重整期间，债务人或者管理人为继续营业而借款的，可以为该借款设定担保。

(5)债务人合法占有的他人财产，该财产的权利人在重整期间要求取回的，应当符合事先约定的条件。

(6)在重整期间，债务人的出资人不得请求投资收益分配。债务人的董事、监事、高级管理人员不得向第三人转让其持有的债务人的股权，但是，经人民法院同意的除外。

（三）重整计划的制订和批准

1. 重整计划的制订

债务人或者管理人应当自人民法院裁定债务人重整之日起6个月内，同时向人民法院和债权人会议提交重整计划草案。上述规定的期限届满，经债务人或者管理人请求，有正当理由的，人民法院可以裁定延期3个月。

债务人自行管理财产和营业事务的，由债务人制作重整计划草案。管理人负责管理财产和营业事务的，由管理人制作重整计划草案。重整计划草案应当包括下列内容：①债务人的经营方案；②债权分类；③债权调整方案；④债权受偿方案；⑤重整计划的执行期限；⑥重整计划执行的监督期限；⑦有利于债务人重整的其他方案。

2.重整计划的表决

下列各类债权的债权人参加讨论重整计划草案的债权人会议，依照下列债权分类，分组对重整计划草案进行表决：①对债务人的特定财产享有担保权的债权；②债务人所欠职工的工资和医疗、伤残补助、抚恤费用，所欠的应当划入职工个人账户的基本养老保险、基本医疗保险费用，以及法律、行政法规规定应当支付给职工的补偿金；③债务人所欠税款；④普通债权。人民法院在必要时可以决定在普通债权组中设小额债权组对重整计划草案进行表决。

人民法院应当自收到重整计划草案之日起 30 日内召开债权人会议，对重整计划草案进行表决。出席会议的同一表决组的债权人过半数同意重整计划草案，并且其所代表的债权额占该组债权总额的 2/3 以上的，即为该组通过重整计划草案。债务人或者管理人应当向债权人会议就重整计划草案作出说明，并回答询问。债务人的出资人代表可以列席讨论重整计划草案的债权人会议。重整计划草案涉及出资人权益调整事项的，应当设出资人组，对该事项进行表决。

3.重整计划的通过

各表决组均通过重整计划草案时，重整计划即为通过。自重整计划通过之日起 10 日内，债务人或者管理人应当向人民法院提出批准重整计划的申请。部分表决组未通过重整计划草案的，债务人或者管理人可以同未通过重整计划草案的表决组协商。该表决组可以在协商后再表决一次。双方协商的结果不得损害其他表决组的利益。未通过重整计划草案的表决组拒绝再次表决或者再次表决仍未通过重整计划草案，但重整计划草案符合法律特别规定的，债务人或者管理人可以申请人民法院批准重整计划草案。人民法院经审查认为重整计划草案符合法律规定的，应当自收到申请之日起 30 日内裁定批准，终止重整程序，并予以公告。

（四）重整计划的效力与执行

经人民法院裁定批准的重整计划，对债务人和全体债权人均有约束力。债权人未依法申报债权的，在重整计划执行期间不得行使权利，在重整计划执行完毕后，可以按照重整计划规定的同类债权的清偿条件行使权利。债权人对债务人的保证人和其他连带债务人所享有的权利，不受重整计划的影响。

重整计划由债务人负责执行。人民法院裁定批准重整计划后，已接管财产和营业事务的管理人应当向债务人移交财产和营业事务。自人民法院裁定批准重整计划之日起，在重整计划规定的监督期内，由管理人监督重整计划的执行。在监督期内，债务人应当向管理人报告重整计划的执行情况和债务人的财务状况。监督期届满时，管理人应当向人民法院提交监督报告，自监督报告提交之日起，管理人的监督职责终止。管理人向人民法院提交的监督报告，重整计划的利害关系人有权查阅。经管理人申请，人民法院可以裁定延长重整计划执行的监督期限。

（五）重整计划的终止

在重整期间，有下列情形之一的，经管理人或者利害关系人请求，人民法院应当裁定终止重整程序，并宣告债务人破产：①债务人的经营状况和财产状况继续恶化，缺乏挽救的可能性；②债务人有欺诈、恶意减少债务人财产或者其他显著不利于债权人的行为；③由于债务人的行为致使管理人无法执行职务。

债务人或者管理人未按期提出重整计划草案的，人民法院应当裁定终止重整程序，并宣告债务人破产。

重整计划草案未获得通过且未依法获得批准，或者已通过的重整计划未获得批准的，人民法院应当裁定终止重整程序，并宣告债务人破产。

债务人不能执行或者不执行重整计划的，人民法院经管理人或者利害关系人请求，应当裁定终止重整计划的执行，并宣告债务人破产，但为重整计划的执行提供的担保继续有效。人民法院裁定终止重整计划执行的，债权人在重整计划中作出的债权调整的承诺失去效力。债权人因执行重整计划所受的清偿仍然有效，债权未受清偿的部分作为破产债权。前述规定的债权人，只有在其他同顺位债权人同自己所受的清偿达到同一比例时，才能继续接受分配。按照重整计划减免的债务，自重整计划执行完毕时起，债务人不再承担清偿责任。

二、和解

和解是指人民法院在受理破产案件后，债务人与债权人之间在延期、分期清偿债务或者免除或部分免除债务人的债务达成协议，以便中止破产程序，防止债务人破产的制度。和解协议一经人民法院认可，即对全体债权人具有了约束力。

（一）和解的申请

债务人可以依照企业破产法的规定，直接向人民法院申请和解，也可以在人民法院受理破产申请后、宣告债务人破产前，向人民法院申请和解。债务人申请和解，应当提出和解协议草案。人民法院经审查认为和解申请符合法律规定的，应当裁定和解，予以公告，并召集债权人会议讨论和解协议草案。对债务人的特定财产享有担保权的权利人，自人民法院裁定和解之日起可以行使权利。

（二）和解协议的通过

债权人会议通过和解协议的决议，由出席会议的有表决权的债权人过半数同意，并且其所代表的债权额占无财产担保债权总额的 2/3 以上。债权人会议通过和解协议的，由人民法院裁定认可，终止和解程序，并予以公告。管理人应当向债务人移交财产和营业事务，并向人民法院提交执行职务的报告。和解协议草案经债权人会议表决未获得通过，或者已经债权人会议通过的和解协议未获得人民法院认可的，人民法院应当裁定终止和解程序，并宣告债务人破产。

（三）和解协议的效力

经人民法院裁定认可的和解协议，对债务人和全体和解债权人均有约束力。和解债权人未依法申报债权的，在和解协议执行期间不得行使权利，在和解协议执行完毕后，可以按照和解协议规定的清偿条件行使权利。和解债权人对债务人的保证人和其他连带债务人所享有的权利，不受和解协议的影响。

债务人应当按照和解协议规定的条件清偿债务。因债务人的欺诈或者其他违法行为而成立的和解协议，人民法院应当裁定和解协议无效，并宣告债务人破产。和解债权人因执行和解协议所受的清偿，在其他债权人所受清偿同等比例的范围内，不予返还。

债务人不能执行或者不执行和解协议的，人民法院经和解债权人请求，应当裁定终止和解协议的执行，并宣告债务人破产，但为和解协议的执行提供的担保继续有效。人民法院裁定终止和解协议执行的，和解债权人在和解协议中作出的债权调整的承诺失去效力。和解债权人因执行和解协议所受的清偿仍然有效，和解债权未受清偿的部分作为破产债权，该债权人只有在其他债权人同自己所受的清偿达到同一比例时，才能继续接受分配。

（四）和解协议的终结

人民法院受理破产申请后，债务人与全体债权人就债权债务的处理自行达成协议的，可以请求人民法院裁定认可，并终结破产程序。按照和解协议减免的债务，自和解协议执行完毕时起，债务人不再承担清偿责任。

第五节　破产清算

一、破产宣告

破产宣告是指受理破产案件的法院依法定程序对已具备破产要件的债务人所作出的宣告其为破产人的行为。

人民法院依法宣告债务人破产的，应当自裁定作出之日起 5 日内送达债务人和管理人，自裁定作出之日起 10 日内通知已知债权人，并予以公告。债务人被宣告破产后，债务人称为破产人，债务人财产称为破产财产，人民法院受理破产申请时对债务人享有的债权称为破产债权。

破产宣告前，有下列情形之一的，人民法院应当裁定终结破产程序，并予以公告：①第三人为债务人提供足额担保或者为债务人清偿全部到期债务的；②债务人已清偿全部到期债务的。

二、破产财产与破产债权

（一）破产财产

破产财产是指在破产宣告后，依法定程序对债权人的债权进行清偿的破产企业的财产。根据《企业破产法》的规定，破产申请受理时属于债务人的全部财产，以及破产申请受理后至破产程序终结前债务人取得的财产，为破产财产。

人民法院受理破产申请前 1 年内，涉及债务人财产的下列行为，管理人有权请求人民法院予以撤销，并有权追回：

(1)无偿转让财产的。

(2)以明显不合理的价格进行交易的。

(3)对没有财产担保的债务提供财产担保的。

(4)对未到期的债务提前清偿的。

(5)放弃债权的。

人民法院受理破产申请前6个月内，债务人符合破产界限时，仍对个别债权人进行清偿的，管理人有权请求人民法院予以撤销并有权追回。但是，个别清偿使债务人财产受益的除外。为逃避债务而隐匿、转移财产或虚构债务或者承认不真实的债务的行为无效，管理人有权追回由此取得的债务人财产。债务人的董事、监事和高级管理人员利用职权从企业获取的非正常收入和侵占的企业财产，管理人应当追回。

人民法院受理破产申请后，管理人可以通过清偿债务或者提供为债权人接受的担保，取回质物、留置物。债务清偿或者替代担保，在质物或者留置物的价值低于被担保的债权额时，以该质物或者留置物当时的市场价值为限。人民法院受理破产申请后，债务人的出资人尚未完全履行出资义务的，管理人应当要求该出资人缴纳所认缴的出资，而不受出资期限的限制。人民法院受理破产申请后，债务人占有的不属于债务人的财产，该财产的权利人可以通过管理人取回。但是，《企业破产法》另有规定的除外。人民法院受理破产申请时，出卖人已将买卖标的物向作为买受人的债务人发运，债务人尚未收到且未付清全部价款的，出卖人可以取回在运途中的标的物。但是，管理人可以支付全部价款，请求出卖人交付标的物。上述追回或取回的财产列入破产财产。

（二）破产债权

人民法院受理破产申请时对债务人享有的债权称为破产债权。对破产人的特定财产享有担保权的权利人，对该特定财产享有优先受偿的权利。具有优先受偿权利的债权人未能完全受偿的，其未受偿的债权作为普通破产债权；放弃优先受偿权利的，其债权作为普通破产债权。

债权人在破产申请受理前对债务人负有债务的，可以向管理人主张抵消。但是，有下列情形之一的，不得抵消：

(1)债务人的债务人在破产申请受理后取得他人对债务人的债权的。

(2)债权人已知债务人有不能清偿到期债务或者破产申请的事实，对债务人负担债务的。但是，债权人因为法律规定或者有破产申请1年前所发生的原因而负担债务的除外。

(3)债务人的债务人已知债务人有不能清偿到期债务或者破产申请的事实，对债务人取得债权的。但是，债务人的债务人因为法律规定或者有破产申请1年前所发生的原因而取得债权的除外。

三、破产财产的变价与清偿顺序

（一）破产财产的变价

管理人应当按照债权人会议通过的或者人民法院依照《企业破产法》的规定裁定的破产财产变价方案，适时变价出售破产财产。变价出售破产财产应当通过拍卖进行，但是债权人会议另有决议的除外。破产企业可以全部或者部分变价出售。企业变价出售时，可以将其中的无形资产和其他财产单独变价出售。按照国家规定不能拍卖或者限制转让的财产，应当按照国家规定的方式处理。

（二）破产财产的清偿顺序

破产财产在优先清偿破产费用和共益债务后，依照下列顺序清偿：

(1)破产人所欠职工的工资和医疗、伤残补助、抚恤费用，所欠的应当划入职工个人账户的基本养老保险、基本医疗保险费用,以及法律、行政法规规定应当支付给职工的补偿金。

(2)破产人欠缴的除前项规定以外的社会保险费用和破产人所欠税款。

(3)普通破产债权。破产财产不足以清偿同一顺序的清偿要求的,按照比例分配。同时,对于破产企业的董事、监事和高级管理人员的工资按照该企业职工的平均工资计算。破产财产的分配应当以货币分配方式进行。但是,债权人会议另有决议的除外。

四、破产程序的终结

破产人无财产可供分配的,管理人应当请求人民法院裁定终结破产程序。管理人在最后分配完结后,应当及时向人民法院提交破产财产分配报告,并提请人民法院裁定终结破产程序。人民法院应当自收到管理人终结破产程序的请求之日起15日内作出是否终结破产程序的裁定,裁定终结的,应当予以公告。管理人应当自破产程序终结之日起10日内,持人民法院终结破产程序的裁定,向破产人的原登记机关办理注销登记。

自破产程序终结之日起2年内,发现有应当追回或其他可供分配的财产,债权人可以请求人民法院按照破产财产分配方案进行追加分配,但财产数量不足以支付分配费用的,不再进行追加分配,由人民法院将其上交国库。

破产人的保证人和其他连带债务人,在破产程序终结后,对债权人依照破产清算程序未受清偿的债权,依法继续承担清偿责任。

【思考题】

一、单选题

1. 甲公司被乙公司申请破产,人民法院受理了甲公司的破产案件。以下相应的机关和当事人实施的行为中,不符合法律规定的是 ( )

A. 法院批准甲公司为维持经营向乙公司支付货款人民币10万元

B. 开户银行直接从甲公司账户上扣划人民币5万元抵还所欠本银行的贷款

C. 乙公司以欠甲公司的人民币8万元债务依法抵消了甲公司欠乙公司的人民币8万元债务

D. 清算组决定由甲公司继续履行与丙公司的合同

2. 甲企业和乙企业正在签订一份买卖合同,双方均未履行完毕,甲企业被债权人申请破产并被人民法院受理,关于该合同的下列表述正确的是 ( )

A. 该合同应由甲企业决定解除或者继续履行

B. 该合同应由乙企业决定解除或者继续履行

C. 该合同应由管理人决定解除或者继续履行

D. 该合同应由人民法院决定解除或者继续履行

3. 甲企业受乙企业委托,为乙企业保管一批原材料。后甲企业未经乙企业同意,私自用该原材料换取丙企业的一台设备。甲企业被债权人申请破产并被人民法院受理后,乙企业发现该原材料已被丙企业运走并用于生产,甲企业尚未将交换的设备运回。对此,下列说法正确的是 ( )

A. 乙企业只能以原材料的直接损失额为限申报债权

B. 乙企业可以要求丙企业赔偿损失

C. 乙企业可以要求取回被交换的设备

D. 乙企业可以要求管理人按原材料的价值赔偿损失

二、多选题

1. 某公司长期不能清偿到期债务，并且资产不足以清偿全部债务，对此下列说法正确的有（　　）

A. 该公司可以向人民法院提出重整

B. 该公司可以向人民法院提出破产清算申请

C. 该公司的债权人可以向人民法院提出和解

D. 该公司的债权人可以向人民法院提出破产清算申请

2. 甲公司被债权人申请破产且已被受理，下列人员中，可以担任该破产案件管理人的有（　　）

A. 李某曾因酒后驾车被行政拘留

B. 张某曾被吊销驾驶执照，一年后又重新考取

C. 王某曾在甲公司担任兼职会计

D. 赵某与甲公司的财务科长是好朋友

3. 人民法院受理某公司破产申请后发生的下列费用，属于共益债务的有（　　）

A. 债务人的一块广告牌被风刮倒，砸伤路人赔偿的医疗费

B. 管理人的报酬

C. 为债务人继续营业而应支付的设备维修费

D. 聘请评估机构为债务人的房产作价发生的评估费

三、简答题

1. 简述公司破产的法律特征。

2. 简述破产法的基本原则。

四、案例分析

西日贸易有限责任公司（以下简称“贸易公司”）系由甲公司和乙公司分别出资人民币300万元和人民币200万元设立，贸易公司实际到位的注册资本为人民币400万元，甲公司尚有人民币100万元出资因公司章程规定的出资期限未到期而没有完全履行出资义务。贸易公司在经营中因投资决策发生严重失误，造成重大损失，不能清偿到期债务，向其所在地的人民法院申请破产。人民法院于2007年2月8日受理了该破产申请后，指定了管理人全面接管贸易公司。经审理，人民法院于2008年1月8日依法宣告贸易公司破产。管理人对贸易公司的相关事项清理如下：

(1)2006年4月20日向丙公司无偿赠与一批物资，价值人民币30万元。

(2)2006年1月24日向丁银行借款人民币10万元，借期2年。其借款利息截至2007年2月8日为人民币8万元，其后截至2008年1月8日为人民币5万元。

(3)2006年12月16日与甲公司签订一份买卖合同，约定甲公司为贸易公司定制一批特殊规格的服装，合同标的额为人民币68万元，由甲公司于2007年4月上旬交货，货到付款。现双方均尚未履行该合同，管理人决定解除该合同，由此造成甲公司实际经济损失为人民币

10 万元。

(4)武汉一债权人因参加债权人会议发生差旅费人民币 1 万元，南京一债权人为参加贸易公司的破产清算而聘请律师的费用为人民币 2 万元。

(5)2007 年 6 月 19 日贸易公司的一幢危房突然倒塌，致路人戊不幸受到伤害，遭到损失人民币 3 万元。

(6)除上述事项外，贸易公司经评估确认尚有资产人民币 1200 万元(变现价值)；负债人民币 2800 万元(其中，应付工资人民币 300 万元、基本养老保险费用人民币 60 万元、补充养老保险费用人民币 40 万元、基本医疗保险费用人民币 30 万元、补充医疗保险费用人民币 20 万元、应缴税金人民币 400 万元、其他流动负债人民币 650 万元、长期负债人民币 1300 万元)；破产费用人民币 100 万元。

根据以上事实和破产法律制度的规定，分别分析回答下列问题：

(1)甲公司享有的破产债权是多少数额？其尚未缴纳的出资是否应补缴？并分别说明理由。

(2)贸易公司向丙公司赠与物资的行为是否可以撤销？并说明理由。

(3)丁银行享有的破产债权是多少？并说明理由。

(4)丁银行享有的破产债权在破产清算中能得到清偿的具体数额是多少？

第七章　物权法

【主要内容】

本章主要介绍了物权法的基本理论,包括所有权、用益物权、担保物权及占有等内容。

【教学要求】

熟悉物权法的具体规范;掌握物权法的理论体系;正确运用物权法相关知识分析和解决有关物权的法律纠纷。

第一节　概　述

一、物与物权

(一)物的概念与种类

1.物的概念

民法意义上的物是指人们能够支配的物质实体和自然力。"物"具有以下法律特征:

(1)客观性。物必须是客观存在的物质实体或自然力。自身不具物质性的财产或财产权利,虽能给权利人带来物质利益,但不是民法上的物。人的活体虽然也是物质实体,但现代立法不允许将人作为客体,但从尸体或活体上分离的物体,如血液、肾脏等,可以作为物。能够被支配的自然力,如电、热、气、磁力等,虽然外表无形,但实际上都有一定物质结构或形态,亦是物。

(2)可支配性。能够被民事主体支配的物质实体和自然力才是民法上的物。一个物纵然具有客观物质性,但是如果不具备可支配性,亦不是民法上的物。

2.物的种类

按照不同分类标准,对物可以进行如下分类:

(1)动产与不动产。根据《中华人民共和国物权法》(以下简称《物权法》)第2条的规定,物包括不动产和动产。不动产是指不能移动或虽可移动但移动会损害价值的物,如土地、房屋。动产是除不动产之外的,能够移动并且不因移动而损害其价值的物。根据《民法通则意见》第186条的规定,土地、附着于土地的建筑物及其他定着物、建筑物的固定附属设备为不动产。区分两者的意义在于:①两者的流通性和范围有区别。不动产中除土地、公路、铁路等为禁止流通物外,其他多为限制流通物,流通物种类很少,但动产中大多数都是流通物或限制流通物,禁止流通物的比例比较小。②物权变动的法定要件不同。不动产物权的变动,一般以向国家行政主管机关登记为要件。而动产物权的变动,一般以物的交付为要件。③诉讼管辖不同。因不动产发生的纠纷,由不动产所在地的人民法院进行专属管辖。而因动产引发的纠纷,诉讼管辖的确定较为灵活。

(2)特定物与种类物。特定物是指具有独立特征或被权利人指定而不能以物替代的物,包括独一无二的物和从一类物中指定而特定化的物。前者如一件特定的文物;后者如从一批机器设备中挑选出来的特定某一台等。种类物是指以品种、质量、规格或度量衡确定,不需具体指定的物,如级别、价格相同的玉米等。区分特定物与种类物的意义在于:①有些法律关系只能以特定物为客体,如所有权法律关系等;而有些法律关系的对象既可以是特定物也可以是种类物,如买卖法律关系等。②意外灭失时的法律后果不同。特定物在交付前意外灭失的,可免除义务人的交付义务,权利人只能请求赔偿损失。种类物在交付前意外灭失的由于其有可替代性,故不能免除义务人的交付义务,义务人仍应交付同种类物。

(3)主物与从物。主物是指独立存在,与其他独立物结合使用,并在起主要效用的物。在两个独立物结合使用中处于附属地位、起辅助和配合作用的为从物。例如杯子和杯盖,杯子是主物,杯盖是从物。主物所有权转移时,从物所有权也随之移转。需注意的是,从物一定是独立的物,否则就不是从物。房屋的门、窗,不能脱离房屋而存在,因而不是从物,而是作为建筑物的组成部分。

(4)原物与孳息。原物是指依其自然属性或法律规定产生新物的物,如产仔的母畜、带来利息的存款等。孳息是指物或者权益产生的收益,包括天然孳息和法定孳息。天然孳息是指原物根据自然规律产生的物,如幼畜。法定孳息是指原物根据法律规定由一定法律关系产生的物,如存款利息、股利、租金等。孳息一定是独立于原物的物,树上的果实、母牛肚子里怀的小牛由于属于物的组成部分,因此不属原物的孳息。根据《物权法》第116条的规定,天然孳息,由所有权人取得;既有所有权人,又有用益物权人的,因该物产生的天然孳息由用益物权人取得。当事人另有约定的,按照约定。法定孳息,当事人有约定的,按照约定取得;没有约定或者约定不明确的,按照交易习惯取得。另外,孳息所有权的移转时间,根据《合同法》第163条的规定,标的物在交付之前产生的孳息归出卖人所有,交付之后产生的孳息,归买受人所有。

(二)物权的概念与特征

1. 物权的概念

物权是指权利人依法对特定的物享有直接支配和排他的权利,包括所有权、用益物权和担保物权。物权是和债权对应的一种民事权利,它们共同组成民法最基本的财产权形式。

2. 物权的特征

与债权相比,物权具有如下特征:

(1)物权的权利主体特定,义务主体不特定。物权是指特定主体所享有的排除权利主体外的一切其他人侵害的财产权利。作为一种绝对权和对世权,物权权利人以外的任何其他人都负有不得非法干涉和侵害的义务。而债权只是发生在债权人和债务人之间,权利主体和义务主体都是特定的。债权人的请求权只对特定的债务人发生效力，因此被称为对人权。

(2)物权内容是直接支配一定的物并排除他人干涉。所谓直接支配，是指权利人无须借助他人的行为就能够行使自己的权利。权利人可以依据自己的意志直接依法占有、使用其物，或采取其他支配方式。所谓排除他人干涉，是指物具有不容他人侵犯的性质。

2. 物权的分类

(1)所有权与他物权。所有权是指所有人依法可以对物进行占有、使用、收益和处分的权利。所有权是物权中最完整、最充分的权利。他物权是指所有权以外的物权，亦称限制物权、定限物权。他物权是所有权的部分权能与所有者发生分离，由所有权人以外的主体对物享有一定程度的直接支配权。他物权与所有权一样，具有直接支配物并排斥他人干涉的性质。

(2)用益物权和担保物权。根据设立物权的目的不同，传统民法将物权分为用益物权和担保物权。用益物权是指以物的使用收益为目的的物权，包括土地使用权、土地承包经营权、地役权等。担保物权是指以担保债权，即以确保债务的履行为目的的物权，包括抵押权、质权、留置权等。两者的区别表现在：①用益物权注重物的使用价值；担保物权注重物的交换。②用益物权一般是在不动产上成立的物权。虽然《物权法》为动产用益物权留下了发展的空间，但其规定的具体的用益物权只是在不动产上设立；担保物权既可以在不动产上设立，也可以在动产上设立。③用益物权除地役权外，均为主物权；担保物权是从物权，需以主债权的存在为前提。

(3)动产物权和不动产物权。这是按物权客体的不同所作的分类。这种分类的意义在前述物的分类中已有阐述，在此不再赘述。

二、我国物权法立法与现有的物权法体系

《宪法》明确规定，我国实行社会主义市场经济。社会主义市场经济秩序建立的前提条件就是要求产权明晰，社会经济活动的主体在一定规则的约束下取得所有、使用和获得收益，并得到国家强制力的保护。物权法是规范这种财产关系的民事基本法律，是调整平等主体之间因物的归属和利用而发生的法律关系的法律总称。

《物权法》颁布之前，我国对于物权法律关系的调整主要是通过《民法通则》、《土地管理法》、《农村土地承包法》、《城市房地产管理法》、《草原法》、《森林法》以及《矿产资源法》等法律来实现。2007 年 3 月 16 日，第十届全国人民代表大会第五次会议通过了《中华人民共和国物权法》，并于 2007 年 10 月 1 日正式实施。《物权法》的颁布对于进一步维护国家基本经济制度和社会主义市场经济秩序，明确物权的归属，增进财产的利用效益，实现定纷止争、物尽其用发挥了更大的作用。

三、物权法的基本原则

(一)平等保护原则

根据《物权法》第 3 条规定，国家实行社会主义市场经济，保障一切市场主体的平等法律地位和发展权利。《物权法》第 4 条规定："国家、集体、私人的物权和其他权利人的物权受法律保护，任何单位和个人不得侵犯。"这是《物权法》关于平等保护原则的表述。平等保护原

则是指物权主体在法律地位上是平等的，其享有的所有权和其他物权在受到侵害以后，应当受到法律的平等保护。平等保护原则是民法平等原则在《物权法》中的具体化。

（二）物权法定原则

《物权法》第5条规定了物权法定原则：物权的种类和内容，由法律规定。物权法定原则包括两个方面的内容：

（1）物权种类法定。即当事人不得自由创设法律未规定的新种类物权，如我国的担保物权只能是抵押权、质押权和留置权三种。

（2）物权内容法定。即物权的方式、效力等内容都由法律明文规定，当事人不得在物权中自由创设新的内容。如法律规定动产质押必须移转占有，当事人创设不移转占有的动产质押就不能产生物权效力。

物权的种类和内容虽然法定，但是当事人之间可以通过合意决定是否建立物权法律关系以及建立何种物权法律关系。

（三）一物一权原则

（1）一个所有权的客体仅为一个独立物。

（2）一个独立物上只能存在一个所有权。一物的某一部分不能成立单个的所有权，物只能在整体上成立一个所有权。但一物之上的所有权人可以为多人。

（3）一物一权主要是指一物之上只能设定一个所有权，并非一物之上不能设置多个物权。如在一物之上可以有多个抵押权的存在。

（四）公示、公信原则

1. 公示原则

所谓公示，是指物权的权利状态必须通过一定的公示方法向社会公开，使得第三人在物权变动时能够知道权利的实际状态，以维护交易安全。根据《物权法》第6条的规定，不动产物权的设立、变更、转让和消灭，应当依照法律规定登记。动产物权的设立和转让，应当依照法律规定交付。可见不动产的权利状态通过登记制度表示，而动产权利状态的变化则通过交付表示。

2. 公信原则

所谓公信，是指当物权依据法律规定进行了公示，即使该公示方法表现出来的物权实际存在瑕疵，为保护交易安全，对信赖该公示的物权从事了物权交易的人，法律仍承认物权变动的法律效果。《物权法》第106条关于善意取得制度的规定就是公信原则的体现。

四、占有

（一）占有的概念

所谓占有，是指民事主体对物进行管领的事实状态。与所有不同，占有强调的是一种事实状态，不以所有权利来源为前提。只要主体对物有客观上的控制且主观上有管领的意思就成立物权法上的占有。《物权法》第五编规定的占有制度，是以事实上的管领为规范对象的，如小偷对赃物的占有也是法律上的一种占有，能得到物权法的保护，但这种保护并非意味着其可以获得赃物的所有权。占有的客体只能是物；对于物之外的财产权只能成立准占有，不能成立占有。占有既是物权的重要内容，也是一些他物权成立的前提。

根据《物权法》第241条的规定，基于合同关系等产生的占有，有关不动产或者动产的使用、收益、违约责任等，按照合同约定；合同没有约定或者约定不明确的，依照有关法律规定。因此，《物权法》第五编的规定，只有在其他法律没有规定的情形下才能适用。

（二）占有的种类

1.自主占有与他主占有

这是按占有意思的不同所作的分类。以所有的意思占有标的物的称为自主占有。不以所有的意思占有标的物的称为他主占有。这种分类考察的是占有人的主观意图，不考虑物是否真正属于占有者所有。

2.直接占有与间接占有

直接占有是指直接对物进行事实上的管领和控制。间接占有是指不直接占有某物，但可以依据一定的法律关系对直接占有某物的人享有返还占有请求权，从而对物形成间接的管领和控制。

3.有权占有与无权占有

有权占有是指基于法律规定或合同约定享有占有某物的权利。无权占有则是没有权利来源的占有，如不当得利人对标的物的占有等。

4.善意占有与恶意占有

这是对无权占有的进一步分类。善意占有指无权占有人在占有他人财产时不知道且不应当知道其占有是非法占有的情形。恶意占有指无权占有人在占有他人财产时明知或者应当知道其占有行为属于非法但仍然继续占有的情形。

（三）占有的推定效果

《物权法》规定占有制度，可以产生事实推定和权利推定两个法律效果：

1.事实推定

事实推定的内容有：一是推定占有人是以所有的意思为自己占有，而且占有是善意的、和平的及公然的；二是在占有前后的两个时期，有占有证据的，推定其为继续占有。这种法律对于事实的推定，通过免除占有人的举证责任，使得占有人获得法律的保护。

2.权利推定

占有制度的目的，在于通过对占有外观事实的保护，确保交易安全。故占有需要有权利推定制度的辅佐。占有的权利推定是指占有人在占有物期间推定其享有合法的权利。这种权利推定也符合一般人的观念：现实中大多数的占有总是有本权作为基础的，没有权利占有标的物的并非常态。受权利推定的占有人，免除举证责任，由相对人就占有人没有权利提出反证。

（四）无权占有人与返还请求权人的关系

根据《物权法》第242条、第243条和第244条的规定，在无权占有的情况下，权利人请求返还占有物的，无权占有人与返还请求权人之间产生如下法律效果：

(1)不动产或者动产被占有人占有的，权利人可以请求返还原物及其孳息，但应当支付善意占有人因维护该不动产或者动产支出的必要费用。

(2)占有人因使用占有的不动产或者动产，致使该不动产或者动产受到损害的，恶意占有人应当承担赔偿责任。

(3)占有的不动产或者动产毁损、灭失,该不动产或者动产的权利人请求赔偿的,占有人应当将因毁损、灭失取得的保险金、赔偿金或者补偿金等返还给权利人;权利人的损害未得到足够弥补的,恶意占有人应当赔偿损失。

(五)占有的法律保护

根据《物权法》第245条的规定,占有的不动产或者动产被侵占的,占有人有权请求返还原物;对妨害占有的行为,占有人有权请求排除妨害或者消除危险;因侵占或者妨害造成损害的,占有人有权请求损害赔偿。占有人返还原物的请求权,自侵占发生之日起1年内未行使的,该请求权消灭。此条中的"1年"在性质上属于除斥期间,且仅适用于返还原物的请求权。损害赔偿的请求权,仍适用普通诉讼时效的规定。

五、物权变动

(一)不动产的物权变动

1.不动产物权变动的基本规则

根据《物权法》第9条的规定,不动产物权的设立、变更、转让和消灭,经依法登记发生效力;未经登记,不发生效力,但法律另有规定的除外。依法属于国家所有的自然资源,所有权可以不登记。根据这条规定,不动产登记采用登记生效主义,即不动产的物权变动不仅需要当事人的法律行为或其他法律事实,还需要登记这个法律事实才能完成不动产物权的变动。如当事人订立了合法有效的房屋买卖合同后,只有依法办理了所有权转让登记以后,才能发生房屋所有权变动的法律后果。即使双方当事人支付了价款,交付了房屋,只要没有办理所有权变动的登记,不发生房屋所有权变动的法律后果。此条所指的不动产物权不限于所有权,还包括在不动产上设立的用益物权和担保物权。如依法属于国家所有的自然资源,其所有权虽然可以不登记,但如果在自然资源上设定用益物权和担保物权,仍以办理登记为必要。

2.不动产物权的登记规则

不动产物权登记地点、登记方式等的具体规则是:

(1)登记地点。不动产登记,由不动产所在地的登记机构办理。国家对不动产实行统一登记制度。

(2)登记簿与权属证书。不动产物权变动自记载于不动产登记簿时发生效力。在办理完登记簿上的登记手续以后,登记机关发给不动产权属证书,不动产权属证书与不动产登记簿不一致的,除有证据证明不动产登记簿确有错误外,以不动产登记簿为准。

(3)更正登记与异议登记。更正登记是为了彻底消除登记权利与真正权利不一致的状态,避免真正权利人因为不动产登记簿上不真实的记载遭受损害。根据《物权法》的规定,权利人、利害关系人认为不动产登记簿记载的事项错误的可以申请更正登记。不动产登记簿记载的权利人书面同意更正或者有证据证明登记确有错误的,登记机构应当予以更正。异议登记是利害关系人对不动产登记记载的权利提出异议并记入登记簿的行为,是在更正登记不能获得权利人同意时的补救措施。异议登记使得登记簿上记载的权利失去权利推定效力,第三人不主张基于登记产生的公信力。为了避免登记效力因异议登记而长期处于不稳定状态,法律要求异议登记申请人在异议登记之日起15日内起诉,不起诉的,异议登记失效。如果异议登记不当,造成权利人损害的,权利人可以向申请人请求损害赔偿。

(4)预告登记。《物权法》为了保障不动产买卖合同中买受人的合法权益,专门规定了预告登记制度。根据《物权法》第 20 条的规定,当事人签订买卖房屋或者其他不动产物权的协议,为保障将来实现物权,按照约定可以向登记机构申请预告登记。预告登记后,未经预告登记的权利人同意,处分该不动产的,不发生物权效力。预告登记后,相关权利人应在债权消灭或者自能够进行不动产登记之日起 3 个月内及时申请登记,否则预告登记就会失效。

(5)不动产买卖合同与登记。在不动产买卖中,买卖合同的效力与是否办理物权登记没有必然联系。根据《物权法》第 15 条的规定,当事人之间订立有关设立、变更、转让和消灭不动产物权的合同,除法律另有规定或者合同另有约定外,自合同成立时生效;未办理物权登记的,不影响合同效力。

(6)登记机构禁止作为的行为。为了保证登记的真实性,约束登记机构的行为,不动产登记费按件收取,不得按照不动产的面积、体积或者价款的比例收费,登记机构不得进行要求对不动产进行评估、以年检等名义进行重复登记以及超出登记职责范围的其他行为。

(二)动产的物权变动

《物权法》第 23 条规定:"动产物权的设立和转让,自交付时发生效力,法律另有规定的除外。"动产物权的类型主要有动产所有权、动产质押、动产留置权等。根据这条规定,动产物权的变动以交付为标准,故当事人虽然就动产所有权移转达成协议,但在未交付标的物以前,所有权并不发生移转。该条规定的"法律另有规定的除外",主要是指动产抵押权的设立等情形。另外,《物权法》第 24 条规定:"船舶、航空器和机动车等贵重动产的物权变动采取登记对抗主义。"因此船舶、航空器和机动车等贵重动产以交付为物权变动的要件,但登记具有对抗效力。因此当事人交付后没有办理登记,虽取得该动产的物权,但该物权不能对抗善意第三人。

交付是指将物或提取标的物的凭证移转给他人占有的行为。交付通常指现实交付,即直接占有的移转。但以下几种交付方式,发生与现实交付同样的法律效果。

1. 简易交付

简易交付是指动产物权设立和转让前,权利人已经先行占有该动产无需现实交付,物权在法律行为生效时发生变动效力。如受让人已经通过租赁、借用等方式实际占有了动产,双方当事人达成的动产物权变动合意后,标的物同时完成了交付,受让人取得直接占有。简易交付是一种观念交付,但由于标的物在物权变动合意达成前已经由受让人实际占有,因此,简易交付没有破坏动产物权的公示规则——占有是动产物权的权利外观。法律规定简易交付可以简化交易程序,节省交易费用。

2. 指示交付

指示交付是指让与动产物权的时候,如果动产由第三人占有,让与人可以将其享有的对第三人的返还请求权让与受让人,以代替现实交付。《物权法》第 26 条规定了指示交付:"动产物权设立和转让前,第三人依法占有该动产的,负有交付义务的人可以通过转让请求第三人返还原物的权利代替交付。"指示交付作为一种观念交付,其实际交付没有发生,因此,作为物权变动的公示不如简易交付。但由于指示交付需要有让与人对第三人的指示,因此,其公示效果可以被认识到。

3. 占有改定

占有改定是指动产物权的让与人和受让人之间特别约定，标的物由让与人继续占有，受让人取得对标的物的间接占有以代替标的物的现实交付，并在双方达成物权让与合意时，视为已经交付。《物权法》第27条规定了指示交付，即当动产物权转让时，双方又约定由出让人继续占有该动产的，物权自该约定生效时发生效力。

（三）所有权取得的特别规定

《物权法》第106条至第116条对所有权取得的特别规则作了规定，主要涉及所有权的原始取得制度。原始取得是指根据法律规定，最初取得财产的所有权或不依赖于原所有人的意志而取得财产的所有权。原始取得的方式有：劳动生产、先占、孳息、添附、善意取得、拾得遗失物、发现埋藏物等。《物权法》规定的原始取得方式中，重要的方式有以下几种。

1. 善意取得

善意取得是指动产占有人或者不动产的名义登记人将动产或者不动产不法转让给受让人以后，如果受让人善意取得财产，即可依法取得该财产所有权或其他物权的法律制度。法律规定善意取得制度的目的在于保护占有及登记公信力，保护交易当事人的信赖利益和交易安全，维护交易秩序。善意取得制度是对原权利人和受让人间权利的强制性的物权配置。受让人取得财产所有权是基于法律的规定，而非当事人之间的法律行为，因此，善意取得是原始取得。善意取得必须具备以下要件：

(1)受让人受让财产时主观上为善意。受让人善意是指受让人相信让与人不是无处分权人。受让人的善意是推定的，由真正的权利人就受让人的恶意承担举证责任。受让人在让与后是否为善意，不影响受让人取得所有权。

(2)以合理的价格有偿受让。无偿方式取得财产的，不适用善意取得制度。

(3)依照法律规定应当登记的已经登记，不需要登记的已经交付给受让方，如果双方当事人仅仅达成合意，没有物权变动的公示行为，当事人之间只有法律关系，没有形成物权法律关系，不能发生善意取得的效果。

根据《物权法》的规定，在理解善意取得制度时，应当注意以下三点。

(1)除了动产可以适用善意取得制度外，不动产也可以适用善意取得制度。当然，不动产的善意取得以登记为要件。

(2)根据《物权法》第107条的规定，对于遗失物、漂流物、隐藏物、埋藏物，由于所有权人可以要求返还标的物，因此，原则上不适用善意取得制度，但是在特定情形下，即所有权人超过2年期间仍没有主张原物返还请求权的，善意取得制度可以适用。赃物不适用善意取得制度。

(3)善意取得不但适用于所有权的取得，也适用于他物权的取得。因此，建设用地使用权、抵押权、质押权等他物权也可以适用善意取得制度。

2. 拾得遗失物

遗失物是指他人不慎丧失占有的动产。拾得遗失物是指发现他人遗失物而予以占有的法律事实。根据《物权法》第109条至第113条的规定，因拾得遗失物而产生的拾得人与权利人之间法律关系的处理规则是：①拾得遗失物，应当返还权利人。拾得人应当及时通知权利人领取，或者送交公安等有关部门。②拾得人在返还遗失物时，可以要求支付必要费用，但不得要求支付报酬。但遗失人发布悬赏广告，愿意支付一定报酬的，不得反悔。③有关部门收到遗失物，知道权利人的，应当及时通知其领取；不知道的，应当及时发布招领公告。自发出招领公告之日起6个月内无人认领的，遗失物归国家所有。④拾得人在遗失物送交有关部门前，有关部门在遗失物被领取前，应当妥善保管遗失物。因故意或者重大过失致使遗失物毁损、灭失的，应当承担民事责任。⑤拾得人拒不返还遗失物，按侵权行为处理。拾得人不得要求支付必要费用，也无权请求权利人按照承诺履行义务。

如果遗失物通过转让为拾得人以外的第三人占有时，权利人可以主张以下权利：①权利人有权向无处分权人请求损害赔偿，或者自知道或者应当知道受让人之日起2年内向受让人请求返还原物。②如果受让人通过拍卖或者向具有经营资格的经营者购得该遗失物的，权利人请求返还原物时应当支付受让人所付的费用。权利人向受让人支付所付费用后，有权向无处分权人追偿。

拾得漂流物、发现埋藏物或者隐藏物的，根据《物权法》第114条的规定，参照拾得遗失物的有关规定，同样适用拾得遗失物的处理规则。文物保护法等法律另有规定的，依照其规定。

六、物权的保护

物权的保护是指通过法律规定的方法和程序，对权利人的物权进行保护。物权的保护不仅仅是民法的内容，也是宪法、刑法、行政法的重要内容。物权的民法保护，专指民事法律对物权提供的救济。根据保护方法的不同，物权的民法保护分为物权的保护方法和债权的保护方法。其中物权的保护方法是指物上请求权，债权的保护方法是指恢复原状、损害赔偿的救济手段。

（一）物上请求权

物权是对物的直接支配权，物权人对其权利的实现，无须他人行为的介入。如果有他人干涉，使权利人的物权受到妨害或有妨害的危险时，必然妨碍物权人对物的直接支配，法律赋予物权人除去该妨害、恢复对标的物支配的权利，这种权利就是物上请求权。物上请求权的行使，可依意思表示方式进行，即物权人在其物权受到妨害后，直接请求侵害人为一定的行为，如停止侵害、排除妨碍、消除危险、返还财产等，也可依诉讼方式进行。

根据具体救济内容的不同，物上请求权分为以下两类。

1.返还原物请求权

根据《物权法》第34条规定，无权占有不动产或者动产的，权利人可以请求返还原物。请求返还原物是指物权人之外的人无权占有不动产或者动产时，权利人可依法请求无权占有人返还原物，或请求人民法院责令无权占有人承担退还原物的责任。无权占有包括两种情况：一是非法侵占，二是无权占有所有物。在适用返还原物请求权时，应注意如下问题：

(1)在共有的情况下，每个共有人都可以请求不法占有人返还共有物。但各共有人必须要求不法占有人将共有物返还给全体共有人。

(2)权利人只能针对无权占有人提出返还原物，而不能要求有权占有人返还原物。

(3)如果原物被他人合法占有，占有人在合法占有期间，将原物非法转让第三者，权利人能否向第三者提出返还原物的要求，要依具体情况而定。

(4)权利人请求返还原物,必须原物依然存在。如果原物已经灭失,返还原物客观上已经不可能,权利人就只能要求赔偿损失,而不能要求返还原物。

2.排除妨害请求权或者消除危险请求权

根据《物权法》第35条规定,妨害物权或者可能妨害物权的,权利人可以请求排除妨害或者消除危险。排除妨害请求权是指物权人的物或权利正遭受妨害时,物权人可直接请求不法侵害人排除妨害,或者请求人民法院责令不法侵害人排除妨害。消除危险请求权是指物权人享有的对将要妨害物权的行为或设施请求消除这种危险的权利。这两种请求权的区别在于:主张排除妨害请求权,要求妨害事实已经或者正在发生;主张消除危险请求权,要求妨害事实还没有发生,但有可能发生。

(二)债权请求权

物权人在其标的物受到损害时,除可以要求返还原物、排除妨害、消除危险以外,还可以请求修理、重作、更换或者赔偿损失。这两项请求权在性质上属于债权请求权,请求权的行使以侵害人的行为构成侵权行为,应当承担侵权损害赔偿之债为前提。

物上请求权与债权请求权不同。物上请求权旨在恢复物权人对其标的物的支配状态,从而使物权得以实现。债权请求权的目的在于填补损害,它是通过修理、重作的方式恢复原状或者在不能恢复原状时,以金钱作为赔偿,填补物权人受到的财产损失。债权请求权必须以实际受有损害为前提,而物上请求权不以有损害为必要。当然,如果物权因他人的违法行为受到侵害,构成侵权行为时,可以同时适用物上请求权和债权请求权。

第二节 所有权制度

一、概述

(一)所有权的概念与特征

1.所有权的概念

所有权是指所有人依法对自己的财产享有的占有、使用、收益和处分的权利。

2.所有权的特征

所有权的法律特征表现在以下方面:

(1)完整性

所有权是完整的物权。所有权与其他物权区别的主要表现在于所有人对财产享有占有、使用、收益和处分的完整权利,而其他物权只是具有所有权的部分权能。但所有权人享有上述四个方面的权利,并不意味着所有人必须实际行使各项权能,所有权人可以将四项权能中的一项或数项权能分离出去由他人享有并行使,从而更好地实现其意志和利益。

(2)绝对性

所有权的权利主体是特定的,作为特定权利主体的所有权人,所有权人对权利的行使不需要任何其他人的协助,通过自己的行为,即可直接实现对其财产的占有、使用、收益与处分。所有权的义务主体是不特定的,所有人之外的任何不特定的民事主体都负有不作为的义务，都属于义务主体。

(3)排他性

所有权可以依法排斥他人的非法干涉，不允许其他任何人加以妨碍或者侵害。而且所有权实行一物一权。任何财产只能有一个所有权。不能形成双重所有权，这也是所有权排他性的体现。

(4)永久性

所有权因标的物的存在而永久存在，不预定其存续期间。

(二)所有权的权能

1. 占有权能

占有权是指民事主体依法享有的对于某项财产的实际控制权。与占有强调事实管领不同，占有权是基于合法占有产生的权利。

2. 使用权能

使用是指民事主体按照物的性能对物进行利用，以满足生产或生活的某种需要。使用权是民事主体对于财产进行合法利用的权利。

3. 收益权能

收益权是指民事主体通过合法途径获取基于财产而产生的物质利益的权利。收益包括孳息和利润。

4. 处分权能

处分权是财产所有人最基本的权利，也是所有权的核心内容。按照财产处置方式的不同，可把处分区分为事实上的处分与法律上的处分。事实上的处分是指在生产或生活中直接消耗财产，其法律结果实质上是消灭了原财产的所有权，如消费粮食，用掉燃料等。法律上的处分是指在不改变物本身的情况下，通过民事法律行为或者其他法律事实处置财产权利，其法律后果实质上是转移原财产的所有权或处置了所有权的某项权能，如出卖房屋等。

占有、使用、收益和处分四项权能，构成了完整的所有权权能。财产所有人可以将这四项权能集于一身统一行使，也可以将这四项权能中的若干权能交于他人行使。在社会生活中，财产所有人正是通过这四项权能与自己不断分离和恢复的方式，来实现生产和生活的特定目的。

(三)征收与征用

法人、其他组织及公民所有的财产不可侵犯。根据《宪法》的规定，国家只有基于公共利益需要，才能依法对私有财产进行征收或者征用。《物权法》对征收、征用作了具体规定。

1. 征收

征收是指国家为了公共利益的需要而依法强制取得原属于私人或者集体所有的所有权或者他物权的行为。根据《物权法》第 42 条的规定，为了公共利益的需要，依照法律规定的权限和程序可以征收集体所有的土地和单位、个人的房屋及其他不动产。征收集体所有的土地，应当依法足额支付土地补偿费、安置补助费、地上附着物和青苗的补偿费等费用，安排被征地农民的社会保障费用，保障被征地农民的生活，维护被征地农民的合法权益。征收单位、个人的房屋及其他不动产，应当依法给予拆迁补偿，维护被征收人的合法权益；征收个人住宅的，还应当保障被征收人的居住条件。

2.征用

征用是指国家为了公共利益的需要而依法强制取得原属于私人或者集体所有的财产的使用权的行为。根据《物权法》第44条的规定,因抢险、救灾等紧急需要,依照法律规定的权限和程序可以征用单位、个人的不动产或者动产。被征用的不动产或者动产使用后,应当返还被征用人。单位、个人的不动产或者动产被征用或者征用后毁损、灭失的,应当给予补偿。

征收与征用的主体都是国家,都是为了公共利益的需要,也均是强制性的。但是两者之间仍存在区别:①法律效果不同。征收是财产所有权发生了变化;征用是所有权没有变化,但是所有权人暂时丧失物的使用权。征用的结果,如果标的物没有灭失,仍需要返还给权利人。征收不存在返还的问题。②适用对象不同。征收是针对土地、房屋等不动产,不包括动产;征用则对不动产和动产均有适用。③适用条件不同。征收和征用虽都是为了公共利益,但是征用还要求必须是为了抢险、救灾等紧急需要。

二、所有权的分类

在我国,所有权的种类主要有国家所有权、集体所有权和私人所有权等。

(一)国家所有权

国家所有权是指国家对国有财产的占有、使用、收益和处分的权利。根据《物权法》第45条的规定,法律规定属于国家所有的财产,属于国家所有即全民所有。因此,国家所有权是社会主义全民所有制在法律上的表现。国有财产的行使,除法律另有规定的以外,均由国务院代表国家行使所有权。当然在具体实施上,则由占有国有财产的各级国家机关和企事业单位行使。国家机关对其直接支配的不动产和动产,享有占有、使用以及依照法律和国务院的有关规定处分的权利。国家举办的事业单位对其直接支配的不动产和动产,享有占有、使用以及依照法律和国务院的有关规定收益、处分的权利。国家出资的企业,由国务院、地方人民政府依照法律、行政法规规定分别代表国家履行出资人职责,享有出资人权益。未授权给公民、法人经营、管理的国家财产受到侵害的,不受诉讼时效的限制。

根据《物权法》第46条至第52条的规定,国家所有权有最广泛的客体,具体包括:①城市土地、矿藏、水流、海域;②无线电频谱资源;③国防资产;④法律规定属于国家所有的野生动植物资源;⑤森林、山岭、草原、荒地、滩涂等自然资源,属于国家所有,但法律规定属于集体所有的除外;⑥法律规定属于国家所有的农村和城市郊区的土地及铁路、公路、电力设施、电信设施和油气管道等基础设施,属于国家所有;⑦法律规定属于国家所有的文物。这些财产有的只能作为国家所有权的客体,如①～③项中的财产。根据《物权法》的规定,法律规定专属于国家所有的不动产和动产,任何单位和个人不能取得所有权。

(二)集体所有权

集体所有权是指劳动群众集体组织占有、使用、收益和处分其财产的权利。劳动群众集体组织所有权的客体可以是除法律规定只能属于国家所有权客体以外的其他任何财产。例如,集体组织可以享有土地、森林、山岭、草原、荒地、滩涂等的所有权,但不包括地下的矿产资源,因为矿产资源属于国家所有。劳动群众集体组织所有权的各项权能可以由集体组织自己行使,也可以将其所有权的权能转移给个人行使。《物权法》将集体所有区分为农民集体所有和城镇集体所有,其中农民集体所有的不动产和动产,属于本集体成员集体所有。对集体财产的很多处分,需要有集体成员共同决定。城镇集体所有的不动产和动产,依照法律、行政法规的规定由本集体享有占有、使用、收益和处分的权利。根据《物权法》的规定,集体经济组织、村民委员会或者其负责人作出的决定侵害集体成员合法权益的,受侵害的集体成员可以请求人民法院予以撤销。

(三)私人所有权

私人所有权是指私人依法享有的占有、使用、收益和处分其生产资料和生活资料的权利。私人对其合法的收入、房屋、生活用品、生产工具、原材料等不动产和动产享有所有权。私人合法的储蓄、投资及其收益也受到法律保护。另外,企业、社会团体依法所有的不动产和动产,受法律保护。

三、业主的建筑物区分所有权

(一)业主的建筑物区分所有权概述

建筑物区分所有权由专有部分所有权、共有部分的权利以及因共同关系产生的成员权三种权利构成。专有所有权、共有权及成员权三种权利共同作为一个整体出现,不得分离。权利人不得保留专有部分所有权而抵押其共有部分,也不得保留成员权而转让其专有部分所有权与共有权。

建筑物区分所有权不同于传统的共有制度,其本质属性仍是单独所有,共有部分及成员权部分均是为单独所有服务的。因此,建筑物区分所有权人在转让其权利时,其他建筑物区分所有权人不享有优先购买权。

(二)建筑物区分所有权的客体

区分所有权的客体包括专有部分和共有部分。专有部分是指通过物理方法分割,兼具构造上和使用上独立性的特定空间。专有部分要求具备以下要件:①具有构造上的独立性,能够明确区分;②具有利用上的独立性,可以排他使用;③能够登记成为特定业主所有权的客体。规划上专属于特定房屋,且建设单位销售时已经根据规划列入该特定房屋买卖合同中的露台等,应当认定为专有部分的组成部分。共有部分包括共用部分及附属物、共用设施等,它们都是建筑物区分所有权的客体。

1. 专有部分的所有权

根据《物权法》第 71 条的规定,业主对建筑物内的住宅、经营性用房等专有部分享有所有权,有权对专有部分占有、使用、收益和处分。业主行使专有部分所有权时,不得危及建筑物的安全,不得损害其他业主的合法权益。如业主在对专有部分装修时,不得拆除房屋内的承重墙等。业主不得违反法律、法规以及管理规约,将住宅改变为经营性用房。若将住宅改变为经营性用房的,除遵守法律、法规以及管理规约外,应当经有利害关系的业主同意。

2. 共有部分的持份权

业主对专有部分以外的共有部分,如建筑物的基础、承重结构、外墙、屋顶等基本结构部分,通道、楼梯、大堂等公共通行部分,消防、公共照明等附属设施、设备,避难层、设备层或者设备间等结构部分享有共有部分持份的权利。不属于业主专有部分,也不属于市政公用部分或者其他权利人所有的场所及设施等也属于业主共有。业主的共有,有部分共有与全体共有的区别:如两层之间的楼板,属于这两层的业主共有;单元内的电梯,属于单元内的业主共有；小区的公共绿地，属于小区全体业主共有。根据《物权法》的规定，属于全体业主共有的部分一般包括：①建筑区划内的土地，依法由业主共同享有建设用地使用权，但属于业主专有的整栋建筑物的规划占地或者城镇公共道路、绿地占地除外；②建筑区划内的道路，属于业主共有，但属于城镇公共道路的除外；③建筑区划内的绿地，属于业主共有，但属于城镇公共绿地或者明示属于个人的除外；④建筑区划内的其他公共场所、公用设施和物业服务用房，属于业主共有；⑤占用业主共有的道路或者其他场地用于停放汽车的车位，属于业主共有。为了解决车位紧张问题，即使是属于开发商所有的车位，法律也对开发商的处分权进行了限制，要求在建筑区划内规划用于停放汽车的车位、车库首先满足业主需要。

根据《物权法》第 72 条的规定，业主对专有部分以外的共有部分既享有权利，又承担义务，此项义务不得放弃。在转让专有部分所有权时，共有部分的共有权及共同管理权必须随之转移。除违反法律、法规、管理规约，损害他人合法权益外，业主基于对住宅、经营性用房等专有部分特定使用功能的合理需要，无偿利用屋顶以及与其专有部分相对应的外墙面等共有部分的，不应认定为侵权。

3. 成员权

根据《物权法》第 81 条的规定，业主对专有部分以外的共有部分享有共同管理的权利。业主可以自行管理建筑物及其附属设施，也可以委托物业服务企业或者其他管理人管理。业主可以设立业主大会，选举业主委员会。业主大会和业主委员会，对任意弃置垃圾、排放大气污染物或者噪声、违反规定饲养动物、违章搭建、侵占通道、拒付物业费等损害他人合法权益的行为，有权依照法律、法规以及管理规约，要求行为人停止侵害、消除危险、排除妨害、赔偿损失。《物权法》规定的业主共同行使的权利，如制定和修改业主会议议事规则、制定和修改建筑物及其附属设施的管理规约、选举业主委员会或者更换业主委员会成员、选聘和解聘物业服务机构或者其他管理人等事项，经专有部分占建筑物总面积过半数的业主且占总人数过半数的业主同意即可。但是，对于筹集和使用建筑物及其附属设施的维修资金和改建、重建建筑物及其附属设施的行为则应当经专有部分占建筑物总面积 2/3 以上的业主且占总人数 2/3 以上的业主同意。

四、共有

（一）共有概述

财产的所有形式可分为单独所有和共有两种形式。财产所有以单独所有为原则，但在社会生活中，人必然会与他人发生法律关系上的接触，从而产生两人以上共同所有的情形，故有规定共有制度的必要。所谓共有，是指某项财产由两个或两个以上的权利主体共同享有所有权。《物权法》确定的共有方式分为按份共有和共同共有。

共有的法律特征主要有：

(1)共有的主体是两个或两个以上的公民或法人。但是多数人共有一物，并非有多个所有权，只是一个所有权由多人共同享有。

(2)共有物在共有关系存续期间不能分割，不能由各个共有人分别对某一部分共有物享有所有权。每个共有人的权利属于整个共有财产，因此，共有不是分别所有。

(3)在内容方面，共有人对共有物按照各自的份额享有权利并承担义务，或者平等地享有权利、承担义务。在处分共有财产时，必须由全体共有人协商，按照法律规定的方式决定。

(4)共有法律关系的权利内容原则上只能是所有权、用益物权及担保物权的共有，称之为准共有，可以参照共有制度的相关规定。

(二)按份共有

按份共有是指两个或两个以上的共有人按照各自的份额分别对共有财产享有权利和承担义务。按份共有人的权利义务如下：

(1)按份共有人按照预先确定的份额分别对共有财产享有占有、使用和收益的权利，但对共有财产的使用，应由全体共有人协商决定。按份共有人死亡以后，其份额可以作为遗产由继承人继承或受遗赠人获得。

(2)按份共有人有权自由处分自己的共有份额，无需取得其他共有人的同意，但是共有人将份额出让给共有人以外的第三人时，其他共有人在同等条件下，有优先购买的权利。

(三)共同共有

共同共有是指两个或两个以上的公民或法人，根据某种共同关系而对某项财产不分份额地共同享有权利并承担义务。共同共有基于共同关系产生，以共同关系的存在为前提。共同关系可以表现为夫妻关系、家庭关系等。

共同共有中，共有人对共有财产不分份额地享有权利，对共有财产享有平等的占有和使用的权利。对共有财产的收益，不是按比例分配，而是共同享用。对共有财产的处分，必须征得全体共有人的同意。共同共有关系终止，才能确定各个共有人的份额，分割共有财产。因此较之于按份共有，共同共有人之间具有更密切的利害关系。

根据《物权法》第103条的规定，共有人对共有的不动产或者动产没有约定为按份共有或者共同共有，或者约定不明确的，除共有人具有家庭关系等外，视为按份共有。

(四)共有物的处分

1.共有物的处分

根据《物权法》第97条的规定，处分共有的不动产或者动产以及对共有的不动产或者动产作重大修缮的，应当经占份额2/3以上的按份共有人或者全体共同共有人同意，但共有人之间另有约定的除外。一个或几个共有人未经占份额2/3以上的按份共有人同意或者其他共同共有人同意，擅自处分共有财产的，其处分行为应当作为效力待定的民事行为处理。如果第三人善意、有偿取得该财产，符合善意取得制度规定的，第三人可以取得该物的所有权。其他共有人的损失，由擅自处分共有财产的人赔偿。可以依据共有人之间的协议，由某个共有人代表或代理全体共有人处分共有财产。

2.费用的承担

对共有物的管理费用以及其他负担，有约定的，按照约定；没有约定或者约定不明确的，按份共有人按照其份额负担，共同共有人共同负担。

3.共有财产的分割

根据《物权法》第100条的规定，共有人可以协商确定分割方式；达不成协议，共有的不动产或者动产可以分割并且不会因分割减损价值的，应当对实物予以分割；难以分割或者因分割会减损价值的，应当对折价或者拍卖、变卖取得的价款予以分割。共有人分割所得的不动产或者动产有瑕疵的，其他共有人应当分担损失。根据这一规定，对共有财产的分割可以采取三种方式:协议分割、实物分割、变价分割或作价补偿。共有财产分割以后,共有关系消灭。不管是就原物进行分割还是变价分割,各共有人就分得财产取得单独的所有权。但要注意一点,共同共有财产分割后,一个或者数个原共有人出卖自己分得的财产时,如果出卖的财产与其他原共有人分得的财产属于一个整体或者配套使用,其他原共有人可以主张优先购买权。

(五)因共有财产产生的债权债务关系的效力

根据《物权法》第102条的规定,因共有的不动产或者动产产生的债权债务,在对外关系上,共有人享有连带债权、承担连带债务,但法律另有规定或者第三人知道共有人不具有连带债权债务关系的除外。偿还债务超过自己应当承担份额的按份共有人,有权向其他共有人追偿。

五、相邻关系

相邻关系是指两个或两个以上相互毗邻的不动产的所有人或使用人,在行使不动产的所有权或使用权时,因相邻各方应当给予便利和接受限制而发生的权利义务关系。主张相邻关系的当事人,既可以是不动产的所有人,也可以是不动产的使用人。

相邻关系产生的原因很多,种类复杂。主要的相邻关系有:

(1)因用水、排水产生的相邻关系。根据《物权法》第86条规定,不动产权利人应当为相邻权利人用水、排水提供必要的便利。对自然流水的利用,应当在不动产的相邻权利人之间合理分配。对自然流水的排放,应当尊重自然流向。

(2)因通行而产生的相邻关系。根据《物权法》第87条规定,相邻一方因生产和生活上的需要,必须临时或长期通过对方使用的土地的,对方应当提供必要的方便。

(3)因修建施工、抢险发生的相邻关系。根据《物权法》第88条规定,不动产权利人因建造、修缮建筑物以及铺设电线、电缆、水管、暖气和燃气管线等必须利用相邻土地、建筑物的,该土地、建筑物的权利人应当提供必要的便利,但不动产权利人不得危及相邻不动产的安全。

(4)因通风、采光而产生的相邻关系。根据《物权法》第89条规定,相邻各方修建房屋和其他建筑物,必须与邻居保持适当距离,不得违反国家有关工程建设标准,不得妨碍邻居的通风和采光。

(5)因不可量物产生的相邻关系。不动产权利人不得违反国家规定弃置固体废物,排放大气污染物、水污染物、噪声、光、电磁波辐射等有害物质。根据《物权法》第90条规定,不动产的相邻权利人应当按照有利生产、方便生活、团结互助、公平合理的原则,正确处理相邻关系。有法律规定的,依照法律规定处理;没有规定的,可以按照当地习惯。如果不动产权利人因用水、排水、通行、铺设管线等利用相邻不动产并造成损害的,应当给予赔偿。

第三节 用益物权制度

一、用益物权的概念与特征

(一)用益物权的概念

根据《物权法》规定,用益物权是指对他人所有的不动产或者动产,依法享有占有、使用和收益的权利。用益物权主要包括土地承包经营权、建设用地使用权、宅基地使用权、地役权和准物权。其中,准物权具体包括海域使用权、探矿权、采矿权、取水权和使用水域、滩涂从事养殖、捕捞的权利等。

(二)用益物权的特征

在现代社会,人们日趋注重对物的利用,物权观念开始从"所有"向"利用"转变,因此,用益物权的地位也日渐彰显。与所有权、担保物权相比,用益物权有以下特征:

(1)用益物权以对标的物的使用、收益为主要内容,即注重物的使用价值,并以对物的占有为前提。这区别于担保物权注重物的交换价值的特点。抵押权不以物的占有为前提,是注重交换价值的体现;质押权、留置权虽要移转占有,但这种移转占有的目的在于权利的保持和公示,而不是在于标的物的使用。

(2)用益物权除地役权外,均为主物权;担保物权为从物权。

(3)用益物权虽然也可以在动产上设立,但是从用益物权的具体类型来看,用益物权主要以不动产为客体,这主要是便于通过登记公示。

(4)用益物权是直接支配他人的物的权利。用益物权人可以直接支配标的物,不需要他人行为的介入。

二、用益物权的种类

(一)土地承包经营权

土地承包经营权是指由公民或集体组织,对国家所有或集体所有的土地、山岭、草原、荒地、滩涂、水面等,依照承包合同的规定而享有的占有、使用和收益的权利。土地承包经营权的承包人原则上是土地所属的集体经济组织的成员,其权利客体是农业用地。

承包经营权通过订立承包合同方式确立。根据《物权法》第127条规定,土地承包经营权自土地承包权合同生效时设立。承包经营权的期限因为内容的不同而有不同:耕地的承包期为30年;草地的承包期为30～50年;林地的承包期为30～70年,特殊林木的林地承包期,经国务院林业行政主管部门批准可以延长。

在承包经营期限范围内,承包权人有权根据法律规定,采取转包、互换、转让等方式流转土地承包经营权,流转期限不得超过承包期的剩余期限。如果采取互换、转让方式流转没有办理登记手续的,不得对抗善意第三人。通过招标、拍卖、让与等方式流转土地承包经营权,流转期限不得超过承包期的剩余期限。通过招标、拍卖、公开协商等方式承包荒地等农村土地,依照农村土地承包法等法律和国务院的有关规定,其土地承包经营权可以转让、入股、抵押或者以其他方式流转。在承包期内,承包地被征收的,土地承包经营权人有权依照法律规定获得相应补偿。

(二)建设用地使用权

1.建设用地使用权概述

建设用地使用权是指民事主体对国家所有的土地,依法享有占有、使用和收益的权利,有权利用该土地建造建筑物、构筑物及其附属设施。建设用地使用权有以下特点:

(1)建设用地使用权是从国家土地所有权中分离出来的一项民事权利,独立于土地所有权存在。

(2)建设用地使用权可以在土地的地表、地上或者地下分别设立。新设立的建设用地使用权,不得损害已设立的用益物权。

(3)建设用地使用权是有期限的物权。

(4)建设用地使用权是可以自由处分的物权。权利人可以将之转让或者设定抵押等。

2.建设用地使用权的取得

建设用地使用权的取得方式有出让、划拨等方式。其中,划拨是无偿取得使用权的方式,因此法律严格限制以划拨方式设立建设用地使用权。凡是工业、商业、旅游、娱乐和商品住宅等经营性用地,都应当采取招标、拍卖等公开竞价的方式出让。建设用地使用权的设立必须向登记机构办理登记,登记是设立、变更、转让以及消灭建设用地使用权的生效条件。

3.建设用地使用权的流转

权利人取得建设用地的使用权后,除法律另有规定的以外,有权将建设用地使用权转让、互换、出资、赠与或者抵押。当建筑物、构筑物及其附属设施转让、互换、出资或者赠与的,该建筑物、构筑物及其附属设施占用范围内的建设用地使用权一并处分。因此,实际上建设用地使用权与附着在上面的建筑物所有权采取"房随地走、地随房走"的流转规则。住宅建设用地使用权期间届满的,自动续期。

(三)地役权

1.地役权概述

地役权是指不动产权利人(包括土地所有人、地上权人以及土地的承租人),为了自己利用不动产的方便或者不动产利用价值的提高,通过约定得以利用他人不动产的权利。其中,为他人不动产利用提供便利的不动产称为供役地,而享有地役权的不动产称为需役地。可以设立地役权的不动产不局限于土地,还包括建筑物和其他工作物。

与其他用益物权不同,地役权具有从属性和不可分性。地役权的从属性,是就地役权与需役地的关系而言的,具体表现为两个方面:①地役权不得与需役地相分离单独转让。②地役权不得与需役地的所有权或使用权相分离,作为其他权利的标的,如不得单独设定抵押权。

地役权的不可分性是指地役权存在于需役地和供役地的全部,不能分割为各个部分或仅仅以一部分而单独存在,具体表现为两个方面:①需役地以及需役地上的土地承包经营权、建设用地使用权、宅基地使用权部分转让时,转让部分涉及地役权的,受让人同时享有地役权。②供役地以及供役地上的土地承包经营权、建设用地使用权、宅基地使用权部分转让时,转让部分涉及地役权的,地役权对受让人具有约束力。

根据《物权法》第158条规定,地役权自地役权合同生效时设立。当事人要求登记的,可以向登记机构申请地役权登记;未经登记,不得对抗善意第三人。可见,我国对地役权的设定采用的是登记对抗主义。

2.地役权与其他用益物权的关系

(1)土地所有权人享有地役权或者负担地役权的,设立土地承包经营权、宅基地使用权时,该土地承包经营权人、宅基地使用权人继续享有或者负担已设立的地役权。

(2)土地上已设立土地承包经营权、建设用地使用权、宅基地使用权等权利的,未经上述用益物权人同意,土地所有权人不得设立地役权。

(3)以土地承包经营权、建设用地使用权等转让的,地役权一并转让,但合同另有约定的除外。以土地承包经营权、建设用地使用权等抵押的,在实现抵押权时,地役权一并转让。

3.地役权的效力

(1)地役权人有利用供役地及从事必要附属行为的权利。地役权人有权依据合同约定的利用目的和方法利用供役地,同时尽量减少对供役地权利人物权的限制。

(2)地役权的期限由当事人约定,但不得超过土地承包经营权、建设用地使用权等用益物权的剩余期限。

(3)如果地役权人滥用地役权或者约定的付款期间届满后在合理期限内经两次催告未支付费用的,供役地权利人有权解除合同使得地役权消灭。

4.地役权与相邻关系的区别

在实践中,地役权与相邻关系很容易混淆,两者之间的区别表现在以下几个方面:

(1)相邻关系实质上是相邻不动产所有人或使用人行使权利的延伸或限制,故相邻权不是一项独立的民事权利,更非独立的他物权。而地役权是一种物权,它是归属于需役地人的一种用益物权。

(2)两者的设立方式不同。相邻关系是法定的,不需要登记程序。地役权通常是由当事人各方通过合同约定设立,没有经过登记程序,不能对抗善意第三人。

(3)两者提供便利的内容不同。地役权的设立是为了使不动产权利人的权利得到更好的行使,是一个比较高的标准。而相邻关系则是为了达到使用的最低标准。

(4)相邻关系强调相邻,地役权不一定相邻。虽然地役权多发生在相邻不动产间,但也可以发生在不相邻的不动产间。

第四节　担保物权制度

一、概述

(一)担保物权的概念

担保物权是指在债务人不履行到期债务或者发生当事人约定的实现担保物权的情形,债权人依法享有就担保财产优先受偿权利的他物权。

担保物权是重要的他物权类型,其特点是:

(1)担保物权以担保主债权的实现为目的。

(2)担保物权是价值权,权利人支配的是担保财产的交换价值。

(3)担保物权是从属于主债权的物权。

(4)担保物权的客体可以是债务人的财产或权利,也可以是第三人的财产或权利。

(二)担保物权的特征

1.从属性

担保物权的设立目的就是担保债权的实现,故担保物权具有从属性。担保物权的从属性体现在以下三个方面:

(1)发生上的从属性。原则上担保物权的设立,以主债权存在为前提。主债权不存在,担保物权也不能设立。

(2)移转上的从属性。担保物权不能与主债权分离而转让。担保物权不能与主债权分离,单独作为权利质权的客体。

(3)消灭上的从属性。原则上,主债权消灭,担保物权也归于消灭。不过主债权部分消灭时,基于担保物权的不可分性特性,担保物权并不部分消灭。

2.不可分性

担保物权的不可分性是指担保物的全部担保债权的各部分以及担保物的各部分担保债权的全部。即在所担保的债权未受全部清偿前,担保权人可对担保物的全部行使权利。债权部分消灭,债权人仍可对未清偿部分的债权对担保物的全部行使权利。担保物部分灭失,残存部分仍担保债权全部。担保物权之所以具有不可分性,主要是为了强化担保物权的效力。

3.物上代位性

担保物权注重物的交换价值,因此当担保物灭失后,其价值变为他物或权利时,则担保物权继续存在于该物或该权利之上,这是法律承认担保物权物上代位性的原因。因此,在担保期间,如果担保财产毁损、灭失或者被征收等,担保物权人可以就获得的保险金、赔偿金或者补偿金等优先受偿。被担保债权的履行期未届满的,也可以提存该保险金、赔偿金或者补偿金等。

二、抵押制度

(一)抵押的概念与特征

1.抵押的概念

抵押是指债务人或者第三人不转移对财产的占有,将该财产抵押给债权人,债务人不履行到期债务或者发生当事人约定的实现抵押权的情形时,债权人有权依法以该财产折价或者以拍卖、变卖该财产的价款优先受偿。抵押中提供财产担保的债务人或者第三人为抵押人,债权人为抵押权人,提供担保的财产为抵押物。

2.抵押的特征

抵押权作为担保物权的一种,具有从属性、不可分性和物上代位性。另外,抵押权是不移转标的物占有的一种担保物权。是否移转标的物的占有是抵押权与其他担保物权的重要区别。由于抵押权的设定不需要移转占有,因此,抵押权的设定不能采用占有移转的公示方法,而必须采用登记或其他方法公示。

(二)抵押权的设定

抵押权的取得,主要通过法律行为获得,但抵押权也可以基于法律行为以外的法律事实获得,如基于继承或者善意取得制度取得抵押权。基于法律行为取得抵押权的,就是抵押权的设定,抵押权的设定是由双方当事人签订抵押合同,抵押合同应当采用书面形式。抵押当事人包括抵押人和抵押权人,其中抵押权人就是债权人,抵押人即抵押财产的所有人,既可能是债务人,也可能是第三人。设定抵押权属于处分财产的行为,因此,抵押人必须对设定抵押的财产享有所有权或处分权。

在债务履行期届满前,抵押权人不得与抵押人约定债务人不履行到期债务时抵押财产归债权人所有。如果双方当事人的抵押合同有这样的条款,该条款无效。该条款无效不影响抵押合同其他条款的效力。

1.抵押物

抵押物又称为抵押财产,是指抵押人用以设定抵押权的财产。抵押物是抵押权的标的物。根据《物权法》第180条的规定,下列财产可以作为抵押物:①建筑物和其他土地附着物;②建设用地使用权;③以招标、拍卖、公开协商等方式取得的荒地等土地承包经营权;④生产设备、原材料、半成品、产品;⑤正在建造的建筑物、船舶、航空器;⑥交通运输工具;⑦法律、行政法规未禁止抵押的其他财产。

根据《物权法》第184条的规定,下列财产不得抵押:

(1)土地所有权。在我国,土地归国家所有和集体所有,不能成为私人财产。因此土地所有权不得抵押,也就是不能以国家或集体所有的土地抵押,否则抵押合同无效。

(2)耕地、宅基地、自留地、自留山等集体所有的土地使用权,但是法律规定可以抵押的除外。"法律规定的例外"主要有两种情形:一是以招标、拍卖、公开协商等方式取得的荒地等土地承包经营权可以抵押。二是乡镇、村企业的建设用地使用权不得单独抵押。以乡镇、村企业的厂房等建筑物抵押的,其占用范围内的建设用地使用权一并抵押。故只能"地随房走",不能"房随地走",而且以这两种财产进行抵押的,在实现抵押权后,未经法定程序不得改变土地集体所有和土地用途。

(3)学校、幼儿园、医院等以公益为目的的事业单位、社会团体的教育设施、医疗卫生设施和其他社会公益设施。根据我国《担保法解释》的规定,如果学校、幼儿园、医院等以公益为目的的事业单位、社会团体,以其教育设施、医疗卫生设施和其他社会公益设施以外的财产为自身债务设定抵押的,人民法院可以认定抵押有效。

(4)所有权、使用权不明或者有争议的财产。所有权、使用权不明或者有争议,无法确定是否有处分权,因此不得抵押。

(5)依法被查封、扣押、监管的财产。但是已经设定抵押的财产被采取查封、扣押等财产保全或者执行措施的,不影响抵押权的效力。

(6)法律、行政法规规定不得抵押的其他财产。如以法定程序确认为违法、违章的建筑物。

2.抵押登记

登记是抵押权的设立条件。如果以建筑物和其他土地附着物,建设用地使用权,以招标、拍卖、公开协商等方式取得的荒地等土地承包经营权,正在建造的建筑物这四种财产设定抵押的,应当办理抵押物登记,抵押权自登记之日起设立。登记是抵押权的设立条件。

登记具有对抗第三人的效力。当事人以《物权法》规定的生产设备、原材料、半成品、产品,正在建造的船舶、航空器,交通运输工具设定抵押,或者以《物权法》规定的动产设定抵押,抵押权自抵押合同生效时设立。未经登记,不得对抗善意第三人。因此这些财产设定抵押时,抵押权自抵押合同签订之日起设立,并对当事人产生拘束力。如果没有登记,不能对抗善意第三人。

(三)抵押权的效力

1.抵押人的权利

(1)抵押物的占有权。抵押设定以后,除法律和合同另有约定以外,抵押人有权继续占有抵押物,并有权取得抵押物的孳息。因此,原则上抵押权的效力不及于抵押物的孳息。但是,根据《物权法》第197条的规定,债务人不履行到期债务或者发生当事人约定的实现抵押权的情形,致使抵押财产被人民法院依法扣押的,自扣押之日起抵押权人有权收取该抵押财产的天然孳息或者法定孳息,但抵押权人未通知应当清偿法定孳息的义务人的除外。

(2)抵押物的收益权。抵押权设定以后,由于抵押物仍然归抵押人占有,因此抵押人有权将抵押物出租。这里需要注意抵押权与出租之间的关系:①如果抵押权设定在先,出租在后,抵押权实现后,租赁合同对受让人不具有约束力。抵押人将已抵押的财产出租时,如果抵押人未书面告知承租人该财产已抵押的,抵押人对出租抵押物造成承租人的损失承担赔偿责任;如果抵押人已书面告知承租人该财产已抵押的,抵押权实现造成承租人的损失,由承租人自己承担。②抵押权设立后抵押财产出租的,该租赁关系不得对抗已登记的抵押权。

(3)抵押物的处分权。抵押设定以后,抵押人并不丧失对抵押物的所有权,抵押人有权将抵押物转让给他人,但抵押人处分财产的权利受到一定的限制。根据《物权法》第191条规定,抵押期间,抵押人经抵押权人同意转让抵押财产的,应当将转让所得的价款向抵押权人提前清偿债务或者提存。转让的价款超过债权数额的部分归抵押人所有,不足部分由债务人清偿。抵押期间,抵押人未经抵押权人同意,不得转让抵押财产,但受让人代为清偿债务消灭抵押权的除外。因此,转让抵押财产是以抵押权人的同意为条件的。

(4)设定多项抵押的权利。抵押人可以就同一抵押物设定多个抵押权。在同一抵押物上有数个抵押权时,各个抵押权人应按照法律规定的顺序行使抵押权。

2.抵押权人的权利

(1)保全抵押物。在抵押期间,抵押权人虽未实际占有抵押物,但法律为了抵押权人的利益,赋予其保全抵押物的权利。如果抵押物受到抵押人或第三人的侵害,抵押权人有权要求停止侵害、恢复原状、赔偿损失。如果因抵押人的行为使抵押物价值减少,抵押权人有权要求抵押人恢复抵押物的价值,或者提供与减少的价值相当的担保。

(2)放弃抵押权或者变更抵押权的顺位。《物权法》规定,抵押权人可以放弃抵押权或者抵押权的顺位。抵押权人与抵押人可以协议变更抵押权顺位以及被担保的债权数额等内容,但抵押权的变更,未经其他抵押权人书面同意,不得对其他抵押权人产生不利影响。债务人以自己的财产设定抵押,抵押权人放弃该抵押权、抵押权顺位或者变更抵押权的,其他担保人在抵押权人丧失优先受偿权益的范围内免除担保责任,但其他担保人承诺仍然提供担保的除外。

(3)优先受偿权。在债务人不履行债务时,抵押权人有权以抵押财产折价或者以拍卖、变卖抵押物的价款优先于普通债权人受偿。抵押物折价或者拍卖、变卖该抵押物的价款不足清偿债权的,不足清偿的部分由债务人按普通债权清偿。

(四)抵押权的实现

担保物权的担保范围包括主债权及其利息、违约金、损害赔偿金、保管担保财产和实现担保物权的费用。当然,当事人另有约定的,按照约定。如果债务人不履行到期债务或者发生当事人约定的实现抵押权的情形,抵押权人可以与抵押人协议以抵押财产折价或者以拍卖、变卖该抵押财产所得的价款优先受偿。协议损害其他债权人利益的,其他债权人可以在知道或者应当知道撤销事由之日起1年内请求人民法院撤销该协议。抵押物折价或者拍卖、变卖所得的价款，当事人没有约定的，清偿顺序如下：①实现抵押权的费用；②主债权的利息；③主债权。

在抵押物灭失、毁损或者被征用的情况下，抵押权人可以就该抵押物的保险金、赔偿金或者补偿金优先受偿；如抵押权所担保的债权未届清偿期，抵押权人可以请求人民法院对其采取保全措施。

如果在同一物上并存数个抵押权或并存数个物权，会产生优先受偿权的位序问题。关于优先受偿权位序，采取法定主义，由法律明确规定。

1.多个抵押权并存时的清偿顺序

同一财产向两个以上债权人抵押的，拍卖、变卖抵押物所得的价款按照以下规定清偿：

(1)抵押权已登记的，按照登记的先后顺序清偿；顺序相同的，按照债权比例清偿。如果当事人同一天在不同的法定登记部门办理抵押物登记的，视为顺序相同。因登记部门的原因导致抵押物进行了连续登记的，以第一次登记的时间为准确定抵押顺序。

(2)抵押权已登记的先于未登记的受偿。

(3)抵押权未登记的，按照债权比例清偿。

(4)顺序在先的抵押权与该财产的所有权归属一人时，该财产的所有权人可以以其抵押权对抗顺序在后的抵押权。

(5)顺序在后的抵押权所担保的债权先到期的，抵押权人只能就抵押物价值超出顺序在先的抵押担保债权的部分受偿。

2.与其他物权并存时的清偿顺序

当抵押权与其他物权并存时，也存在位序问题：

(1)抵押权与质权并存。同一财产法定登记的抵押权与质权并存时，抵押权人优先于质权人受偿。

(2)抵押权与留置权并存。同一财产抵押权与留置权并存时，留置权人优先于抵押权人受偿。

(3)抵押权与其他权利并存。如果同一财产有抵押权与《合同法》第 268 条规定的优先受偿权并存时，《合同法》第 268 条规定的优先受偿权优先于抵押权。

(五)最高额抵押

最高额抵押指为担保债务的履行，债务人或者第三人对一定期间内将要连续发生的债权提供担保财产的，债务人不履行到期债务或者发生当事人约定的实现抵押权的情形，抵押权人有权在最高债权额限度内就该担保财产优先受偿的情形。

最高额抵押权的设定不以已经存在的债权为前提，而是对将来发生的债作担保。根据《物权法》的规定，最高额抵押权设立前已经存在的债权，经当事人同意，可以转入最高额抵押担保的债权范围。最高额抵押担保的债权确定前，部分债权转让的，最高额抵押权不得转让，但当事人另有约定的除外。

抵押权人的债权在下列情况下确定：①约定的债权确定期间届满；②没有约定债权确定期间或者约定不明确，抵押权人或者抵押人自最高额抵押权设立之日起满 2 年后请求确定债权；③新的债权不可能发生；④抵押财产被查封、扣押；⑤债务人、抵押人被宣告破产或者被撤销；⑥法律规定债权确定的其他情形。

抵押权人实现最高额抵押权时，如果实际发生的债权余额高于最高限额的，以最高限额为限，超过部分不具有优先受偿的效力；如果实际发生的债权余额低于最高限额的，以实际发生的债权余额为限对抵押物优先受偿。

（六）浮动抵押

经当事人书面协议，企业、个体工商户、农业生产经营者可以将现有的以及将有的生产设备、原材料、半成品、产品抵押，债务人不履行到期债务或者发生当事人约定的实现抵押权的情形，债权人有权就实现抵押权时的动产优先受偿。

动产的浮动抵押只能由特定的主体设立，即企业、个体工商户、农业生产经营者。其抵押客体是动产，指现有的以及将有的生产设备、原材料、半成品、成品，不包括不动产。浮动抵押的设立以合同的生效为条件，不以登记为要件。但是不登记的，抵押权不能对抗善意第三人。在动产浮动抵押的情况下，抵押权实现之前有一个数额确定程序，即抵押财产确定的程序。在动产浮动抵押的情况下，抵押财产在下列情形之一发生时确定：①债务履行期届满，债权未实现；②抵押人被宣告破产或者被撤销；③当事人约定的实现抵押权的情形；④严重影响债权实现的其他情形。在动产浮动抵押数额确定之前，即使浮动抵押办理了登记，该抵押权也不得对抗正常经营活动中已支付合理价款并取得抵押财产的买受人。

三、质押制度

（一）质押概述

质押是指债务人或者第三人将其动产或权利移交债权人占有，将该财产作为债的担保，当债务人不履行债务或者发生当事人约定的实现抵押权的情形时，债权人有权依法以该财产变价所得优先受偿。

质押权是一种担保物权，因此同样具备担保物权的特征，即从属性、不可分性、物上代位性。但质押权与抵押权相比，有一定的区别：首先，质押的标的物可以是动产或者权利，但不能是不动产；抵押的标的物既可以是动产也可以是不动产。其次，质权的设定必须移转质物的占有；抵押权的设定不要求移转抵押物的占有。最后，由于抵押权设定不移转占有，因此，抵押人可以继续对抵押物占有、使用、收益；由于质押移转标的物的占有，因此，质押人虽然享有对标的物的所有权，但不能直接对质押物进行占有、使用、收益。质押分为动产质押与权利质押。

（二）动产质押

1. 动产质押的设定

设定动产质押是指出质人和质权人应当以书面形式订立质押合同。根据《物权法》的规定，质押合同是诺成合同，原则上自双方当事人意思表示一致时成立。质物占有的移转不是合同的生效要件。

质权自质物移交给质权人占有时设立，因此，只有出质人将出质的动产移交以债权人占有，债权人才能取得质权。出质人以间接占有的财产出质的，书面通知送达占有人时视为移交。

和抵押合同一样，质权人在债务履行期届满前，不得与出质人约定债务人不履行到期债务时质押财产归债权人所有。如果违反该规定，则约定的“流质条款”无效，但影响质押合同其他部分的效力。

根据《物权法》第222条的规定，出质人与质权人可以协议设立最高额质权。最高额质权除适用动产质押的有关规定外，参照最高额抵押权的规定。

2. 动产质押的标的物

在动产上设定动产质押是对财产的处分行为，因此，要求出质人对财产有处分权。但出质人以其不具有所有权但合法占有的动产出质的，法律保护善意质权人的权利。善意质权人行使质权给动产所有人造成损失的，由出质人承担赔偿责任。

3. 动产质押的效力

动产质押设立后，在主债务清偿以前，质权人有权占有质物，并有权收取质物所生的孳息。质权人收取孳息，并非取得孳息所有权，而是将孳息作为质押标的。

质权人在质权存续期间，为担保自己的债务，经出质人同意，以其所占有的质物为第三人设定质权的，应当在原质权所担保的债权范围之内，超过的部分不具有优先受偿的效力。转质权的效力优于原质权。

(三)权利质押

权利质押是指以可转让的权利为标的物的质权。法律将权利质押与动产质押共同规定在质押中，仅就权利质押作了一些特殊规定，对于权利质押的一般问题.法律规定直接适用动产质押的有关规定。

可以作为权利质押的权利包括：

(1)汇票、支票、本票。

(2)债券、存款单。

(3)仓单、提单。

(4)可以转让的基金份额、股权。

(5)可以转让的注册商标专用权、专利权、著作权等知识产权中的财产权。

(6)应收账款。

(7)法律、行政法规规定可以出质的其他财产权利。

四、留置制度

(一)留置权概述

留置权是指债权人合法占有债务人的动产，在债务人不履行到期债务时，债权人有权依法留置该财产，并有权就该财产享有优先受偿的权利。留置权其有如下特征：①留置权属于担保物权，因此具有担保物权的从属性、不可分性和物上代位性等特征。②留置权属于法定的担保物权。留置权的产生不是依据当事人之间的约定，而是在符合法律规定的条件时产生。但当事人可以通过合同约定排除留置权的适用。

(二)留置权的成立条件

(1)债权人合法占有债务人的动产。债权人的占有必须合法，因此，动产如果是因侵权行为而占有的，不能产生留置权。原则上动产应当属于债务人所有，但根据《物权法》和《担保法司法解释》的相关规定，留置权可以善意取得，即如果债权人合法占有债务人交付的动产时，不知债务人无处分该动产的权利，债权人仍可以行使留置权。

(2)占有的动产与债权属于同一法律关系。《物权法》规定，债权人留置的动产，应当与债权属于同一法律关系，但企业之间留置的除外。从《物权法》的规定来看，我国留置权的适用范围得以扩大，一方面不再局限于特定的合同关系，其他的债权债务关系，如不当得利、无因管理等法律关系也可以产生留置权。另一方面，对于企业之间的留置权的行使，可以不以同一债权债务关系为要件。

(3)债务已届清偿期且债务人未按规定期限履行义务。

(三)留置权的效力

留置权人在占有留置物期间内，除了留置物本身以外，留置权的效力还及于从物、孳息和代位物。根据《物权法》规定，留置的财产为可分物的，留置物的价值应当相当于债务的金额。留置物为不可分物的，留置权人可以就其留置物的全部行使留置权。

1. 留置标的物

债权人在其债权没有得到清偿时，有权留置债务人的财产，并给债务人确定一个履行期限。根据《物权法》的规定，该履行期限应当为2个月以上。自留置开始之时起，留置权人就享有收取留置物孳息的权利。

2. 优先受偿

债务人超过规定的期限仍不履行其债务时，留置权人可依法以留置物折价或拍卖、变卖所得价款优先受偿。留置财产折价或者拍卖、变卖后，其价款超过债权数额的部分归债务人所有，不足部分由债务人清偿。同一动产上已设立抵押权或者质权，该动产又被留置的，留置权人优先受偿。

【思考题】

一、单项选择

1. 甲有一手表，委托乙保管，乙将手表卖给丙，丙又赠与女友丁，丁戴上手表3日后在街头被戊抢走，戊后又遗失于街头，为庚拾得。根据《物权法》的规定，对该手表享有所有权的是 ( )

A. 甲 B. 乙 C. 丙 D. 丁

2. 乙买甲一套房屋，已经支付1/3的价款，双方约定余款待过户手续办理完毕后付清。后甲反悔，要求解除合同，乙不同意，起诉要求甲继续履行合同，转移房屋所有权。根据《物权法》的规定，下列选项中，正确的是 ( )

A. 合同尚未生效，甲应返还所受领的价款并承当缔约过失责任

B. 合同无效，甲应返回所受领的价款

C. 合同有效，甲应继续履行合同

D. 合同有效，法院应当判决解除合同、甲赔偿乙的损失

3. 下列财产中不可以作为抵押物的是 ( )

A. 机动车 B. 建筑物

C. 家族联产承包的土地经营权 D. 正在制作的生产设备

二、多项选择题

1. 2007年4月2日，王某与丁某约定：王某将一栋房屋出售给丁某，房价为人民币20万元。丁某支付房屋价款后，王某交付了房屋，但没有办理产权转移登记。丁某接收房屋做了

装修，于2007年5月20日出租给叶某，租期为2年。2007年5月29日，王某因病去世，全部遗产由其子小王继承。小王于2007年6月将该房屋卖给杜某，并办理了所有权转移登记。如杜某向丁某、叶某请求返还房屋，下列选项中，表述正确的是　　（　　）

A. 杜某无权请求丁某返还房屋　　B. 杜某有权请求丁某返还房屋

C. 杜某无权请求叶某返还房屋　　D. 杜某有权请求叶某返还房屋

2. 甲向乙借款人民币5000元，并将自己的一台笔记本电脑出质给乙。乙在处置期间将电脑无偿借给丙使用。丁因丙欠钱不还，趁丙不注意时拿走电脑并向丙声称要以其抵债。根据《物权法》的规定，下列选项中，正确的是　　（　　）

A. 甲有权基于其所有权请求丁返还电脑

B. 乙有权基于其质权请求丁返还电脑

C. 丙有权基于其占有被侵害请求丁返还电脑

D. 丁有权主张以电脑抵偿丙对自己的债务

3. 2007年10月5日，甲向乙借款人民币1000元，同时签订了一份质押合同，约定甲于10月8日将一头母牛质押作为质物交付给乙，甲如期交付。同年12月6日，母牛生下小牛一头。根据《物权法》的规定，下列表述中，正确的是　　（　　）

A. 质押合同生效时间为10月5日　　B. 质权的设立时间为10月8日

C. 小牛应归乙所有　　D. 小牛应归甲所有，但可作为质权的标的

三、案例分析题

甲公司于2007年10月10日通过拍卖方式拍得位于北京郊区的一块工业建设用地；同年10月15日，甲公司与北京市土地管理部门签订《建设用地使用权出让合同》；同年10月21日，甲公司缴纳全部土地出让金；同年11月5日，甲公司办理完毕建设用地使用权登记，并获得建设用地使用权证。

2007年11月21日，甲公司与相邻土地的建设用地使用权人乙公司签订书面合同，该合同约定：甲公司在乙公司的土地上修筑一条机动车道，以利于交通方便；使用期限为20年；甲公司每年向乙公司支付8万元费用。该合同所设立的权利没有办理登记手续。

2008年1月28日，甲公司以取得的上述建设用地使用权作抵押，向丙银行借款人民币5000万元，借款期限3年。该抵押权办理了登记手续。此后，甲公司依法办理了各项立项、规划、建筑许可、施工许可等手续之后开工建设厂房。

2008年5月，因城市修改道路规划，政府提前收回甲公司取得的尚未建设厂房的部分土地，用于市政公路建设。甲公司因该原因办理建设用地使用权变更登记手续时，发现登记机构登记簿上记载的建设用地使用权面积与土地使用权证上的记载不尽一致。

根据本题所述内容，分别回答下列问题：

(1)甲公司于何时取得建设用地使用权？并说明理由。

(2)甲公司与乙公司订立合同拟设立的是何种物权？该物权是否已经设立？并说明理由。

(3)甲公司与乙公司的合同订立后，如果甲公司不支付约定的费用，乙公司在何种条件下有权解除合同？

(4)甲公司在建造的厂房已经完工，未办理房屋所有权证的情况下，是否取得该房屋所有权？并说明理由。

第八章 合同法

【主要内容】

本章主要介绍了合同的概念、特征与分类，阐述了要约、要约邀请和承诺，论述了合同履行的原则、双务合同履行中的抗辩权、合同的保全和担保制度、合同履行过程中可能出现的合同变更、转让与终止问题以及违约责任制度，并对有名合同，包括转移财产权利的合同、交付工作成果的合同、提供劳务的合同和各种技术合同进行说明。

【教学要求】

牢固掌握要约、承诺的含义；掌握效力待定合同、可撤销合同、无效合同的含义、区别及其法律后果；掌握各种违约责任的承担方式；并在掌握合同法基础理论的基础上，对分则中的各类有名合同加以理解和记忆。

第一节 概 述

一、合同概述

(一)合同的概念与特征

1. 合同的概念

根据《中华人民共和国合同法》(以下简称《合同法》)，所谓"合同"，是指作为平等主体的自然人、法人或其他组织之间设立、变更、终止民事权利义务关系的协议。由此可见，合同是平等主体之间的民事权利义务关系，合同的当事人无论如何都不能将自己的意志强加给对方。

2. 合同的特征

合同具有以下特征：

(1)合同是两个或两个以上平等民事主体之间的民事法律行为。合同的这一特征区别于单方法律行为。单方法律行为是基于民事主体单方的意思所决定，而合同则是双方或多方民事主体的合意，仅有一方当事人的意思表示无法成立合同。

(2)合同是以设立、变更和终止民事权利义务关系为目的的法律行为。民事主体之间订立合同是具有一定的目的，即设立、变更、终止当事人之间的民事权利义务关系。

(3)合同是平等主体在平等自愿的基础上达成的意思表示相一致的协议。当事人之间在意思表示上一致是合同成立的根本前提。

(二)合同的分类

1.有名合同与无名合同

以《合同法》分则和其他法律法规对某种类型的合同是否规定有明确的名称与调整规则为标准,可以将合同分为有名合同与无名合同。有名合同又称典型合同,是指立法上规定了确定名称与调整规则的合同。无名合同又称非典型合同,是指立法上未规定其名称与调整规则的合同。

2.单务合同与双务合同

以合同当事人是否相互负有对待给付义务为标准,可将合同分为单务合同与双务合同。此处的对待给付义务并不要求双方的给付价值相等,只要双方的给付具有相互依存、相互牵连的关系即可。单务合同是指仅有一方当事人承担义务的合同,如赠与合同等。双务合同是指双方当事人互负对待给付义务的合同,如买卖合同、承揽合同、租赁合同等。

3.诺成合同与实践合同

以合同成立除当事人的意思表示一致外,是否还要履行其他给付为标准,可以将合同分为诺成合同与实践合同。诺成合同是指只要当事人意思表示一致,不需要实际履行给付义务即可认定合同成立的合同。实践合同是指在当事人意思表示一致以外,尚须交付标的物或者有其他实际给付行为才能成立的合同。

4.有偿合同与无偿合同

以合同一方当事人取得对方的给付是否要支付代价为标准,可将合同分为有偿合同与无偿合同。有偿合同是指合同当事人取得对方的给付需要支付代价的合同。无偿合同是指合同当事人取得对方的给付不需要支付代价的合同。

二、合同法概述

(一)合同法的概念与特征

1.合同法的概念

合同法是调整平等主体之间合同的法律规范的总称。1999年3月15日,第九届全国人民代表大会第二次会议审议通过了《合同法》,自1999年10月1日起施行。为保障《合同法》的顺利实施,最高人民法院先后通过了《关于适用〈中华人民共和国合同法〉若干问题的解释(一)》(以下简称《〈合同法〉解释(一)》)、《最高人民法院关于审理商品房买卖合同纠纷案件适用法律若干问题的解释》(以下简称《商品房买卖合同解释》)、《最高人民法院关于审理建设工程施工合同纠纷案件适用法律问题的解释》(以简称《建设工程施工合同解释》)、《关于审理技术合同纠纷案件适用法律若干问题的解释》(以下简称《技术合同解释》)、《最高人民法院关于适用〈中华人民共和国合同法〉若干问题的解释(二)》(以下简称《〈合同法〉解释(二)》)。此外,《物权法》、《担保法》以及《〈担保法〉解释》等法律及司法解释也存在大量调整合同关系的条文。

2.合同法的特征

合同法具有以下特征:

(1)合同法强调主体地位平等与意思自治。合同作为一种法律事实,是平等地位的当事人协商一致的结果。如果当事人之间的约定合法，则在当事人之间产生确定的法律效力，当事人必须按照约定履行合同义务，任何一方违反合同，都要依法承担违约责任。

(2)合同法主要是通过任意性法律规范而不是强制性法律规范调整当事人间的合同关系。合同法通过任意性规范引导当事人的行为或补充当事人意思表示的不完整，允许当事人在较大自由度范围内作出选择。

(3)合同法是交易关系法。合同法与物权法均属财产法范畴，其中物权法主要调整财产归属及利用关系，是从静态角度为财产关系提供法律保护；而合同法则调整财产的流转关系，是从动态角度为财产关系提供法律保护。

(二)《合同法》的适用范围

根据《合同法》第2条第2款的规定，婚姻、继承、监护等有关身份关系的协议，不受《合同法》的调整。

另外，某些涉外合同中能否适用《合同法》的规定要根据具体情况分析。原则上，涉外合同的当事人可以选择处理合同纠纷所适用的法律，但法律另有规定的除外。涉外合同的当事人对此没有选择的，适用与合同有最密切联系的国家的法律。但是在中华人民共和国境内履行的中外合资经营企业合同、中外合作经营企业合同、中外合作勘探开发自然资源合同，只能适用中华人民共和国的法律。

(三)《合同法》的基本原则

1.平等原则

合同当事人法律地位一律平等，任何一方不得将自己的意志强加给另一方，各方应在权利义务对等的基础上订立合同。

2.意思自治原则

意思自治是贯彻合同活动整个过程的基本原则，在不违反强制性法律规范和社会公共利益的基础上，当事人依法享有自愿订立合同的权利，任何单位和个人不得非法加以干预。

3.公平原则

当事人应当遵循公平原则确定各方的权利和义务。任何当事人不得滥用自己的权利，不得在合同中规定显失公平的内容，并且要根据公平原则确定风险与违约责任的承担。

4.诚实信用原则

当事人行使权利、履行义务应当遵循诚实信用原则，善意地行使权利、履行义务，不得有欺诈等恶意行为。在法律、合同未作规定或约定不清的情况下，要依据诚实信用原则解释法律和合同条款，平衡当事人之间的权利义务关系。

5.不损害社会公共利益原则

当事人订立、履行合同，应当遵守法律法规，尊重社会公德，不得损害社会公共利益。

第二节　合同的订立

一、合同订立程序

订立合同一般采取要约、承诺的方式进行。经过要约、承诺两个步骤，合同即宣告成立。

(一)要约

1.要约的概念

要约是指希望和他人订立合同的意思表示。根据《合同法》规定,要约应当符合下列条件:①缔约的内容具体确定,此项条件要求该意思表示已经具备了未来合同的必要内容;②具有订立合同的目的,发出要约的人要表明经受要约人承诺,要约人即受该意思表示约束;③要约应当向特定的一人或数人发出。

2.要约邀请

要约邀请是指希望他人向自己发出要约的意思表示,其目的是让对方对自己发出要约。要约与要约邀请的区别在于:①目的不同,要约以订立合同为直接目的,而要约邀请只是诱使他人向自己发出要约;②内容不同,要约应当包括使合同成立的必要条款,而要约邀请的内容仅仅是订立合同的建议而不包含合同的主要条款;③对象不同,要约一般针对特定对象发出,而要约邀请的对象一般是不特定的。

在实践中要注意区分要约与要约邀请。寄送的价目表、拍卖公告、招标公告、招股说明书、商业广告等,一般为要约邀请。但若商业广告的内容符合要约的规定,则可视为要约。根据《商品房买卖合同解释》规定,商品房的销售广告和宣传资料为要约邀请,但是出卖人就商品房开发规划范围内的房屋及相关设施所作的说明和允诺如果具体确定,并对商品房买卖合同的订立以及房屋价格的确定有重大影响的,应当视为要约。该说明和允诺即使未载入书面的商品房买卖合同,也视为合同内容,当事人违反的,应当承担违约责任。

3.要约的生效

要约到达受要约人时生效。采用数据电文形式订立合同,收件人指定特定系统接收数据电文的,该数据电文进入该特定系统的时间,即视为到达时间;未指定特定系统的,该数据电文首次进入收件人的任何系统的时间,视为到达时间。

4.要约的撤回

未生效的要约可以撤回,撤回要约的通知应当在要约到达受要约人之前或者与要约同时到达受要约人。撤回要约是在要约尚未生效的情形下进行的,如果要约已经生效,则不可撤回。

5.要约的撤销

已经生效的要约可以撤销,撤销要约的通知应当在受要约人发出承诺通知之前到达受要约人。但下列情形下的要约不得撤销:①要约人确定了承诺期限的;②以其他方式明示要约不可撤销的;③受要约人有理由认为要约是不可撤销的,并已经为履行合同做了准备工作的。

6.要约的失效

有下列情形之一的,要约失效:①拒绝要约的通知到达要约人;②要约人依法撤销要约;③承诺期限届满,受要约人未作出承诺;④受要约人对要约的内容作出实质性变更。

(二)承诺

1.承诺的概念

承诺是受要约人同意要约的意思表示,应当由受要约人向要约人作出。

2.承诺期限

承诺应当在要约确定的期限内到达要约人。要约没有确定承诺期限的,承诺应当依照下列规定到达：①要约以对话方式作出的，应当即时作出承诺，但当事人另有约定的除外；②要约以非对话方式作出的，承诺应当在合理期限内到达。

要约以信件或者电报方式作出的，承诺期限自信件载明的日期或者电报交发之日开始计算；信件未载明日期的，自投寄该信件的邮戳日期开始计算。要约以电话、传真等快速通讯方式作出的，承诺期限自要约到达受要约人时开始计算。

3. 承诺的生效

承诺自通知到达要约人时生效。承诺不需要通知的，根据交易习惯或者要约的要求作出承诺的行为时生效。采用数据电文形式订立合同，收件人指定特定系统接收数据电文的，该数据电文进入该特定系统的时间，视为承诺到达时间；未指定特定系统的，该数据电文进入收件人的任何系统的首次时间，视为承诺到达时间。承诺生效时合同成立。

4. 承诺的撤回

承诺人发出承诺后反悔的，可以撤回承诺，其条件是撤回承诺的通知应当在承诺到达要约人之前或者与承诺同时到达要约人。

5. 承诺的迟延与迟到

受要约人超过承诺期限发出承诺的，为承诺的迟延，除要约人及时通知受要约人该承诺有效的以外，迟延的承诺应视为新要约。受要约人在承诺期限内发出承诺，按照通常情形能够及时到达要约人，但因其他原因使承诺到达要约人时超过承诺期限的，为承诺的迟到。除要约人及时通知受要约人因承诺超过期限不接受该承诺的以外，迟到的承诺为有效承诺。

6. 承诺的内容

承诺的内容应当与要约的内容一致。在实践中，受要约人可能对要约的文字乃至内容作出某些方面的修改，此时承诺是否具有法律效力需根据具体情况予以确认。《合同法》规定，受要约人对要约的内容作出实质性变更的，为新要约。有关合同标的、数量、质量、价款或者报酬、履行期限、履行地点和方式、违约责任和解决争议方法等内容的变更，是对要约内容的实质性变更。承诺对要约的内容作出非实质性变更的，除要约人及时表示反对或者要约表明承诺不得对要约的内容作出任何变更的以外，该承诺有效，合同的内容以承诺的内容为准。

（三）合同成立的时间与地点

1. 合同成立的时间

由于合同订立方式的不同，合同成立的时间也有所不同：①承诺生效时合同成立，这是大部分合同成立的时间标准。②当事人采用合同书形式订立合同的，自双方当事人签字或者盖章时合同成立；如双方当事人未同时在合同书上签字或盖章，则以当事人中最后一方签字或盖章时间为合同成立时间。③当事人采用信件、数据电文等形式订立合同的，可以要求在合同成立之前签订确认书，签订确认书时合同成立。

2. 合同成立的地点

由于合同订立方式的不同，合同成立地点的确定标准也有不同：①承诺生效的地点为合同成立的地点，这是大部分合同成立的地点标准。②采用数据电文形式订立合同的，收件人的主营业地为合同成立的地点；没有主营业地的，其经常居住地为合同成立的地点；当事人另有约定的，按照其约定。③当事人采用合同书形式订立合同的，双方当事人签字或者盖章的地点为合同成立的地点；如双方当事人未在同一地点签字或盖章，则以当事人中最后一方签字或盖章的地点为合同成立的地点。

二、合同的内容与形式

(一)合同的内容

1.合同一般条款

根据《合同法》规定，在不违反法律强制性规定的情况下，合同条款可以由当事人自由约定，但一般包括以下条款：①当事人的名称或者姓名和住所；②标的；③数量；④质量；⑤价款或者报酬；⑥履行期限、地点和方式；⑦违约责任；⑧解决争议的方法。

标的是指合同当事人的权利义务指向的对象。标的是合同成立的必要条件，是一切合同的必备条款没有标的，合同不能成立。合同的种类很多，合同的标的也多种多样，具体包括有形财产、无形财产、劳务、工作成果等。

2.合同条款的解释

当事人对合同条款的理解有争议的，应当按照合同所使用的词句、合同的有关条款、合同的目的、交易习惯以及诚实信用原则，确定该条款的真实意思。合同文本采用两种以上文字订立并约定具有同等效力的，对各文本使用的词句推定具有相同含义。各文本使用的词句不一致的，应当根据合同的目的予以解释。

3.格式条款

格式条款是指一方当事人为了与不特定多数人订立合同时重复使用而单方预先拟定的，并在订立合同时不允许对方协商变更的条款。由于格式条款是由一方当事人拟定，且在合同谈判中不容对方协商修改，条款内容常常含有不公平之处。为保证合同相对人的合法权益，《合同法》对格式条款的效力及解释有特别规定：

(1)采用格式条款订立合同的，提供格式条款的一方应当遵循公平原则确定当事人之间的权利和义务，并采取合理的方式提请对方注意免除或者限制其责任的条款，按照对方的要求，对该条款予以说明。提供格式条款的一方当事人违反提示和说明义务的，导致对方没有注意免除或者限制其责任的条款，对方当事人可以向人民法院申请撤销该格式条款。

(2)格式条款具有《合同法》规定的合同无效和免责条款无效的情形，或者提供格式条款一方免除其责任、加重对方责任、排除对方主要权利的，该条款无效。

(3)对格式条款的理解发生争议的，应当按照通常理解予以解释。对格式条款有两种以上解释的，应当作出不利于提供格式条款一方的解释。格式条款和非格式条款内容不一致的，应当以非格式条款为准。

4.免责条款

免责条款是指合同当事人在合同中规定的排除或限制一方当事人未来责任的条款。基于合同自由原则，对双方当事人自愿订立的免责条款，尤其是事后订立的免责条款，法律原则上不加干涉。但如果当事人事先约定的免责条款明显违反诚实信用原则及社会公共利益的，则法律规定其为无效。根据《合同法》第53条规定，合同中的下列免责条款无效：①造成对方人身伤害的；②因故意或者重大过失造成对方财产损失的。

(二)合同的形式

合同的形式是指合同当事人意思表示一致的外在表现形式。当事人订立合同，可以采取书面形式、口头形式和其他形式。

口头形式的合同虽方便易行，但缺点是发生争议时双方难以举证确认，不够安全。书面形式是指以合同书、信件等各种有形地表现所载内容的合同形式。根据《合同法》规定，数据电文（包括电报、传真、电子数据交换和电子邮件）也属于书面形式的一种。另外，根据《合同法》规定，法律、行政法规规定或者当事人约定采用书面形式的合同，当事人应当采用书面形式。

三、缔约过失责任

缔约过失责任是指当事人在订立合同过程中，因故意或者过失致使合同未成立、成立后未生效、成立后被撤销或无效，给相对方或第三人造成损失而应承担的损害赔偿责任。

根据《合同法》的规定，当事人在订立合同过程中有下列情形之一，给对方造成损失的，应当承担缔约过失责任：①假借订立合同，恶意进行磋商；②故意隐瞒与订立合同有关的重要事实或者提供虚假情况；③当事人泄露或者不正当地使用在订立合同过程中知悉的商业秘密；④依照法律、行政法规的规定经批准或者登记才能生效的合同成立后，有义务办理申请批准或者申请登记等手续的一方当事人未按照法律规定或者合同约定办理申请批准或者未申请登记的；⑤有其他违背诚实信用原则的行为。

第三节　合同的效力

一、合同的生效

合同的生效是指已依法成立的合同符合法律的规定而产生相应的法律效力的状态。《合同法》根据具体情形的不同，分别规定了不同的合同生效时间：

(1)一般情况下，依法成立的合同自成立时生效。

(2)法律、行政法规规定应当办理批准、登记等手续生效的，在依照其规定办理批准、登记等手续后才生效。在合同纠纷诉讼中，一审法庭辩论终结前当事人仍未办理批准手续的，或者仍未办理批准、登记等手续的，对于这类合同，人民法院在审理案件过程中应当认定该合同未生效。法律、行政法规规定合同应当办理登记手续，但未规定登记后生效的，当事人未办理登记手续不影响合同的效力，但合同标的所有权及其他物权不能转移。

(3)当事人对合同的效力可以附条件或者附期限。附生效条件的合同，自条件成就时生效；附解除条件的合同，自条件成就时失效。当事人为自己的利益不正当地阻止条件成就的，视为条件已成就；不正当地促成条件成就的，视为条件不成就。附生效期限的合同，自期限届至时生效；附终止期限的合同，自期限届满时失效。

二、效力待定的合同

效力待定的合同是指合同虽然已经成立但效力尚不确定，须经相应的权利人追认才能生效的合同。效力待定合同主要有以下几种类型：

(一)限制民事行为能力人独立订立的与其年龄、智力、精神状况不相适应的合同

根据《合同法》规定,限制民事行为能力人订立的合同,经法定代理人追认后,该合同有效,但纯获利益的合同或者与其年龄、智力、精神健康状况相适应而订立的合同,不必经法定代理人追认。法律在保护限制民事行为能力人合法权益的同时,为避免合同相对人的利益因为合同效力待定而受损,特别规定了相对人的催告权和善意相对人的撤销权。相对人可以催告法定代理人在1个月内予以追认。法定代理人未作表示的,视为拒绝追认。合同在被追认之前,善意相对人有撤销的权利。撤销应当以通知的方式作出。

(二)无权代理人订立的合同

根据《合同法》规定,行为人没有代理权、超越代理权或者代理权终止后以被代理人名义订立的合同,未经被代理人追认,对被代理人不发生效力,由行为人承担责任。相对人可以催告被代理人在1个月内予以追认。被代理人未作表示的,视为拒绝追认。合同被追认之前,善意相对人有撤销的权利。撤销应当以通知的方式作出。

(三)无权代表行为订立的合同

法人或者其他组织的法定代表人、负责人超越权限订立的合同,且相对人知道或者应当知道其超越权限的,该合同效力待定;若相对人不知道且不应当知道其超越权限,则该代表行为有效。

(四)无处分权人订立的合同

根据《合同法》规定,无处分权的人处分他人财产而订立的合同,经权利人追认或者无处分权的人订立合同后取得处分权的,该合同有效。

三、无效合同

(一)无效合同的概念

无效合同是指虽然已经成立,但因其内容上违反了法律、行政法规的强制性规定和社会公共利益而无法律效力的合同。无效合同在效力状态上自始无效、确定无效。

(二)无效合同的类型

根据《合同法》第52条的规定,下列情形的合同无效:①一方以欺诈、胁迫的手段订立合同,损害国家利益;②恶意串通,损害国家、集体或者第三人利益;③以合法形式掩盖非法目的;④损害社会公共利益;⑤违反法律、行政法规的强制性规定。

根据《〈合同法〉解释(一)》的规定,关于无效合同还要注意以下几点:①合同法实施以后,人民法院确认合同无效,应当以全国人大及其常委会制定的法律和国务院制定的行政法规为依据,不得以地方性法规、行政规章为依据。②当事人超越经营范围订立合同,人民法院不因此认定合同无效,但违反国家限制经营、特许经营以及法律、行政法规禁止经营规定的除外。

四、可撤销合同

(一)可撤销合同的概念

可撤销合同是指因合同当事人意思表示上的瑕疵及合同内容上的不均衡,一方当事人可以请求人民法院或者仲裁机构予以撤销或者变更的合同。

与无效合同相比，可撤销合同在撤销前已经生效，其法律效果可以对抗除撤销权人以外的任何人，可撤销合同的撤销行为应由撤销权人为之，人民法院不得主动干预。而无效合同在法律上是自始、确定无效，从一开始就不发生法律效力，人民法院和仲裁机构在审理案件的过程中发现无效合同的，应当主动干预。

（二）可撤销合同的类型

1. 因重大误解而订立的合同

重大误解是指当事人对合同的性质、对方当事人、标的物的种类、质量、数量等涉及合同的重要事项存在错误认识，违背其真实意思表示订立合同，并因此可能受到较大损失的行为。

2. 在订立合同时显失公平的合同

显失公平是指一方当事人利用某种特定优势或者对方没有经验，在订立合同时致使双方的权利与义务分配明显违反公平、等价有偿原则的行为。

3. 违背双方真实意思而订立的合同

一方以欺诈、胁迫的手段或者乘人之危，使对方在违背真实意思的情况下订立的合同。对于这种类型的可撤销合同，需要注意的是：①因一方欺诈、胁迫而订立的合同，如损害到国家利益，则属于无效合同；如果不损害国家利益，则属于要可撤销合同。而对于乘人之危订立的合同，则不用考虑是否损害国家利益，一律属于可撤销合同。②并非所有的合同当事人都享有撤销权，只有合同的受损害方，即受欺诈方、受胁迫方等，才享有撤销权。

（三）撤销权

撤销权在性质上是一种形成权，即依据撤销权人单方面的意思表示即可使得双方当事人之间的法律关系发生变动。为了确保当事人之间法律关系的稳定，《合同法》特别规定撤销权因一定的事由或者期限而消灭，主要包括：

（1）具有撤销权的当事人自知道或者应当知道撤销事由之日起 1 年内没有行使撤销权。此“1 年”期间的性质为除斥期间，不适用诉讼时效中止、中断或者延长的规定。

（2）具有撤销权的当事人知道撤销事由后明确表示或者以自己的行为放弃撤销权。

五、合同无效或被撤销后的法律后果

合同无效或被撤销的，不产生当事人在合同中约定的法律效果，但并不是不产生任何法律效果。

合同无效或者被撤销后发生的法律后果主要有：无效或者可撤销的合同在被认定无效或者被撤销后自始没有法律约束力。合同部分无效，不影响其他部分效力的，其他部分仍然有效。合同无效、被撤销或者终止的，不影响合同中独立存在的有关解决争议方法的条款的效力。合同无效或者被撤销后，因该合同取得的财产，应当予以返还；不能返还或者没有必要返还的，应当折价补偿。有过错的一方应当赔偿对方因此所受到的损失，双方都有过错的，应当各自承担相应的责任。当事人恶意串通，损害国家、集体或者第三人利益的，因此取得的财产收归国家所有或者返还集体、第三人。

第四节　合同的履行

一、合同履行的规则

(一)合同的一般履行规则

合同生效后,合同的双方当事人应当正确、适当、全面地履行合同中规定的各项义务。在合同的履行中,当事人应当遵循诚实信用原则,根据合同的性质、目的和交易习惯履行通知、协助、保密等义务。

合同生效后,当事人就质量、价款或者报酬、履行地点等内容没有约定或者约定不明的,可以协议补充;不能达成补充协议的,按照合同有关条款或者交易习惯确定。依照上述规则仍不能确定的,适用《合同法》的下列规定:

(1)质量要求不明确的,按照国家标准、行业标准履行;没有国家标准、行业标准的,按照通常标准或者符合合同目的的特定标准履行。

(2)价款或者报酬不明确的,按照订立合同时履行地的市场价格履行;依法应当执行政府定价或者政府指导价的,按照规定履行。

(3)履行地点不明确,给付货币的,在接受货币一方所在地履行;交付不动产的,在不动产所在地履行;其他标的,在履行义务一方所在地履行。

(4)履行期限不明确的,债务人可以随时履行,债权人也可以随时要求履行,但应当给对方必要的准备时间。

(5)履行方式不明确的,按照有利于实现合同目的的方式履行。

(6)履行费用的负担不明确的,由履行义务一方负担。

(二)向第三人履行和由第三人履行

合同虽是特定主体之间的法律行为,但是合同作为一种交易关系,往往是连续交易关系中的一个环节,因此在合同的履行中常常会涉及第三人。《合同法》规定,当事人约定由债务人向第三人履行债务的,债务人未向第三人履行债务或者履行债务不符合约定,应当向债权人承担违约责任。当事人约定由第三人向债权人履行债务的,第三人不履行债务或者履行债务不符合约定,债务人应当向债权人承担违约责任。

(三)中止履行、提前履行与部分履行

1.中止履行

债权人分立、合并或者变更住所没有通知债务人,致使履行债务发生困难的,债务人可以中止履行或者将标的物提存。

2.提前履行

债权人可以拒绝债务人提前履行债务,但提前履行不损害债权人利益的除外。债务人提前履行债务给债权人增加的费用,由债务人负担。

3.部分履行

债权人可以拒绝债务人部分履行债务,但部分履行不损害债权人利益的除外。债务人

部分履行债务给债权人增加的费用,由债务人负担。

二、双务合同的履行抗辩权

双务合同的履行抗辩权,是当事人在符合条件时,将自己的给付暂时保留的权利。《合同法》为双务合同的债务人规定了同时履行抗辩权、后履行抗辩权和不安抗辩权三种履行抗辩权。

(一)同时履行抗辩权

同时履行抗辩权是指双务合同的当事人应同时履行义务,一方在对方未履行前,有拒绝对方相应的履行请求的权利。《合同法》规定,当事人互负债务,没有先后履行顺序的,应当同时履行。一方在对方履行之前有权拒绝其对自己提出的履行要求。一方在对方履行债务不符合约定时,有权拒绝其相应的履行要求。

(二)先履行抗辩权

先履行抗辩权是指双务合同中应先履行义务的一方当事人未履行时,对方当事人有拒绝对方请求履行的权利。《合同法》规定,当事人互负债务,有先后履行顺序,先履行一方未履行的,后履行一方有权拒绝其履行要求。先履行一方履行债务不符合约定的,后履行一方有权拒绝其相应的履行要求。

(三)不安抗辩权

不安抗辩权是指双务合同中应先履行义务的一方当事人,有确切证据证明相对人财产明显减少或欠缺信用,不能保证对待给付时,有暂时中止履行合同的权利。根据《合同法》的规定,应当先履行债务的当事人,有确切证据证明对方有下列情形之一的,可以中止履行:①经营状况严重恶化;②转移财产、抽逃资金,以逃避债务;③丧失商业信誉;④有丧失或者可能丧失履行债务能力的其他情形。主张不安抗辩权的当事人如果没有确切证据擅自中止履行的,应当承担违约责任。

当事人行使不安抗辩权中止履行的,应当及时通知对方。对方提供适当担保时,应当恢复履行。中止履行后,对方在合理期限内未恢复履行能力并且未提供适当担保的,中止履行的一方可以解除合同。

三、合同的保全

合同的保全是指为了保护合同债权人不因债务人的财产不当减少而受损害,允许债权人限制债务人处分自己财产行为的法律制度。合同保全主要包括代位权与撤销权。

(一)代位权

代位权是指债务人怠于行使其对第三人(次债务人)享有的到期债权,危及债权人债权实现时,债权人为保障自己的债权实现,可以以自己的名义代位行使债务人对次债务人的债权的权利。

1. 代位权行使的条件

结合《合同法》及《〈合同法〉解释(一)》的规定,债权人提起代位权诉讼,应当符合下列条件:①债权人对债务人的债权合法且已到履行期限;②债务人怠于行使其到期债权,使债权人的到期债权无法实现,其中债务人的懈怠行为必须是债务人不以诉讼方式或者仲裁方式向次债务人主张其享有的具有金钱给付内容的到期债权;③债务人对次债务人享有的债权已到期;④债务人的债权不是专属于债务人自身的债权,所谓专属于债务人自身的债权,是指基于扶养关系、抚养关系、赡养关系、继承关系产生的给付请求权和劳动报酬、退休金、养老金、抚恤金、安置费、人寿保险、人身伤害赔偿请求权等权利;⑤须通过法院以提起诉讼的方式行使。

2.代位权诉讼中的主体及管辖

根据《〈合同法〉解释(一)》的规定,在代位权诉讼中,债权人是原告,次债务人是被告,债务人为诉讼上的第三人。因此在代位权诉讼中,如果债权人胜诉的,由次债务人承担诉讼费用,且从实现的债权中优先支付。其他必要费用则由债务人承担。代位权诉讼由被告住所地人民法院管辖。

3.代位权行使的法律效果

根据《〈合同法〉解释(一)》规定,债权人向次债务人提起的代位权诉讼经人民法院审理后认定代位权成立的,由次债务人向债权人履行清偿义务,债权人与债务人、债务人与次债务人之间相应的债权债务关系即予消灭。从此规定来看,债权人就代位权行使的结果有优先受偿的权利。在代位权诉讼中,次债务人对债务人的抗辩,可以向债权人主张。

(二)撤销权

撤销权是指债务人实施了减少自己财产的行为,危及债权人债权实现时,债权人为保障自己的债权,请求人民法院撤销债务人处分行为的权利。

1.撤销权的成立要件

根据《合同法》的规定,债权人行使撤销权,应当具备以下条件:①债权人须以自己的名义行使撤销权;②债权人对债务人存在有效债权,债权人对债务人的债权可以到期,也可以不到期;③债务人实施了减少财产的处分行为;④债务人的处分行为有害于债权人债权的实现。

债务人减少财产的处分行为有:①放弃到期债权,对债权人造成损害;②无偿转让财产,对债权人造成损害;③以明显不合理的低价转让财产,对债权人造成损害,并且受让人知道该情形。当债务人的处分行为符合上述条件时,债权人可以请求人民法院撤销债务人的处分行为。撤销权的行使范围以债权人的债权为限。

2.撤销权的行使期限

《合同法》对撤销权的行使有期限限制,撤销权应自债权人知道或者应当知道撤销事由之日起1年内行使,自债务人的行为发生之日起5年内没有行使撤销权的,该撤销权消灭。上述规定中的“5年”期间为除斥期间,不适用诉讼时效中止、中断或者延长的规定。

3.撤销权诉讼中的主体与管辖

撤销权必须通过诉讼程序行使。在诉讼中,债权人为原告,债务人为被告,受益人或者受让人为诉讼上的第三人。撤销权诉讼由被告住所地人民法院管辖。根据《合同法解释》规定,债权人行使撤销权所支付的律师代理费、差旅费等必要费用,由债务人负担;第三人有过错的,应当适当分担。

4.撤销权行使的法律效果

一旦人民法院确认债权人的撤销权成立,债务人的处分行为即归于无效,受益人应当返还从债务人处获得的财产。可见，撤销权行使的目的是恢复债务人的责任财产，债权人就撤销权行使的结果并无优先受偿的权利。

第五节 合同的担保

一、概述

（一）担保的概念与特征

担保是指法律规定或者当事人约定的保证合同履行、保障债权人利益实现的法律措施。由此订立的合同就是担保合同。担保合同具有以下法律特征：

（1）从属性。担保合同是从属于主合同的从合同，一般情况下，主合同无效，担保合同也无效。

（2）补充性。担保对债权人权利的实现仅具有补充作用，在主债关系因适当履行而终止时，担保人并不实际履行担保义务。只有在主债务不能得到履行时，担保的义务才需要履行，使主债权得以实现，因此，担保具有补充性。

依据《物权法》、《担保法》等法律的规定，我国现行的担保方式主要有保证、抵押、质押、留置和定金五种。鉴于抵押、质押和留置已在“物权法”一章中进行了介绍，本节仅对保证和定金两种担保方式进行介绍。

（二）担保合同的无效与责任承担

1.担保无效的情形

根据有关法律和司法解释规定，下列担保合同无效：①国家机关和以公益为目的的事业单位、社会团体违法提供担保的，担保合同无效；②董事、高级管理人员违反公司章程的规定，未经股东会、股东大会或者董事会同意，以公司财产为他人提供担保的，担保合同无效；③以法律、法规禁止流通的财产或者不可转让的财产设定担保的，担保合同无效；④未经国家有关主管部门批准或者登记对外担保的；⑤未经国家有关主管部门批准或者登记，为境外机构向境内债权人提供担保的；⑥为外商投资企业注册资本、外商投资企业中的外方投资部分的对外债务提供担保的；⑦无权经营外汇担保业务的金融机构、无外汇收入的非金融性质的企业法人提供外汇担保的。

2.担保合同无效的法律责任

担保合同被确认无效时，债务人、担保人、债权人有过错的，应当根据其过错各自承担相应的民事责任，即承担《合同法》规定的缔约过失责任。具体情形包括：

（1）主合同有效而担保合同无效，债权人无过错的，担保人与债务人对主合同债权人的经济损失，承担连带赔偿责任；债权人、担保人有过错的，担保人承担民事责任的部分，不应超过债务人不能清偿部分的1/2。

（2）主合同无效而导致担保合同无效，担保人无过错则不承担民事责任；担保人有过错的，应承担的民事责任不超过债务人不能清偿部分的1/3。

（3）担保人因无效担保合同向债权人承担赔偿责任后，可以向债务人追偿，或者在承担赔偿责任的范围内,要求有过错的反担保人承担赔偿责任。

二、保证

(一)保证与保证合同

1.保证的概念

保证是指第三人和债权人约定,当债务人不履行其债务时,由该第三人按照约定履行债务或者承担责任的担保方式。"第三人"被称作保证人,"债权人"既是主债的债权人,也是保证合同中的债权人。

2.保证合同

保证合同是指保证人与债权人订立的在主债务人不履行其债务时,由保证人承担保证债务的协议。保证合同中,只有保证人承担债务,债权人不负对待给付义务,也不提供相应对价,故保证合同为单务无偿合同。根据《担保法》第 13 条的规定,保证合同必须采用书面形式,为要式合同。

保证合同为从合同。主合同有效成立或将要成立,保证合同才发生效力,所以一般情况下,主合同无效会导致保证合同无效;但保证合同无效并不必然导致主合同无效。

保证合同为要式合同,在实践中要注意下列问题:①保证人在债权人与被保证人签订的主合同上以保证人身份签字或者盖章的,保证合同成立;②主合同中虽然没有保证条款,但保证人在主合同上以保证人的身份签字或者盖章的,保证合同成立;③第三人单方以书面形式向债权人出具担保书,债权人接受且未提出异议的,保证合同成立。

(二)保证人

保证合同的当事人为保证人和债权人。债权人可以是一切享有债权之人,包括自然人、法人或其他组织。自然人、法人或者其他组织也可以为保证人,保证人也可以为两人以上。但法律对保证人仍有相应的限制,这些限制主要有:

(1)主债务人不得同时为保证人,因为如果主债务人同时为保证人,意味着其责任财产未增加,保证的目的落空。

(2)国家机关原则上不得为保证人,但经国务院批准为使用外国政府或者国际经济组织贷款进行转贷的,国家机关可以为保证人。

(3)学校、幼儿园、医院等以公益为目的的事业单位、社会团体不得作保证人,但从事经营活动的事业单位、社会团体,可以担任保证人。

(4)企业法人的职能部门不得担任保证人。

(5)企业法人的分支机构原则上不得担任保证人,但企业法人的分支机构有法人书面授权的,可以在授权范围内提供保证。

(三)保证方式

1.一般保证与连带责任保证

根据保证人承担责任方式的不同,可以将保证分为一般保证和连带责任保证。一般保证是指当事人在保证合同中约定,债务人不能履行债务时,由保证人承担保证责任的保证。连带责任保证是指保证人与债务人在保证合同中约定,在债务人不履行债务时,由保证人对债务承担连带责任的保证。根据《担保法》的规定,如果当事人在保证合同中对保证方式没有约定或者约定不明确的，按照连带责任保证承担保证责任。

这两种保证之间最大的区别在于保证人是否享有先诉抗辩权，一般保证的保证人享有先诉抗辩权，连带责任保证的保证人则不享有。先诉抗辩权是指在主合同纠纷未经审判或仲裁，并就债务人财产依法强制执行用于清偿债务前，对债权人可拒绝承担保证责任。根据《〈担保法〉解释》的规定，所谓“不能清偿”，是指对债务人的存款、现金、有价证券、成品、半成品、原材料、交通工具等可以执行的动产和其他方便执行的财产执行完毕后，债务仍未能得到清偿的状态。但有下列情形之一的，保证人不得行使先诉抗辩权：①债务人住所变更，致使债权人要求其履行债务发生重大困难，如债务人下落不明、移居境外等，且无财产可供执行；②人民法院受理针对债务人破产申请，中止执行程序的；③保证人以书面形式放弃先诉抗辩权的。

一般保证的保证人在主债权履行期间届满后，向债权人提供了债务人可供执行财产的真实情况的，债权人放弃或怠于行使权利致使该财产不能被执行，保证人可以请求法院在其提供可供执行财产的实际价值范围内免除保证责任。

2. 单独保证与共同保证

从保证人的数量来看，保证可以分为单独保证和共同保证。单独保证是指只有一个保证人担保同一债权的保证。共同保证是指数个保证人担保同一债权的保证。共同保证既可以在数个共同保证人与债权人签订一个保证合同时成立，也可以在数个保证人与债权人签订数个保证合同时成立。按照数个共同保证人之间是否存在担保份额的划分，又可以将共同保证分为按份共同保证和连带共同保证。按份共同保证是指保证人与债权人约定按份额对主债务承担保证义务的共同保证；连带共同保证是指各保证人约定均对全部主债务承担保证义务或保证人与债权人之间没有约定所承担保证份额的共同保证。需要注意的是，连带共同保证中的“连带”是保证人之间的连带，而非保证人与主债务人之间的连带，故称之为“连带共同保证”，而非“连带责任保证”。

连带共同保证的债务人在主合同规定的债务履行期届满时没有履行债务的，债权人可以要求债务人履行债务，也可以要求任何一个保证人承担全部保证责任。已经承担保证责任的保证人，有权向债务人追偿或者要求承担连带责任的其他保证人清偿其应当承担的份额。

(四)保证责任

1. 保证责任的范围

根据《担保法》规定，保证责任的范围包括主债权及利息、违约金、损害赔偿金和实现债权的费用。保证合同对责任范围另有约定的，按照约定执行。当事人对保证担保的范围没有约定或者约定不明确的，保证人应当对全部债务承担责任。

2. 主合同变更与保证责任承担

保证期间内，债权人依法将主债权转让给第三人，保证债权同时转让，保证人在原保证担保的范围内对受让人承担保证责任。但是保证人与债权人事先约定仅对特定债权人承担保证责任或者禁止债权转让的，保证人不再承担保证责任。

保证期间内，债权人许可债务人转让债务的，应当取得保证人书面同意，保证人对未经其同意转让的债务部分，不再承担保证责任。

保证期间内，债权人与债务人协议变更主合同的，应当取得保证人书面同意，未经保证人同意的主合同变更，如果减轻债务人的债务的，保证人仍应当对变更后的合同承担保证责任；如果加重债务人的债务的，保证人对加重的部分不承担保证责任。债权人与债务人对主合同履行期限作了变动，未经保证人书面同意的，保证期间为原合同约定的或者法律规定的期间。债权人与债务人协议变动主合同内容，但并未实际履行的，保证人仍应当承担保证责任。

主合同当事人双方协议以新贷偿还旧贷，除保证人知道或者应当知道者外，保证人不承担民事责任，但是新贷与旧贷系同一保证人的除外。

3. 保证期间与保证的诉讼时效

保证期间为保证责任的存续期间，是债权人向保证人行使追索权的期间。保证期间性质上属于除斥期间，不发生诉讼时效的中止、中断和延长。债权人没有在保证期间主张权利的，保证人免除保证责任。“主张权利”的方式在一般保证中表现为对债务人提起诉讼或者申请仲裁，在连带责任保证中表现为向保证人要求承担保证责任。

当事人可以在合同中约定保证期间。如果没有约定的，保证期间为 6 个月。在连带责任保证的情况下，债权人有权自主债务履行期届满之日起 6 个月内要求保证人承担保证责任；在一般保证场合，债权人应在自主债务履行期届满之日起 6 个月内对债务人提起诉讼或者申请仲裁。保证合同约定的保证期间早于或者等于主债务履行期限的，视为没有约定。保证合同约定保证人承担保证责任，直至主债务本息还清时为止等类似内容的，视为约定不明，保证期间为主债务履行期届满之日起 2 年。如果主债务履行期限没有约定或者约定不明时，保证期间自债权人要求债务人履行债务的宽限期届满之日起计算。

在保证期间，债权人主张权利的，保证责任确定。连带保证，从债权人要求保证人承担保证责任之日起，开始起算保证的诉讼时效。一般保证，则在对债务人提起诉讼或者申请仲裁的判决或者仲裁裁决生效之日起开始计算保证的诉讼时效。保证的诉讼时效期限，按照《民法通则》的规定应为 2 年。

一般保证中，主债务诉讼时效中断，保证债务诉讼时效中断；连带责任保证中，主债务诉讼时效中断，保证债务诉讼时效不中断。一般保证和连带责任保证中，主债务诉讼时效中止的，保证债务的诉讼时效同时中止。

最高额保证合同对保证期间没有约定或者约定不明的，如合同约定有保证清偿债务期限的，保证期间为清偿期限届满之日起 6 个月；没有约定的，保证期间为自最高额保证终止之日或自债权人收到保证人终止保证合同的书面通知到达之日起 6 个月。保证人对于通知到达债权人前所发生的债权，承担保证责任。

保证责任消灭后，债权人书面通知保证人要求承担保证责任或者清偿债务，保证人在催款通知书上签字的，人民法院不得认定保证人继续承担保证责任。但是，该催款通知书内容符合《合同法》和《担保法》有关担保合同成立的规定，并经保证人签字认可，能够认定成立新的保证合同的，人民法院应当认定保证人按照新保证合同承担责任。

4. 特殊情形下的保证责任

第三人向债权人保证监督支付专款专用的，在履行此项义务后，不再承担责任。未尽监督义务造成资金流失的，应当对流失的资金承担补充赔偿责任。

保证人对债务人的注册资金提供保证的，债务人的实际投资与注册资金不符，或者抽逃转移注册资金的，保证人在注册资金不足或者抽逃转移注册资金的范围内承担连带保证责任。

5.担保竞存的实现规则

在同一债权上既有保证又有物的担保的，属于担保竞存。《物权法》规定，被担保的债权既有物的担保又有人的担保的，债务人不履行到期债务或者发生当事人约定的实现担保物权的情形，债权人应当按照约定实现债权。没有约定或者约定不明确，债务人自己提供物的担保的，债权人应当先就该物的担保实现债权；第三人提供物的担保的，债权人可以就物的担保实现债权，也可以要求保证人承担保证责任。提供担保的第三人承担担保责任后，有权向债务人追偿。基于这条规定，物的担保和保证并存时，如果债务人不履行债务，则根据下列规则确定当事人的担保责任：

(1)根据当事人的约定确定承担责任的顺序。

(2)没有约定或者约定不明的，如果保证与债务人提供的物的担保并存，则债权人先就债务人的物的担保求偿，保证人在物的担保不足清偿时承担补充清偿责任。

(3)没有约定或者约定不明的，如果保证与第三人提供的物的担保并存，则债权人可以就物的担保实现债权，也可以要求保证人承担保证责任。根据这条规定，第三人提供物的担保的，保证与物的担保居于同一清偿顺序，债权人既可以要求保证人承担保证责任，也可以对担保物行使担保物权。若一人承担了担保责任，则只能向债务人追偿，不能向另外一个担保人追偿。

6.保证人不承担责任的情形

根据《担保法》和《〈担保法〉解释》的规定，有下列情形之一的，保证人不承担民事责任：

(1)主合同当事人双方串通，骗取保证人提供保证的。

(2)合同债权人采取欺诈、胁迫等手段，使保证人在违背真实意思的情况下提供保证的，债权人知道或者应当知道欺诈、胁迫事实的，保证人不承担民事责任。

债务人与保证人共同欺骗债权人，订立主合同和保证合同的，债权人可以请求人民法院予以撤销。因此给债权人造成损失的，由保证人与债务人承担连带赔偿责任。

7.保证人的追偿权

保证人承担保证责任后，有权向债务人追偿其代为清偿的部分。保证人对债务人行使追偿权的诉讼时效，自保证人向债权人承担责任之日起开始计算。保证人自行履行保证责任时，其实际清偿额大于主债权范围的，保证人只能在主债权范围内对债务人行使追偿权。

三、定金

(一)定金的概念与种类

1.定金的概念

定金是指以确保合同的履行为目的，由当事人一方在合同订立前后、履行前预先交付于另一方的一定数额金钱或者其他代替物的法律制度。

2.定金的种类

按照定金的目的和功能，可以把定金分为立约定金、成约定金、证约定金、违约定金、解约定金等。

(1)立约定金。当事人约定以交付定金作为订立主合同担保的,给付定金的一方拒绝订立主合同的,无权要求返还定金;收受定金的一方拒绝订立合同的,应当双倍返还定金。

(2)成约定金。当事人约定以交付定金作为主合同成立或者生效要件的,给付定金的一方未支付定金,但主合同已经履行或者已经履行主要部分的,不影响主合同的成立或者生效。虽然当事人没有履行交付成约定金的义务,但主合同已经履行或者已经履行主要部分的,不影响主合同的成立或者生效。

(3)解约定金。定金交付后,交付定金的一方可以按照合同的约定以丧失定金为代价而解除主合同,收受定金的一方可以双倍返还定金为代价而解除主合同。对解除主合同后责任的处理,适用《合同法》的规定。

(4)违约定金。违约定金即定金设立目的是为了保证合同得以履行。在定金给付后,一方应履行债务而未履行的,受定金罚则约束。

(二)定金的生效与法律效力

《担保法》规定,定金应当以书面形式约定,当事人在定金合同中应当约定交付定金的期限。因定金合同从实际交付定金之日起生效,故定金合同是实践性合同。定金的效力表现为以下几个方面:

(1)定金一旦交付,定金所有权即发生移转。

(2)给付定金一方不履行约定债务的,无权要求返还定金;收受定金的一方不履行约定的债务的,应当双倍返还定金。当事人一方不完全履行合同的,应当按照未履行部分所占合同约定内容的比例适用定金罚则。

(3)在迟延履行或者有其他违约行为时,并不当然适用定金罚则。只有因当事人一方迟延履行或者其他违约行为,致使合同目的不能实现,才可以适用定金罚则。当然法律另有规定或者当事人另有约定的除外。

(4)当事人约定的定金数额不得超过主合同标的额的20%,超过的部分,人民法院不予支持。

(5)因不可抗力、意外事件致使主合同不能履行的,不适用定金罚则。因合同关系以外第三人的过错,致使主合同不能履行的,适用定金罚则。受定金处罚的一方当事人,可以依法向第三人追偿。

(6)如果在同一合同中,如果当事人既约定违约金,又约定定金的,在一方违约时,当事人只能选择适用违约金条款或者定金条款,不能要求同时适用两个条款。

第六节 合同的变更、转让与终止

一、合同的变更

《合同法》所称合同的变更是指合同内容的变更,不包括合同主体的变更,合同主体的变更属于合同的转让。

合同是双方当事人合意的体现,因此经当事人协商一致,可以变更合同。但法律、行政法规规定变更合同应当办理批准、登记等手续的,应当办理相应手续。《合同法》规定,当事人对合同变更的内容约定不明确的,推定为未变更。

二、合同的转让

合同的转让,即合同主体的变更,是指当事人将合同的权利和义务全部或者部分转让给第三人的情形。合同的转让分为债权的转让和债务的承担。当事人一方经另一方同意,也可以将自己在合同中的权利和义务一并转让给第三人,此为合同的概括承受。

(一)合同债权的转让

1. 债权转让的概念与条件

债权转让是指债权人将合同的权利全部或者部分转让给第三人的法律制度。其中债权人是转让人,第三人是受让人。《合同法》规定,债权人转让权利的,无须债务人同意,但应当通知债务人。未经通知,该转让对债务人不发生效力。债权人转让权利的通知不得撤销,但经受让人同意的除外。

2. 禁止债权转让的情形

《合同法》规定,下列情形下的债权不得转让:①根据合同性质不得转让的,主要指基于当事人特定身份而订立的合同;②按照当事人约定不得转让的;③依照法律规定不得转让的。

3. 债权转让的效力

对债权人而言,如果在债权全部转让的情形,原债权人脱离债权债务关系,受让人取代债权人地位。在债权部分转让情形,原债权人就转让部分丧失债权。对受让人而言,债权人转让权利的,受让人取得与债权有关的从权利,如抵押权,但该从权利专属于债权人自身的除外。

(二)合同债务的承担

《合同法》规定,债务人将合同义务的全部或者部分转移给第三人的,应当经债权人同意。新债务人的资信情况和偿还债务的能力须得到债权人的认可,以免债权人的利益受到不利影响。债务人转移义务的,新债务人可以主张原债务人对债权人的抗辩。新债务人应当承担与主债务有关的从债务,但该从债务专属于原债务人自身的除外。

(三)合同债权债务的概括承受

合同权利义务的概括承受是指合同一方当事人将自己在合同中的权利义务一并转让的法律制度。《合同法》规定,当事人一方经他方当事人同意,可以将自己在合同中的权利义务一并转让给第三人。《合同法》规定,当事人订立合同后合并的,由合并后的法人或者其他组织行使合同权利,履行合同义务。当事人订立合同后分立的,除债权人和债务人另有约定的以外,由分立的法人或者其他组织对合同的权利和义务享有连带债权,承担连带债务。

三、合同的终止

(一)合同终止的原因

合同的终止是指因发生法律规定或当事人约定的情况,使当事人之间的权利义务关系消灭,而使合同终止法律效力的情形。

《合同法》规定的终止原因有：①债务已经按照约定履行；②合同解除；③债务相互抵消；④债务人依法将标的物提存；⑤债权人免除债务；⑥债权债务同归于一人，即混同；⑦法律规定或者当事人约定终止的其他情形。

（二）合同的解除

合同的解除是指合同有效成立以后，没有履行或者没有完全履行之前，双方当事人通过协议或者一方行使解除权的方式，使得合同关系终止的法律制度。合同的解除，分为合意解除与法定解除两种情况。

1. 合意解除

合意解除是指根据当事人事先约定的情况或经当事人协商一致而解除合同。约定解除则是一种单方解除，即双方在订立合同时约定了合同当事人一方解除合同的条件，一旦该条件成就，解除权人就可以通过行使解除权而终止合同。法律规定或者当事人约定了解除权行使期限的，期限届满当事人不行使的，该权利消灭。法律没有规定或者当事人没有约定解除权行使期限，经对方催告后在合理期限内不行使的，该权利消灭。

2. 法定解除

法定解除是指根据法律规定而解除合同。《合同法》规定，有下列情形之一的，当事人可以解除合同：①因不可抗力致使不能实现合同目的；②在履行期限届满之前，当事人一方明确表示或者以自己的行为表明不履行主要债务；③当事人一方迟延履行主要债务，经催告后在合理期限内仍未履行；④当事人一方迟延履行债务或者有其他违约行为致使不能实现合同目的；⑤法律规定的其他情形。

当事人一方行使解除权，或依照《合同法》规定主张解除合同的，应当通知对方。合同自通知到达对方时解除，对方有异议的，可以请求人民法院或者仲裁机构确认解除合同的效力。当事人解除合同，法律、行政法规规定应当办理批准、登记等手续的，应依照其规定办理。

合同解除后，尚未履行的，终止履行；已经履行的，根据履行情况和合同性质，当事人可以要求恢复原状、采取其他补救措施，并有权要求赔偿损失。

（三）抵消

抵消是双方当事人互负债务时，一方通知对方以其债权充当债务的清偿或者双方协商以债权充当债务的清偿，使得双方的债务在对等额度内消灭的行为。抵消分为法定抵消与约定抵消。

1. 法定抵消

《合同法》规定，当事人互负到期债务，该债务的标的物种类、品质相同的，任何一方可以将自己的债务与对方的债务抵消，但依照法律规定或者按照合同性质不得抵消的除外。当事人主张抵消的，应当通知对方，通知自到达对方时生效。抵消不得附条件或者附期限。

2. 约定抵消

《合同法》规定，当事人互负债务，标的物种类、品质不相同的，经双方协商一致，也可以抵消。

（四）提存

1. 提存的概念

提存是指非因可归责于债务人的原因，导致债务人无法履行债务或者难以履行债务的情况下，债务人将标的物交由提存机关保存，以终止合同权利义务关系的行为。

2. 提存的原因

《合同法》规定，有下列情形之一，难以履行债务的，债务人可以将标的物提存：①债权人无正当理由拒绝受领；②债权人下落不明；③债权人死亡未确定继承人或者丧失民事行为能力未确定监护人；④法律规定的其他情形。

3. 提存的法律后果

标的物提存后，毁损、灭失的风险由债权人承担。提存期间，标的物的孳息归债权人所有。提存费用由债权人负担。标的物不适于提存或提存费用过高的，债务人依法可以拍卖或者变卖标的物，提存所得的价款。

标的物提存后，合同虽然终止，但债务人还负有后合同义务。除债权人下落不明的以外，债务人应当及时通知债权人或者债权人的继承人、监护人。

债权人可以随时领取提存物，但债权人对债务人负有到期债务的，在债权人未履行债务或者提供担保之前，提存部门根据债务人的要求应当拒绝其领取提存物。债权人领取提存物的权利，自提存之日起 5 年内不行使则消灭，提存物扣除提存费用后归国家所有。此处规定的“5 年”时效为不变期间，不适用诉讼时效中止、中断或者延长的规定。

（五）免除与混同

债权人免除债务人部分或者全部债务的，合同的权利义务部分或者全部终止。债权和债务同归于一人，即债权债务混同时，合同的权利义务终止，但涉及第三人利益的除外。

（六）合同终止的效力

合同终止后，便失去了法律上的效力。除法律另有规定外，原债权人不得主张合同债权，债务人也不再承担合同义务，债权债务关系归于消灭。同时，合同关系的终止，使合同的担保及其他从权利义务关系也归于消灭。

第七节 违约责任

一、概述

（一）违约责任的概念

违约责任也称为违反合同的民事责任，是指合同当事人因违反合同义务所承担的责任。根据《合同法》规定，当事人一方不履行合同义务或者履行合同义务不符合约定的，应当承担继续履行、采取补救措施或者赔偿损失等违约责任。

（二）违约责任的构成要件

(1)合同当事人有违约行为。《合同法》规定的违约责任归责原则为严格责任原则，只要合同当事人有违约行为存在，无论导致违约的原因是什么，只要不存在法定或者约定的免责事由，均应向对方承担违约责任。

(2)不存在法定和约定的免责事由。

（三）违约责任的种类

结合《合同法》第 107 条和第 108 条的规定，我国将违约行为区分为预期违约和届期违约两种类型。

1.预期违约

预期违约是指在履行期限到来之前，一方无正当理由而明确表示其在履行期到来后将不履行合同，或者其行为表明其在履行期到来以后将不可能履行合同。《合同法》第108条规定了预期违约，并将预期违约分为明示的预期违约和默示的预期违约两种。明示与默示的区别在于违约的合同当事人是否通过意思表示明确表达自己不再履行合同的意愿。

2.届期违约

在履行期限到来以后，当事人不履行或不完全履行合同义务的，将构成届期违约。届期违约可以分为不履行和不适当履行两类。

3.违约与侵权的竞合

《合同法》规定，因当事人一方的违约行为，侵害对方人身、财产权益的，受损害方有权选择依照《合同法》要求其承担违约责任或者依照其他法律要求其承担侵权责任。根据《〈合同法〉解释(一)》的规定，债权人向人民法院起诉时作出选择后，在一审开庭以前又变更诉讼请求的，人民法院应当准许。但如对方当事人对变更后的诉讼请求提出管辖权异议，经审查异议成立的，人民法院应当驳回起诉。

二、违约责任的承担方式

(一)继续履行

继续履行又称实际履行，是指债权人在债务人不履行合同义务时，可请求人民法院或者仲裁机构强制债务人实际履行合同义务。

根据《合同法》规定，当事人一方未支付价款或者报酬的，对方可以要求其支付价款或者报酬。当事人一方不履行非金钱债务或者履行非金钱债务不符合约定的，对方可以要求履行，但有下列情形之一的除外：①法律上或者事实上不能履行；②债务的标的不适于强制履行或者履行费用过高；③债权人在合理期限内未要求履行。

(二)采取补救措施

采取补救措施是指债务人履行合同义务不符合约定时，债权人可根据合同履行情况请求人民法院或者仲裁机构强制债务人采取补充履行措施。《合同法》规定，当事人履行合同义务，质量不符合约定的，应当按照当事人的约定承担违约责任。对违约责任没有约定或者约定不明确，受损害方根据标的的性质以及损失的大小，可以合理选择要求对方承担修理、更换、重作、退货、减少价款或者报酬等违约责任。

(三)损害赔偿

当事人一方不履行合同义务或者履行合同义务不符合约定的，在实际履行义务或者采取补救措施后，对方还有其他损失的，应当承担损害赔偿责任。损害赔偿的具体方式包括赔偿损失、支付违约金和适用定金罚则等多种情况。

1.赔偿损失

损失赔偿额应当相当于因违约所造成的损失，包括合同履行后可以获得的利益，但不得超过违反合同一方订立合同时预见到或者应当预见到的因违反合同可能造成的损失。当事人可以在合同中约定因违约产生的损失赔偿额的计算方法。

当事人一方违约后，对方应当采取适当措施防止损失的扩大而没有采取适当措施致使损失扩大的，不得就扩大的损失要求赔偿。当事人因防止损失扩大而支出的合理费用由违约方承担。

2. 支付违约金

违约金是指按照当事人约定或者法律规定一方当事人违约时应当根据违约情况向对方支付的一定数额的货币。

约定的违约金低于造成的损失的，当事人可以请求人民法院或者仲裁机构予以增加；约定的违约金过分高于造成的损失的，当事人可以请求人民法院或者仲裁机构予以适当减少。根据《商品房买卖合同解释》的规定，当事人以约定的违约金过高为由请求减少的，应当以违约金超过造成的损失30%为标准适当减少；当事人以约定的违约金低于造成的损失为由请求增加的，应当以违约造成的损失确定违约金数额。

3. 适用定金罚则

当事人在合同中既约定违约金，又约定定金的，一方违约时，对方可以选择适用违约金或者定金条款，但两者不可同时并用。

当事人一方违约后，对方应当采取适当措施防止损失的扩大而没有采取适当措施致使损失扩大的，不得就扩大的损失要求赔偿。

三、免责事由

《合同法》规定的法定免责事由仅限于不可抗力。根据《合同法》的规定，不可抗力是指不能预见、不能避免并不能克服的客观情况。常见的不可抗力有：①自然灾害，如地震、台风、洪水、海啸等。②政府行为。政府行为一定是指当事人在订立合同以后发生，且不能预见的情形。如运输合同订立后，由于政府颁布禁运的法律，使合同不能履行。③社会异常现象。一些偶发的事件阻碍合同的履行，如罢工、暴乱等。

第八节 买卖合同

一、买卖合同的概念与特征

（一）买卖合同的概念

买卖合同是指出卖人转移标的物的所有权于买受人，买受人支付价款的合同。

（二）买卖合同的特征

一般来说，买卖合同具有以下特征：

(1)出卖人须转移标的物所有权于买受人。买卖的目的之一就是移转标的物的所有权，移转就是出卖人使买受人取得权利的行为，即使买受人取得标的物所有权的行为。

(2)买受人须向出卖人支付价款。买卖的另一个目的就是移转作为标的物对价的价款，作为等价交换买受人必须向出卖人支付一定价款，才能取得标的物的所有权。

(3)买卖合同是双务合同、有偿合同。买卖合同中，买卖双方都既享有权利又负有义务，双方的权利义务相互对应。出卖人负有交付标的物并移转所有权的义务,买受人负有支付价款的义务,一方权利的实现以另一方义务的履行为前提。

(4)买卖合同是诺成合同。除法律另有规定或当事人另有约定外,买卖合同自双方当事人意思表示一致,即买卖合同成立,并不以一方当事人交付实物或完成其他给付行为作为合同的成立要件。

二、买卖合同的效力

(一)出卖人的义务

1.交付标的物的义务

交付标的物是指将标的物或提取标的物的单证转移占有。依据买卖合同,出卖人应当在约定的期限、约定的地点交付标的物。当事人约定交付期间的,出卖人可以在该交付期间内的任何时间交付。当事人没有约定标的物的交付期限或者约定不明确的,依照法律规定进行。标的物在订立合同之前已为买受人占有的,合同生效的时间为交付时间。

出卖人应当按照约定的地点交付标的物。当事人没有约定交付地点或者约定不明确,可以协商解决,若协商不成,依照《合同法》有关规定仍不能确定的,适用下列规定:①标的物需要运输的,出卖人应当将标的物交付给第一承运人以运交给买受人。②标的物不需要运输,出卖人和买受人订立合同时知道标的物在某一地点的,出卖人应当在该地点交付标的物;不知道标的物在某一地点的,应当在出卖人订立合同时的营业地交付标的物。

出卖人应当按照约定或者交易习惯向买受人交付提取标的物单证以外的有关单证和资料。标的物在交付之前产生孳息,归出卖人所有,交付之后产生的孳息归买受人所有。

2.转移标的物的所有权的义务

取得标的物的所有权是买受人的交易目的,出卖人应当履行向买受人交付标的物或者交付提取标的物的单证,并转移标的物的所有权的义务。故交付标的物时,标的物必须是属于出卖人所有或者出卖人有权处分之物。法律、行政法规禁止或者限制转让的标的物,应依照有关规定执行。

出卖人就交付的标的物,负有保证第三人不得向买受人主张任何权利的义务,但买受人订立合同时知道或者应当知道第三人对买卖的标的物享有权利的,或法律另有其他规定的除外。买受人有确切证据证明第三人可能就标的物主张权利的,可以中止支付相应的价款,但出卖人提供适当担保的除外。

(二)买受人的义务

1.标的物的质量检验的义务

标的物出卖人应当按照约定的质量要求交付标的物。出卖人提供有关标的物质量说明的,交付的标的物应当符合该说明的质量要求。出卖人交付的标的物不符合质量要求的,买受人可以依法要求其承担违约责任。

2.支付价款的义务

买受人应当按照约定的数额支付价款。对价款没有约定或者约定不明确的,适用《合同法》的有关规定确定。

(三)标的物毁损、灭失的风险承担

买卖合同中的风险是指在买卖合同生效后,由于不可归责于双方当事人的事由导致标

的物遭受毁损、灭失的情形。导致风险的原因可以是不可抗力、意外事件及第三人原因。买卖合同标的物的风险承担是指在风险发生后，谁负担由此导致的损失。

根据《合同法》规定，风险承担的具体规则如下：

(1)标的物毁损、灭失的风险，在标的物交付之前由出卖人承担，交付之后由买受人承担，但法律另有规定或者当事人另有约定的除外。据此，标的物的所有权转移与风险的承担可能发生不一致，所有权转移与否不是确定风险转移的唯一标准。

(2)因买受人的原因致使标的物不能按照约定的期限交付的，买受人应当自违反约定之日起承担标的物毁损、灭失的风险。

(3)出卖人出卖交由承运人运输的在途标的物，除当事人另有约定的以外，毁损、灭失的风险自合同成立时起由买受人承担。

(4)当事人没有约定交付地点或者约定不明确，标的物需要运输的，出卖人将标的物交付给第一承运人后，标的物毁损、灭失的风险由买受人承担。

(5)出卖人按照约定或者依照《合同法》有关规定将标的物置于交付地点，买受人违反约定没有收取的，标的物毁损、灭失的风险自违反约定之日起由买受人承担。

(6)出卖人未按照约定未交付有关标的物的单证和资料的，不影响标的物毁损、灭失风险的转移。

(7)因标的物不符合质量要求，致使不能实现合同目的的，买受人可以拒绝接受标的物或者解除合同。买受人拒绝接受标的物或者解除合同的，标的物毁损、灭失的风险由出卖人承担。

(8)标的物毁损、灭失的风险由买受人承担的，不影响因出卖人履行债务不符合约定，买受人要求其承担违约责任的权利。

(四)特种买卖合同

1.分期付款买卖合同

分期付款买卖是指买受人将其应付的总价款按照一定期限分批向出卖人支付的买卖。分期付款的买受人未支付到期价款的金额达到全部价款的1/5的，出卖人可以要求买受人一并支付到期与未到期的全部价款或者解除合同。出卖人解除合同的，双方应互相返还财产，出卖人可以向买受人要求支付该标的物的使用费。

2.凭样品买卖合同

凭样品买卖是指双方当事人约定一定的样品，出卖人交付的标的物应与样品具有相同品质的买卖。凭样品买卖的当事人应当封存样品，并可以对样品质量予以说明。出卖人交付的标的物应当与样品及其说明的质量相同。凭样品买卖的买受人不知道样品有隐蔽瑕疵的，即使交付的标的物与样品相同，出卖人交付的标的物的质量仍然应当符合同种物的通常标准。

3.试用买卖合同

试用买卖是指双方当事人约定，于合同成立时，出卖人将标的物交付买受人试验或者检验，并以买受人在约定期限内对标的物的认可为生效要件的买卖合同。试用买卖的当事人可以约定标的物的试用期间。对试用期间没有约定或者约定不明确，依照《合同法》有关规定仍不能确定的，由出卖人确定。试用买卖的买受人在试用期内可以购买标的物，也可以拒绝购买。试用期间届满，买受人对是否购买标的物未作表示的，视为购买。

4.招标投标

招标投标是指由招标人向数人或者公众发出招标通知或招标公告，在诸多投标中按照一定的标准，选择自己最满意的投标人并与之订立合同的方式。招标投标买卖是现代社会中一种重要的竞争买卖形式，尤其在大宗订货和政府采购中被广泛使用。我国有专门的《招标投标法》予以规范。

招标投标买卖的程序，一般分为招标、投标、开标、验标、评标和定标。招标时，招标人发出招标公告。招标公告在性质上属于要约邀请。投标人投标为要约，投标时投标人应当根据招标公告的要求作出意思表示。投标后，招标人应当按照公告说明的时间、地点和程序开标。开标后，招标人应当先验标，将不符合招标文件规定的标书以及超过截止日期送达的标书宣告为无效。然后，招标人组织评标并定标，定标为承诺。中标者不一定是出价条件最优惠者。招标人可以综合衡量招标人条件选择中标人。中标人在接到中标通知后。在指定的期间与地点与招标人签订书面合同，买卖合同正式成立。

第九节 其他转移财产所有权的合同

一、供用电、水、气、热力合同

(一)供用电、水、气、热力合同的概念与特征

1.供用电、水、气、热力合同的概念

供用电、水、气、热力合同是指一方提供电、水、气、热力给另一方使用，另一方支付价款的合同。供用电、供用水、供用气、供用热力合同属同一性质的合同，故《合同法》中仅规定供用电力合同，其余供用水、供用气、供用热力合同参照供用电合同的有关规定进行。

2.供用电、水、气、热力合同的特征

供用电、水、气、热力合同主要有以下特征：

(1)公共性。公共性是指供应人提供的电、水、气、热力的消费对象不是社会中的某些特殊阶层，而是一般的社会公众，包括自然人、法人和其他组织等。

(2)公益性。公益性是指这类供用合同的目的不只是为了让供应方从中得到利益，最主要的目的是为了满足人民生活的需要，提高人民生活的质量。公共供用企业并非纯粹以营利为目的的企业，而是以促进公共生活水平等公益事业为重要目标的企业。

(3)继续性。继续性主要是指该类合同的供应是持续性的，长期性的，而不是一次性。

(二)供用电合同

1.供用电合同的概念

供用电合同是供电人向用电人供电，用电人支付电费的合同。供用电合同通常为格式合同，属继续性合同，其标的性质决定了合同一般不存在退货、返还、恢复原状等问题。

供用电合同的内容包括供电的方式、质量、时间，用电容量、地址、性质，计量方式，电价、电费的结算方式，供用电设施的维护责任等条款。供用电合同的履行地点，按照当事人约

定;当事人没有约定或者约定不明确的,供电设施的产权分界处为履行地点。通常,供用电合同是以用电人提出用电申请为要约,供电人批准用电申请为承诺而订立的。

2.供用电合同双方的权利义务

(1)供电人义务。供电人的义务包括:①供电人应当按照国家规定的供电质量标准和合同约定安全供电。供电人未按照国家规定的供电质量标准和合同约定安全供电,造成用电人损失的,应当承担损害赔偿责任。②供电人因供电设施计划检修、临时检修、依法限电或者用电人违法用电等原因,需要中断供电时,应当按照国家有关规定事先通知用电人。未事先通知用电人中断供电,造成用电人损失的,应当承担损害赔偿责任。③因自然灾害等原因断电,供电人应当按照国家有关规定及时抢修。未及时抢修,造成用电人损失的,应当承担损害赔偿责任。

(2)用电人义务。用电人的义务包括:①用电人应当按照国家有关规定和当事人的约定及时交付电费。用电人逾期不交付电费的,应当按照约定支付违约金。经催告用电人在合理期限内仍不交付电费和违约金的,供电人可以按照国家规定的程序中止供电。②用电人应当按照国家有关规定和当事人的约定安全用电。用电人未按照国家有关规定和当事人的约定安全用电。造成供电人损失的,应当承担损害赔偿责任。

二、赠与合同

(一)赠与合同的概念与特征

1.赠与合同的概念

赠与合同是指赠与人将自己的财产无偿给予受赠人,受赠人表示接受赠与的合同。其中,转让财产的一方是赠与人,接受财产的一方是受赠人。赠与合同中,赠与人向受赠人移转的是财产的所有权,因此,买卖合同作为典型的移转财产所有权的合同,其相关规定对于赠与合同具有参照适用效力。

2.赠与合同的特征

赠与合同有以下特征:

(1)赠与合同为诺成合同。只要双方当事人意思表示一致,赠与合同即成立,依法成立的赠与合同,自成立起生效,并不以赠与人交付赠与物为合同的成立要件。

(2)赠与人须以自己财产无偿给予受赠人。首先,赠与人赠与的必须是自己有所有权的财产,其中财产包括动产和不动产及无体财产权、债权、有价证券等,赠与人以现有的或者将有的财产赠与亦无不可。其次,财产的给予一方面体现为赠与人的财产必须因为该赠与行为而有所减少,包括本应增加而未增加;另一方面该赠与行为使受赠人的财产有所增加,包括本应减少而未减少,比如免除债务。最后,给付行为应当是无偿性的。这种无偿性是指受赠人对其所受赠行为并不需要给付对价。

(3)赠与合同为转移财产的合同。赠与合同是以赠与人将其财产给予受赠人为内容,仅赠与人负有将财产给予受赠人的义务。

(4)赠与合同为单务合同。赠与合同中,受赠人并无对待给付义务,仅赠与人负有交付赠与财产的义务。但尽管赠与合同是单务合同,并非不可附义务或者附条件,只不过所附的义务并非是一种对待给付。

(5)赠与合同为不要式合同。赠与合同的订立不必采用书面或者特殊形式。依《合同法》规定,赠与合同可以采口头形式和书面形式等。赠与的财产依法需要办理登记等手续的,应当办理有关手续。

(二)赠与合同的效力

赠与合同为单务合同,仅赠与人负有约定的合同义务。因而,赠与合同的效力主要是指赠与合同中赠与人所负担的合同义务,赠与人的主要义务有以下几项:

1.转移赠与标的物的义务

赠与合同以使赠与财产归于受赠人为直接目的,赠与人的主要义务是依据合同约定的期限、地点、方式、标准将标的物转移给受赠人。正因为赠与合同是单务合同、无偿合同,当赠与人不履行移转赠与财产的义务时,其责任也应有所限制,此处并不像双务合同那样,在履行给付义务的同时还要支付迟延利息或赔偿损失。赠与的财产依法需要办理登记手续的,应当办理有关手续,未办理手续的,除非法律另有规定,赠与合同为生效合同,但赠与财产的权利在办理登记手续前不发生转移。

2.瑕疵担保义务

赠与合同一般不要求赠与人承担瑕疵担保义务,但以下两种情况除外:①在附义务赠与中,赠与的财产有瑕疵的,赠与人在附义务的限度内承担与出卖人相同的违约责任。②赠与人故意不告知瑕疵或者保证赠与财产无瑕疵,造成受赠人损失的,应当承担损害赔偿责任。这里所谓的造成受赠人损失,是指受赠人因相信赠与物无瑕疵所产生的损失,解释上应当认为属于信赖利益的损失,不包括赠与物完全无瑕疵时所应得到的利益的损失。

(三)赠与合同的终止

1.赠与合同的任意撤销

赠与合同的任意撤销是指赠与人基于赠与合同的无偿性及单务性特征,在赠与财产的权利转移之前可以撤销赠与。但具有救灾、扶贫等社会公益、道德义务性质的赠与合同或者经过公证的赠与合同,不得撤销赠与。对于这类赠与合同,如果赠与人不交付赠与的财产的,受赠人可以要求交付。

2.赠与合同的法定撤销

赠与合同的法定撤销是指当受赠人有特定的违法行为时,无论赠与财产的权利是否转移,赠与是否具有救灾、扶贫等社会公益、道德义务性质或者经过公证,赠与人或者赠与人的继承人、法定代理人可以撤销赠与的情形。在赠与合同中,赠与财产的权利移转以后,赠与人即丧失了任意撤销赠与合同的权利,但在以下条件具备时,赠与人仍可享有撤销赠与合同的法定权利:①受赠人严重侵害赠与人或者赠与人的近亲属;②受赠人对赠与人有扶养义务而不履行的;③受赠人不履行赠与合同约定的义务。

赠与人的撤销权,自知道或者应当知道撤销原因之日起1年内行使。该期间为除斥期间,超过该期间,赠与人不得再行使撤销权。

另外,《合同法》还规定了赠与人的继承人、法定代理人的撤销权。因受赠人的违法行为致使赠与人死亡或者丧失民事行为能力的,赠与人的继承人或者法定代理人可以撤销赠与。赠与人的继承人或者法定代理人的撤销权,自知道或者应当知道撤销原因之日起6个月内行使。

3.赠与合同的法定解除

根据《合同法》第195条规定,赠与人的经济状况显著恶化,严重影响其生产经营或家庭生活的,可以解除赠与合同,不再履行赠与义务。其法定解除的构成要件为:

(1)须赠与人的经济状况显著恶化。

(2)赠与人经济状况的恶化,须已经严重影响其生产经营或者家庭生活。

三、借款合同

(一)借款合同的概念与特征

1.借款合同的概念

借款合同是指借款人向贷款人借款,到期返还借款并支付利息的合同。其中向对方借款的一方称为借款人,出借钱款的一方称为贷款人。根据《合同法》的规定,借款合同依据贷款人的不同可以区分为金融机构借款合同和自然人间的借款合同。

2.借款合同的特征

总的来说,借款合同的特征有以下几点:

(1)借款合同是转移标的钱款所有权的合同。在借款合同中,贷款人要将钱款交给借用人占有,借款人取得钱款物的占有后,并不仅仅限于拥有对物的某一权能的行使,而是包括了使用、收益和处分等权能。

(2)借款合同原则上为诺成合同。就我国目前的通说而言,对借款合同是否为诺成合同视合同主体不同作有不同规定。金融机构贷款的借款合同是诺成合同,自双方意思表示一致时成立。而自然人之间的借款合同为实践合同,自贷款人提供借款时生效。

(3)借款合同一般为要式合同。借款合同以采用书面形式为原则,但自然人之间借款另有约定的除外,详言之,对于金融机构借款合同应当采取书面形式,对于自然人之间的借款合同,除非当事人另有约定,也应当采取书面形式。

(4)借款合同为有偿合同。借款合同以借款人是否支付利息分为有偿借款合同和无偿借款合同。在我国,借款合同一般为有偿合同,但自然人之间的借款合同,若对支付利息没有约定或者约定不明确的,视为不支付利息,即无偿合同。自然人之间的借款合同约定支付利息的,借款的利率不得违反国家有关限制借款利率的规定。

(5)借款合同为双务合同。贷款人将约定的借款交付给借款人,属于借款合同项下的给付义务。借款人到期偿还所借款项及支付利息,也是借款合同项下的给付义务的表现,因而,借款合同本身是双务合同。

(二)借款合同的效力

由于我国《合同法》区分了金融机构借款合同和自然人之间的借款合同,而《合同法》主要将金融机构的借款合同作为主要的规制对象,因而,下面主要以金融机构借款合同为对象进行讨论。

1.贷款人的义务

(1)按期足额提供贷款的义务。贷款人应当按期提供贷款,未按照约定的日期、数额提供借款,造成借款人损失的,应当赔偿损失。借款人未按照约定的日期、数额收取借款的,应当按照约定的日期、数额支付利息。同时,借款的利息不得预先在本金中扣除。利息预先在本金中扣除的，应当按照实际借款数额返还借款并计算利息。

(2)保密义务。作为贷款方的金融机构，对于其在合同订立和履行阶段所掌控的借款人的各项商业秘密，有保密义务，不得随意的泄露或进行不正当使用。

2.借款人的义务

(1)按期收取借款。借款人在贷款人按期交付借款时，应当按照约定的时间和数额收取借款。

(2)按照约定用途使用借款。《合同法》规定借款人未按照约定的借款用途使用借款的，贷款人可以停止发放借款、提前收回借款或者解除合同。

(3)按期支付利息。借款人应当按照约定的期限支付利息。对支付利息的期限没有约定或约定不明确的，依照《合同法》有关规定仍不能确定的，借款期间不满 1 年的，应当在返还借款时一并支付；借款期间 1 年以上的，应当在每届满 1 年时支付，剩余期间不满 1 年的，应当在返还借款时一并支付。

(4)按期偿还借款。借款人应当按照约定的期限返还借款。对借款期限没有约定或者约定不明确，依照《合同法》有关规定仍不能确定的，借款人可以随时返还；贷款人可以催告借款人在合理期限内返还。借款人未按照约定的期限返还借款的，应当按照约定或者国家有关规定支付逾期利息。

(三)自然人间的借款合同

自然人之间的借款合同是指双方当事人均为自然人的情形。自然人之间的借款合同对支付利息没有约定或者约定不明确的，视为不支付利息。但自然人之间的借款合同有约定偿还期限而借款人不按期偿还，或者未约定偿还期限但经出借人催告后，借款人仍不偿还的，出借人可以要求借款人偿付逾期利息。自然人之间的借款合同约定支付利息的，借款的利率不得违反国家有关限制借款利率的规定，即不得超过银行同期贷款利率的 4 倍；超过的，超过部分无效。

第十节　转移使用权的合同

一、租赁合同

(一)租赁合同的概念与特征

1.租赁合同的概念

租赁合同是指出租人将租赁物交付承租人使用、收益，承租人支付租金的合同。其中，交付租赁物的一方为出租人，使用租赁物的一方为承租人。

2.租赁合同的特征

租赁合同有以下特征：

(1)租赁合同是转让财产使用权的合同。租赁以承租人的使用、收益租赁物为直接目的，承租人所取得的仅是对租赁物的使用、收益权，而非所有权。

(2)租赁合同为双务合同与有偿合同。租赁合同中，出租人所负担的交付租赁物供承租人使用、收益的义务与承租人所负担的交付租金的义务是互为对价的，因而租赁合同为双务合同。同时，承租人一般情况下必须交付租金作为报酬，所以租赁合同又是有偿合同。

(3)租赁合同为诺成合同。出租人和承租人双方的意思表示一致，则租赁合同即告成立。

(4)租赁合同为继续性合同。租赁合同双方当事人的义务并非一次给付即告完成，合同的具体内容是在一段时间内持续的进行的，故属于继续性合同。

(5)租赁合同是临时性合同。租赁毕竟不同于买卖或者赠与，前者是以转移物的使用权为主要内容。许多国家都规定了租赁合同的最长存续期间，我国《合同法》规定租赁期间不得超过20年，超过20年的部分无效。租赁期间届满，当事人可以续订租赁合同，但约定的租赁期限自续订之日起不得超过20年。

(二)租赁合同的效力

1.出租人的义务

(1)交付租赁物并且保持租赁物在租赁期间符合约定的用途。

(2)租赁物的及时维修义务。除当事人另有约定的外，出租人应当履行租赁物的维修义务。当租赁物需要维修时，承租人可以要求出租人在合理期限内维修。出租人未履行维修义务的，承租人可以自行维修，维修费用由出租人负担。因维修租赁物导致影响了承租人使用的，承租人有权要求相应地减少租金或者延长租期。当然，承租人未交付租金的，出租人得行使同时履行抗辩权，拒绝履行其后的维修义务。

(3)租赁物的瑕疵担保义务。双方当事人在订立合同时，承租人知道租赁物存在瑕疵的，承租人丧失解除合同的权利。但是如果租赁物危及承租人的安全或者健康的，即使承租人订立合同时明知该租赁物质量不合格，承租人仍然可以随时解除合同。

2.承租人的义务

(1)依约定的方式使用租赁物。承租人按照约定的方法或者租赁物的性质使用租赁物，致使租赁物受到损耗的，不承担损害赔偿责任。但是，承租人未按照约定的方法或者租赁物的性质使用租赁物，致使租赁物受到损失的，出租人可以解除合同并要求赔偿损失。

(2)妥善保管租赁物。承租人作为租赁物的占有人，应当妥善保管租赁物，承租人未尽妥善保管义务造成租赁物毁损、灭失的，应当承担损害赔偿责任。

(3)支付租金的义务。承租人应当按照约定的期限支付租金。对支付期限没有约定或者约定不明确，双方当事人可以协议补充，不能达成补充协议的，按照合同有关条款或者和交易习惯确定。

(4)返还租赁物。租赁期间届满，承租人应当返还租赁物。返还的租赁物应当符合按照约定或者租赁物的性质使用后的状态。承租人在租赁期未经出租人同意，对租赁物进行修缮，在返还租赁物时，出租人有权要求予以拆除，恢复租赁物的原状。承租人在返还租赁物时，就其对租赁物所支出的必要费用，可向出租人主张返还。

(三)租赁合同的特殊规则——承租人的优先购买权

承租人的优先购买权是指租赁合同存续期间，出租人要出卖租赁物的，承租人在同等条件下享有优先购买的权利。2009年9月，最高人民法院出台的《关于审理城镇房屋租赁合同纠纷案件具体应用法律若干问题》的司法解释规定，出租人与抵押权人协议折价、变卖租赁房屋偿还债务，应当在合理期限内通知承租人。承租人请求以同等条件优先购买房屋的，人民法院应予支持。同时又限定了承租人优先购买权行使的范围：即下列情形中，承租人主张优先购买房屋的，人民法院不予支持：①房屋共有人行使优先购买权的；②出租人将房屋出卖给近亲属，包括配偶、父母、子女、兄弟姐妹、祖父母、外祖父母、孙子女、外孙子女的；③出租人履行通知义务后，承租人在15日内未明确表示购买的；④第三人善意购买租赁房屋并已经办理登记手续的。

(四)租赁合同的终止

租赁合同终止的原因主要有：

(1)因期限届满而终止。

(2)因当事人行使解除权而终止。

二、融资租赁合同

(一)融资租赁合同的概念与特征

1.融资租赁合同的概念

融资租赁合同是指出租人根据承租人对出卖人、租赁物的选择，向出卖人购买租赁物，提供给承租人使用，承租人支付租金的合同。典型的融资租赁关系涉及三方当事人，即出租人、承租人和出卖人，内容涉及租赁和买卖两个方面。

2.融资租赁合同的特征

融资租赁合同有以下特征：

(1)融资租赁合同虽具有租赁的性质，但其目的是融资，是由两个合同——买卖合同和融资性租赁合同，三方当事人——出卖人、出租人、承租人结合在一起有机构成的新型独立合同。

(2)融资租赁合同以融资为目的，融物为手段。这是融资租赁合同的实质特征，也是该合同不同于传统租赁合同的重要特征，也是与买卖、借款合同的区别之一。

(3)融资租赁合同中的出租人为专营融资租赁业务的租赁公司。融资租赁合同中的出租人只能是专营融资租赁业务的租赁公司，而不能是一般的自然人、法人或者其他组织。

(二)融资租赁合同的效力

1.出卖人与出租人之间所订立的买卖合同

买卖合同参照《合同法》关于买卖合同的规定，但是有以下几点不同：①出卖人应当向承租人(而非买受人的出租人)直接交付标的物；②出卖人不履行买卖合同义务的，由承租人行使索赔的权利，承租人行使索赔权利的，出租人应当协助；③出租人根据承租人对出卖人、租赁物的选择订立的买卖合同，未经承租人同意，出租人不得变更与承租人有关的合同内容。

2.出租人与承租人之间所订立的融资性的租赁合同

此处的租赁合同和一般意义上的租赁合同有不同的地方，主要表现在以下几个方面：

(1)出租人的特殊性：①租赁物不符合约定或者不符合使用目的的，出租人不承担责任，但承租人依赖出租人的技能确定租赁物或者出租人干预选择租赁物的除外。②承租人占有租赁物期间，租赁物造成第三人的人身伤害或者财产损害的，出租人不承担责任。

(2)承租人的特殊性：①融资租赁合同的租金，除当事人另有约定的以外，应当根据购买租赁物的大部分或者全部成本以及出租人的合理利润确定。即出租人所收取的租金一方面应收回其为购买租赁物所支出的全部或部分费用,另一方面要获取一定的营业利润。当然,如果承租人经催告后在合理期限内仍不支付租金的,出租人可以要求承租人支付全部租金;也可以选择解除合同,收回租赁物。②在占有租赁物期间承担维修租赁物的义务。与一般的租赁合同不同,融资租赁合同中对租赁物的维修义务由承租人负担,而不像租赁合同中由出租人负担。

(三)融资租赁合同的终止

1.终止原因

与一般的租赁合同一样,合同终止的原因有租赁期限届满,和当事人行使解除权,但融资租赁合同和租赁合同的一个重大区别在于:在融资租赁合同中,由于租赁物毁损灭失的风险在当事人没有特别约定时,由承租人负担,因而,即使租赁物因不可归责于双方当事人的事由而消灭,承租人仍应负担支付租金的义务,合同并未终止。

2.因租赁期间届满而终止时租赁物的归属

出租人和承租人可以约定租赁期间届满租赁物的归属。对租赁物的归属没有约定或者约定不明确,依照《合同法》有关规定仍不能确定的,租赁物的所有权归出租人。当事人约定租赁期届满租赁物归承租人所有,承租人已经支付大部分租金,但无力支付剩余租金,出租人因此解除合同收回租赁物的,收回的租赁物的价值超过承租人欠付的租金以及其他费用的,承租人可以要求部分返还。

第十一节 完成工作成果的合同

一、承揽合同

(一)承揽合同的概念与特征

1.承揽合同的概念

承揽合同是指承揽人按照定作人的要求完成工作,交付工作成果,定作人给付报酬的合同。完成工作并将工作成果交付给对方的一方为承揽人,接受工作成果并向对方给付报酬的一方当事人为定作人。

2.承揽合同的特征

承揽合同具有以下特征:

(1)以完成一定工作为目的。承揽合同中承揽人应当按照与定作人约定的标准和要求完成工作;定作人的主要目的是取得承揽人完成的工作成果。

(2)定作物具有特定性。由于承揽合同多属于个别商定的合同,所以定作物往往是具有一定的特定性;无论定作物的最终成果以何种形式体现,都必须符合定作人提出的特别要求,否则交付的工作成果就不合格。

(3)承揽合同为诺成、有偿合同。双方当事人意思表示一致,承揽合同即告成立,无须交付定作物或加工物,因此承揽合同是诺成合同。其次,承揽人要付出自己的劳动,将定作物按照定作人的要求进行加工,定作人取得承揽人完成的工作成果,要向承揽人支付约定的报酬。

（二）承揽合同的效力

1. 承揽人的义务

(1)完成承揽工作。承揽人主要合同义务在于按照合同约定，以自己的技术、设备完成所承揽的工作，但当事人另有约定的除外。承揽人将其承揽的主要工作交由第三人完成的，应当就该第三人完成的工作成果向定作人负责；未经定作人同意的，定作人也可以解除合同。承揽人可以将其承揽的辅助工作交由第三人完成，并就该第三人完成的工作成果向定作人负责。

(2)接受定作人提供承揽或依约提供的材料。合同约定由承揽人提供材料的，承揽人应当按照约定选用材料，并接受定作人检验。合同约定由定作人提供材料的，定作人应当按照约定提供材料。承揽人对定作人提供的材料，应当及时检验，发现不符合约定时，应当及时通知定作人更换、补齐或者采取其他补救措施。承揽人不得擅自更换定作人提供的材料，不得更换不需要修理的零部件。但是，如果承揽人发现定作人提供的图纸或者技术要求不合理的，应当及时通知定作人。因定作人怠于答复等原因造成承揽人损失的，应当赔偿损失。定作人中途变更承揽工作的要求，造成承揽人损失的，应当赔偿损失。

(3)交付工作成果。承揽人完成工作的，应当向定作人交付工作成果，并提交必要的技术资料和有关质量证明。定作人应当验收该工作成果。

(4)保管和保密。承揽人在完成工作期间，应当妥善保管定作人提供的材料以及完成的工作成果，因保管不善造成毁损、灭失的，应当承担损害赔偿责任。同时，依据诚实信用原则，承揽人在承揽过程中，应当按照定作人的要求保守秘密，未经定作人许可，不得留存复制品或者技术资料。

2. 定作人的义务

(1)支付价款。定作人应当按照约定的期限支付报酬。对支付报酬的期限没有约定或者约定不明确，依照《合同法》有关规定仍不能确定的，定作人应当在承揽人交付工作成果时支付；工作成果部分交付的，定作人应当作相应支付。如果定作人未向承揽人支付报酬或者材料费等价款的，承揽人对完成的工作成果享有留置权，但当事人另有约定的除外。

(2)定作人的协助。承揽工作需要定作人协助的，定作人有协助的义务。定作人不履行协助义务致使承揽工作不能完成的，承揽人可以催告定作人在合理期限内履行义务，并可以顺延履行期限；定作人逾期不履行的，承揽人可以解除合同。定作人不履行协助义务，构成违约行为，承揽人可以确定合理期限催促定作人在合理期限内履行义务，并可以顺延履行期限；定作人逾期不履行的，承揽人可以解除合同。

（三）承揽合同的终止

1. 定作人的任意解除权

承揽合同的最大特点在于，定作人可以随时解除承揽合同。因承揽合同是为满足定作人的特殊需要而订立的，如订立合同后其需要改变，应允许定作人解除合同，以免给其造成更大的经济损失。但是，定作人因此造成承揽人损失的，应当赔偿损失。

2. 承揽合同因当事人一方严重违约而解除

承揽合同因当事人一方严重违约而解除的情形主要有：①承揽人未经定作人同意将其承揽的主要工作交由第三人完成的，定作人也可以解除合同。②承揽工作需要定作人协助的，但定作人不履行协助义务致使承揽工作不能完成的，承揽人可以催告定作人在合理期限内履行义务，并可以顺延履行期限；定作人逾期不履行的，承揽人可以解除合同。

二、建设工程合同

（一）建设工程合同的概念与特征

1. 建设工程合同的概念

建设工程合同是指建筑工程的承包人进行工程建设，发包人支付价款的合同。建设工程合同包括工程勘察、设计、施工合同。

2. 建设工程合同的特征

建设工程合同具有以下特征：

(1)标的物仅限于基本建设工程。

(2)合同主体存在限定性，承包人只能是具有从事勘察、设定、建筑、安装资格的人，发包人一般是经过批准建筑工程的法人。承包人未取得建筑施工企业资质或者超越资质等级的，则签订的建设工程施工合同认定无效。

(3)具有较强的国家管理性。由于建设工程的标的物是不动产，工程建设对国家和社会生活的影响较大，因而具有强烈的国家干预色彩。

(4)建筑工程合同为要式合同，即建设工程合同的形式要件有特殊要求，其应当采取书面形式。

（二）建设工程合同的订立

建设工程合同的订立应以招标的方式订立。《建设工程合同解释》规定，建设工程必须进行招标而未招标或者中标无效的，建设工程施工合同无效。另外，当事人就同一建设工程另行订立的建设工程施工合同与经过备案的中标合同实质性内容不一致的，应当以备案的中标合同作为结算工程价款的根据。

（三）建设工程合同的分包规定

建设工程的分包和转包是两个概念。分包是指工程的承包方经发包人同意后，依法将其承包的部分工程交给第三人完成的行为。转包是指施工单位以赢利为目的将承包的工程转给其他施工单位，不为工程承担任何技术、质量、经济法律责任的行为。《合同法》禁止转包。承包人非法转包的，发包人请求解除建设工程施工合同的，应予支持。分包的具体规则如下：

(1)发包人可以与总承包人订立建设工程合同，也可以分别与勘察人、设计人、施工人订立勘察、设计、施工承包合同。发包人不得将应当由一个承包人完成的建设工程肢解成若干部分发包给几个承包人。

(2)总承包人或者勘察、设计、施工承包人经发包人同意，可以将自己承包的部分工作交由第三人完成。第三人就其完成的工作成果与总承包人或者勘察、设计、施工承包人向发包人承担连带责任。承包人不得将其承包的全部建设工程转包给第三人或者将其承包的全部建设工程肢解以后以分包的名义分别转包给第三人。禁止承包人将工程分包给不具备相应资质条件的单位。禁止分包单位将其承包的工程再分包。建设工程主体结构的施工必须由承包人自行完成。

(3)对具有劳务作业法定资质的承包人与总承包人、分包人签订的劳务分包合同,不得以转包建设工程违反法律规定为由确认其无效。

(4)承包人非法转包、违法分包建设工程或者没有资质的实际施工人借用有资质的建筑施工企业名义与他人签订建设工程施工合同的行为无效。

第十二节 提供劳务的合同

一、运输合同

(一)运输合同的概念与特征

1.运输合同的概念

运输合同是承运人将旅客或者货物从起运地点运输到约定地点,旅客、托运人或者收货人支付票款或者运输费用的合同。运输合同分为客运合同、货运合同和多式联运合同。

2.运输合同的特征

运输合同有以下特征:

(1)运输合同一般均为有偿合同。运输合同中,承运人负有将旅客或者货物送到约定地点的义务,旅客或者托运人负有按照约定支付缴款的义务,这两种义务互为对价。

(2)运输合同多为格式合同。运输合同的订立具有强制性,以保障旅客、托运人的利益和社会秩序。《合同法》规定,从事公共运输的承运人不得拒绝旅客、托运人通常合理的运输要求,不得拒绝订立运输合同。

(二)运输合同的一般效力

1.承运人应当在约定期间将旅客或者货物运到约定地点

承运人应当在约定期间或者合理期间内、按照约定的或者通常的运输路线将旅客、货物安全运输到约定地点。旅客、托运人或者收货人应当支付票款或者运输费用。承运人未按照约定路线或者通常路线运输增加票款或者运输费用的,旅客、托运人或者收货人可以拒绝支付增加部分的票款或者运输费用。

2.承运人应当按约定的路线运送旅客和货物

运输路线是承运人承担运输业务所需要经过的路线。在作为旅客运输合同的票证上,一般对运输的路线没有明确规定。但是按照诚实信用原则,承运人应当按照约定的或者通常的运输路线将旅客、货物运输到约定地点。

(三)客运合同

1.客运合同的概念与特征

(1)客运合同的概念

客运合同是指承运人与旅客关于承运人将旅客运输到目的地,旅客为此支付运费的协议。

(2)客运合同的特征

客运合同有以下特征:①标的为运输旅客的行为;②客运合同为实践性合同。客运合同自承运人向旅客交付客票时成立，但当事人另有约定或者另有交易习惯的除外。

2.客运合同的效力

(1)旅客的权利义务

①旅客应当持有效客票乘运。旅客无票乘运、超程乘运、越级乘运或者持失效客票乘运的，应当补交票款，承运人可以按照规定加收票款。旅客不交付票款的，承运人可以拒绝运输。

②旅客可以自行决定解除客运合同。旅客因自己的原因不能按照客票记载的时间乘坐的，应当在约定的时间内办理退票或者变更手续。逾期办理的，承运人可以不退票款，并不再承担运输义务。

③旅客可以限量携带行李。旅客在运输中应当按照约定的限量携带行李，超过限量的应当办理托运手续。旅客不得随身携带或者在行李中夹带危险物品或者其他违禁物品。旅客违反规定携带或者夹带违禁物品的，承运人可以将违禁物品卸下、销毁或者送交有关部门。旅客坚持携带或者夹带违禁物品的，承运人应当拒绝运输。

(2)承运人的权利义务

①告知义务。承运人应当向旅客及时告知有关不能正常运输的重要事由和安全运输应当注意的事项。

②承运人应当按照客票载明的时间和班次运输旅客。承运人迟延运输的，应当根据旅客的要求安排改乘其他班次或者退票。

③服务标准自主权。承运人擅自变更运输工具而降低服务标准的，应当根据旅客的要求退票或者减收票款；提高服务标准的，不应当加收票款。

④安全运送义务。承运人在运输过程中，应当尽力救助患有急病、分娩、遇险的旅客。承运人应当对运输过程中旅客，包括按照规定免票、持优待票或者经承运人许可搭乘的无票旅客的伤亡，承担损害赔偿责任，但伤亡是旅客自身健康原因造成的或者承运人证明伤亡是旅客故意、重大过失造成的除外。

在运输过程中旅客自带物品毁损、灭失，承运人有过错的，应当承担损害赔偿责任。旅客托运的行李毁损、灭失的，适用货物运输的有关规定。

(四)货运合同

1.货运合同的概念与特征

(1)货运合同的概念

货运合同是承运人将托运人交付运输的货物运送到约定地点，托运人支付运费的合同。

(2)货运合同的特征

货运合同具有运输合同的特征，但是其不同于客运合同的几点值得指出：①货运合同为诺成性合同；②货运合同不像客运合同那样将旅客运输到目的地义务就告完毕，货运合同中，承运人将货物运输到目的地后，其义务并不能完结，只有将货物交付给收货人后才算是完成义务。

2.货运合同的效力

(1)托运人的权利义务

①申报义务。托运人办理货物运输，应当向承运人准确表明收货人的名称或者姓名或

者凭指示的收货人，货物的名称、性质、重量、数量，收货地点等有关货物运输的必要情况。因托运人申报不实或者遗漏重要情况，造成承运人损失的，托运人应当承担损害赔偿责任。货物运输需要办理审批、检验等手续的，托运人应当将办理完有关手续的文件提交承运人。

②托运人的包装义务。托运人应当按照约定的方式包装货物。对包装方式没有约定或者约定不明确的，依照《合同法》有关规定仍不能确定的，应当按照通用的方式包装，没有通用方式的，应当采取足以保护标的物的包装方式。托运人违反此项规定的，承运人可以拒绝运输。

③托运人托运危险物品时的义务。托运人托运易燃、易爆、有毒、有腐蚀性、有放射性等危险物品的，应当按照国家有关危险物品运输的规定对危险物品妥善包装，作出危险物标志和标签，并将有关危险物品的名称、性质和防范措施的书面材料提交承运人。托运人违反此项规定的，承运人可以拒绝运输，也可以采取相应措施以避免损失的发生，因此产生的费用由托运人承担。

在承运人将货物交付收货人之前，托运人可以要求承运人中止运输、返还货物、变更到达地或者将货物交给其他收货人，但应当赔偿承运人因此受到的损失。

(2)收货人的义务

①收货义务。货物运输到达后，收货人应当及时提货。收货人逾期提货的，应当向承运人支付保管费等费用。

②检验义务。收货人提货时应当按照约定的期限检验货物。对检验货物的期限没有约定或者约定不明确，依照《合同法》有关规定仍不能确定的，应当在合理期限内检验货物。收货人在约定的期限或者合理期限内对货物的数量、毁损等未提出异议的，视为承运人已经按照运输单证的记载交付货物的初步证据。但以后如收货人有证据证明货物的毁损、灭失发生在运输过程中，仍可向承运人索赔。

(3)承运人的义务

①风险负担问题。承运人对运输过程中货物的毁损、灭失承担损害赔偿责任，但承运人证明货物的毁损、灭失是因不可抗力、货物本身的自然性质或者合理损耗以及托运人、收货人的过错造成的，不承担损害赔偿责任。货物在运输过程中因不可抗力灭失，未收取运费的，承运人不得要求支付运费；已收取运费的，托运人可以要求返还。

②货物毁损规则。货物的毁损、灭失的赔偿额，当事人有约定的，按照其约定；没有约定或者约定不明确，依照《合同法》有关规定仍不能确定的，按照交付或者应当交付时货物到达地的市场价格计算。法律、行政法规对赔偿额的计算方法和赔偿限额另有规定的，依照其规定。

③承运人的连带责任。两个以上承运人以同一运输方式联运的，与托运人订立合同的承运人应当对全程运输承担责任。损失发生在某一运输区段的，与托运人订立合同的承运人和该区段的承运人承担连带责任。托运人或者收货人不支付运费、保管费以及其他运输费用的，承运人对相应的运输货物享有留置权，但当事人另有约定的除外。收货人不明或者收货人无正当理由拒绝受领货物的，承运人可以依法提存货物。

(五)多式联运合同

多式联运合同是指多式联运经营人和托运人订立的，约定以两种或者两种以上的不同运输方式，采用同一运输凭证将货物运输至约定地点的货物运输合同。多式联运合同具有以下特征：

(1)多式联运经营人负责履行或者组织履行多式联运合同，对全程运输享有承运人的权利并承担其义务。

(2)多式联运经营人可以与参加多式联运的各区段承运人就多式联运合同的各区段运输约定相互之间的责任，但该约定不影响多式联运经营人对全程运输承担的义务。

(3)多式联运经营人收到托运人交付的货物时，应当签发多式联运单据。按照托运人的要求，多式联运单据可以是可转让单据，也可以是不可转让单据。

(4)因托运人托运货物时的过错造成多式联运经营人损失的，即使托运人已经转让多式联运单据，托运人仍然应当承担损害赔偿责任。

(5)货物的毁损、灭失发生于多式联运的某一运输区段的，多式联运经营人的赔偿责任和责任限额，适用调整该区段运输方式的有关法律规定。货物毁损、灭失发生的运输区段不能确定的，依照《合同法》有关运输合同的规定承担损害赔偿责任。

二、保管合同

(一)保管合同的概念与特征

1. 保管合同的概念

保管合同又称寄托合同，是指保管人保管寄存人交付的保管物，并返还该物的合同。其中保管物品的一方为保管人，其所保管的物品为保管物，交付物品的一方为寄托人。

2. 保管合同的特征

保管合同具有以下特征：

(1)保管合同为实践合同。保管合同自保管物交付时成立，但当事人另有约定的，保管合同可自当事人约定的时间成立，为诺成合同。

(2)保管合同为无偿合同、双务合同。保管合同是社会成员相互提供帮助或者服务部门为他人提供服务的一种形式，因此以无偿合同为主。但是即使是无偿合同中，寄存人仍须负担支付保管人为保管所支出的必要费用和有益费用的义务，因而保管合同为双务合同。

(3)保管合同以物品的保管为目的。

(二)保管合同的效力

1. 保管人的义务

(1)给付保管凭证义务。寄存人向保管人交付保管物的，保管人应当给付保管凭证，但另有交易习惯的除外。

(2)妥善保管义务。保管人应当妥善保管保管物。当事人可以约定保管场所或者方法，除紧急情况或者为了维护寄存人利益的以外，保管人不得擅自改变保管场所或者方法。保管期间，因保管人保管不善造成保管物毁损、灭失的，保管人应当承担损害赔偿责任。但保管是无偿的时，保管人证明自己没有重大过失的，不承担损害赔偿责任。

(3)专属保管和不得使用义务。除当事人另有约定，保管人不得将保管物转交第三人保管，不得使用或者许可第三人使用保管物。保管人违反规定，将保管物转交第三人保管，对保管物造成损失的，应当承担损害赔偿责任。

(4)通知义务。第三人对保管物主张权利的，除已依法对保管物采取保全或者执行措施的以外，保管人仍应当履行向寄存人返还保管物的义务。第三人对保管人提起诉讼或者对保管物申请扣押的，保管人应当及时通知寄存人。

(5)返还保管物的义务。寄存人可以随时领取保管物。当事人对保管期间没有约定或者约定不明确的，保管人可以随时要求寄存人领取保管物；约定保管期间的，保管人无特别事由，不得要求寄存人提前领取保管物。保管期间届满或者寄存人提前领取保管物的，保管人应当将原物及其孳息归还寄存人。

2. 寄存人的义务

(1)告知义务。寄存人交付的保管物有瑕疵或者按照保管物的性质需要采取特殊保管措施的，寄存人应当将有关情况告知保管人。寄存人未告知，致使保管物受损失的，保管人不承担损害赔偿责任；保管人因此受损失的，除保管人知道或者应当知道上述情况并且未采取补救措施的以外，寄存人应当承担损害赔偿责任。

(2)支付保管费义务。寄存人应当按照约定向保管人支付保管费。当事人对保管费没有约定或者约定不明确，依照《合同法》有关规定仍不能确定的，保管是无偿的。有偿的保管合同，寄存人应当按照约定的期限向保管人支付保管费。当事人对支付期限没有约定或者约定不明确，依照《合同法》有关规定仍不能确定的，应当在领取保管物的同时支付。寄存人未按照约定支付保管费以及其他费用的，保管人对保管物享有留置权，但当事人另有约定的除外。

(3)声明义务。寄存人寄存货币、有价证券或者其他贵重物品的，应当向保管人声明，由保管人验收或者封存。寄存人未声明的，该物品毁损、灭失后，保管人可以按照一般物品予以赔偿。

三、仓储合同

(一)仓储合同的概念与特征

1. 仓储合同的概念

仓储合同是指保管人储存存货人交付的仓储物，存货人支付仓储费的合同。

2. 仓储合同的特征

仓储合同具有以下法律特征：

(1)保管人须为由仓储设备并专事仓储保管业务的主体。

(2)仓储合同为诺成合同，自成立时生效。《合同法》对仓储合同没有规定的，适用其有关保管合同的规定，而保管合同为实践性合同。

(3)仓储合同的保管对象是动产。

(4)仓储合同为不要式合同。现行法上并未规定仓储合同必须采用特定形式，虽然保管人在接受储存的货物时应当给付存货人仓单或者其他凭证，但开具仓单并非是合同的成立要件，而属于保管人合同义务的履行，因而，仓储合同为不要式合同。

(二)仓储合同的效力

1. 保管人的义务

(1)给付仓单的义务。存货人交付仓储物的，保管人应当给付仓单，并在仓单上签字或者盖章。存货人或者仓单持有人在仓单上背书并经保管人签字或者盖章的，可以转让提取仓储物的权利。

(2)接收和验收的义务。保管人应当按照合同的约定，接收存货人交付储存的仓储物。保管人不能按合同约定的时间、品名、数量接受仓储物入库。保管人应当按照约定对入库仓储物进行验收。保管人验收时发现入库仓储物与约定不符合的，应当及时通知存货人。保管人验收后，发生仓储物的品种、数量、质量不符合约定的，保管人应当承担损害赔偿责任。

(3)通知义务。在储存的仓储物出现危险，保管人有义务及时通知存货人或者仓单持有人。保管人对入库仓储物发现有变质或者其他损坏的，应当及时通知存货人或者仓单持有人。保管人对入库仓储物发现有变质或者其他损坏，危及其他仓储物的安全和正常保管的，应当催告存货人或者仓单持有人作出必要的处置。因情况紧急，保管人可以作出必要的处置，但事后应当将该情况及时通知存货人或者仓单持有人。

(4)保管义务。保管人应当按照合同约定的储存条件和保管要求，妥善保管保管物。保管人储存易燃、易爆、有毒、有腐蚀性、有放射性等危险物品的，应当具备相应的保管条件，应当按照国家或者合同规定的要求操作和储存。

2.存货人的义务

(1)存货人的说明义务。储存易燃、易爆、有毒、有腐蚀性、有放射性等危险物品或者易变质物品，存货人应当说明该物品的性质，提供有关资料。存货人违反有关规定的，保管人可以拒收仓储物，也可以采取相应措施以避免损失的发生，因此产生的费用由存货人承担。

(2)提取仓储物的义务。当事人对储存期间没有约定或者约定不明确的，存货人或者仓单持有人可以随时提取仓储物，保管人也可以随时要求存货人或者仓单持有人提取仓储物，但应当给予必要的准备时间。储存期间届满，存货人或者仓单持有人应当凭仓单提取仓储物。存货人或者仓单持有人逾期提取的，应当加收仓储费；提前提取的，不减收仓储费。储存期间届满，存货人或者仓单持有人不提取仓储物的，保管人可以催告其在合理期限内提取，逾期不提取的，保管人可以提存仓储物。

四、委托合同

(一)委托合同概述

委托合同是指委托人和受托人约定，由受托人处理委托人事务的合同。委托分为特别委托与概括委托。委托人可以特别委托受托人处理一项或者数项事务，也可以概括委托受托人处理一切事务，但具有人身属性的事项，如结婚、离婚、收养子女等，不适用于委托合同。

(二)委托合同的效力

1.受托人的义务

(1)依委托人指示处理委托事务。受托人应当按照委托人的指示处理委托事务。需要变更委托人指示的，应当经委托人同意；因情况紧急，难以和委托人取得联系的，受托人应当妥善处理委托事务，但事后应当将该情况及时报告委托人。

(2)亲自处理委托事务。受托人应当亲自处理委托事务。经委托人同意，受托人可以转委托。转委托经同意的，委托人可以就委托事务直接指示转委托的第三人，受托人仅就第三人的选任及其对第三人的指示承担责任。转委托未经同意的，受托人应当对转委托的第三人的行为承担责任，但在紧急情况下受托人为维护委托人的利益需要转委托的除外。

(3)报告。受托人应当按照委托人的要求，报告委托事务的处理情况。委托合同终止时，受托人应当报告委托事务的结果。受托人处理委托事务取得的财产，应当转交给委托人。

(4)赔偿。有偿的委托合同，因受托人的过错给委托人造成损失的，受托人有向委托人赔偿的义务。无偿的委托合同，因受托人的故意或者重大过失给委托人造成损失的，委托人可以要求赔偿损失。受托人超越权限给委托人造成损失的，应当赔偿损失。

2.委托人的义务

(1)支付费用、报酬。委托人应当预付处理委托事务的费用。受托人为处理委托事务垫付必要费用的，委托人应当偿还该费用及其利息。受托人完成委托事务的，委托人应当向其支付报酬。因不可归责于受托人的事由，委托合同解除或者委托事务不能完成的，委托人应当向受托人支付相应的报酬。当事人另有约定的，按照其约定。

(2)赔偿受托人损失。受托人处理委托事务时，因不可归责于自己的事由受到损失的，可以向委托人要求赔偿损失。委托人经受托人同意，可以在受托人之外委托第三人处理委托事务。因此给受托人造成损失的，受托人可以向委托人要求赔偿损失。

五、行纪合同

(一)行纪合同概述

行纪合同是指行纪人以自己的名义为委托人从事贸易活动，委托人支付报酬的合同。行纪合同与委托合同有许多共同之处，广义上讲，属于委托合同的一种。

(二)行纪合同的效力

1.保管义务

行纪人占有委托物的，应当妥善保管委托物。委托物交付给行纪人时有瑕疵或者容易腐烂、变质的，经委托人同意，行纪人可以处分该物；和委托人不能及时取得联系的，行纪人可以合理处分。

2.按照委托人的指示处理事务

行纪人在行纪中低于委托人指定的价格卖出或者高于委托人指定的价格买入的，应当经委托人同意。未经委托人同意，行纪人补偿其差额的，该买卖对委托人发生效力。行纪人高于委托人指定的价格卖出或者低于委托人指定的价格买入的，可以按照约定增加报酬。没有约定或者约定不明确，依照《合同法》有关规定仍不能确定的，该利益属于委托人。委托人对价格有特别指示的，行纪人不得违背该指示卖出或者买入。行纪人卖出或者买入具有市场定价的商品，除委托人有相反的意思表示的以外，行纪人自己可以作为买受人或者出卖人。此时，行纪人仍然可以要求委托人支付报酬。

3.行纪人的赔偿义务

行纪人与第三人订立合同的，行纪人对该合同直接享有权利、承担义务。第三人不履行义务致使委托人受到损害的，行纪人应当承担损害赔偿责任，但行纪人与委托人另有约定的除外。

4.报酬请求权

行纪人完成或者部分完成委托事务的，委托人应当向其支付相应的报酬。委托人逾期不支付报酬的，行纪人对委托物享有留置权，但当事人另有约定的除外。

六、居间合同

(一)居间合同概述

居间合同是指居间人向委托人报告订立合同的机会或者提供订立合同的媒介服务，委托人支付报酬的合同。

(二)居间合同的效力

1.居间人的权利义务

(1)报告订约机会或者媒介订约的义务。居间人应忠实尽力的履行报告订约机会或者媒介订约的义务。居间人故意隐瞒与订立合同有关的重要事实或者提供虚假情况，损害委托人利益的，不得要求支付报酬并应当承担损害赔偿责任。

(2)负担居间费用。居间人促成合同成立的，委托人应当按照约定支付报酬。对居间人的报酬没有约定或者约定不明确，依照《合同法》的规定仍不能确定的，根据居间人的劳务合理确定。因居间人提供订立合同的媒介服务而促成合同成立的，由该合同的当事人平均负担居间人的报酬。居间人促成合同成立的，居间活动的费用，由居间人负担。

2.委托人的义务

(1)支付报酬的义务。居间人促成合同成立的，委托人应当按照约定支付报酬。对居间人的报酬没有约定或者约定不明确，依照《合同法》有关规定仍不能确定的，根据居间人的劳务合理确定。因居间人提供订立合同的媒介服务而促成合同成立的，由该合同的当事人平均负担居间人的报酬。居间人促成合同成立的，居间活动的费用，由居间人负担。

(2)支付必要居间费用的义务。居间人进行居间活动所支出的费用为居间费用。在居间成功时，居间人促成合同订立的，居间费用未经约定不得请求委托人偿还，由居间人负担。居间人未促成合同成立的，不得要求支付报酬，但可以要求委托人支付从事居间活动支出的必要费用。

第十三节　技术合同

一、概述

(一)技术合同的概念与特征

1.技术合同的概念

技术合同是当事人就技术开发、转让、咨询或者服务订立的确立相互之间权利和义务的合同。技术合同包括技术开发合同、技术转让合同、技术咨询合同和技术服务合同四种。技术合同除受《合同法》的调整之外，还受其他有关知识产权法律规定的调整，如专利法、著作权法等。《技术合同的解释》也对技术合同进行了具体规范。

2.技术合同的特征

技术合同具有以下特征：

(1)技术合同的标的物是技术成果和技术秘密。根据《技术合同的解释》第1条的规定，技术成果是指利用科学技术知识、信息和经验作出的涉及产品、工艺、材料及其改进等的技术方案，包括专利、专利申请、技术秘密、计算机软件、集成电路布图设计、植物新品种等。技术秘密是指不为公众所知悉、具有商业价值并经权利人采取保密措施的技术信息。

(2)调整技术合同的法律规范具有多样性。对技术合同的法律调整，会涉及合同法以及知识产权法等法律规范，可以说技术合同适用的法律规范种类繁多，也在一定程度上说明技术合同相较于其他合同更为复杂。

(3)技术合同的主体具有特定性。技术合同的当事人，通常至少一方是能够利用自己的技术力量从事技术开发、技术转让和技术服务的法人、自然人或者其他组织。

(二)技术合同的无效与可撤销

除了《合同法》总则规定的无效理由以外，技术合同有自己独特的无效事由。具有下列非法垄断技术、妨碍技术进步或者侵害他人技术成果情形的技术合同无效：

(1)限制当事人一方在合同标的技术基础上进行新的研究开发或者限制其使用所改进的技术，或者双方交换改进技术的条件不对等，包括要求一方将其自行改进的技术无偿提供给对方、非互惠性转让给对方、无偿独占或者共享该改进技术的知识产权。

(2)限制当事人一方从其他来源获得与技术提供方类似技术或者与其竞争的技术。

(3)阻碍当事人一方根据市场需求，按照合理方式充分实施合同标的技术，包括明显不合理地限制技术接受方实施合同标的技术生产产品或者提供服务的数量、品种、价格、销售渠道和出口市场。

(4)要求技术接受方接受并非实施技术必不可少的附带条件，包括购买非必需的技术、原材料、产品、设备、服务以及接收非必需的人员等。

(5)不合理地限制技术接受方购买原材料、零部件、产品或者设备等的渠道或者来源。

(6)禁止技术接受方对合同标的技术知识产权的有效性提出异议或者对提出异议附加条件。

二、技术开发合同

(一)技术开发合同概述

技术开发合同是指当事人之间就新技术、新产品、新工艺或者新材料及其系统的研究开发所订立的合同。技术开发合同包括委托开发合同和合作开发合同。技术开发合同应当采用书面形式。

当事人之间就具有产业应用价值的科技成果实施转化订立的合同，如当事人之间就具有实用价值但尚未实现工业化应用的科技成果包括阶段性技术成果，以实现该科技成果工业化应用为目标，约定后续试验、开发和应用等内容的合同，参照有关技术开发合同的法律规定执行。

(二)技术开发合同的效力

1.委托开发合同的效力

委托开发合同的委托人应当按照约定支付研究开发经费和报酬，提供技术资料、原始数据，完成协作事项，接受研究开发成果。委托人违反约定造成研究开发工作停滞、延误或者失败的，应当承担违约责任。研究开发人违反约定造成研究开发工作停滞、延误或者失败的，应当承担违约责任。

2.合作开发合同的效力

合作开发合同的当事人应当按照约定进行投资，包括以技术进行投资；分工参与研究开发工作，包括当事人按照约定的计划和分工，共同或者分别承担设计、工艺、试验、试制等工作；协作配合研究开发工作。

合作开发合同的当事人违反约定造成研究开发工作停滞、延误或者失败的，应当承担违约责任。

(三)技术开发合同的解除与风险承担

在技术开发合同签订后，因作为技术开发合同标的的技术已经由他人公开，致使技术开发合同的履行没有意义的，当事人可以解除合同。

在技术开发合同履行过程中，因出现无法克服的技术困难，致使研究开发失败或者部分失败的，该风险责任由当事人约定。没有约定或者约定不明确，依照《合同法》有关规定仍不能确定的，风险责任由当事人合理分担。

当事人一方发现出现无法克服的技术困难，可能致使研究开发失败或者部分失败的情形时。应当及时通知另一方并采取适当措施减少损失。没有及时通知并采取适当措施致使损失扩大的，应当就扩大的损失承担责任。

(四)技术成果的权利归属规则

(1)委托开发完成的发明创造，除当事人另有约定的以外，申请专利的权利属于研究开发人。研究开发人取得专利权的，委托人可以免费实施该专利。研究开发人转让专利申请权的，委托人享有以同等条件优先受让的权利。

(2)合作开发完成的发明创造，除当事人另有约定的以外，申请专利的权利属于合作开发的当事人共有。当事人一方转让其共有的专利申请权的，其他各方享有以同等条件优先受让的权利。

合作开发的当事人一方声明放弃其共有的专利申请权的，可以由另一方单独申请或者由其他各方共同申请。申请人取得专利权的，放弃专利申请权的一方可以免费实施该专利。合作开发的当事人一方不同意申请专利的，另一方或者其他各方不得申请专利。

(3)委托开发或者合作开发完成的技术秘密成果的使用权、转让权以及利益的分配办法，由当事人约定。没有约定或者约定不明确，依照《合同法》有关规定仍不能确定的，当事人均有使用和转让的权利，包括当事人均有不经对方同意而自己使用或者以普通使用许可的方式许可他人使用技术秘密，并独占由此所获利益的权利。当事人一方将技术秘密成果的转让权让与他人，或者以独占或者排他使用许可的方式许可他人使用技术秘密，未经对方当事人同意或者追认的，应当认定该让与或者许可行为无效。但委托开发的研究开发人不得在向委托人交付研究开发成果之前，将研究开发成果转让给第三人。

三、技术转让合同

(一)技术转让合同概述

技术转让合同是指合法拥有技术的权利人，包括其他有权对外转让技术的人，将现有特定的专利、专利申请、技术秘密的相关权利让与他人，或者许可他人实施、使用所订立的合同。但就尚待研究开发的技术成果或者不涉及专利、专利申请或者技术秘密的知识、技术、经验和信息所订立的合同除外。技术转让合同包括专利权转让、专利申请权转让、技术秘密转让、专利实施许可合同。技术转让合同应当采用书面形式。关于技术转让合同有以下几项特殊规定：

(1)技术转让合同中关于让与人向受让人提供实施技术的专用设备、原材料或者提供有关的技术咨询、技术服务的约定，属于技术转让合同的组成部分。因此发生的纠纷按照技术转让合同处理。

(2)当事人以技术入股方式订立联营合同，但技术入股人不参与联营体的经营管理，并且以保底条款形式约定联营体或者联营对方支付其技术价款或者使用费的，视为技术转让合同。

(3)技术转让合同可以约定让与人和受让人实施专利或者使用技术秘密的范围，包括实施专利或者使用技术秘密的期限、地域、方式以及接触技术秘密的人员等，但不得限制技术竞争和技术发展。当事人对实施专利或者使用技术秘密的期限没有约定或者约定不明确的，受让人实施专利或者使用技术秘密不受期限限制。

(4)当事人可以按照互利的原则，在技术转让合同中约定实施专利、使用技术秘密后续改进的技术成果的分享办法。没有约定或者约定不明确，依照《合同法》有关规定仍不能确定的，一方后续改进的技术成果，其他各方无权分享。

(5)专利申请权转让合同当事人在办理专利申请权转让登记之前，可以以专利申请被驳回或者被视为撤回为由请求解除合同，但在办理专利申请权转让登记之后，则不得因此请求解除合同，当事人另有约定的除外。

(二)技术转让合同的效力

1.一般效力

(1)技术转让合同中让与人的义务。技术转让合同中，让与人应当保证自己是所提供技术的合法拥有者，并保证所提供的技术完整、无误、有效，能够达到约定的目标。让与人为按照约定转让技术的，应当返还部分或者全部使用费，并且应当承担违约责任；实施专利或者使用技术超越约定范围的，违反约定擅自许可第三人实施该项专利或者使用该须技术秘密的应当停止违约行为，承担违约责任。

(2)技术转让合同中的受让人的义务。技术转让合同中的受让人应当按照约定的范围和期限，对让与人提供的技术中尚未公开的秘密部分，承担保密义务。技术秘密转让合同的受让人应当按照约定使用技术，支付使用费，承担保密义务。

2.特殊效力

(1)专利实施许可合同的效力。专利实施许可合同只在该专利权的存续期间内有效。专利权有效期限届满或者专利权被宣布无效的，专利权人不得就该专利与他人订立专利实施许可合同。

专利实施许可包括以下方式：①独占实施许可。独占实施许可是指让与人在约定许可实施专利的范围内。将该专利仅许可一个受让人实施，让与人依约定不得实施该专利。②排他实施许可。排他实施许可是指让与人在约定许可实施专利的范围内，将该专利仅许可一个受让人实施,但让与人依约定可以自行实施该专利。③普通实施许可。普通实施许可是指让与人在约定许可实施专利的范围内许可他人实施该专利,并且可以自行实施该专利。

当事人对专利实施许可方式没有约定或者约定不明确的,认定为普通实施许可。专利实施许可合同约定受让人可以再许可他人实施专利的,认定该再许可为普通实施许可,但当事人另有约定的除外。

(2)让与人的义务。专利实施许可合同的让与人应当按照约定许可受让人实施专利,交付实施专利有关的技术资料,提供必要的技术指导。专利实施许可合同让与人负有在合同有效期内维持专利权有效的义务,包括依法缴纳专利年费和积极应对他人提出宣告专利权无效的请求,但当事人另有约定的除外。

(3)受让人的义务。专利实施许可合同的受让人应当按照约定实施专利,不得许可约定以外的第三人实施该专利,并按照约定支付使用费。排他实施许可合同让与人不具备独立实施其专利的条件,以一个普通许可的方式许可他人实施专利的,可以认定为让与人自己实施专利,但当事人另有约定的除外。当事人之间就申请专利的技术成果所订立的许可使用合同,专利申请公开以前,适用技术秘密转让合同的有关规定;发明专利申请公开以后、授权以前,参照适用专利实施许可合同的有关规定;授权以后,原合同即为专利实施许可合同,适用专利实施许可合同的有关规定。当事人不得以专利实施许可合同的标的是已经申请专利但尚未授权的技术为由主张合同无效。

四、技术咨询合同与技术服务合同

(一)技术咨询合同与技术服务合同概述

技术咨询合同是指科技人员作为受托人就特定技术项目向委托人提供可行性论证、技术预测、专题技术调查、分析评价报告等工作成果的合同。技术服务合同是指当事人一方以技术知识为另一方解决特定技术问题所订立的合同,不包括建设工程合同和承揽合同。

在技术咨询合同、技术服务合同履行过程中,受托人利用委托人提供的技术资料和工作条件完成的新的技术成果,属于受托人。委托人利用受托人的工作成果完成的新的技术成果,属于委托人。当事人另有约定的,按照其约定。

(二)技术咨询合同的效力

1.委托人的义务

(1)技术咨询合同的委托人应当按照约定阐明咨询的问题,提供技术背景材料及有关技术资料、数据,接受受托人的工作成果,支付报酬。

(2)技术咨询合同的委托人未按照约定提供必要的资料和数据,影响工作进度和质量,不接受或者逾期接受工作成果的,支付的报酬不得追回,未支付的报酬应当支付。

2.受托人的义务

(1)技术咨询合同的受托人应当按照约定的期限完成咨询报告或者解答问题,提出的咨询报告应当达到约定的要求。

(2)技术咨询合同受托人发现委托人提供的资料、数据等有明显错误或者缺陷,未在合理期限内通知委托人的,视为其对委托人提供的技术资料、数据等予以认可。委托人在接到受托人的补正通知后未在合理期限内答复并予补正的，发生的损失由委托人承担。

(3)技术咨询合同的受托人未按期提出咨询报告或者提出的咨询报告不符合约定的，应当承担减收或者免收报酬等违约责任。技术咨询合同的委托人按照受托人符合约定要求的咨询报告和意见作出决策所造成的损失，由委托人承担，但当事人另有约定的除外。

(三)技术服务合同的效力

1.委托人的义务

(1)技术服务合同的委托人应当按照约定提供工作条件，完成配合事项；接受工作成果并支付报酬。

(2)技术服务合同的委托人不履行合同义务或者履行合同义务不符合约定，影响工作进度和质量，不接受或者逾期接受工作成果的，支付的报酬不得追回，未支付的报酬应当支付。

(3)技术服务合同受托人发现委托人提供的资料、数据、样品、材料、场地等工作条件不符合约定，未在合理期限内通知委托人的，视为其对委托人提供的工作条件予以认可。委托人在接到受托人的补正通知后未在合理期限内答复并予补正的，发生的损失由委托人承担。

2.受托人的义务

(1)技术服务合同的受托人应当按照约定完成服务项目，解决技术问题，保证工作质量，并传授解决技术问题的知识。

(2)当事人对技术服务合同受托人提供服务所需费用的负担没有约定或者约定不明确的，由受托人承担。

(3)技术服务合同的受托人未按照合同约定完成服务工作的，应当承担免收报酬等违约责任。

【思考题】

一、单项选择题

1.陈某将装有人民币2万元现金的行李箱寄存在车站寄存处，但在寄存时未告知行李箱内有现金。陈某凭取物单取行李箱时发现该行李箱已被人取走，陈某要求寄存处赔偿。根据《合同法》的规定，下列关于寄存处承担赔偿责任的表述中，正确的是 (　　)

A.按寄存物品的全部价值赔偿

B.不予赔偿

C.按一般物品的价值赔偿

D.按寄存物品的一半价值赔偿

2.根据《合同法》的规定，下列关于赠与人享有撤销赠与权利的表述中，不正确的是 (　　)

A.赠与人对经过公证的赠与合同，可以撤销赠与

B.受赠人对赠与人有抚养义务而不履行，赠与人可以撤销赠与

C.受赠人不履行赠与合同约定的义务，赠与人可以撤销赠与

D.受赠人严重侵害赠与人的近亲属，赠与人可以撤销赠与

3.根据《合同法》的规定，下列各项中，不属于无效合同的是 (　　)

A.违反国家限制经营规定而订立的合同

B. 恶意串通，损害第三人利益的合同

C. 显失公平的合同

D. 损害社会公共利益的合同

二、多项选择题

1. 根据《合同法》的规定，下列情形中，应由买受人承担货物毁损、灭失风险的有　（　　）

A. 买受人下落不明，出卖人将标的物提存的

B. 标的物已运抵交付地点，买受人因标的物质量瑕疵而拒收货物的

C. 合同约定在标的物所在地交货，买受人违反约定未前往提货的

D. 出卖人出卖交由承运人运输的在途标的物，买卖双方未就标的物毁损、灭失的风险做特别约定的

2. 甲公司向乙公司购买一台大型设备，由于疏忽未在合同中约定检验期。该设备运回后，甲公司即组织人员进行检验，未发现质量问题，于是投入使用。至第 3 年，该设备出现故障，经反复查找，发出该设备关键部位存在隐蔽瑕疵。该设备说明书标明质量保证期为 4 年。根据《合同法》的规定，下列关于乙公司是否承担责任的表述中，不正确的有　（　　）

A. 乙公司在合理期限内未收到甲公司有关设备质量不合格的通知，故该设备质量应视为合格，乙公司不承担责任

B. 乙公司在 2 年内未收到甲公司有关设备存在瑕疵的通知，故该设备质量应视为合格，乙公司不承担责任

C. 该设备说明书标明质量保证期为 4 年，故乙公司应承担责任

D. 甲公司与乙公司双方未约定质量检验期限，都存在过错，应分担责任

3. 甲、乙合作开发完成一项发明，但双方未就专利申请权相关事项作任何约定。根据《合同法》的规定，下列关于该项发明的专利申请权的表述中，正确的有　（　　）

A. 对该项发明申请专利的权利属于甲乙共有

B. 如果甲放弃其专利申请权，乙可以单独申请

C. 如果甲不同意申请专利，乙可以自行申请

D. 如果甲准备转让其专利申请权，乙在同等条件下有优先受让的权利

三、简答题

1. 要约与要约邀请的区别何在？

2. 效力待定的合同与可撤销合同有何区别？

3. 不安抗辩权的含义及其行使条件是什么？

4. 合同解除的含义及其种类有哪些？

四、案例分析题

1. 甲公司将一幢自有二层楼房租赁给乙公司作为经营用房，双方签订租赁合同，合同约定：租赁期限自 2006 年 1 月 1 日至 2009 年 12 月 31 日，租金为每月人民币 5000 元，在每月初的前 3 天支付上月租金。合同未约定房屋维修责任的承担以及是否可以转租等问题。

2007 年 3 月，甲公司有意出售该租赁楼房，因乙公司无意购买，甲公司遂将租赁楼房出售给丙企业，丙企业取得租赁楼房所有权后，以自己不是租赁合同当事人为由向乙公司表示要解除租赁合同，乙公司不同意解除合同，但愿意每月增加租金人民币 1000 元，丙企业表示

同意。

2007 年 8 月，租赁楼房的部分门窗自然损坏，乙公司要求丙企业修理，丙企业一直未予理睬，乙公司自行找某装修企业维修，为此支付维修费用人民币 4000 元。

2007 年 10 月，乙公司另购买了一办公大楼，遂将其所租赁楼房转租给丁企业。丙企业于 2008 年 1 月 3 日得知转租事实后，以不得转租为由向乙公司主张解除租赁合同并要求乙公司支付上月未交付租金人民币 6000 元，乙公司表示，维修费用可以抵消人民币 4000 元租金，只愿意再支付人民币 2000 元，但不同意解除租赁合同。

请回答下列问题：

(1)丙企业取得租赁房所有权后，是否可以以自己不是租赁合同当事人为由解除合同？

(2)丙企业可否以不得转租为由，向乙公司主张解除租赁合同？

(3)乙公司可否以维修费用抵消人民币 4000 元租金？

2. 甲公司专营 A 地至 B 地的旅客运输业务。2006 年 11 月 1 日，由于正值客运淡季，甲公司将一使用空调车的班次取消，购买了该班次车票的旅客被合并至没有空调的普通客车中。该批旅客认为甲公司的做法不合理，要求退还部分票款，但甲公司以近期多雨雾、路不好走，两种票价金额相差不大为由，不同意退还相差部分的票款。

当车行至某段山路时，司机因故采取了急刹车措施。乘客乙被甩到车内地板上摔伤。乘客乙经医院诊断鉴定为腰椎压缩性骨折，要求甲公司承担医药费及其他相关损失。

请回答下列问题：

(1)甲公司不退还部分旅客票款的行为是否符合法律规定？

(2)甲公司应否对乘客乙受伤承担损害赔偿责任？

第九章　竞争法

【主要内容】

本章主要介绍了竞争法的基本原理，说明了反垄断法和反不正当竞争法的法律规定，对竞争、垄断和不正当竞争的概念进行了明确，并重点分析了我国垄断和不正当竞争的具体表现形式。

【教学要求】

理解竞争法的基本原理、垄断和不正当竞争的概念；重点掌握反垄断和反不正当竞争的具体法律规定，并会运用有关原理分析和解决问题。

第一节　概　述

一、竞争的概念

竞争是一个涵盖广泛的名词，同时又是人类社会普遍存在的一种社会现象。在经济生活中，竞争体现了为追求自身利益的单个资本之间或其他经济当事人相互之间的错综复杂的互动作用。由于资源是有限的，因此在可能的用途之间最有效地配置人类掌握的资源，就成为进行社会生产的重大问题，竞争就不可避免地发生。

竞争法中所讲的竞争指的是经济领域的竞争，是市场上的竞争，所以人们把这种竞争称之为经济竞争或市场竞争。竞争是指有着不同经济利益的商品生产经营者之间，为了取得有利的交易机会而进行的相互之间争胜的活动。就市场竞争的一般性质来说，其具有以下特点：

(1)竞争的主体是两个以上的商品生产经营者，并且交易方向一致，行业相同或近似但经济利益上有着利害关系。市场的主体是多种多样的，而要产生竞争关系，则须这些主体之间具有一些共同的特质，否则不可能形成竞争关系。

(2)竞争的目的是为了争取交易机会，竞争具有逐利性。竞争主体通过对资源、机会和市场的占有，最终实现自身利益的最大化。

(3)竞争的结果是优胜劣汰。竞争的优胜者获得消费者的青睐，占据市场并逐渐扩大市场，而竞争的失败者只能降低市场占有率，甚至被淘汰出市场。

二、竞争法的概念

竞争法是指调整市场经营者之间的市场竞争关系及相关市场竞争管理关系的法律规范的总称。竞争法通常分为反垄断法和反不正当竞争法两大部分。

竞争法以市场经营者之间的市场竞争关系及相关市场竞争管理关系为调整对象。市场经营者之间的竞争关系是指经营者之间在经营过程中为争夺资源、交易机会和市场所形成的经济关系。相关市场竞争管理关系是指国家经济管理机关在依照经济职权对市场竞争活动实施监督、管理过程中所形成的经济关系。竞争法对竞争关系的调整主要是通过制止各类不正当竞争行为，确保自由竞争和正当竞争机制的正常运行，营造和维护公平竞争的秩序，保护和鼓励正当竞争，使竞争机制充分发挥其优胜劣汰和优化配置资源的积极功能。

竞争法是国家调整市场机构，规范市场行为，保护和促进健康有序的竞争的基本法律制度。竞争法的作用主要有：第一，建立完善的社会公平竞争的环境；第二，制止非法垄断和不正当竞争，维护正常的市场竞争秩序；第三，保护和鼓励正当竞争；第四，保护其他经营者和消费者的合法权益。

竞争法在经济法中具有重要地位，在西方国家，常被称为“经济宪法”、“市场经济的大宪章”或者“经济的基石”。在我国经济法学界，有人把竞争法称为经济法的“核心法”或者“龙头法”。

三、竞争法的立法模式

竞争法的立法模式在经济发达国家和发展中国家有所不同，究其原因在于不同国家经济发展水平有差异，各国在不同的时期或阶段会采取各自不同的有利于本国经济发展的立法模式。竞争法的立法模式大致说来有以下三种模式。

（一）综合立法模式

综合立法模式以美国为代表。美国反托拉斯法是一个以规制限制竞争行为为主、兼及不正当竞争行为的法律体系，以1890年的《谢尔曼法》、1914年的《克莱顿法》和《联邦贸易委员会法》为基础，加上美国国会通过的一系列修正案及补充立法、各州立法和司法体例，共同构成了一个庞大的体系。英国的竞争法体系与此相近。

（二）分立式立法模式

分立式立法模式以德国为代表。德国于1896年制定了世界上最早的《反不正当竞争法》，然后根据需要在1909年修订后重新颁布，后又经多次修订实行至今。在反垄断方面，德国于1957年制定了《反限制竞争法》，即《卡特尔法》，至今也已经过多次修改。因此，德国完整的竞争法体系确立于20世纪50年代，《反限制竞争法》体现了德国的宏观经济政策，《反不正当竞争法》则维持了微观的市场交易秩序，两者共同促进了德国市场经济体制的建立，也为第二次世界大战之后德国经济的恢复起到了保障作用。日本、韩国、瑞士等国亦属此种立法模式。

（三）合立式立法模式

合立式立法模式以我国台湾地区为代表。我国台湾地区于1991年制定了“公平交易法”,其第二章“独占、结合、联合行为”属于典型的反垄断的内容,而第三章“不公平竞争”则属于传统的反不正当竞争的内容。前南斯拉夫、匈牙利和俄罗斯等国属于此种立法模式。

我国1993年9月2日第八届全国人民代表大会常务委员会第三次会议通过,1993年12月1日起施行《中华人民共和国反不正当竞争法》(以下简称《反不正当竞争法》)。2007年8月30日第十届全国人民代表大会常务委员会第二十九次会议通过,2008年8月1日起施行《中华人民共和国反垄断法》(以下简称《反垄断法》)。这两部法律是我国竞争法的两大基本法律,与此相关的法律法规共同构成了竞争法的体系。

第二节 反垄断法

一、垄断概述

(一)垄断的概念

垄断作为一种经济现象,有时指的是一种垄断结构状态,有时指的是一种垄断行为。经济学中的垄断,是指少数大公司、企业或者若干企业的联合独占生产和市场,指的就是垄断结构状态。法律中的垄断,是指违反国家法律、法规、政策和社会公共利益,通过合谋性协议、安排和协同行动,或者通过滥用经济优势地位,排斥或者控制其他经营者正当的经济活动,在某一领域内实质上限制竞争的行为,指的是一种垄断行为。在《反垄断法》中规制的主要是垄断行为。

(二)垄断的分类

1.依据垄断者占有市场的情况分类

依据垄断者占有市场的情况,垄断可分为:

(1)独占垄断。市场上只有一家企业,对生产、价格实行排他性控制。

(2)寡头垄断。市场上的企业为数不多,但他们之间存在竞争。

(3)联合垄断。多个相互竞争的企业联合控制某个市场。

2.依据垄断产生的原因分类

依据垄断产生的原因不同,垄断可分为:

(1)经济性垄断。市场主体通过自身的实力设置市场进入障碍而形成的垄断,包括卡特尔(一般是指生产同类产品的厂商,为取得高额利润而在产量、价格、市场分割等方面达成的协议)、辛迪加(通常指同一生产领域的厂商为统一购销而订立协议所形成的垄断联合)、托拉斯(主要指生产同类商品或在生产上有紧密联系的厂商从生产到销售实行全面合并所形成的垄断联合)、康采恩(通常指并非同一部门的大企业围绕其中实力最雄厚的企业所结成的垄断联合)。

(2)国家垄断。国家对某些产业进行直接控制,不允许其他市场主体进入。

(3)行政性垄断。政府行政机构设置的市场进入障碍而形成的垄断。

(4)自然垄断。由于市场的自然条件原因而形成的垄断经营。

3.依据法律对垄断的态度分类

依据法律对垄断的态度,垄断可分为:

(1)非法垄断。法律进行规制的垄断。

(2)合法垄断。特殊行业或领域,法律允许进行的垄断。

二、反垄断法概述

(一)反垄断法的概念

反垄断法是指国家在规制、限制或排斥竞争的行为过程中所发生的法律规范的总称。从反垄断法的概念和基本内容看,反垄断法属于经济法体系的重要组成部分,是国家干预经济的重要法律手段。

(二)世界各国反垄断立法概况

1.发达国家反垄断立法概况

1865年美国南北战争结束后,随着全国铁路网的建立和发展,美国原来地方性和区域性的市场迅速融合为全国统一的大市场。全国大市场的建立也推动了垄断组织即托拉斯的产生和发展,1879年美孚石油公司建立,标志着美国历史上第一次企业兼并浪潮的开始,托拉斯从而在美国成为不受控制的经济势力。这种经济集中不仅使市场失去了活力,也使社会中低阶层的人们和企业深受垄断组织滥用市场经济优势之苦。在此情况下,1890年美国《谢尔曼法》诞生,该法是世界上最早的反垄断法,被称为"反垄断法之母"。

从《谢尔曼法》问世到第二次世界大战结束,这期间除美国在1914年颁布了《克莱顿法》和《联邦贸易委员会法》作为对《谢尔曼法》的补充外,其他国家的反垄断立法几乎是空白。然而在第二次世界大战结束后,形势发生很大变化,日本在1947年颁布了《禁止私人垄断和确保公正交易法》,德国于1957年颁布了《反对限制竞争法》,1958年生效的《欧洲经济共同体条约》第85条至第90条是欧共体重要的竞争规则。此外,欧共体理事会1989年还颁布了《欧共体企业合并控制条例》。意大利在1990年颁布了反垄断法。

2.发展中国家反垄断立法概况

发展中国家反垄断立法的步伐比较缓慢。直到20世纪80年代后期,颁布了反垄断法的发展中国家仍然不足12个,它们包括亚洲的韩国、印度、巴基斯坦和斯里兰卡。发展中国家当时对反垄断法普遍不感兴趣的原因主要是,这些国家或地区许多产业是由国有企业经营的,为了维护这些国有企业的利益,国家当然不希望在企业间展开竞争。另外,当时所有的社会主义国家都实行计划经济体制,企业之间同样没有竞争,企业的垄断经营是合法的,不合法的垄断又不存在,所以就没有制定反垄断法的必要。

十一届三中全会以来,随着我国经济生活中出现了竞争,我国开始注意反垄断立法。1980年10月国务院发布的《关于开展和保护社会主义竞争的暂行规定》首次在我国提出了反垄断,特别是反对行政垄断的任务。该暂行规定指出,"在经济生活中,除国家指定由有关部门和单位专门经营的产品外,其余的不得进行垄断,搞独家经营","开展竞争必须打破地区封锁和部门分割,任何地区和部门都不准封锁市场,不得禁止外地商品在本地区、本部门销售"。此后,我国逐步制定了一些涉及反垄断的法律、法规。比较重要的是1993年颁布的《反不正当竞争法》、1997年12月颁布的《价格法》和1999年8月通过的《招标投标法》,以及国务院颁布的《关于禁止在市场经济活动中实行地区封锁的规定》(2001年)、《电信条例》(2002年)等一系列规范性文件。

在1993年的《反不正当竞争法》中，针对当时我国并没有反垄断法的专门规定，但又存在公用企业和一些行政机关垄断的情况，所以通过部分法律条文对公用企业垄断和行政垄断进行了规定，在现在看来，我国的反不正当竞争法和反垄断法在调整对象上存在交叉。

1994年，《中华人民共和国反垄断法》(以下简称《反垄断法》)由商务部负责起草和调研工作，被列入第八届全国人大常委会立法规划，历经第八、九、十届全国人大会议，2006年6月，《反垄断法》草案首次提交全国人大常委会审议。2007年8月30日第十届全国人大常委会第二十九次会议经表决通过《反垄断法》，2008年8月1日起施行。

三、我国反垄断法规定的垄断形式

(一)垄断协议

1. 垄断协议的概念

垄断协议，就是通常所说的卡特尔，是指排除、限制竞争的协议、决定或者其他协同行为，是一种典型的限制竞争的垄断行为。

2. 垄断协议的分类

(1)横向限制竞争行为

横向限制竞争行为是指处于同一生产或流通环节的、经济水平相当的企业之间通过协议，以控制企业经济活动的某一特定方面。企业之间处于统一生产或流通环节，或同为生产者、销售者、购买者，经济实力相当或接近，只有实力相当才会形成横向限制，不然将可能形成滥用经济优势地位。

横向限制竞争行为主要包括以下几个方面：①固定价格卡特尔，即经营者之间固定价格，限制相互之间的价格竞争；②限制数量卡特尔，即经营者之间通过协议，限制各自的生产数量，以维持或达到较高的价格水平；③划分市场卡特尔，即经营者之间订立协议，划分各自的市场范围；④联合抵制交易卡特尔，即经营者联合起来，对某个或某些不按自己意图销售产品的零售商实行抵制，不与其从事交易；⑤其他卡特尔。我国《反垄断法》第13条进行了规定。

(2)纵向限制竞争行为

纵向限制竞争行为是指处于不同流通环节的企业之间的行为。如生产者和批发商、批发商和零售商之间所签订的限制竞争行为的协议。

纵向限制竞争行为主要有以下行为：①维持转售价格，即生产者与销售者、批发商和零售商之间达成协议，规定销售商或零售商必须按照固定的价格销售其商品；②附不当约束条件交易，即以交易对方接受额外的义务作为与他们订立合同的条件，而这些额外义务按其性质或商业习惯，与该合同的标的是没有任何联系的；③附不当排他条件交易，即处于不同环节的企业之间进行交易时，以约定达成交易的一方不与另一方的竞争者进行经济来往为条件。我国《反垄断法》第14条进行了规定。

目前，我国行业协会越来越发挥出行业自律组织的积极作用，行业协会一方面维护了行业公平竞争环境,保护了企业合法权益,对行业内的企业进行协调,为企业提供信息、技术、对外合作、职业培训等方面的服务。但另一方面,行业协会为避免激烈的市场竞争,总是企图削弱和排除竞争,从而产生限制竞争行为的消极作用。所以,我国《反垄断法》第 16 条规定:"行业协会不得组织本行业的经营者从事本章禁止的垄断行为。"

3. 垄断协议的豁免

垄断协议的豁免是指经营者之间的协议、决议或者其他协同行为,虽然排除、限制了竞争,构成了垄断协议,但协议的实施所产生的好处要远大于其排除、限制竞争造成的危害,因此法律规定对其予以豁免,即排除适用《反垄断法》的规定。豁免制度是利益衡量上的需要和结果在法律上的表现,是对原则的例外。不少国家、地区以及欧盟的反垄断法律,都从经济效果和限制竞争的影响两者之间进行利益衡量,在利大于弊时,对垄断协议实行豁免。我国《反垄断法》第 15 条进行了规定。

(二)滥用市场支配地位

1. 相关市场的含义

相关市场是指经营者在一定时期内就特定商品或者服务(以下统称商品)进行竞争的商品范围和地域范围。相关商品市场,是根据商品的特性、用途及价格等因素,由需求者认为具有较为紧密替代关系的一组或一类商品所构成的市场。这些商品表现出较强的竞争关系,在反垄断执法中可以作为经营者进行竞争的商品范围。相关地域市场是指需求者获取具有较为紧密替代关系的商品的地理区域。这些地域表现出较强的竞争关系,在反垄断执法中可以作为经营者进行竞争的地域范围。

2. 市场支配地位的含义

市场支配地位是指经营者在相关市场内具有能够控制商品价格、数量或者其他交易条件,或者能够阻碍、影响其他经营者进入相关市场能力的市场地位。支配地位是企业因享有某种市场力量而具有的地位,这种力量使其可以自由决定自己的市场策略而无须过多考虑其竞争对手或购买者的反应。

3. 市场支配地位的认定

在市场支配地位的认定上,一般会考虑一些因素,如独占或准独占,即企业没有竞争者或没有实质上的竞争者;相对其他竞争者具有突出的市场优势,即企业的市场份额、财力、进入采购或销售市场的渠道、与其他企业的联合、其他企业进入市场所面临的法律上或事实上的限制;寡头分占,如果两个或两个以上的企业作为整体看待,处于独占、准独占或突出市场优势地位,它们之间又不存在实质上的竞争,它们也具有市场支配地位。我国《反垄断法》第 18 条进行了相应的规定。

从一些国家的法律规定或司法判例来看,市场份额无疑是界定企业是否具有支配地位的决定性因素,但不是唯一因素。为了减轻执法机构对企业市场支配地位的认定,许多国家都从市场份额的多少来推定其具有市场支配地位,如达到市场份额的 1/2、2/3、3/4 等。我国《反垄断法》第 19 条进行了相应的规定。

4. 滥用市场支配地位的行为

滥用市场支配地位行为,简言之,就是具有市场支配地位的企业不正当地利用自身优势,并实质性地限制或排斥竞争,损害消费者利益的行为。纵观各国反垄断法,有的对滥用行为的规定比较概括，有的明确列举了数种典型的滥用行为，但不管采用何种体例，实际操作中对以下滥用行为的认识基本相同：①盘剥购买者。其中最典型的就是索取垄断高价和剥削性的交易条件。处于独占地位的支配企业，极可能向市场提供比它实际可能生产数量少得多的产品，而索取与其生产成本相比非常不合理的垄断高价，或者提出种种获取不正当好处、置交易对方于不利的交易条件，其目的可能在于维持垄断地位，或者仅为在无竞争的压力下轻松获取剥削利益。②掠夺性定价。支配企业以排挤竞争对手或阻止新的竞争对手进入市场为目的，以低于成本的价格连续地销售商品或提供劳务。支配企业通过掠夺性定价将竞争对手排挤出市场后，可以通过索取垄断高价来弥补短期损失。③搭售。支配企业要求交易对方购入本交易所含商品或劳务以外的商品或劳务。④排他性交易。支配企业以交易方不与支配企业的竞争对手交易作为条件而与其长期交易，或者向购买人承诺在特定市场只与购买人一家交易。支配企业通过与交易对方订立排他性交易契约，可达到抑制竞争者甚至将其逐出市场的目的，也会妨碍下一经济阶段的竞争者进入。⑤拒绝交易。⑥歧视待遇，支配企业无正当理由对同类的交易对方要求或支付各异的价款，或就其他交易条件实行各异的对待。我国《反垄断法》第 17 条进行了相应的规定。

(三)经营者集中

1.经营者集中的含义

经营者集中是指经营者通过合并、资产购买、股份购买、合同约定(联营、合营)、人事安排、技术控制等方式取得对其他经营者的控制权或者能够对其他经营者施加决定性影响的情形。其中，合并是最重要和最常见的一种经营者集中形式。

经营者集中以其影响市场的效果与程度为标准，可以划分为横向集中、纵向集中和混合集中。横向集中是指发生在相同的生产者之间或销售者之间的集中。纵向集中是指发生在不同的生产、流通环节的经营者之间的集中。混合集中是指发生在没有横向和纵向关系的经营者中间的集中。

2.经营者集中的类型

(1)经营者合并。经营者合并，相当于公司法制度中的公司合并，包括吸收合并和新设合并，是最常见、最主要的经营者合并的类型。

(2)取得股份(资产)。取得股份(资产)是指经营者取得其他经营者足够数量的具有表决权的股份或资产，进而达到直接或间接支配其他经营者的目的。

(3)经营集中。经营集中一般是指经营者通过与另一个经营者达成协议等方式，取得对其他经营者的控制权或者对其他经营者施加决定性影响的行为。被集中者虽然能够保持独立地位，但丧失了自主决策权，因此若干个经营者变成了一个单一的经营者主体，就没有了竞争对手，达到了限制竞争的目的。我国《反垄断法》第 20 条进行了相应的规定。

3.对经营者集中的控制

经营者集中的后果是双重的。一方面，有利于发挥规模经济的作用，提高经营者的竞争能力。另一方面，过度集中又会产生或加强市场支配地位，限制竞争，损害效率。所以，我国反垄断法对经营者集中实行必要的控制，主要有两种手段：

(1)经营者集中的申报

经营者集中申报是指经营者集中达到国务院规定的申报标准的，经营者应当事先向国务院反垄断执法机构申报，未申报的不得实施集中。申报标准是经营者集中是否需要进行事先申报的门槛，应当客观、明确，便于参与集中的经营者以及反垄断执法机构判断和掌握，并有明确的行为预期。经营者的营业额是反映经营者经济力的重要指标，较为客观、明确，世界各国大多采用这一指标作为经营者集中的申报标准。

国务院2008年8月1日发布的《国务院关于经营者集中申报标准的规定》规定的申报标准为：参与集中的所有经营者上一会计年度在全球范围内的营业额合计超过100亿元人民币，并且其中至少两个经营者上一会计年度在中国境内的营业额均超过4亿元人民币；参与集中的所有经营者上一会计年度在中国境内的营业额合计超过20亿元人民币，并且其中至少两个经营者上一会计年度在中国境内的营业额均超过4亿元人民币。在营业额的计算上，应当考虑银行、保险、证券、期货等特殊行业、领域的实际情况。由于经济生活非常复杂，在有些情况下，经营者集中虽然没有达到规定的申报标准，但仍有可能产生排除、限制竞争的效果。比如，有的行业经营者的营业额普遍较低，达不到申报标准，但参与集中的经营者的市场份额却相对较大，其集中行为就很有可能排除、限制竞争。对这类经营者集中，也需要有相应的控制措施。因此经营者集中未达到上述规定的申报标准，但按照规定程序收集的事实和证据表明该经营者集中具有或者可能具有排除、限制竞争效果的，国务院商务主管部门应当依法进行调查。

(2)经营者集中的审查

①初步审查。国务院反垄断执法机构应当自收到经营者提交的符合规定的文件、资料之日起30日内，对申报的经营者集中进行初步审查，作出是否实施进一步审查的决定，并书面通知经营者。国务院反垄断执法机构作出决定前，经营者不得实施集中。如果国务院反垄断执法机构作出不实施进一步审查的决定或者逾期未作出决定的，经营者可以实施集中。

②进一步审查。国务院反垄断执法机构决定实施进一步审查的，应当自决定之日起90日内审查完毕，作出是否禁止经营者集中的决定，并书面通知经营者。作出禁止经营者集中的决定，应当说明理由。审查期间，经营者不得实施集中。

③延期审查。延期审查的情形有：经营者同意延长审查期限的；经营者提交的文件、资料不准确，需要进一步核实的；经营者申报后有关情况发生重大变化情形的。国务院反垄断执法机构经书面通知经营者，可以延长审查期限，但最长不得超过60日。国务院反垄断执法机构逾期未作出决定的，经营者可以实施集中。

(3)经营者集中审查的实质要件

我国《反垄断法》第27条规定，审查经营者集中，应当考虑下列因素：①参与集中的经营者在相关市场的市场份额及其对市场的控制力；②相关市场的市场集中度；③经营者集中对市场进入、技术进步的影响；④经营者集中对消费者和其他有关经营者的影响；⑤经营者集中对国民经济发展的影响；⑥国务院反垄断执法机构认为应当考虑的影响市场竞争的其他因素。

此外，对外资并购境内企业或者以其他方式参与经营者集中，涉及国家安全的，除依照《反垄断法》规定进行经营者集中审查外，还应当按照国家有关规定进行国家安全审查。

(4)经营者集中审查决定的作出

在综合考虑上述因素的基础上，我国《反垄断法》第28条规定，经营者集中具有或者可能具有排除、限制竞争效果的，国务院反垄断执法机构应当作出禁止经营者集中的决定。但是，经营者能够证明该集中对竞争产生的有利影响明显大于不利影响，或者符合社会公共利益的，国务院反垄断执法机构可以作出对经营者集中不予禁止的决定。《反垄断法》第 29 条又规定，对不予禁止的经营者集中，国务院反垄断执法机构可以决定附加减少集中对竞争产生不利影响的限制性条件。

国务院反垄断执法机构应当将禁止经营者集中的决定或者对经营者集中附加限制性条件的决定，及时向社会公布。

（四）滥用行政权力排除、限制竞争

1. 滥用行政权力排除、限制竞争的含义

滥用行政权力排除、限制竞争主要是指行政机关和法律法规授权的具有管理公共事务职能的组织滥用行政权力实施的限定交易、地区封锁等排斥、限制竞争的行为，也被简称为“行政垄断”。

2. 滥用行政权力排除、限制竞争的表现形式

在实践中，滥用行政权力排除、限制竞争的行为有多种表现形式。在我国现行立法中，明确规定的有以下三个。《反不正当竞争法》第 7 条规定：“政府及其所属部门不得滥用行政权力，限定他人购买其指定的经营者的商品，限制其他经营者正当的经营活动。政府及其所属部门不得滥用行政权力，限制外地商品进入本地市场，或者本地商品流向外地市场。”这既包括了滥用行政权力实施的限定交易行为，也包括地区封锁行为。2001 年《国务院关于禁止在市场经济活动中实行地区封锁的规定》第 5 条规定：“任何地方不得制定实行地区封锁或者含有地区封锁内容的规定，妨碍建立和完善全国统一、公平竞争、规范有序的市场体系，损害公平竞争环境。”同时在第 4 条列举了所禁止的 8 种地区封锁的行为。《反垄断法》也明确规定：“行政机关和法律法规授权的具有管理公共事务职能的组织不得滥用行政权力，限定或者变相限定单位或者个人经营、购买、使用其指定的经营者提供的商品；妨碍外地商品的自由流通；排斥或限制外地经营者的招标投标；排斥或限制外地经营者的投资活动；强制经营者从事违反法律规定的垄断行为；违法制定妨碍竞争的规则的行为。”

四、反垄断法的适用除外制度

（一）适用除外制度的概念与特征

1. 适用除外制度的概念

适用除外制度又称例外制度、豁免制度，是指国家为了保护整个国民经济的健康发展，在反垄断法等有关法规中规定的对某些行业或企业垄断行为不适用垄断禁止的法律制度。

2. 适用除外制度的特征

适用除外制度具有以下特征：

(1)反垄断法的适用豁免作为一项法律制度，在各国反垄断法中普遍存在，是一个带有共性的问题。美国《谢尔曼法》中就设立了适用除外制度，欧盟竞争法、德国反限制竞争法、日本反垄断法等都有相应规定。

(2)反垄断法的适用豁免不是绝对的，在很多情况下是附有条件的。一般要求具有符合社会公共利益、道德要求、效率与公平价值等取向，适用豁免的领域也集中在几个主要领域。

(3)反垄断法豁免制度主要适用于垄断行为和限制竞争行为,一般不适用于不正当竞争行为。

(二)我国反垄断法适用除外制度的适用范围

我国反垄断法适用除外制度的适用范围主要规定在以下几个方面:《反垄断法》第7条对特定行业垄断经营活动的豁免;第15条对垄断协议的豁免;第55条对知识产权的豁免;第56条关于农产品经营中的联合与协同行为的豁免等。

(三)反垄断执法机构

1.反垄断执法机构的类型

(1)准司法机关。反垄断准司法机关是指在执行反垄断法过程中依法享有准司法权的反垄断专门执法机关。美国的联邦贸易委员会和日本的公正交易委员会就是典型的反垄断准司法机关。美国的联邦贸易委员会虽隶属于总统,但只对国会负责,属于联邦机构。日本的公正交易委员会虽隶属于内阁总理大臣,但可以独立行使职权。这两个机构在产生及人员组成上都不同于一般行政机关,具有较高的地位和较强的独立性,在执行反垄断法过程中均依法享有行政权、准司法权和准立法权。

(2)行政机关。反垄断行政机关是指专门从事反垄断执法的行政机关。设立专门的行政机关作为反垄断法执行机构是欧洲大多数国家所采取的做法。具体方式有两种:一是委员会形式,如法国的竞争审议委员会;二是普通行政机关,如德国的卡特尔局。

(3)顾问机关。有些国家的反垄断法还设立了专门的顾问机关,以特定方式参与反垄断法的某些环节的执行。德国的垄断委员会就是最典型的一例。

2.我国反垄断法规定的执法制度

(1)执法机构。我国反垄断执法机构的设置实行双层模式。第一,设置具有组织、协调性质的议事机构——国务院反垄断委员会;第二,设置具体负责执法的执行机构——国务院反垄断执法机构,根据工作需要,其可以授权省、自治区、直辖市人民政府相应的机构,依照规定负责有关反垄断执法工作。

(2)执法职责。国务院反垄断委员会的职责是研究拟定有关竞争政策;组织调查、评估市场总体竞争状况,并发布评估报告;制定发布反垄断指南;协调反垄断行政执法工作。国务院反垄断执法机构的职权有调查权、审批权、处罚权等。同时我国反垄断执法机构承担的义务是使用调查措施时的报批义务、调查的告知义务、保密义务、陈述意见核实义务等。

(3)调查程序。根据我国《反垄断法》第六章对涉嫌垄断行为调查的有关规定,反垄断调查程序包括一般程序以及承诺和解程序两个方面。其中,一般程序包括立案、调查、作出处理决定等步骤;承诺和解程序则包括中止调查、终止调查、恢复调查等环节。

(4)处理程序。根据我国《反垄断法》的相关规定,处理程序可以按照我国处理行政争议的行政调解、行政复议、行政裁决等程序处理,被处罚的当事人对反垄断执法机构的处罚不服,可依法向人民法院提起诉讼,通过诉讼最终解决争议。

(5)法律责任。根据违法行为人的违法行为的不同程度和情节,可以让其承担民事责任、行政责任;情节严重,触犯刑法构成犯罪的,还应追究其刑事责任。

第三节 反不正当竞争法

一、概述

(一)正当竞争行为和不正当竞争行为

竞争行为按照是否符合法律、道德等要求分为正当竞争行为和不正当竞争行为。正当竞争行为是指经营者采用符合国家法律、遵守社会公认的商业道德、信守诚实信用原则的商业手段进行竞争的行为。根据我国《反不正当竞争法》第 2 条第 2 款的规定,不正当竞争行为是指经营者违反该法规定,损害其他经营者的合法权益,扰乱社会经济秩序的行为。

(二)反不正当竞争法的概念

反不正当竞争法的概念,可以从不同的层面进行理解。从法律的形式渊源来看,反不正当竞争法有形式意义与实质意义之别。形式意义上的反不正当竞争法是指我国第八届全国人大常委会第三次会议于 1993 年 9 月 2 日通过的《反不正当竞争法》;实质意义上的反不正当竞争法是指与反不正当竞争有关的法律、法规、规章及其他规范性文件的总和。

二、我国反不正当竞争法规定的不正当竞争行为

(一)欺骗性交易行为

欺骗性交易行为是指经营者在市场经营活动中,采用假冒、仿冒或者其他虚假手段,对自己的商品或服务作虚假的表示、说明或承诺,从而获得交易机会,损害同业竞争者利益及消费者利益的行为。

1. 假冒他人的注册商标

假冒他人的注册商标是指采用虚假或其他不诚实的手段,侵犯他人注册商标的行为。假冒他人的注册商标既违反了《反不正当竞争法》,又违反了《商标法》。依据我国《商标法》的规定,最典型的假冒他人的注册商标行为主要是未经注册商标人许可,在同一种或类似商品上使用与其注册商标相同或近似的商标。

2. 与知名商品相混淆的行为

擅自使用知名商品特有的名称、包装、装潢,或者使用与知名商品近似的名称、包装、装潢,造成和他人的知名商品相混淆,使购买者误认为是该知名商品,即是与知名商品相混淆的行为。“知名商品”是指在市场上具有一定的知名度,为相关公众所悉知的商品。“特有”即是独一无二的,消费者可以凭借该特有的特征来识别经营者的商品。这里的购买者是一般的社会公众,判断是否足以引起误认,应当以一般社会公众的知识、经验为标准。

3. 擅自使用他人的企业名称或者姓名,引人误认为是他人的商品

企业名称和经营者的姓名是区分商品生产者、经营者,或服务提供者来源的重要标志,它能够反映出该企业或该生产经营者的商品声誉及商业信誉。擅自使用就是未经他人同意而使用,造成经营者和消费者的误认,损害了他人的声誉或信誉。

4. 在商品上伪造或者冒用认证标志、名优标志等质量标志、伪造产地

认证标志是指经营者的产品质量经质量认证机构审查检验，认为质量合格，准许在产品或包装上使用的质量标志。名优标志是指经国际、国内有关机关或者具有权威性的社会组织等评定为名优产品，向经营者颁发的一种产品质量的荣誉标志，是经营者享有的荣誉权。一般认为，产地包括产地名称和产地标志。产地名称是表示某项产品来源于某个国家或地区的说明性标志，一般是由于历史原因、地理气候等因素的影响，使某些地区的某种产品逐渐形成传统优势，反映了产品的质量。产地标志一般只是表示了该产品的出处。

5. 在商品上对商品质量作引人误解的虚假表示

在商品上对商品质量作引人误解的虚假表示是指经营者对反映商品质量的各种因素作不真实的标注，导致或足以导致购买者对商品质量产生错误认识的行为。

(二)商业贿赂行为

商业贿赂行为指经营者采用财物或其他手段进行贿赂，暗中给予交易相对人或其有关人员好处，以获得交易机会，或暗中接受回扣的行为。根据《反不正当竞争法》第 8 条规定，经营者销售或者购买商品，可以以明示方式给对方折扣，可以给中间人佣金。经营者给对方折扣、给中间人佣金的，必须如实入账。接受折扣、佣金的经营者必须如实入账。在账外暗中给予对方单位或者个人回扣的，以行贿论处；对方单位或者个人在账外暗中收受回扣的，以受贿论处。1996 年国家工商总局又发布了《关于禁止商业贿赂行为的暂行规定》，对《反不正当竞争法》第 8 条进行了具体的解释和补充。回扣是指经营者销售商品时在账外暗中以现金、实物或者其他方式退给对方单位或者个人的一定比例的商品价款。

(三)虚假宣传行为

虚假宣传行为指经营者在宣传活动中，利用广告或者其他宣传方法，对商品或服务(商品的质量、制作成分、性能、用途、生产者、有效期限、产地等)作与实际情况不符的公开宣传，引起或者足以引起其交易相对人对商品或服务产生错误认识的行为。经营者包括广告主、广告经营者。

(四)侵犯商业秘密行为

侵犯商业秘密行为是指经营者采用非法手段获取、披露或使用他人商业秘密的行为。商业秘密是指不为公众所知悉、能为权利人带来经济利益、具有实用性，并经权利人采取保密措施的技术信息和经营信息。国家工商行政总局 1995 年 11 月发布实施的《关于禁止侵犯商业秘密行为的若干规定》第 2 条指出，技术信息和经营信息包括设计、程序、产品配方、制作工艺、制作方法、管理诀窍、客户名单、货源情报、产销策略、招投标中的标底及标书内容等信息。不为公众所知悉是指该信息是不能从公开渠道直接获取的。能为权利人带来经济利益、具有实用性，是指该信息具有确定的可应用性，能为权利人带来现实的或者潜在的经济利益或者竞争优势。权利人采取保密措施，包括订立保密协议、建立保密制度及采取其他合理的保密措施。

侵犯商业秘密行为的类型包括：①以盗窃、利诱、胁迫或者其他不正当手段获取权利人的商业秘密。②披露、使用或者允许他人使用以前项手段获取的权利人的商业秘密。③违反约定或者违反权利人有关保守商业秘密的要求，披露、使用或者允许他人使用其所掌握的商业秘密。④第三人明知或者应知上述所列违法行为，获取、使用或者披露他人的商业秘

密，视为侵犯商业秘密。

（五）低价倾销行为

低价倾销行为也称为不当低价销售行为，是指经营者以排挤竞争对手为目的，以低于成本的价格销售商品的行为。根据1999年8月3日国家发展计划委员会发布的《关于制止低价倾销行为的规定》，成本是指生产成本或经营成本。低于成本是指经营者低于其所经营商品的合理的个别成本。在个别成本无法确认时，由政府价格主管部门按该商品行业平均成本及其下浮幅度认定。

针对特殊商品和时期所进行的低于成本价格销售商品，《反不正当竞争法》进行了例外规定。其第11条规定，有下列情形之一的，不属于不正当竞争行为：①销售鲜活商品；②处理有效期限即将到期的商品或者其他积压的商品；③季节性降价；④因清偿债务、转产、歇业降价销售商品。

（六）不正当有奖销售行为

不正当有奖销售行为是指经营者在销售商品或提供服务时，以欺骗或其他不正当手段，附带提供给用户和消费者金钱、实物或者其他好处，作为对交易奖励的行为。根据1993年国家工商总局发布的《关于禁止有奖销售活动中不正当竞争行为的若干规定》的第2条规定，有奖销售是指经营者销售商品或者提供服务，附带性地向购买者提供物品、金钱或者其他经济上的利益的行为。有奖销售包括附赠式有奖销售和抽奖式有奖销售。需要注意的是，经政府或者政府有关部门依法批准的有奖募捐及其他彩票发售活动，不适用本规定。《反不正当竞争法》第13条对不正当有奖销售行为进行了列举，包括：①采用谎称有奖或者故意让内定人员中奖的欺骗方式进行有奖销售。谎称有奖销售或者对所设奖的种类、中奖概率、最高奖金额、总金额、奖品种类、数量、质量、提供方法等作虚假不实的表示；采取不正当的手段故意让内定人员中奖；故意将设有中奖标志的商品、奖券不投放市场或者不与商品、奖券同时投放市场；故意将带有不同奖金金额或者奖品标志的商品、奖券按不同时间投放市场。②利用有奖销售的手段推销质次价高的商品。③抽奖式的有奖销售，最高奖的金额超过5000元。以非现金的物品或者其他经济利益作奖励的，按照同期市场同类商品或者服务的正常价格折算其金额。

（七）诋毁他人商誉行为

诋毁他人商誉行为是指经营者为了获得竞争利益，捏造、散布虚假事实，损害他人商誉，侵犯他人商誉权的行为。经营者往往通过两种途径实施此行为：一是经营者亲自实施，二是经营者通过他人或者利用他人实施。诋毁他人商誉行为一般是针对一个或者多个特定竞争对手的。如果捏造、散布的虚假事实不能与特定的经营者相联系，则不能认为侵犯了他人的商誉。虽然没有明确指名，但公众可以推知的，也构成诋毁他人商誉。但是在某些特定的情况下，即使所针对的主体不特定，也可以构成诋毁他人商誉的行为。最典型的如对比性广告，将自己的产品与不特定的产品相比，说明其他不特定的产品都是有质量问题的，这同样损害了其他竞争者的利益，因此属于该行为。

（八）搭售或附加其他不合理条件的行为

经营者销售商品，不得违背购买者的意愿搭售商品或者附加其他不合理的条件。搭售行为有两种情况：一是违背购买者意愿搭售商品，通常是搭售购买者在购买其必需品时不需要或不必要的商品;二是向购买者提出附加的不合理条件,主要是增加购买者的附加义务。

(九)串通招投标行为

串通投标行为是指投标者之间串通投标,抬高或压低标价,以及投标者为排挤竞争对手而与招标者相互勾结的行为。《反不正当竞争法》第 15 条对串通招投标行为进行了规定,另外,1998 年国家工商行政管理局令第 82 号公布了《关于禁止串通招标投标行为的暂行规定》。

串通招投标行为包括两类:一是投标者之间串通投标行为,如投标者之间相互约定,一致抬高或者压低投标报价;投标者之间相互约定,在招标项目中轮流以高价位或者低价位中标;投标者之间先进行内部竞价,内定中标人,然后再参加投标。二是投标者与招标者相互勾结行为,如招标者在公开开标前,开启标书,并将投标情况告知其他投标者,或者协助投标者撤换标书,更改报价;招标者向投标者泄露标底;投标者与招标者商定,在招标投标时压低或者抬高标价,中标后再给投标者或者招标者额外补偿;招标者预先内定中标者,在确定中标者时以此决定取舍。

(十)限购排挤行为

限购排挤行为是指公用企业或者其他依法具有独占地位的经营者,为了排挤其他经营者而限定他人购买其指定的经营者的商品的行为。这实际上是《反垄断法》中规定的滥用市场支配地位的情形。《反不正当竞争法》第 6 条对此作了明确规定,1993 年国家工商行政管理局又专门发布了《关于禁止公用企业限制竞争行为的若干规定》。

限购排挤行为的主体包括两类:一类是"公用企业"。公用企业是指通过固定网络和其他基础设施提供公共产品或服务的经营者。《关于禁止公用企业限制竞争行为的若干规定》第 2 条解释为,公用企业是指涉及公用事业的经营者,包括供水、供电、供热、供气、邮政、电讯、交通运输等行业的经营者。另一类是"其他依法具有独占地位的经营者"。根据国家工商行政总局 2000 年发布的《关于如何认定其他依法具有独占地位的经营者问题的答复》的表述,其他依法具有独占地位的经营者是指公用企业以外的由法律、法规、规章或者其他合法的规范性文件赋予其从事特定商品(包括服务)的独占经营资格的经营者。

(十一)行政垄断行为和地方封锁行为

《反不正当竞争法》第 7 条规定:"政府及其所属部门不得滥用行政权力,限定他人购买其指定的经营者的商品,限制其他经营者正当的经营活动。政府及其所属部门不得滥用行政权力,限制外地商品进入本地市场,或者本地商品流向外地市场。"其中,就是包括行政垄断和地方封锁两种不正当竞争行为。而这实际上也是我国《反垄断法》规制的"滥用行政权力排除、限制竞争"的垄断行为之一。由于地方封锁行为通常是因为地方政府为了维护本地区利益而实施的,所以一般依其实施垄断行为的主体特征将其归为行政垄断。但行政垄断并不能涵盖地方封锁行为的全部特征,因为在有些情况下,实施地方市场封锁,限制产品竞争的,可能是地方政府或其职能部门之外的主体。如地方的行业协会、中介机构、行政性公司、地方产品生产者,乃至个人都有可能,并有利益驱动实施地方封锁行为。

三、我国反不正当竞争法对不正当竞争行为的监督与制裁

(一)对不正当竞争行为的监督与检查

1.监督检查机关

根据《反不正当竞争法》第3条规定,县级以上人民政府工商行政管理部门对不正当竞争行为进行监督检查;法律、行政法规规定由其他部门监督检查的,依照其规定。

2.监督检查机关的职权

监督检查机关在监督检查不正当竞争行为时,享有四种职权,即询问权、查询复制权、检查权和处罚权。

(二)对不正当竞争行为的制裁

1.民事责任的承担

经营者违反《反不正当竞争法》的规定,实施了不正当竞争行为,给被侵害的经营者造成损害的,应当承担其行为引起的民事责任,即侵权的民事责任。侵权的民事责任形式主要有:停止侵权、赔礼道歉、恢复原状、赔偿损失等。经营者给被侵害经营者造成损害的,应当承担民事赔偿责任。难以计算赔偿金额的,金额为侵权经营者因侵权获得的利润,并承担被害经营者因调查该不正当经营活动所付的合理费用。

2.行政责任的承担

不正当竞争行为的行政责任是指违反《反不正当竞争法》规定的行为人承担的行政法律后果。行政责任的责任形式主要有:责令停止违法行为、罚款、没收违法所得、取消经营者资格等。

3.刑事责任的承担

刑事责任是指依照刑事法律规定,行为人实施刑事法律禁止的行为所必须承担的后果。我国《刑法》对不正当竞争行为规定的犯罪,主要有假冒注册商标罪,销售假冒注册商标罪,非法制造、销售非法制造的注册商标标识罪,公司企业受贿罪,对公司企业人员行贿罪,虚假广告罪,侵犯商业秘密罪,诋毁他人商业信誉、商品声誉罪,串通招投标罪等。

【思考题】

一、单项选择题

1.在某市场,甲、乙、丙分别占据着40%、30%、9%的份额,其他经营者的都不足1%,那么,关于甲、乙、丙市场支配地位的表述正确的是 ( )

A.认定甲有　　B.推定甲有　　C.推定乙有　　D.推定丙有

2.王某是一家小饭馆的老板,由于王某的小饭馆频繁营业到深夜,影响了楼上吴某的休息。吴某与王某为此经过多次交涉、争吵均没有结果。吴某于是雇了一些人到处散发小宣传,说王某的饭馆由于食物不干净,不少人吃了以后都食物中毒进了医院。由此,王某的饭馆生意非常冷清。相反,与王某隔一条街的赵某的饭馆客人大增,从此红火起来。关于本案有以下几种说法,其中哪一项是正确的? ( )

A.吴某的做法构成诋毁商誉,是不正当竞争

B.吴某的做法构成限定竞争,是不正当竞争

C. 赵某的做法构成限定竞争,是不正当竞争

D. 王某有权规定吴某消除影响,赔偿损失

3. 为排挤竞争对手,某商店在销售中向购买海信电冰箱的顾客赠送一套餐具。对此,下列说法正确的是哪项? ( )

A. 如果电冰箱的价格减去餐具的价值小于电冰箱的成本价,则商店构成不正当竞争

B. 商店的行为构成违法搭售的不正当竞争

C. 如果赠送餐具违背顾客意愿则构成不正当竞争,否则不构成

D. 如果餐具质量不合格则构成不正当竞争,否则不构成

二、多项选择题

1. 对于违反《反垄断法》实施集中的经营者,国务院反垄断执法机构可以采取的措施有 ( )

A. 责令停止实施集中　　B. 限期处分股份或者资产

C. 限期转让营业　　D. 处以罚款

2. 某企业专门生产实木家具,因价格昂贵,市场占有量有限。而复合家具价格便宜,规格齐全,色彩多样,近几年销售量直线上升。为此,该实木家具企业通过宣传并利用连环漫画形式长期宣传,以专家身份告诫用户,复合家具有两个不足:一是容易变形,二是甲醇含量过高。一时间,宣传力度大的沪、广两地,复合家具销量锐减。为正视听,上海四家复合家具生产商请国家技术监督局对其有关产品开展品质鉴定,证明上述危害并不存在。于是,四家复合家具生产企业状告该实木家具企业,提出的下列主张哪些是正确的? ( )

A. 实木家具企业的宣传为对比性宣传

B. 实木家具企业并未在宣传中明确指出哪一家企业生产的复合家具具有上述两个不足,不构成不正当竞争

C. 实木家具企业的做法构成商业诋毁

D. 实木家具企业的做法构成虚假宣传

3. 经营者以低于成本的价格销售商品时,以下哪些行为不属于不正当竞争行为? ( )

A. 经营者为清偿债务而销售商品的行为

B. 经营者销售非季节性商品的行为

C. 经营者销售有效期即将到来的商品的行为

D. 经营者销售非积压商品的行为

三、简答题

1. 竞争法的立法模式有何借鉴意义?

2. 我国《反垄断法》规定的垄断形式具体有哪些规定?

3. 我国《反不正当竞争法》对不正当竞争行为的规定是否严密?

第十章　消费者权益保护法

【主要内容】

本章主要有四个方面的内容：消费者权益保护法概述、消费者权利、经营者义务和消费者权益保护。

【教学要求】

了解消费者权益保护法的产生、消费者权益保护的机构和组织、消费者权益保护法的基本原则；掌握消费者权益保护法的概念、消费者的概念、消费者权利、经营者义务等内容；掌握消费者权益保护的途径、消费赔偿责任的确定、侵犯消费者权益的法律责任；熟悉消费者权益保护法的特征、消费者权益保护法的性质和地位、消费者的特征。

第一节　概　述

一、消费者权益保护法的概念

消费者权益保护法是调整在保护消费者权益过程中发生的经济关系的法律规范的总称。消费者权益保护法是经济法的重要组成部分。消费者权益保护法的主体是消费者，核心是消费者的权益。狭义的消费者权益保护法是指1993年10月31日颁布、1994年1月1日起施行的《中华人民共和国消费者权益保护法》（以下简称《消费者权益保护法》）。广义的消费者权益保护法还包括《广告法》、《反不正当竞争法》、《食品卫生法》、《产品质量法》、《药品管理法》等诸多有关消费者权益保护的法律。《消费者权益保护法》规定，消费者为生活消费需要购买、使用商品或者接受服务，其权益受本法保护；本法未作规定的，受其他有关法律、法规保护。

二、消费者权益保护法的产生

随着市场经济的发展，垄断、不正当竞争和信息不对称等问题严重损害了竞争的公平性和消费者利益。首先，垄断的不断发展使得标准合同等大量存在，传统的合同自由原则受到破坏。对此，处于弱者地位的消费者无能为力，消费者不得不屈从于实力雄厚的各种组织体所制定的不利于自己的合同条件。其次，不正当竞争的加剧使得经营者竞相采取不公平的商业行为或限制性商业行为，在质量、价格、计量、商标等各个方面采用各种欺诈手段，损害消费者利益。再次，科技进步使人们不可能对科技时代生产出的商品的结构、性能、品质等诸多方面有明确和深刻的了解，因而消费者对商品的信息知之甚少或者存在认识错误。最后，促销手段花样繁多，宣传媒介越来越无孔不入，不真实的信息无时无刻不在向消费者传递，这些都会使消费者的利益受到损害。同时，生产与经营的社会化、专业化，常常使消费者难以靠自己的力量去寻找和追究侵害消费者权利的具体责任者。如果依一般民事诉讼程序进行诉讼，则费时耗力，费用高昂，因而诉讼救济常常使消费者望而却步。因此，在解决日益严重的消费者问题方面，传统的民事救济手段都是有缺陷的。正是由于单靠传统民商法无法解决日益广泛复杂的消费者问题，因而各国纷纷通过专门立法来解决这一经济问题和社会问题。

消费者权益保护最早产生于资本主义垄断阶段，而后波及世界各国成为全球性运动。1960 年成立的国际消费者联盟就是具有代表性的国际非营利性组织。美国总统肯尼迪于 1962 年 3 月 15 日提出了消费者四项权利，即安全权利、了解情况的权利、选择权利和意见被听取的权利。1963 年尼克松总统又补充了“索取赔偿的权利”。1983 年国际消费者联盟将每年的 3 月 15 日确定为“国际消费者权益日”。我国消费者权益保护运动则起步较晚。1984 年 9 月，广州消费者委员会作为我国第一个消费者组织率先成立。1984 年 12 月，中国消费者协会由国务院批准成立。之后，各省、市、县等各级消费者协会相继成立。随着消费者权益保护组织的发展和“3・15”宣传活动的深入，消费者权益保护意识和能力日益增强。

三、消费者权益保护法的基本原则

消费者权益保护法的基本原则是该法的总的指导思想，是处理有关消费者问题并对相关社会关系进行法律调整的基本准则，贯穿于整个消费者权益保护立法、司法以及消费活动的每一个环节，反映市场经济条件下国家保护消费者权益的根本宗旨。我国《消费者权益保护法》体现的基本原则包括以下五个方面。

(一)特别保护原则

从法律地位上看，消费者和经营者是平等的民事活动主体，可是在实际生活中，在商品交易以及服务的过程中，消费者经常处于相对弱势的地位。消费者是分散的个体，而经营者多数是有组织的经济实体，有些甚至是经济实力非常雄厚的企业，而消费者经济能力相对较弱又缺乏专业的辨别商品或服务的技术知识。为平衡这种地位上不合理的差异，抑制不法经营行为，有效保护作为弱者的消费者的合法权益，《消费者权益保护法》规定了消费者的权利，同时对经营者设定了明确的义务，也规定了国家机关在保护消费者权益方面的职责。另外，在消费争议的解决、消费者权益受到损害的救济问题上，规定了一系列有利于消费者的程序和措施，对消费者给予了特别保护。

(二)社会共同保护原则

《消费者权益保护法》第 6 条规定：“保护消费者的合法权益是全社会共同的责任。国家鼓励、支持一切组织和个人对损害消费者合法权益的行为进行社会监督。大众传播媒介应当做好维护消费者合法权益的宣传，对损害消费合法权益的行为进行舆论监督。”这一规定确立了在消费者权益保护上的社会共同保护原则，即基于消费者的相对弱势地位，对其权益保护需国家、组织、个人共同监督以及大众传媒的有力支持。

（三）全面保护原则

消费者权益的全面保护原则即消费者权益要得到及时、有效、充分的保护，主要体现在如下几个方面：每个消费者的权益均受《消费者权益保护法》保护，《消费者权益保护法》未作规定的，受其他法律保护；每个消费者都享有全面的消费权利，《消费者权益保护法》规定了消费者的九大权利，基本上概括了消费者在社会生活不同领域、不同方面应当享有的权利；行政职能机关、消费者权益保护组织和司机关等，发现损害消费者合法权益的行为应及时立案查处；经营者对消费者承担修理、重作、更换、退货、补足商品数量的责任，退货款和服务费用或者赔偿的责任，经营者还要承担其产品和服务所造成的人身、财产损害赔偿责任，承担因欺诈行为造成损害的加倍赔偿责任。

（四）平等自愿、诚实信用原则

《消费者权益保护法》第 4 条明确规定："经营者与消费者进行交易，应当遵循自愿、平等、公平、诚实信用的原则。"另外，在"消费者的权利"部分又明确了消费者的自主选择权、公平交易权、受尊重权等，在"经营者的义务"中也明确了经营者的诚实信用的一些具体义务。

（五）无过错责任原则

民商法一般实行过错责任，而消费者权益保护法则更多采取严格的无过错责任。即产品如有缺陷并使消费者的人身和财产受到损失时，即使生产者在制造或销售过程中已经尽到了一切可能的注意，仍需对消费者承担责任，而消费者无须承担举证责任。此外，这种归责原则还扩大了合同效力的所及范围，即承担责任的卖方不仅包括零售商，还包括批发商、制造商及为制造该产品提供零部件的供应商等；而作为消费者的买方不仅包括直接购买者，还包括其亲属、亲友以及受到该产品伤害的其他人。当在消费过程中因质量缺陷而遭受损害时，消费者可自由选择向有直接合同关系或没有直接合同关系的生产商、销售商（含批发商与零售商）提出赔偿。也就是说，经营者也应当承担质量责任。当然，销售者赔偿后，属于生产者的责任或者属于向销售者销售产品的其他销售者的责任的，销售者有权向生产者或者其他销售者追偿；属于销售者责任的，生产者赔偿后，也有权向销售者追偿。

四、消费者权益保护法的特征

（一）保护范围广泛

消费者权益保护法是以消费者权益为保护对象的法律。基于消费者的弱者地位，消费者权益保护法特别保护消费者权益，而给予经营者一定限制。消费者权益保护的范围从一般日用品到高档消费品，直到服务领域，不仅涉及消费者的人身健康与安全，也涉及消费交易的公平、消费环境的改善和消费者的社会角色承认等各方面，涉及生活消费的各个领域。

（二）以强制性、禁止性规范为主

在规范方式上，消费者权益保护法体现了国家对市场经济进行规制的倾向，即对"契约自由"进行限制，因此多为强制性、禁止性规范。许多国家的消费者权益保护法规定了生产经营者的义务，以及对标准合同条款的限制。这类规定即为禁止性规范，如有违反则对其追究法律责任。这与传统民商法以任意性规范为主，倡导契约自由、意思自治不同。在责任形式上，消费者权益保护法则往往直接明确行政责任、刑事责任。如《消费者权益保护法》、《产品质量法》、《刑法》等规定，生产者、销售者如果在产品中掺杂、掺假，以假充真，以次充好，除应给予消费者民事赔偿外，有关主管行政部门可予以罚款、没收违法所得、吊销许可证或营业执照等行政处罚，并针对一定的严重危害消费者人身的犯罪行为规定了刑事责任；而民商法一般不涉及行政责任和刑事责任。

（三）消费者权益保护法调整的社会关系广泛

消费者权益保护法调整的对象是围绕保护消费者利益而产生的各种社会关系，主要包括国家机关与经营者之间的关系、国家与消费者之间的关系、生产经营者与消费者之间的关系。

1. 国家机关与经营者之间的关系

国家机关与经营者的关系是一种管理与被管理的关系，其实质内容就是为了保护消费者而产生的监督管理与被监督管理的关系。在我国，为履行保护消费者的职责而与生产经营者之间产生监督与被监督关系的国家机关主要有工商行政管理机关、标准管理机关、商品检验机关、计量管理机关、物价管理机关、药品管理机关、卫生防疫机关等，此外还有各种生产、经营、服务行业的主管机关。如工业主管机关、商业主管机关、交通主管机关、科学技术主管机关等。这些国家机关主要监督生产经营者按照国家各项规定进行生产和经营，不得有损害消费者利益的行为。

2. 国家与消费者之间的关系

国家与消费者之间的关系是一种指导与被指导的关系。负有保护消费者利益职责的有关国家机关，通过各种手段为消费者提供信息和消费知识方面的教育等。如日本《保护消费者基本法》规定，国家为使消费者能自主进行安全的消费生活，除了对消费者普及有关商品服务方面以及有关生活设计的知识等启发活动的同时，还采取必要的措施充实有关消费生活的教育。我国香港消费者协会在特别行政区政府的资助下免费向消费者提供咨询、免费发放宣传资料及实物指南等。国家与消费者的关系也体现在国家机关接受消费者的投诉、申诉、起诉、帮助消费者恢复被侵犯的权利等方面。

3. 生产经营者与消费者之间的关系

生产经营者与消费者之间的关系是一种在自愿平等、公平、诚实信用基础上的等价有偿的商品交换关系。这种关系具有一般民事法律关系所具有的特征，也具有国家干预的强烈色彩。在这种关系中，生产经营者不仅根据合同，而且要根据国家保护消费者利益的法律，对消费者承担责任。为了使消费者的正当权益得到有效保护，许多国家的法律还赋予消费者群众组织监督的权利。如匈牙利消费者全国理事，不仅对涉及消费者的各项法令有发言权，而且对消费者利益受到侵犯时，有向有关部门进行调查的权利，并提出应采取的措施。可见，消费者和生产经营者之间还存在着一种特定的监督与被监督的关系。

五、消费者权益保护法的性质与地位

（一）消费者权益保护法是经济法

消费者利益作为社会大多数成员的利益，属于社会公共利益。消费者问题已成为普遍的社会问题，经营者的侵权行为所侵害的消费者往往已不是消费者或使用者的单个主体，经营者的侵权范围涉及广大的消费者社会阶层。消费者权益保护法以社会责任为本位,对涉及消费者权益这类特定经济关系予以调整,体现了经济法维护社会公共利益的社会责任本位特质。

消费者在市场交易中处于弱者地位。《消费者权益保护法》从消费者利益出发,着重规定了消费者的权利和经营者的义务,从形式上看完全不同于传统民商法的形式特征,但正是这种形式的"不平等"却实现了法律上的实质公平。实质公平在交易中不可能自然实现,它要求国家对特定的经济生活进行适度干预,国家对消费者权益的特殊保护体现了国家对经济运行的协调,而这正是经济法的实质所在。

在保护消费者权益方面,经济法在一定程度上弥补了民商法保护之不足。侵害消费者权利的问题单靠传统的民商法是无法解决的,因为市场本身不能有效解决"信息偏在"问题;传统的民商法不能对处于弱者地位的消费者给予倾斜性的保护,以求得实质上的平等;另外,消费者问题是现代市场经济高度发展的结果,它只有通过国家进行法律规制和市场的不断完善才可能全面得以解决。对市场进行规制的任务由经济法来承担,经济法一方面对正当经营者予以鼓励和促进并保护他们的合法权益,另一方面对不正当经营者予以法律的制裁。《消费者权益保护法》作为市场管理法的一个重要内容,与《反不正当竞争法》、《产品质量法》、《价格法》、《广告法》等相互配合、相互支持、相互补充,共同规制市场。

(二)消费者权益保护法是经济法尤其是市场管理法的重要组成部分

消费者权益保护法针对的不是特定的消费者,而是对消费者阶层整体的保护,体现了社会本位、消费者本位的立法理念;消费者权益保护法在立法基础、调整对象、调整方法等方面突破了传统民商法体系,成为解决"信息偏在"、不正当竞争等造成市场失灵的重要手段,体现了国家对经济运行的协调,因此应当成为经济法律体系的重要组成部分。

(三)消费者权益保护法与反不正当竞争法、产品质量法的关系

消费者权益保护法与反垄断法、反不正当竞争法、产品质量法等有着天然的内在联系和许多共通之处,只是在立法的角度和侧重点方面各不相同而已。消费者权益保护法从对消费者权益的保护入手,体现对消费者权益最直接的保护,侧重对消费者权利的规定;产品质量法则从产品的质量规制入手,以提供合格产品质量保护消费者的生命、健康权利;而反不正当竞争法则从竞争秩序的规范入手,在规范经营者的行为中体现对消费者的保护。此外,反不正当竞争法中只规定了受损害的经营者的救济程序,而消费者因不正当竞争而受损害的救济则规定在消费者权益保护法中。

第二节 消费者权利

一、消费者概述

(一)消费者的概念

消费者是指为生活消费需要而购买、使用经营者所提供的商品或接受经营者所提供的服务的市场主体。任何人不论其自身的具体情况如何,都可以成为消费者。消费者主要包

括为了生活需要而购买商品或接受服务的人；另外，消费者还包括某种生活消费商品的使用人或服务的接受人，即使用他人购买的商品或接受由他人支付费用的服务的人。例如，在商店购买食品的人，他自己是交易过程中消费者各项权利的享有者，而消费该食品的子女、亲朋、同事等也是在使用过程中享有各项权利的消费者。

（二）消费者的特征

1.消费者的消费

消费者的消费是生活性消费。任何人只有在其进行消费活动时才是消费者。其目的是满足个人或家庭生活需要，而不是为了生产经营需要的。

2.消费者消费的客体

消费者消费的客体是商品和服务。《消费者权益保护法》所规定的消费行为的客体是指用于生活消费的那部分商品和服务。这里应当指出两点：一是商品和服务必须是合法的经营者在法律规定的商品和服务范围之内所提供的，法律禁止购买、使用的商品和禁止接受的服务，不属于《消费者权益保护法》规定的商品和服务；二是必须是消费者通过公开的市场交易而购买使用的商品或接受的服务，如果是私下的交易，即使是为生活消费而购买使用商品或接受服务，也不能作为"消费者"受到《消费者权益保护法》的保护。因该种交易缺乏公开性，难以用法律进行规制。我国《工商行政管理机关受理消费者申诉暂行办法》和消费者协会《受理消费者投诉暂行规定》就将"消费者无法证实自己权益受到侵害的申诉"和"个人之间私下交易商品的投诉"排除在受理申诉和投诉的范围之外。

3.消费者的消费方式

消费者的消费方式包括购买、使用（商品）和接受（服务）。这些消费方式一般是通过支付等同于商品、服务价格的货币而实现的，同时还可以通过提供其他形式的代价（如劳力、提供便利条件等）来实现消费目的，至于不支付任何代价而由经营者赠与的商品或服务，也属于受《消费者权益保护法》保护的消费方式。

二、消费者权利

消费者和消费者权益是《消费者权益保护法》存在的基础。消费者权益是指依法享有的以消费为目的，购买、使用或者接受服务的权利以及该权利受到保护时给消费者带来的应得利益。其核心是消费者权利，它的有效实现是消费者权益由应然状态转化为实然状态的前提和基础。《消费者权益保护法》规定了消费者的九项权利。

（一）安全保障权

安全保障权是指消费者在购买、使用商品和接受服务时享有的人身、财产安全不受侵害的权利。在现代科技条件下，技术密集的新工艺、新产品层出不穷，即使是成熟、定型了的产品，也可能由于制造、运输或其他方面的原因而给消费者的健康或生命安全造成威胁乃至实际损害。特别是食品、药品、化妆品直接关系到人的生存安全和健康，也最容易使消费者生命健康受到损害。凡重大的损害消费者事件，几乎都与这些特殊商品有关。如我国近年来多次发生的毒酒事件及劣质药品和化妆品事件。

安全权包括人身安全权和财产安全权。人身权利范围广泛，这里的人身安全仅指生命和健康安全。财产安全不仅指交易标的财产安全，也包括消费者其他财产的安全。基于安全权,消费者有权要求经营者提供的商品和服务符合保障人身、财产安全的要求。经营者提供的商品和服务,应符合法定规范的要求,没有达到上述要求的,消费者有权要求经营者采取补救措施。

(二)知情权

知情权也称知悉真情权,是指消费者享有的知悉其购买使用的商品或接受的服务的真实情况的权利。知情是消费决策的前提,在社会化生产和科技发达的时代,保证消费者能够正确地了解市场提供的各种商品和服务的信息具有十分重要的意义。随着生产和市场规模的扩大,产品和服务日益复杂化,消费者很难就产品或服务及其真实的使用价值和价值作出较为准确的判断。在这种情形下,生产者和销售者掌握着市场信息的主动权,消费者则处于十分不利的地位,往往成为厂商的广告和促销手段的牺牲品。而基于知情权,消费者有权对商品和服务真实情况进行全面了解,以使自己购买商品或服务的意思表示真实。消费者有权根据商品和服务的不同情况,要求经营者提供商品的价格、产地、生产者、用途、性能、规格、等级、主要成分、生产日期、有效期限、检验合格证明、使用方法说明书、售后服务或者服务的内容、规格、费用等有关情况。

(三)自主选择权

选择权是指消费者享有的自主选择商品或服务的权利。获得充分的信息是消费者进行有利选择的前提,而最终抉择——购买或不购买、购买何种商品、接受或不接受、接受何种服务应取决于消费者的自由意志。一般来说,消费者的自由选择权利包括两方面的含义:一是对于商品品种、服务方式及其提供者应有充分选择的余地;二是对于选择商品和服务及其提供者应有自由决定的权利而不受强制。

(四)公平交易权

公平交易权是指消费者享有的在购买商品或者接受服务时,获得质量保障、价格合理、计量正确等公平交易条件,拒绝经营者的强制交易的权利。关于商品和服务的质量,消费者有权要求生产经营者提供符合国家规定的标准或与生产经营者约定的标准,不致因质量低劣而妨碍消费。质量问题涉及消费者的利益,因此消费者必须增强权利意识,把获得合格的商品和服务当做不可放弃的神圣权利。关于商品和服务的价格,消费者要求生产经营者执行国家的法律、法规、政策或按质论价,不致因乱涨价或乱收费而蒙受经济利益的损失。关于商品和服务的计量,消费者有权要求生产经营者计量准确,不致因短斤少两而遭受经济损失。

(五)依法求偿权

求偿权是指消费者享有在购买、使用商品或者接受服务受到人身、财产损害时,依法获得赔偿的权利,是消费者合法权益受到侵害后的救济措施。人身权受到损害,包括生命健康权、姓名权、名誉权等受到损害;财产损失包括财物灭失、被盗等,以及伤、残、死亡等支付的费用等。享有求偿权的主体除消费者外还包括第三人,这里所说的第三人,主要是指到事故现场受到损害的人。

(六)依法结社权

结社权是指消费者享有依法成立维护自身合法权益的社会团体的权利。我国《宪法》明确规定,公民享有结社的权利。消费者享有依法成立维护自己合法权益的社会团体的权利是《宪法》规定的具体化。与生产经营者相比较,消费者处于弱者的地位。因此,建立组织、壮大力量,通过组织交流信息、代表其共同利益、反映其共同意见和心声,也是符合消费者利益的。消费者可以通过“自治”的组织和活动,维护自身的权益,并参与国家消费政策、法律的制定,以及对国家和生产经营者进行社会监督。

(七)知识获得权

知识获得权是指消费者享有获得有关消费和消费权益保护方面知识的权利。消费者在消费经济关系中处于弱者地位,在技术发展日新月异和五花八门的商品世界中,尤其容易受到伤害。许多消费者由于受到教育程度和个人所处环境的局限,对其毫无所知。即使是知识分子,由于其专业范围和个人兴趣的限制,也无法学习和了解各种必要的消费知识和法律知识。因此,国家和社会就应该在一定程度上承担消费知识宣传教育的义务,消费者则有从国家、社会、厂商处得到消费知识的权利。而知识获得权的具体内容包括两个方面:其一,获得有关消费方面的知识,如有关商品和服务的知识、有关市场的知识;其二,获得有关消费者权益保护方面的知识。而作为消费者,应当努力掌握所需商品或者服务的知识和使用技能,正确使用商品,提高自我保护意识,更好地实现消费目标,不断增强自我保护能力。

(八)人格尊严和风俗习惯受尊重权

人格尊严和风俗习惯受尊重权是指消费者享有在购买、使用商品和接受服务时,人格尊严、民族风俗习惯得到尊重的权利。人格尊严作为公民的一项基本权利是指公民的姓名权、名誉权、肖像权、人身自由权等应当受到高度的尊重和重视。在消费领域中,消费者的人格尊严受到尊重是消费者应当享有的最起码的权利,这也是我国《宪法》赋予公民的基本权利。但由于各方面条件的限制,侵犯消费者人格尊严的行为还是常有发生。如消费者反复比较、反复挑选商品导致经营者不耐烦或者挖苦、讽刺谩骂,非法盘查、扣留消费者的行为也时有发生。这些都说明消费者人格尊严不受侵犯是不容忽视的问题。我国是一个统一的多民族国家,每个民族都有自己的服饰、饮食、居住、礼节等风俗习惯,而这些风俗习惯也必然在生活消费的过程中表现出来。作为经营者和其他消费者应当自觉地尊重这些风俗习惯,不能对少数民族的一些习俗进行嘲讽,在为少数民族消费者提供商品和服务时不准有伤害民族感情的行为发生。

(九)监督批评权

监督批评权是指消费者享有对商品和服务以及保护消费者权益工作进行监督的权利。社会监督是国家保护消费者合法利益的重要手段,而消费者的监督权是社会监督的重要组成部分,也是实现社会监督的重要途径。该项权利依照《消费者权益保护法》的规定,包括三个方面的内容:其一,消费者有权对经营者提供商品和服务的全过程进行监督,有权检举、控告侵害消费者权益的行为;其二,消费者有权检举、控告国家机关及其工作人员在保护消费者权益工作中的违法失职行为,促进其改进工作作风,提高工作效率,全心全意为广大消费者服务;其三,消费者有权对消费者权益工作提出批评、建议,督促消费者保护机构或组织纠正工作中的错误,完善各项制度。

第三节 经营者义务

一、经营者义务的概念

经营者义务是指经营者在生产经营活动中应当依照法律为一定行为或不为一定行为。经营者义务是一种法律上的义务，即是法律规范所规定的、法律关系主体所承担的某种必须履行的责任。经营者义务的主体包括生产者、销售者和服务者。消费者的权利和经营者的义务是相对应的，消费者享有的权利就是经营者的义务。《消费者权益保护法》只规定了经营者的义务，而未规定经营者的权利，并不意味着经营者不享有权利，其意义在于明确经营者的义务，通过国家法律的约束性和强制性，督促经营者履行应尽的义务，确保消费者权利的真正实现。

二、经营者义务的内容

《消费者权益保护法》根据我国的具体情况，针对消费者权利的有关规定，确定了经营者的十项义务。

(一)依照法定或约定提供商品和服务的义务

根据《消费者权益保护法》第 16 条规定，经营者向消费者提供商品或服务，应当依照《中华人民共和国产品质量法》和其他有关法律、法规的规定履行义务。经营者和消费者有约定的，应当按照约定履行义务，但双方的约定不得违背法律、法规的规定。由此可知，经营者应承担的义务包括法定义务和约定义务。

1. 履行法定义务

经营者向消费者提供商品和服务，应当遵守有关法律、法规规定的义务。这里主要指履行《产品质量法》、《食品卫生法》、《计量法》、《商标法》、《广告法》、《反不正当竞争法》、《环境保护法》等有关法律、法规规定的法定义务。法定义务是对经营者履行各项义务的概括性、原则性的规定，起着统率各项具体义务的作用。

2. 履行约定义务

在消费领域，经营者提供商品或者服务的活动是纷繁复杂，形式多样的，法律法规不可能对每一种经营活动的内容作出全面、具体的规定。在这种情况下，经营者与消费者之间的关系实质上是一种合同关系。此外法律基于消费者处于弱者的地位，强调了经营者要依约履行义务。需要进一步明确的是，经营者与消费者的约定必须以不违背法律、法规的规定为前提，经营者与消费者之间违背法律、法规的约定是无效的。

(二)接受监督的义务

根据《消费者权益保护法》第 17 条规定，经营者应当听取消费者对其提供的商品或服务的意见，接受消费者的监督。经营者应尊重消费者的权益，认真听取消费者对商品和服务的意见，接受消费者监督，不得以任何方式拒绝消费者的监督。为便于监督和追偿，明确责任，经营者向消费者提供商品和服务时，应按国家规定或商业惯例向消费者出具购货凭证或服务单据,消费者索要的,经营者必须出具。如果说消费者要求交涉、投诉和起诉的权利是事后的权利的话,那么批评与监督则属于事前的权利,它是一种更为积极的预防措施,是减少损害和纠纷发生的有效手段。

(三)保证商品和服务安全的义务

根据《消费者权益保护法》第 18 条规定,经营者应当保证其提供的商品或服务符合保障人身、财产安全的要求:对可能危及人身财产安全的商品和服务,应当向消费者作出真实的说明和明确的警示,并说明和标明正确使用商品或者接受服务的方法以及防止危害发生的方法;经营者向消费者所作的商品或者服务潜在危险的说明,可以用语言形式,也可以用图示形式,但不论用什么方式,都要求做到真实、充分、准确、恰当。

(四)提供商品和服务真实信息的义务

经营者有义务向消费者提供商品或者服务的真实情况,这是诚实守信原则在消费领域的具体要求,也是实现消费者知情权的有力保障。经营者履行向消费者提供商品和服务真实信息的义务包括以下几点:

(1)经营者向消费者提供有关商品或者服务的真实信息时,不得作引人误解的虚假宣传。现代社会,商品宣传具有很大的诱惑性和指导性。宣传的真实性是消费者的知情权、选择权的保障。引人误解的宣传实际上是对消费者的愚弄,虚假的宣传实际上是对消费者的欺骗。这两种错误的宣传都会误导消费者的消费方向,侵犯消费者的合法权益。

(2)经营者对消费者就其提供的商品或者服务的质量和使用方法等问题提出的询问,应当作出真实、明确的答复。这表明了经营者对消费者询问的答复不是可有可无,而是必须履行的一项法定义务,也是保障消费者知情权实现的一个途径。

(3)商店提供商品应当明确标价。商品的价格是影响消费者购买决策的重要信息,商店里实行明码标价,使消费者得到真实的价格信息,既可以避免经营者逃避有关机关对价格是否合理的监督检查,也可以避免消费者因缺乏交易经验而吃亏上当。

(五)标明真实名称和标记的义务

企业名称和营业标记的主要功能就是区别商品和服务的经营主体,区别商品和服务的来源。经营者的名称和标记一方面代表着经营者的商业信誉,另一方面代表着经营者的法律身份。依照法律的规定,经营者应当标明其真实名称和标记,不得假冒或仿冒其他企业的名称和商业标记。租赁他人柜台或者场地的经营者也应当标明真实名称和标记,以防止消费者发生误解或误认。经营者只有切实履行这项义务,才能使消费者能够正确地进行消费决策和准确地确定求偿主体。

(六)出具购货凭证或服务单据的义务

为了有利于解决经营者和消费者之间发生的纠纷,使经营者和消费者之间的交易行为有据可查,《消费者权益保护法》将经营者向消费者出具购货凭证和服务单据作为经营者必须履行的义务:其一,经营者应当按照国家有关规定和商业惯例向消费者出具购货凭证;其二,消费者索要购货凭证或者服务单据的,经营者必须出具。

(七)保证商品和服务质量的义务

商品、服务的质量是否符合法定和约定条件,直接关系到消费者的利益。因此,保证商品和服务的质量是消费者对经营者的基本要求,是经营者必须履行的义务。此项义务包括:

其一，经营者应当保证在正常使用或者接受服务的情况下，其提供的商品或者服务应当具有的质量、性能、用途和有效期限。但此项义务也不是绝对的，在消费者购买商品或者接受服务前已经知道商品或者服务存在瑕疵的除外。其二，经营者以广告、产地说明、实物样品或者其他方式表明的商品或服务必须与其质量相符。

（八）履行“三包”或相应责任的义务

根据《消费者权益保护法》第23条规定，经营者提供商品或服务，按照国家规定或者消费者的约定，承担包修、包换、包退或者其他责任的，应当按照国家规定或者约定履行，不得故意拖延或者无理拒绝。

（九）不得从事不公平、不合理交易的义务

为了保障消费者的公平交易权，经营者不得以格式合同、告示、通知、声明、店堂告示等方式作出对消费者不公平、不合理的规定或者减轻、免除其损害消费者合法权益应当承担的民事责任；格式合同、通知、声明、店堂告示等含有对消费者作出的不公平、不合理的规定或者减轻、免除损害赔偿责任的内容的，其内容无效。

（十）不得侵犯消费者人格权的义务

人格权作为民事主体的基本权利，历来受到法律的高度重视和保护。消费者权益保护法在赋予消费者人格尊严必须受到尊重的权利的同时，进一步规定了经营者负有尊重消费者人格尊严的义务。这一义务包括以下几个方面：一是经营者不得对消费者进行侮辱、诽谤；二是不得搜查消费者的身体及其携带的物品；三是不得侵犯消费者的人身自由。

第四节 消费者权益保护

一、消费者权益保护的机构与组织

各级人民政府工商行政管理部门和其他有关行政部门，如技术监督部门、卫生监督部门、物价管理监督部门、进出口商品检验部门等，依照法律、法规的规定，在各自的职责范围内，保护消费者的合法权益。此外，消费者协会和其他消费者组织是依法成立的对商品和服务进行社会监督的保护消费者合法权益的社会团体。

消费者协会履行下列职能：①向消费者提供消费信息和咨询服务；②参与有关行政部门对商品和服务的监督、检查；③就有关消费者合法权益的问题，向有关行政部门反映、查询，提出建议；④受理消费者的投诉，并对投诉事项进行调查、调解；⑤投诉事项涉及商品和服务质量问题的，可以提请鉴定部门鉴定，鉴定部门应当告知鉴定结论；⑥就损害消费者合法权益的行为，支持受损害的消费者提起诉讼；⑦对损害消费者合法权益的行为，通过大众传播媒介予以揭露、批评。

各级人民政府对消费者协会履行职能应当予以支持。

二、消费者权益保护的途径

根据《消费者权益保护法》规定，如果消费者和经营者发生消费者权益争议时，可以通过下列途径解决：

(一)与经营者协商和解

与经营者协商和解是指消费者与经营者发生争议后，双方本着公平合理解决问题的态度与诚意，在平等自愿的原则基础上，通过摆事实，讲道理，充分交换意见，取得沟通，从而使矛盾得到化解，问题得到解决的方法。

(二)请求消费者协会调解

请求消费者协会调解是指发生消费者权益争议后，在消费者协会的主持下，当事人双方通过协商，使纠纷得到解决的方法。

(三)向有关行政部门申诉

向有关行政部门申诉是指消费者权益争议发生后，其他方法已经使用过但并未解决问题的情况下，依靠行政手段解决纠纷的方法。

(四)根据与经营者达成的仲裁协议提请仲裁机构仲裁

根据与经营者达成的仲裁协议提请仲裁机构仲裁是指消费者权益争议发生后，双方通过仲裁机构仲裁解决纠纷的方法。

(五)向人民法院提起诉讼

向人民法院提起诉讼是在通过协商、调解、仲裁等方法未解决消费者权益争议的情况下，依靠司法审判程序解决问题的一种最有权威、最有力度的方式。

三、消费赔偿责任的确定

(一)生产者、销售者和服务者的责任

消费者在购买、使用商品时，其合法权益受到损害的，可以向销售者要求赔偿。销售者赔偿后，属于生产者的责任或者属于向销售者提供商品的其他销售者的责任的，销售者有权向生产者或者其他销售者追偿。

消费者或者其他受害人因商品缺陷造成人身、财产损害的，可以向销售者要求赔偿，也可以向生产者要求赔偿。属于生产者责任的，销售者赔偿后，有权向生产者追偿。属于销售者责任的，生产者赔偿后，有权向销售者追偿。

消费者在接受服务时，其合法权益受到损害的，可以向服务者要求赔偿。

(二)变更后的企业责任

消费者在购买、使用商品或者接受服务时，其合法权益受到损害，因原企业分立、合并的，可以向变更后承受其权利义务的企业要求赔偿。

(三)营业执照使用人和持有人的责任

使用他人营业执照的违法经营者提供商品或者服务，损害消费者合法权益的，消费者可以向其要求赔偿，也可以向营业执照的持有人要求赔偿。

(四)展销会举办者、租赁柜台出租者的责任

消费者在展销会、租赁柜台购买商品或者接受服务，其合法权益受到损害的，可以向销售者或者服务者要求赔偿。展销会结束或者柜台租赁期满后，也可以向展销会的举办者、柜台的出租者要求赔偿。展销会的举办者、柜台的出租者赔偿后，有权向销售者或者服务者追偿。

（五）广告经营者的责任

消费者因经营者利用虚假广告提供商品或者服务，其合法权益受到损害的，可以向经营者要求赔偿。广告的经营者发布虚假广告的，消费者可以请求行政主管部门予以惩处。广告的经营者不能提供经营者的真实名称、地址的，应当承担赔偿责任。

四、侵犯消费者权益的法律责任

（一）民事责任

1. 承担民事责任的法定情形

经营者提供商品或者服务有下列情形之一的，除《消费者权益保护法》另有规定外，应当依照《产品质量法》和其他有关法律、法规的规定，承担民事责任：①商品存在缺陷的；②不具备商品应当具备的使用性能而出售时未作说明的；③不符合在商品或者其包装上注明采用的商品标准的；④不符合商品说明、实物样品等方式表明的质量状况的；⑤生产国家明令淘汰的商品或者销售失效、变质的商品的；⑥销售的商品数量不足的；⑦服务的内容和费用违反约定的；⑧对消费者提出的修理、重作、更换、退货、补足商品数量、退还货款和服务费用或者赔偿损失的要求，故意拖延或者无理拒绝的；⑨法律、法规规定的其他损害消费者权益的情形。

当侵犯消费者权益的行为同时符合《消费者权益保护法》和《民法通则》、《合同法》等普通民事法律的民事责任要件时，消费者有权选择适用《消费者权益保护法》请求保护。

2. 特殊规定

（1）“三包”责任。根据《消费者权益保护法》第 45 条明确规定，对国家规定或者经营者与消费者约定包修、包换、包退的商品，经营者应当负责修理、更换或者退货。在保修期内两次修理仍不能正常使用的，经营者应当负责更换或者退货。对于“三包”的大件商品，消费者要求经营者修理、更换、退货的，经营者应当承担运输等合理费用。

（2）邮购商品的民事责任。以邮购方式买卖商品是现代社会商品销售的一种手段。由于买卖双方并不直接见面，作为购买方的消费者又无力调查经营方的资信和实力，往往货款寄出，却得不到满意的商品，甚至根本得不到商品。为此，《消费者权益保护法》规定，经营者以邮购方式提供商品的，应当按照约定提供；未按照约定提供的，应当按照消费者的要求履行约定或者退回货款，并应当承担消费者必须支付的合理费用。

（3）预收款方式提供商品或服务的责任。在某些情况下，经营者先预收部分款项，提供商品或服务后再与消费者进行结算。根据《消费者权益保护法》第 47 条规定，经营者以预收款方式提供商品或服务的，应当按照约定提供；未按照约定提供的，应依照消费者的要求履行约定或者退回预付款，并应当承担预付款的利息、消费者必须支付的合理费用。

（4）消费者购买的商品，依法经有关行政部门认定为不合格的，消费者可以要求退货，经营者应当负责退货，而不得无理拒绝。根据这一规定，对一般商品，发现问题后应经过修理、更换，仍无法使用的再予以退货；对不合格商品，只要消费者要求退货，经营者即应负责办理，不得以修理、更换或者其他借口延迟或者拒绝消费者的退货要求。

3. 因提供商品或服务造成人身伤害、人格受损、财产损失的民事责任及赔偿范围

（1）人身伤害的民事责任。经营者提供商品或服务，造成消费者或其他人受伤、残疾、死

亡的，应承担下列责任：①造成消费者或者其他受害人人身伤害的，应当支付医疗费、治疗期间的护理费、因误工减少的收入等费用；②造成残疾的，除上述费用外，还应支付残疾者生活自助具费、生活补助费、残疾赔偿金以及由其抚养的人所必需的生活费等费用；③造成消费者或其他受害人死亡的，应当支付丧葬费、死亡赔偿金以及由死者生前抚养的人所必需的生活费用。

（2）侵犯消费者人格尊严、人身自由的民事责任。根据《消费者权益保护法》第 25 条规定，经营者不得对消费者侮辱、诽谤，不得侵犯消费者的人身自由。违反上述规定的，经营者应当停止侵害、恢复名誉、消除影响、赔礼道歉，并赔偿损失。

（3）财产损害的民事责任。经营者提供商品或者服务，造成消费者财产损害的，应当以修理、重作、更换、退货、补足商品数量、退还货款和服务费用或者赔偿损失等方式承担民事责任。同时，《消费者权益保护法》承认并尊重消费者与经营者的自由协议，当双方对财产损害的补偿有约定的，可按照约定履行。

4. 对欺诈行为的惩罚性规定

《消费者权益保护法》第 49 条规定："经营者提供商品或者服务有欺诈行为的，应当按照消费者的要求增加赔偿其受到的损失，增加赔偿的金额为消费者购买商品的价格或者接受服务的费用的一倍。"这是我国第一个适用惩罚性赔偿的立法例。这一立法例得到了 1999 年颁布的《合同法》第 113 条第 2 款的进一步肯定。

《消费者权益保护法》第 49 条规定的惩罚性赔偿，属于特别法上的责任规则。设定这一规则的目的：一是惩罚性地制止损害消费者的欺诈行为人，特别是制造、销售假货的经营者；二是鼓励消费者同欺诈行为和假货做斗争。

（1）欺诈消费者行为的概念及判断标准。这里所说的欺诈行为，是指经营者故意在提供的商品或服务中，以虚假陈述或者其他不正当手段欺骗、误导消费者，致使消费者权益受到损害的行为。实践中，对"欺诈行为"应当以客观的方法检验和认定，即根据经营者在出售商品或提供服务时所采用的手段来加以判断。所以，只要证明下列事实存在，即可认定经营者构成欺诈行为：第一，经营者对其商品或服务的说明行为是虚假的，足以使一般消费者受到欺骗或误导。第二，消费者因受误导而接受了经营者的商品或服务，即经营者的虚假说明与消费者的消费行为之间存在因果关系。

国家工商行政管理局 1996 年 3 月发布的《欺诈消费者行为处罚办法》第 3 条、第 4 条列举了一些典型的欺诈行为，例如，销售掺杂、掺假，以假充真，以次充好的商品；以虚假的"清仓价"、"甩卖价"、"最低价"、"优惠价"或者其他欺骗性价格表示销售商品；以虚假的商品说明、商品标准、实物样品等方式销售商品；不以自己的真实名称和标记销售商品；采取雇用他人等方式进行欺骗性的销售诱导；利用广播、电视、电影、报刊等大众传播媒介对商品作虚假宣传；销售假冒商品和失效、变质商品；等等。在实践中，所有这些行为都可以根据客观的事实（或者说，经营行为的外观）加以确定。

（2）赔偿数额。对经营者的欺诈行为，消费者不仅可以获得补偿性的赔付，还可要求增加赔偿额。增加赔偿的金额为消费者购买商品的价款或者接受服务的费用的 1 倍。由于增加的这部分赔偿金额是超出消费者的实际损失的，因此带有惩罚性质。

（二）行政责任

1. 法定情形

根据《消费者权益保护法》第 50 条的规定，经营者有下列情形之一，应当承担行政责任：①生产、销售的商品不符合保障人身、财产安全要求的；②在商品中掺杂、掺假，以假充真，以次充好，或者以不合格商品冒充合格商品的；③生产国家明令淘汰的商品或者销售失效、变质的商品的；④伪造商品的产地，伪造或者冒用他人的厂名、厂址，伪造或者冒用认证标志、名优标志等质量标志的；⑤销售的商品应当检验、检疫而未检验、检疫或者伪造检验、检疫结果的；⑥对商品或者服务作引人误解的虚假宣传的；⑦对消费者提出的修理、重作、更换、退货、补足商品数量、退还货款和服务费用或者赔偿损失的要求，故意拖延或者无理拒绝的；⑧侵害消费者人格尊严或者侵犯消费者人身自由的；⑨法律、法规规定的对损害消费者权益应当予以处罚的其他情形。

2. 行政责任的内容

《消费者权益保护法》第 50 条规定："《中华人民共和国产品质量法》和其他有关法律、法规对处罚机关和处罚方式有规定的，依照法律、法规的规定执行；法律、法规未作规定的，由工商行政管理部门责令改正，可以根据情节单处或者并处警告、没收违法所得、处以违法所得一倍以上五倍以下的罚款，没有违法所得的，处以一万元以下的罚款；情节严重的，责令停业整顿、吊销营业执照。"

同时，根据《消费者权益保护法》第 51 条的规定，经营者对行政处罚决定不服的，可以自收到处罚决定之日起 15 日内向上一级机关申请复议，对复议决定不服的，可以自收到复议决定书之日起 15 日内向人民法院提起诉讼；也可以直接向人民法院提起诉讼。

（三）刑事责任

《消费者权益保护法》第 41 条、第 42 条对经营者侵犯消费者权益的刑事责任作出了规定，经营者提供商品或者服务，造成消费者或者其他受害人人身伤害或者死亡，构成犯罪的，依法追究刑事责任。

民事责任、行政责任、刑事责任的适用条件不同，所起的作用也不同。对消费者而言，强制经营者承担民事责任对其更为直接有效。当消费纠纷发生时或消费者权益受到损害之后，如何获得最充分、最有效、最迅捷的补偿，是消费者最关心的问题。民事责任的基本特征是补偿性和赔偿性，即通过一方当事人承担相应的民事责任，使对方当事人受到的财产损害、人身损害、精神损害得以赔偿和弥补。所以，对侵犯消费者合法权益的行为，承担民事责任为先。

【思考题】

一、单项选择题

1. 郭某与 10 岁的儿子到饭馆用餐，上厕所时将手提包留在座位上并叮嘱儿子看管，回来后发现手提包丢失。郭某要求饭馆赔偿被拒绝，遂提起民事诉讼。根据消费者安全保障权，下列哪一种说法是正确的？（　　）

A. 饭馆应保障顾客在接受服务时的财产安全，并承担顾客随身物品遗失的风险

B. 饭馆应保证其提供的饮食服务符合保障人身、财产安全的要求，但并不承担对顾客随身物品的保管义务，也不承担顾客随身物品遗失的风险

C. 饭馆应对顾客妥善保管随身物品作出明显提示，否则应当对顾客的物品丢失承担赔偿责任

D. 饭馆应确保其服务环境绝对安全，应当对顾客在饭馆内遭受的一切损失承担赔偿责任

2. 某美容店向王某推荐一种“雅兰牌”护肤产品。王某对该品牌产品如此便宜表示疑惑，店家解释为店庆优惠。王某买回使用后，面部出现红肿、瘙痒，苦不堪言。质检部门认定系假冒劣质产品。王某遂向美容店索赔。对此，下列哪一选项是正确的？（　　）

A. 美容店不知道该产品为假名牌，不应承担责任

B. 美容店不是假名牌的生产者，不应承担责任

C. 王某对该产品有怀疑仍接受了服务，应承担部分责任

D. 美容店违反了保证商品和服务安全的义务，应当承担全部责任

3. 在经营者有下列哪一种行为的情况下，消费者可对经营者请求“退一赔一”？（　　）

A. 进口的眼镜及说明书没有标注生产厂名和厂址

B. 出售国家明令淘汰的农药

C. 速食品及包装上没有标注生产日期和保质期

D. 中国大陆制造的皮鞋标明为意大利原产进口

二、多项选择题

1. 甲公司租赁乙公司大楼举办展销会，向众商户出租展台，消费者李某在其中丙公司的展台购买了一台丁公司生产的家用电暖器，使用中出现质量问题并造成伤害，李某索赔时遇上述公司互相推诿。上述公司的下列哪些主张是错误的？（　　）

A. 丙公司认为属于产品质量问题，应找丁公司解决

B. 乙公司称自己与产品质量问题无关，不应承担责任

C. 丁公司认为产品已交丙公司包销，自己不再负责

D. 甲公司称展销会结束后，丙公司已撤离，自己无法负责

2. 某公司生产销售一款新车，该车在有些新设计上不够成熟，导致部分车辆在驾驶中出现故障，甚至因此造成交通事故。事后，该公司拒绝就故障原因作出说明，也拒绝对受害人提供赔偿。该公司的行为侵犯了消费者的哪些权利？（　　）

A. 安全保障权　　B. 知悉真情权　　C. 公平交易权　　D. 获取赔偿权

3. 经营者的下列哪些行为违反了《消费者权益保护法》的规定？（　　）

A. 商家在商场内多处设置监控录像设备，其中包括服装销售区的试衣间

B. 商场的出租柜台更换了承租商户，新商户进场后，未更换原商户设置的名称标牌

C. 顾客以所购商品的价格高于同城其他商店的同类商品的售价为由要求退货，商家予以拒绝

D. 餐馆规定，顾客用餐结账时，餐费低于人民币 5 元的不开发票

三、简答题

1. 简述消费者权益保护法、消费者的概念。

2. 消费者的权利有哪些？

3. 经营者义务的内容有哪些？

4. 试列举消费者权益保护的途径。

第十一章　产品质量法

【主要内容】

本章重点阐述了产品、产品质量与产品质量法；生产者、销售者的产品质量责任和义务；产品质量监督管理制度；违反产品质量法的法律责任等内容。

【教学要求】

了解我国目前产品质量立法和实施情况；掌握产品质量法的概念和特点；理解产品质量管理制度和生产者、销售者的产品质量义务及产品质量责任的内容。

第一节　概　述

任何产品从设计、生产到最终的消费，中间都要经过制造、加工、包装、运输、销售等很多环节，这些环节中的任何一环出现问题，都会导致产品的质量产生问题，从而直接损害消费者的利益。最初，产品责任的相关立法一直遵循无合同即无责任的原则，即使消费者受到损害，但由于与生产者之间无合同关系，而得不到应有的赔偿。随着商业竞争的不断加剧，消费者权益的保护问题变得更加突出。一方面，经营者为了争夺市场往往会利用广告等媒介推广自己的产品，并且通常情况下都会肆意地夸大优点，隐瞒缺点；另一方面，产品的使用变得日益复杂，产品标识不清或者不明确的现象层出不穷，消费者权益时常受到损害。因此，各国都纷纷加强了对产品质量的监管，不断完善产品质量和产品责任的相关立法。

一、产品

根据《中华人民共和国产品质量法》(以下简称《产品质量法》)第 2 条的规定，产品是指经过加工、制作，用于销售的产品。因此，属于我国产品质量法调整范围的产品应该具备以下特征。

(一)产品必须是经过加工、制作并用于销售的物品

加工制作是指改变原材料、毛坯或物品的形状、性质或状态，从而使之达到规定的各种要求。因此，产品首先必须经过人工的加工，这样就将未经过加工的天然品和初级农产品排

除在产品的范围之外。如石油、煤炭、农林牧副渔等初级农产品等，就不属于产品的范围。其次，产品还必须用于销售，即必须以营利为目的。这两个条件必须同时具备，否则就不属于产品的范围。

(二)产品包括进口产品

根据《产品质量法》第 2 条的规定，在我国境内从事产品生产、销售活动，必须遵守我国的产品质量法。也就是说，只要是在我国领域内销售的进口产品，同样属于我国产品质量法所调整的产品的范围，必须遵守我国产品质量法。

(三)建设工程等不动产不属于产品范围

建设工程指的是工业建筑物、民用建筑物等建筑物。由于其属于不动产的范畴，有专门的不动产相关法律法规对其质量、责任等进行规范，因此建设工程等不动产不属于产品的范畴，不适用产品质量法的规定。但是需要注意的是，建设工程中所使用的建筑材料、建筑构件、建筑配件、建筑设备等，都属于产品的范围，适用产品质量法的规定。

(四)水、电、天然气等无形产品及军工产品不属于产品范围

水、电、天然气等无形产品及军工产品的质量同样由其他专门法律法规予以规范，因此也不属于产品质量法所说的产品的范围，不适用产品质量法。

(五)人体器官及其组织体不属于产品范围

人体的各器官及其组织体的买卖是各国严厉禁止的，因此人体的各器官及其组织体自然不属于产品的范围。

二、产品质量

产品质量是指依据国家有关法律、法规、质量标准等的规定以及合同的约定，对产品的适用性、安全性、可靠性、有效性、维修性、经济性以及其他特性的要求。产品质量是产品的内在素质和外在形态等各种要素的综合体，缺少其中任何一个方面都将造成对产品质量的片面理解。不同产品的特征和特性各异，并且在不同的时期、不同的地域，人们对产品质量的要求是不同的；消费者生活水平的不同，也会影响到他们对产品质量的要求。因此，产品质量的要求是随着生产技术水平、社会生活等因素的不断变化而发展的。按照国际标准化组织对于产品质量的界定，影响产品质量的因素主要包括产品的结构、精度、纯度、机械物理指标和化学指标等内在质量，也包括产品的形状、色彩、光泽、手感等外观方面的质量。影响产品质量的既有物理因素，又有技术因素，甚至还有社会因素。

三、产品质量法

(一)产品质量法的概念

产品质量法是指调整产品在生产、流通、销售以及监督管理过程中，因产品质量而发生的各种经济关系的法律规范的总称。产品质量法一般包括产品质量责任、产品质量监督管理、产品质量损害赔偿及处理质量争议等方面的法律规定。产品质量法主要调整三个方面的经济关系：一是产品质量监督管理关系，即国家对企业的产品质量进行监督管理过程中所发生的经济关系；二是产品质量责任关系，即产品的制造者和销售者与产品的使用者、消费者之间发生的经济关系；三是产品质量检验、认证关系，即因中介服务所产生的中介机构与

市场经营主体之间的关系以及因产品质量的检验和认证失实而损害消费者权益而产生的关系。

产品质量法有广义和狭义之分，狭义的产品质量法是指1993年2月22日第七届全国人大常务委员会第三十次会议通过的《产品质量法》(自1994年1月1日正式实施)。2000年7月8日，第九届全国人民代表大会常务委员会第十六次会议通过了《关于修改〈产品质量法〉的决定》(自2000年9月1日起施行)，对其做了修改。广义的产品质量法是指所有调整产品质量关系的相关法律法规，还包括《计量法》、《标准化法》、《食品卫生法》、《药品管理法》、《农产品质量安全法》、《消费者权益保护法》以及其他法律法规中有关产品质量的相关规定。

(二)产品质量立法的原则

1."质量第一"原则

从这一宗旨出发，《产品质量法》既要保护用户、消费者的合法权益，又要平衡生产者、销售者与用户、消费者之间的利益关系；既要制裁违反《产品质量法》的行为，又要推进经济增长方式的转变，促进社会生产力的发展。

2.无过错责任原则与过错责任原则并存

生产者、销售者应当保证产品的质量。凡是违反了《产品质量法》的要求，除法律规定的免责情况外，都应承担相应的法律责任。其中，瑕疵产品的责任不以造成损害为前提，也不论是否存在过错；产品因缺陷造成损害的法律后果，不论生产者有无过错，实行严格责任原则；同时对销售者实行过错责任原则，或过错推定原则。

(三)产品质量法的调整对象和适用范围

1.产品质量法的调整对象

《产品质量法》有两方面的调整对象：一是产品质量责任关系，它属于生产者、消费者与用户、消费者之间在生产、流通和消费领域所发生的经济关系；二是产品质量监督管理关系，它属于行政机关执行产品质量管理职能而发生的经济关系。

2.产品质量法的适用范围

从空间上讲，在中华人民共和国境内从事产品生产、销售活动，包括销售进口商品，必须遵守《产品质量法》。从主体上讲，该法适用于生产者、销售者、用户和消费者以及监督管理机关。从客体上讲，该法只适用于生产、流通的产品，即动产。

(四)制定和实施产品质量法的意义

制定和实施《产品质量法》是建设社会主义市场经济的客观要求。《产品质量法》的制定和实施对于引导产品质量提升起着关键性的作用。《产品质量法》对产品质量达到什么标准，用户、消费者对产品质量享有哪些权利，经营者负有哪些义务，产品质量不合格造成损害应当如何承担责任，国家怎样加强对产品质量的监督管理以维护正常的社会经济秩序等问题，都从法律上进行了规定。同时，《产品质量法》在打击质量违法犯罪行为，加大监督、抽查、曝光、责令整改力度，强化生产者、经营者在产品质量方面的责任意识和国家对产品质量的监管职能，保护用户、消费者的合法权利，维护社会经济秩序方面也起到不可替代的作用。

第二节 生产者、销售者的产品质量义务

一、产品质量义务的概念

根据《产品质量法》的规定，生产者和销售者在产品生产和销售过程中应当履行保证产品质量的法定责任和义务，这既是生产者、销售者实施产品质量自我管理的重要内容，也是产品质量管理的重要方面。产品质量义务是指产品的生产者和销售者必须为一定质量行为或不为一定质量行为，以满足对方利益需要的责任。

二、生产者的产品质量义务

保证产品质量是生产者的首要义务，这不仅取决于生产者自身的社会地位和性质，而且取决于为了满足消费者规定的或潜在的要求。

（一）生产者生产的产品应符合的质量要求

生产者生产的产品应符合以下四项内在的质量要求：不存在危及人体健康和人身、财产安全的不合理的危险；有保障人体健康以及人身、财产安全的国家标准、行业标准的，应当符合该标准；具备产品应当具备的使用性能，但对产品存在使用性能的瑕疵作出说明的除外；符合在产品或者其包装上注明采用的产品标准，符合以产品说明、实物样品等方式表明的质量状况。

（二）生产者生产的产品或者其包装上的标识应当符合要求

产品标识是指表示产品的名称、产地、生产厂厂名、厂址、产品质量状况、保存期限等信息情况的表述和指示。产品标识可以标注在产品上，也可以标注在产品的包装上。根据《产品质量法》的规定，产品标识应符合以下几方面的产品质量检验合格证明：

(1)有中文标明的产品名称、生产厂厂名和厂址。

(2)根据产品的特点和使用要求，需要标明产品规格、等级、所含主要成分的名称和含量的，用中文相应予以标明。

(3)需要事先让消费者知道的，应在外包装上标明，或者预先向消费者提供有关资料。

(4)限期使用的产品，应当在显著位置清晰地标明生产日期和安全使用期或失效期。

(5)使用不当，容易造成产品本身损坏或者可能危及人身、财产安全的产品，应当有警示标志或者中文警示说明。

(6)食品和其他根据产品特点难以附加标识的包装产品，可以不附加产品标识。剧毒、危险、易碎、储运中不能倒置以及其他特殊要求的产品，其包装必须符合相应要求，有警示标志或者中文警示说明，标明储运注意事项。

（三）对生产者产品生产的禁止性规定

对生产者产品生产的禁止性规定包括：不得生产国家明令淘汰的产品；不得伪造或者冒用他人的厂名、厂址；不得伪造或者冒用认证标志、名优标志等质量标志；不得掺假、掺杂，不得以假充真、以次充好，不得以不合格产品冒充合格产品；不合格的产品不得出厂；不合格的

原料、零部件不准投料、组装;没有产品质量标准、未经质量检验机构检验的产品不准生产。

三、销售者的产品质量义务

销售者的产品质量义务包括:销售者应当执行进货检查验收制度,验明产品合格证明和其标识;消费者应当采取措施,保持销售产品质量,执行产品质量标识制度。销售者不得销售国家明令淘汰并停止销售的产品和失效、变质的产品;不得伪造产品、伪造或者冒用他人的厂名、厂址;不得伪造或者冒用认证标志、名优标志等质量标志;销售产品,不得掺假、掺杂,不得以假充真,不得以不合格产品冒充合格产品。

第三节 产品责任

一、概述

(一)产品责任的概念

产品责任是指生产者和销售者因其生产或销售的产品有缺陷,造成买主、用户、消费者或者其他人人身和财产的损害而应承担的责任。产品责任的主体是产品的生产者或者销售者,产品的生产者不仅包括制造者,而且包括任何将自己的姓名、名称、商标或者可识别的其他标识体现在产品上,表示其为产品制造者的企业或者个人。对于产品责任的受害人而言,其可以向产品的生产者要求赔偿,也可以向产品的销售者要求赔偿。产品的生产者或销售者在向受害人赔偿之后,可以向有责任的生产者或销售者追偿。但是,销售者不能指明缺陷产品的生产者也不能指明缺陷产品的供货者的,销售者应当承担赔偿责任。如果产品的运输者、仓储者对产品质量不合格负有责任的,产品生产者、销售者在向受害者赔偿后有权要求运输者、仓储者赔偿。

(二)产品责任的构成条件

1.生产或销售了不符合产品质量要求的产品

产品存在危及人身、他人财产安全的不合理的危险,或产品不符合保障人体健康和人身、财产安全的国家标准、行业标准。这里所说的产品是指经过加工、制作,用于销售的产品。建设工程、初级农产品等不包括在内。

这里所说的产品缺陷包括设计缺陷、制造缺陷和警示说明缺陷。设计上的缺陷是指产品在设计上存在着不安全、不合理的因素。例如结构设置不合理等可能造成使用者的人身、财产安全受损害。制造上的缺陷是指产品在加工、制作、装配等制造过程,不符合设计规范,或者不符合加工工艺要求,没有完善的控制和检验手段,致使产品存在不安全的因素。指示上的缺陷是指在产品的警示说明上或在产品的使用指示标志上未能清楚地告知使用人应当注意的使用方法,以及应当引起警惕的注意事项,或者产品使用了不真实、不适当的甚至是虚假的说明,致使使用人遭受损害。

2.不合格产品造成了他人财产、人身损害

这里所指的他人财产,是指缺陷产品以外的财产,至于缺陷产品自身的损害,购买者可以根据《合同法》的规定要求销售者承担违约责任，而非产品责任。遭受人身损害的受害者，可以是购买者、消费者，也可以是购买者、消费者之外的第三人。

3.产品缺陷与受害人的损害事实间存在因果关系

确认该种因果关系，一般应由受害人举证，受害人举证的事项为缺陷产品被使用或被消费、使用或者消费缺陷产品导致了损害的发生，但是对于高科技产品，理论上认为应有条件地适用因果关系推定理论。

二、产品责任损害赔偿

（一）产品责任的当事人

产品责任的当事人包括赔偿权利人和赔偿义务人。赔偿权利人是依法有权获得损害赔偿的人，即受害人。受害人因产品存在缺陷造成人身伤害、财产损失，有权要求赔偿。受害人又可分为缺陷产品的买受人、使用人和其他受害人。赔偿义务人包括产品的生产者和产品的销售者。

《产品质量法》第43条规定："因产品存在缺陷造成人身、他人财产损害的，受害人可以向产品的生产者要求赔偿，也可以向产品的销售者要求赔偿。属于产品的生产者的责任，产品的销售者赔偿的，产品的销售者有权向产品的生产者追偿。属于产品的销售者的责任，产品的生产者赔偿的，产品的生产者有权向产品的销售者追偿。"《产品质量法》的这一规定给予了消费者选择起诉对象的权利，便于消费者行使权利。

（二）产品责任的归责原则

1.对生产者承担的赔偿责任适用无过错责任原则

无过错责任原则即严格责任原则。根据《产品质量法》的规定，因产品存在缺陷，造成人身、缺陷产品以外的其他财产损害的，生产者应当承担赔偿责任。因此，生产者因其生产的缺陷产品致他人人身、财产损害的，应当承担无过错责任。无过错责任是一种严格责任，是指生产者对于生产的缺陷产品无论有无过错，只要造成了他人的人身或财产损害，都应承担民事责任。但无过错责任并非绝对责任，并不意味着产品的生产者没有抗辩理由，他可以依据法律规定的条款免除责任。法律之所以规定生产者承担无过错责任是由生产者的特殊地位决定的，实行无过错责任原则的根本目的是为了保证产品质量，保护消费者的合法权益。因此，产品存在缺陷造成人身、缺陷产品以外的其他财产（简称他人财产）损害的，生产者应当承担赔偿责任。

2.对销售者承担的赔偿责任实行"销售者先行负责制"

根据《产品质量法》第40条的规定，售出的产品有下列情形之一的，销售者应当负责修理、更换、退货；给购买产品的消费者造成损失的，销售者应当赔偿损失：第一，不具备产品应当具备的使用性能而事先未作说明的；第二，不符合在产品或者其包装上注明采用的产品标准的；第三，不符合以产品说明、实物样品等方式表明的质量状况的。

由于销售者的过错使产品存在缺陷，造成人身、他人财产损害的，销售者应当承担赔偿责任。销售者不能指明缺陷产品的生产者也不能指明缺陷产品的供货者的，销售者应当承担赔偿责任。

（三）产品责任的免责条款

《产品质量法》第42条第2款规定了生产者经过证明后能够免除赔偿责任的三种情形：

(1)生产者没有将产品流入市场。也就是说,该产品还在生产者的生产车间、仓库中存放,生产者还没有将产品提供给销售者或者消费者,其产品造成的损害不是生产者的责任,当然生产者可以免除赔偿责任。

(2)生产者将产品投放市场时,引起损害的缺陷尚不存在。这是指生产者将自己生产的合格产品投入市场时,产品没有质量缺陷,其后来产生的质量缺陷是生产者以外的人造成的,责任在生产者以外的人而不在生产者,生产者因此而免赔也是理所当然的。

(3)将产品投入流通市场时的科学技术水平尚不能发现缺陷的存在。这是一种法定的原因,它是指在产品制作加工时的科学技术水平还未达到发现和解决这种质量缺陷的水平,不能对生产者求全责备,苛求其达到发现和解决这种质量缺陷,这是不公平也是不现实、更是不科学的态度。因此,免除生产者的赔偿责任是科学的、实事求是的态度。

生产者能够提供证据证明产品质量责任的上述三种情形之一,可依法免除其赔偿责任。

(四)诉讼时效和请求权

《产品质量法》明确规定,因产品存在缺陷造成损害要求赔偿的诉讼时效期间为 2 年。之所以这样规定,主要是因为产品缺陷致人损害有其特殊性,许多缺陷产品造成损害很难立即发现,有一个潜伏期,为了使受害人有较长时间观察自己受害的程度和危害后果,有充分的时间准备诉讼,《产品质量法》作出了不同于《民法通则》的规定。根据特别法优于普通法的原则,因缺陷产品造成的损害赔偿的诉讼时效期间应当适用《产品质量法》的规定。

根据《产品质量法》第 45 条第 2 款规定,因产品存在缺陷造成损害,要求赔偿的请求权,在造成损害的缺陷产品交付最初消费者满 10 年丧失,但是,尚未超过明示的安全使用期的除外。这一规定参照了国际惯例。这样规定的理由一是因产品设计、制造上存在的缺陷,在产品投入流通、使用后 10 年内一般都会表现出来,受害人对因此受到的损害,应当及时行使索赔权。二是产品投入流通、使用后,其物理、化学性能都会发生很大变化,生产者对产品的安全使用期的担保,一般不超过产品出厂之日起 10 年,而且在 10 年当中生产工艺、技术水平等都有了很大的发展,如果要让生产者或者销售者承担超过 10 年以上的产品责任,不够公平,不利于他们生产积极性的发挥和自身的发展,当然,生产者明示产品的安全期在 10 年以上的,不适用这个规定。因此,在产品标识、产品说明等明示保证中,明确规定安全使用期超过 10 年的,在生产者明示担保的安全使用期内,受害人都有权要求赔偿。根据法律规定,请求权自"缺陷产品交付最初消费者满 10 年丧失"。据此,交付最初消费者之日就是请求权期间的起算日。

第四节　产品质量的监督管理

产品质量的监督管理是指国家产品质量的监督管理机关依照各自的法定职权和法定程序对产品质量进行监督、检查、管理;生产者、销售者自身按照产品质量法的要求对产品质量进行监督管理、社会公众以及其他的社会组织和团体对产品质量进行监督的活动总和,即包括行政监督、产品质量检验、认证机构等社会团体组织的监督、社会公众的监督、企业的自我监督。

一、产品质量行政监督管理机构

《产品质量法》确立了统一管理与分工管理，层次管理与地域管理相结合的原则。根据该法的规定，国务院产品质量监督部门主管全国产品质量监督工作。国务院有关部门在各自的职责范围内负责产品质量监督工作。

目前，负责全国范围内产品质量监督的机构是国家质量监督检验检疫总局（简称国家质检总局），县级以上各地方质量监督检验检疫局负责本行政区域内的产品质量监督，同时其他各有关行业的主管部门负责本行业的有关产品质量的监管工作。如县级以上人民政府农业行政主管部门负责农产品质量安全的监督管理工作，卫生行政部门主管食品卫生监督管理工作，工商行政管理部门负责查处生产、销售假冒伪劣产品、掺杂、掺假等违法行为等。

二、产品质量监督管理制度

（一）标准化制度

产品质量实行标准化管理。标准化管理是对产品质量进行管理的一项基本措施，一定标准代表了一定的产品质量。《标准化法》（自 1989 年 4 月 1 日起施行）是我国产品标准化制度的基本依据。该法规定：工业产品的品种、规格、质量、等级或安全、卫生要求，工业产品的设计、生产、检验、包装、储存、运输、使用的方法或生产、储存、运输过程中的安全、卫生要求应当制定标准。标准化工作的任务是制定标准、组织实施标准和对标准的实施进行监督。

（二）国家标准

国家标准由国务院标准化行政主管部门制定。对没有国家标准而又需要在全国某个行业范围内统一的技术要求，可以制定行业标准。行业标准由国务院有关行政主管部门制定，报国务院标准化行政主管部门备案，在公布国家标准之后，该项行业标准即行废止。如果没有国家标准和行业标准而又需要在省、自治区、直辖市设置统一的工业产品的安全、卫生要求，可以制定地方标准。地方标准由省、自治区、直辖市标准化行政主管部门制定，并报国务院标准化行政主管部门和国务院有关行政主管部门备案，在公布国家标准或行业标准之后，该项地方标准即行废止。企业生产的产品没有国家标准和行业标准的，企业应当制定企业标准，作为组织生产的依据。企业的产品标准必须报当地政府标准化主管部门和有关行政主管部门备案。已有国家标准或行业标准的，国家鼓励企业制定严于国家标准或行业标准的企业标准，在企业内部适用。

国家标准、行业标准分为强制性标准和推荐性标准。保障人体健康，人身、财产安全的标准和法律、行政法规规定强制执行的标准是强制性标准。省、自治区、直辖市标准化行政主管部门制定的工业产品的安全、卫生要求的地方标准，在本行政区域内是强制性标准，必须强制执行。不符合强制性标准的产品，禁止生产、销售和进口。推荐性标准国家则鼓励企业自愿采用。生产、销售、进口不符合强制性标准的产品的，由法律、行政法规规定的行政主管部门依法处理，法律、行政法规未做规定的，由工商行政管理部门没收产品和违法所得，并处罚款；造成严重后果构成犯罪的，对直接责任人员依法追究刑事责任。

（三）生产许可证制度

生产许可证制度是指我国政府根据国家有关法律法规，对实施生产许可证管理产品的企业，进行生产条件审查和产品质量检验、确认其具备持续生产合格产品能力的一种资格许可制度。生产许可证制度具有强制性、核准性、评价性和准入性，发放生产许可证对规范行业健康发展、推动行业技术进步、引导企业调整产品结构有着积极的促进作用。

1984 年 4 月国务院颁布了《工业产品生产许可证试行条例》对相关工业产品的生产实施行政许可。《工业产品生产许可证管理条例》于 2005 年 9 月 1 日实施，这是在总结试行条例实施以来经验的基础上对该条例进行修正的成果，其最大特点就是四个严格："严格产品范围、严格发证程序、严格监督管理、严格法律责任"。首先，在市场准入时就由相应的职能部门严格把关。严格规定发证的条件、程序，即使是个体工商户生产或销售列入目录产品的，也应当依照条例的规定执行，在产品的生产源头上做好监管工作。其次，在赋予其行政许可权的同时也要承担相应的职责，即按照"谁许可，谁监督"的原则。这样可以加强对被许可人的监督，保证企业的产品质量持续稳定合格，同时又能严厉打击无证生产，加强事后监督。

通过严格实施生产许可证制度，发挥生产许可证制度的作用，保证直接关系公共安全、人体健康、生命财产安全的重要工业产品的质量安全，对于解决当前工业产品质量安全特别是食品质量安全突出的问题尤为重要。

（四）质量认证制度

质量认证制度包括企业质量体系认证制度和产品质量认证制度。

1. 企业质量体系认证

企业质量体系认证是指根据一定的标准，由相关的认证机构对企业的质量体系进行审核、评定，对符合标准的，颁发认证证书，从而证明该企业的质量体系达到了相应的标准。

企业质量体系认证是目前国际上通行的一种产品质量监督管理制度，作为一项独立的认证制度，自 20 世纪 70 年代由国际标准化组织（ISO）推出以来迅速得到各国认同，以至于有人将其称为进入国际市场的"护照"。现在国际通用的"质量管理和质量保证系列"是国际标准化组织于 1987 年发布的 ISO 9000《质量管理和质量保证》系列国际标准（俗称 ISO 9000 系列）。中国从 1981 年起正式开展质量认证工作，1991 年 5 月国务院发布了《产品认证管理条例》，标志着中国的产品质量认证工作走入了法制的轨道。1993 年 1 月 1 日，中国正式由等效采用改为等同采用 ISO 9000 系列标准，建立了符合国际惯例的认证制度，中国的企业质量认证工作取得了长足的发展。虽然 ISO 9000 系列标准认证的对象是企业，但作为产品的制造者或销售者，当企业自身的质量管理和质量保证能力等整体素质提高了之后，其产品质量自然也会得到加强和保证，推行企业质量体系认证，引导企业逐步走向国际市场，有利于促进企业改善经营管理，提高国际竞争力。我国《产品质量法》第 14 条对此作出了规定，采取企业自愿提出申请进行认证的原则，即国家根据国际通用的质量管理标准，推行企业质量体系认证制度。企业根据自愿原则可以向国务院产品质量监督部门认可的或国务院产品质量监督部门授权的部门认证的认证机构申请企业质量体系认证。经认证合格的，由认证机构颁发企业质量体系认证证书。

2. 产品质量认证

产品质量认证是指依据一定的产品标准或相应的技术规范要求，经过权威、公正的第三方对产品的质量进行检验、测试、确认通过，最后颁发认证证书和标志以证明该产品质量的活动。

（1）第三方认证。我国在产品质量认证上实行第三方认证制度，即产品质量认证组织须为从事产品质量认证的社会中介机构，不得与行政机关和其他国家机关存在隶属关系或其他利益关系，必须依法按照有关标准，客观、公正地出具认证证明。同时产品质量认证机构也不得以对产品进行监制、监销等方式参与产品经营活动，依据《认证认可条例》的规定，产品质量认证机构也禁止接受企业的任何赞助、资助。产品质量认证机构应当依照国家规定对准许使用认证标志的产品进行认证：对不符合认证标准而使用认证标志的，要求其改正；情节严重的，取消申请认证标志的资格。

（2）产品质量认证方式。我国对产品质量认证实行自愿认证和强制认证相结合的制度。实行产品质量自愿认证的，由企业根据自愿原则向国务院产品质量监督部门认可的或国务院产品质量监督部门授权的部门认可的认证机构申请产品质量认证。经认证合格的，由认证机构颁发产品质量认证证书，准许企业在产品或其包装上使用产品质量认证标志。

产品质量强制认证，则必须执行。随着我国加入 WTO，要求各项与贸易有关的活动必须在 WTO 的原则下进行。2001 年 4 月经国务院决定，原国家质量技术监督局与国家出入境检验检疫局合并，组建中国质量监督检验检疫总局（简称国家质检总局），并成立国家认证认可委员会，统一负责国家强制性产品认证制度的管理和实施工作，由国家认监委对强制性产品认证实施统一目录；统一标准、技术法规和合格评定程序；统一标志；统一收费标准。“四个统一”是我国政府在入世谈判时所做出的郑重承诺，是我国认证认可监督管理体制改革的重要内容，也是国家质检总局和国家认监委组建后着手完成的一项重要工作。新的国家强制性认证称为“中国强制认证”。强制性产品认证制度已于 2002 年 5 月 1 日起实施，为保证新旧制度的顺利过渡，原有的产品安全认证制度和进口安全质量许可制度自 2003 年 5 月 1 日起废止。此后国家会定期发布《强制认证产品目录》。凡是列入了国家强制认证目录内的产品，必须经过国家的认证机构认证合格，取得相应的证书和标志后，方能出厂销售、进口以及在经营性活动中使用。

（五）生产许可证制度与认证、认可制度的关系

随着认证制度的不断发展，欧盟、英国等对于重要工业产品的质量安全管理逐渐从许可证制度转向认证或认可制度，政府只保留对一小部分重要工业产品的生产许可。《认证认可条例》逐步将原来由生产许可证管理的一些产品纳入认证认可制度管理，实行生产许可证管理的产品越来越少，已由最初的 487 类产品压缩到如今的 86 类产品，并且也规定了一旦工业产品的质量安全通过认证认可制度能够有效保证的，将不再实行生产许可证制度的基本原则。随着改革的不断深化、市场秩序的规范和好转，政府职能的进一步转变，实行生产许可证管理的产品范围将逐步缩小，大部分工业产品的质量安全管理都将纳入认证认可制度。

（六）产品质量检查制度

产品质量检查制度是指国家相关的职能部门对产品的质量进行监督的一种制度，对依法进行的产品质量监督检查，生产者、销售者不得拒绝。

1. 产品质量检查的方式

根据《产品质量法》第 15 条的规定，国家对产品质量实行以抽查为主要方式的监督检查制度，对可能危及人体健康和人身、财产安全的产品，影响国计民生的重要工业产品以及消费者、有关组织反映有质量问题的产品进行抽查。抽查的样品应当在市场或企业成品仓库

内的待销产品随机抽取。监督抽查工作由国务院产品质量监督部门规划和组织。县级以上地方产品质量监督部门在本行政区域内也可以组织监督抽查。

2.抽查产品的质量检验

根据监督抽查的需要，可以对产品进行检验。从事产品质量检验的社会中介机构必须依法设立，不得与行政机关和其他国家机关存在隶属关系或其他利益关系。产品质量检验机构必须具备相应的检测条件和能力，经省级以上人民政府产品质量监督部门或其授权的部门考核合格后，方可承担产品质量检验工作。产品质量检验机构必须依法按照有关标准，客观、公正地出具检验结果，检验抽取样品的数量不得超过检验的合理需要，并不得向被检查人收取检验费用。产品质量检验机构不得向社会推荐生产者的产品，不得参与产品经营活动。

如果生产者、销售者对抽查检验的结果有异议，可以自收到检验结果之日起15日内向实施监督抽查的产品质量监督部门或其上级产品质量监督部门申请复检，由受理复检的产品质量监督部门做出复检结论。

（七）质量状况信息发布制度

国务院和省、自治区、直辖市人民政府的产品质量监督部门应当定期发布其监督抽查的产品的质量状况公告，引导和督促市场主体切实提高产品质量。如果进行监督抽查的产品质量不合格的，由实施监督抽查的产品质量监督部门责令生产者、销售者限期改正。逾期不改正的，由省级以上人民政府产品质量监督部门予以公示；公示后经复查仍不合格的，责令停业，限期整顿；整顿期满后经产品质量检验仍不合格的，吊销营业执照。

（八）企业内部的质量管理制度

《产品质量法》第3条规定："生产者、销售者应当建立健全内部产品质量管理制度，严格实施岗位质量规范、质量责任以及相应的考核办法。"企业自身内部的产品质量管理制度，由各个企业根据各自具体的情况，建立起相应的质量管理制度，采取责任到岗，责任到人以及与之相配套的督促检查制度和具体的考核办法，将企业的质量管理最终落到实处。

（九）产品质量的社会监督

产品质量的振兴，是全社会的共同责任，必须依靠全社会的力量。产品质量的社会监督包括公民个人、社会组织以及社会舆论的监督。社会公众作为产品的直接使用者，同时也最有可能成为不合格产品的直接受害者。《产品质量法》规定："任何单位和个人有权对违反本法规定的行为，向产品质量监督部门或其他有关部门检举。产品质量监督部门和有关部门应当为检举人保密，并按照省、自治区、直辖市人民政府的规定给予奖励。"《产品质量法》第22条规定："消费者有权就产品质量问题，向产品的生产者、销售者查询；向产品质量监督部门、工商行政管理部门及有关部门申诉，接受申诉的部门应当负责处理。"《产品质量法》第15条也规定，消费者享有监督批评权。因此，消费者有权对产品的质量进行监督，同时也可以依靠报刊、广播、电视、网络等新闻媒介，对产品质量问题进行社会舆论的监督。此外，保护消费者权益的社会组织也可以就消费者反映的产品质量问题建议有关部门负责处理，支持消费者对因产品质量造成的损害向人民法院起诉。

第五节 法律责任及争议处理

一、违反产品质量法的法律责任

违反产品质量法的法律责任是指生产者、销售者生产或销售不符合产品质量标准的产品，给用户、消费者造成伤害的，根据《产品质量法》和其他法律规定，应当承担的法律责任。违反产品质量法的法律责任有损害赔偿责任、行政责任和刑事责任三种形式。

因产品存在缺陷造成受害人财产损失的，侵害人应当恢复原状或者折价赔偿。受害人因此遭受其他重大损失的，侵害人应当赔偿损失。

产品生产者、销售者有下列情形的，承担行政责任：①生产、销售不符合保障人体健康和人身、财产安全的国家标准、行业标准的产品的；②在产品中掺杂、掺假，以假充真，以次充好，或者以不合格产品冒充合格产品的；③生产国家明令淘汰的产品的，销售国家明令淘汰并停止销售的产品的；④销售失效、变质的产品的，责令停止销售的；⑤伪造产品产地的，伪造或者冒用他人厂名、厂址的，伪造或者冒用认证标志等质量标志的；⑥产品标识、包装的产品标识不符合《产品质量法》第 27 条要求的；⑦拒绝接受依法进行的产品质量监督检查的；⑧伪造检验结果或者出具虚假证明的，出具的检验结果或者证明不实，造成损失的；⑨不符合认证标准而使用认证标志的产品，未依法要求其改正或者取消其使用认证标志资格的；⑩对产品质量作出承诺、保证，而该产品又不符合其承诺、保证的质量要求，给消费者造成损失的；⑪在广告中对产品质量作虚假宣传，欺骗和误导消费者的。产品质量技术监督部门、工商行政管理部门依照其管理职责，对违反产品质量法的行为，根据其情节严重程度可作出如下处罚：责令改正、停业整顿、警告、罚款、没收违法生产销售的产品及违法所得、停止生产销售、吊销营业执照、撤销检验资格认证资格等。

产品生产者、销售者有下列情形的，承担刑事责任：生产不符合或销售明知不符合保障人体健康和人身、财产安全的国家标准、行业标准的产品，如医用卫生材料、家用电器、易燃易爆产品、饮料、食品或者其他不符合上述标准的产品，对人体健康造成严重危害构成犯罪的，依法追究刑事责任。生产者、销售者在产品中掺杂、掺假，以假充真，以次充好，或者以不合格产品冒充合格产品，如生产销售假药、过期食品、假种子、不符合卫生标准的化妆品等，使人体健康、财产、生产等造成严重危害构成犯罪的，依法追究刑事责任。

二、争议处理

因产品质量发生民事纠纷时，当事人可以通过协商或者调解解决。当事人不愿通过协商、调解解决或者协商、调解不成的，可以根据当事人各方的协议向仲裁机构申请仲裁；当事人各方没有达成仲裁协议或者仲裁协议无效的，可以直接向人民法院起诉。仲裁机构或人民法院对产品质量无法确定时，可以委托省级以上人民政府产品质量监督管理部门或者授权的部门考核合格的产品质量检验机构，对有关产品质量进行检验。

【思考题】

一、单项选择题

1. 根据《产品质量法》规定，下列哪一说法是正确的？（　　）

A.《产品质量法》对生产者、销售者的产品缺陷责任均实行严格责任

B.《产品质量法》对生产者产品缺陷实行严格责任，对销售者实行过错责任

C. 产品缺陷造成损害要求赔偿的诉讼时效期间为 2 年，从产品售出之日起计算

D. 产品缺陷造成损害要求赔偿的请求权在缺陷产品生产日期满 10 年后丧失

2. 关于产品缺陷责任，下列哪一选项符合《产品质量法》的规定？（　　）

A. 基于产品缺陷的更换、退货等义务属于合同责任，因产品缺陷致人损害的赔偿义务属于侵权责任

B. 产品缺陷责任的主体应当与受害者有合同关系

C. 产品缺陷责任一律适用过错责任原则

D. 产品质量缺陷责任一律适用举证责任倒置

3. 甲公司为了增加职工福利，从乙商场购买了一批丙公司加工生产的“红心咸鸭蛋”。甲公司的职工及家属食用后，几十人出现了胃痛、呕吐等症状。经检验查明，该批“红心咸鸭蛋”系在鸭子饲养时使用了工业用苏丹红 4 号原料，含有毒有害成分。关于甲公司索赔，下列哪一选项是错误的？（　　）

A. 甲公司可以向乙商场索赔

B. 甲公司职工可以向乙商场和丙公司索赔

C. 乙商场在进货时尽到了检查验收义务，可以免除赔偿责任

D. 对丙公司应按无过错责任原则确定其应当承担的赔偿责任

二、多项选择题

1. 张某到一美容院做美容，美容院使用甲厂生产的“水洁”牌护肤液为其做脸部护理，结果因该护肤液系劣质产品而致张某脸部皮肤严重灼伤，张某为此去医院治疗，花去近 5000 元医药费。关于此事，下列哪些选项是正确的？（　　）

A. 张某有权要求美容院赔偿医药费

B. 张某有权要求甲厂赔偿医药费

C. 张某若向美容院索赔，可同时请求精神损害赔偿

D. 美容院若向张某承担了责任，则其可以向甲厂追偿

2. 甲从国外低价购得一项未获当地政府批准销售的专利产品“近视治疗仪”。甲将产品样品和技术资料提交给我国×市卫生局指定的医疗产品检验机构。该机构未做任何检验，按照甲书写的文稿出具了该产品的检验合格报告。随后，该市退休医师协会的秘书长乙又以该协会的名义出具了该产品的质量保证书。该产品投入市场后，连续造成多起青少年因使用该产品致眼睛严重受损的事件。现除要求追究甲的刑事责任外，受害者还可以采用哪些民事补救方法？（　　）

A. 要求甲承担损害赔偿责任

B. 要求该卫生局承担连带赔偿责任

C. 要求该检验机构承担连带赔偿责任

D. 要求该退休医师协会承担连带赔偿责任

3. 下列关于产品责任的表述中哪些是正确的? (　　)

A. 缺陷产品的生产者应对因该产品造成的他人人身、财产损害承担无过错责任

B. 缺陷产品造成他人人身、财产损害的,该产品的销售者和生产者承担连带责任

C. 因缺陷产品造成损害要求赔偿的诉讼时效为 1 年

D. 销售者不能指明缺陷产品的生产者也不能指明其供货者的,应承担赔偿责任

三、简答题

1. 什么是产品? 产品缺陷是什么?

2. 产品生产者、销售者的产品质量义务有哪些?

3. 我国对产品质量的监督检管理制度有哪些?

四、案例分析题

上海市某区人民法院受理了一起化妆品损伤皮肤案,原告诉称:因使用某化妆品厂的产品造成面部皮肤严重损伤,要求被告赔偿经济损失。

被告辩称:原告使用的化妆品确为本厂生产的产品,但该产品是厂内正在研制过程的实验品,并未投放市场。经法庭调查,原告使用的化妆品是该化妆品厂检验员的男友所送。法庭委托有关产品检验机构对化妆品进行检测,结果表明:该厂生产的化妆品以现代科学技术水平尚不能发现缺陷的存在。进一步对原告进行皮肤测试,结论是原告皮肤属于特殊的过敏性皮肤,对该化妆品具有特殊的过敏性,从而导致皮肤损伤。

试分析:

(1)在什么情形下生产者可不承担赔偿责任?

(2)化妆品厂是否要承担产品责任? 为什么?

第十二章　银行法

【主要内容】

本章主要内容包括中央银行的概念、组织制度，中国人民银行的主要职责；商业银行的概念、特征，商业银行的设立，商业银行的组织和经营原则，商业银行的职能，商业银行的业务范围、业务规则，商业银行的接管等。

【教学要求】

了解商业银行的接管；掌握中央银行的概念、中国人民银行的主要职责、商业银行的概念、商业银行的业务范围、业务规则；熟悉商业银行的设立，商业银行的组织和经营原则，商业银行的职能。

第一节　概　述

一、银行的概念

银行是指通过存款、贷款、汇兑、储蓄、信托等业务，承担信用中介、经营货币信用的信用机构和特殊企业。银行是金融机构之一，而且是最主要的金融机构，它的主要业务范围包括吸收公众存款、发放贷款以及办理票据贴现等。

二、银行的产生与发展

银行的产生和发展是同货币商品经济的发展相联系的，前资本主义社会的货币兑换业是银行业形成的基础。货币兑换业起初只经营铸币兑换业务，以后又代商人保管货币、收付现金等。这样，兑换商人手中就逐渐聚集起大量的货币资金。当货币兑换商从事放款业务时，货币兑换业就发展成为银行业。

最早的银行产生于意大利，即 1580 年在意大利成立的威尼斯银行。世界最早的资本主义股份银行是 1694 年成立的英格兰银行。我国第一家银行是成立于 1897 年的中国通商银行。随着资本主义国家各种银行相继建立起来，银行数量也急剧上升。19 世纪末 20 世纪初，资本主义进入垄断阶段之后，国家加强了对经济的干预和调整，中央银行应运而生。法国、奥地利、德国、丹麦等国家纷纷建立了中央银行。目前,世界各国普遍建立了中央银行制度。

我国实施银行国有化政策,在新中国成立前就逐步建立和发展了我国自己的银行。新中国成立前夕,在合并了解放区的华北银行、西北农民银行和北海银行的基础上,于 1948 年 12 月成立了中国人民银行,发行人民币。随后,国家陆续接管了官僚资产阶级的银行机构"四行二局一库",改组成立了新的中国银行和交通银行,改造了民族资本家的银行、钱庄和信托公司,1954 年成立了中国人民建设银行,1956 年 3 月又成立了中国农业银行。通过一系列措施初步建立了我国社会主义的银行组织体系。

三、银行法的概念

银行的性质决定了,如果银行业出现信用问题,很容易导致出现全面的经济危机。有了银行机构和银行货币活动之后,也就应该调整有关银行组织及其银行货币活动的银行法。对银行关系进行有效的法律调整,以保障银行业的安全稳健运行,已成为各国的共识。世界上最早的银行法是 1844 年的《英格兰银行法》。我国最早的银行法是 1908 年颁布的《银行通行则例》,此后还有 1908 年的《储蓄银行则例》、1934 年的《储蓄银行法》、1935 年的《中央银行法》。总之,银行法就是调整银行主要业务活动等的法律规范的总称。但由于中央银行、商业银行和政策性银行性质不同,所以由专门的中央银行法、商业银行法、政策性银行法对之分别进行调整。中央银行法、商业银行法和政策银行法统称为银行法。

四、我国的银行法规

自新中国成立初始,我国先后颁布了大量的银行金融法规。这些法规包括国家公债、金融管理、金库、货币、存放款、农贷、工贷、保险、外汇等十多个方面,并不断系统化、制度化、规范化。如 1962 年的《中共中央、国务院关于切实加强银行工作的集中统一、严格控制货币发行的决定》、1962 年的《国务院关于当前财政金融方面若干问题的通知》等。十一届三中全会以后,我国通过推进银行体制改革,确定了中央银行体制,建立了国家专业银行和综合性银行以及各种非银行的金融机构,形成了我国社会主义的银行体系。相关法规包括:1980 年的《国务院批转国家经委、中国人民银行等单位关于请批准轻工、纺织工业中短期专项贷款试行办法的报告》、1980 年的《中国银行短期外汇贷款办法》、1981 年的《国务院批转中国农业银行关于农村借贷问题的报告的通知》、1983 年的《中国人民银行关于侨资外资金融机构在中国设立常驻代表机构的管理办法》、1984 年的《中国工商银行关于国营工商企业流动资金管理暂行办法》、1984 年的《中国工商银行关于科研开发和新产品试制开发贷款的暂行规定》、1984 年的《国家计划委员会、财政部、中国人民建设银行关于国家预算内基本建设资金全部由拨款改为贷款的暂行规定》、1984 年的《国务院批转中国人民银行关于各专业银行发放固定资产贷款分工问题的报告的通知》、1985 年的《国务院批转中国人民银行关于调整部分存款、贷款利率的报告的通知》、1985 年的《国务院批转中国人民银行关于调整储蓄存款利率和固定资产贷款利率的报告的通知》、1985 年的《中华人民共和国经济特区外资银行、中外合资银行管理条例》、1985 年的《中国人民银行稽核工作暂行规定》、1986 年的《中华人民共和国银行管理暂行条例》、1988 年 8 月 9 日中国人民银行发布的《关于调整银行存、贷款利率的通知》等。我国社会主义银行法制不断完善。

第二节 中央银行法

一、概述

中央银行是指对国民经济进行宏观调控，对金融机构乃至金融业进行监管，并制定和执行国家货币政策的特殊金融机构。中央银行所从事的业务与其他金融机构所从事的业务的根本区别在于，中央银行所从事的业务不是为了营利，而是为实现国家宏观经济目标服务，这是由中央银行所处的地位和性质决定的。中国人民银行是我国的中央银行。1995 年 3 月 18 日，第八届全国人民代表大会第三次会议通过了《中华人民共和国中国人民银行法》（以下简称《人民银行法》），2003 年 12 月 27 日，第十届全国人民代表大会常务委员会第六次会议对该法进行了修正。《人民银行法》是我国现行中央银行法。

中央银行组织制度可分为单一的中央银行制度、复合式中央银行制度、跨国的中央银行制度和准中央银行制度。单一的中央银行制度是指在一国国内单独设立一家中央银行行使职能，领导并监督全国金融机构及市场的制度，它也可根据情况设立若干分机构。复合式中央银行制度也称二元式中央银行制度，是指一国在中央设立一个一级中央银行机构，并在地方设立若干个二级中央银行机构的制度。中央一级机构享有制定货币政策与指导地方一级机构的权力，地方一级机构要接受中央一级机构的监管和指导，但它可在本地区内行使中央银行的职能，享有较大的独立性和自主权。跨国的中央银行制度是指参与货币联盟的所有成员国家共同建立一个跨国的、区域性的中央银行，各成员国内部不再设完全意义上的中央银行。准中央银行制度又称类似中央银行制度，是指一国并没有设立完全意义上的中央银行，而是由几个政府机构，或者是由受政府委托的商业银行代行部分中央银行职能。

二、中国人民银行的主要职责

根据修正后的《人民银行法》第 4 条规定，中国人民银行的主要职责为：①起草有关法律和行政法规；完善有关金融机构运行规则；发布与履行职责有关的命令和规章。②依法制定和执行货币政策。③监督管理银行间同业拆借市场和银行间债券市场、外汇市场、黄金市场。④防范和化解系统性金融风险，维护国家金融稳定。⑤确定人民币汇率政策；维护合理的人民币汇率水平；实施外汇管理；持有、管理和经营国家外汇储备和黄金储备。⑥发行人民币，管理人民币流通。⑦经理国库。⑧会同有关部门制定支付结算规则，维护支付、清算系统的正常运行。⑨制定和组织实施金融业综合统计制度，负责数据汇总和宏观经济分析与预测。⑩组织协调国家反洗钱工作，指导、部署金融业反洗钱工作，承担反洗钱的资金监测职责。⑪管理信贷征信业，推动建立社会信用体系。⑫作为国家的中央银行，从事有关国际金融活动。⑬按照有关规定从事金融业务活动。⑭承办国务院交办的其他事项。

三、中国人民银行的主要业务范围

（一）管理人民币

根据《人民银行法》的规定，中国人民银行要管理流通中的货币总量，维护支付、清算和结算系统的正常运行。为了满足对货币的需求，中国人民银行被赋予独家发行货币的权利，负责生产、供应、定期更新纸币、替换硬币、回收旧币和防止伪币。中国人民银行管理印钞造币厂。

（二）管理国库

中国人民银行还作为中央银行独家管理国库账户，代理完成财政收支。财政存款是中国人民银行的主要资金来源，中国人民银行对财政存款不支付利息。

（三）制定执行货币政策

货币政策作为宏观经济管理的工具，是指国家为实现一定经济目标而确立的组织、管理、调控和干预社会信用的金融措施。货币政策的最终目标一般有稳定物价、充分就业、促进经济增长和平衡国际收支等。根据《人民银行法》第 3 条规定，中国人民银行的货币政策目标是保持货币币值稳定，并以此促进经济增长。我国的货币政策主要措施包括控制货币发行、控制和调节对政府的贷款、推行公开市场业务、改变存款准备金率、调整再贴现率、选择性信用管制、直接信用管制等。

（四）银行间的清算业务

清算是指为避免现金支付的不便而以转账的方式了结银行之间的债权债务关系的结算手段。商业银行或其他金融机构之间的资金往来必须经过中国人民银行的清算系统进行清算。

第三节　商业银行法

一、概述

为保护商业银行、存款人和其他客户的合法权益，规范商业银行的行为，提高信贷资产质量，加强监督管理，保障商业银行的稳健运行，维护金融秩序，促进社会主义市场经济的发展，1995 年 5 月 10 日第八届全国人民代表大会常务委员会第十三次会议通过《中华人民共和国商业银行法》（以下简称《商业银行法》），2003 年 12 月 27 日第十届全国人民代表大会常务委员会第六次会议进行修正。依据《商业银行法》第 2 条的规定，商业银行是指依照本法和《公司法》设立的吸收公众存款、发放贷款、办理结算等业务的企业法人。

商业银行通常具有下列主要特征：①经营大量货币性项目，要求建立健全严格的内部控制；②从事的交易种类繁多、次数频繁、金额巨大，要求建立严密的会计信息系统，并广泛使用计算机信息系统及电子资金转账系统；③分支机构众多、分布区域广、会计处理和控制职能分散，要求保持统一的操作规程和会计信息系统；④存在大量不涉及资金流动的资产负债表表外业务，要求采取控制程序进行记录和监控；⑤高负债经营，债权人众多，与社会公众利益密切相关，受到银行监管法规的严格约束和政府有关部门的严格监管。

商业银行与一般企业一样，是以营利为目的的企业。它也具有从事业务经营所需要的自有资本，依法经营，照章纳税，自负盈亏。但商业银行又是不同于一般工商企业的特殊企业，其特殊性具体表现为经营对象的差异。工商企业经营的是具有一定使用价值的商品，从事商品生产和流通，而商业银行是以金融资产和金融负债为经营对象，经营的是特殊商品——货币和货币资本。商业银行的经营内容包括货币收付、借贷以及各种与货币运动有关的或者与之相联系的金融服务。同一般工商企业的区别，使商业银行成为一种特殊的企业——金融企业。商业银行与专业银行相比又有所不同。商业银行的业务更综合，功能更全面，经营一切金融"零售业务"(门市服务)和"批发业务"(大额信贷业务)，为客户提供所有的金融服务。

二、商业银行的职能

商业银行因其广泛的职能，使得它对整个社会经济活动的影响十分显著，在整个金融体系乃至国民经济中位居特殊而重要的地位。随着市场经济的发展和全球经济的一体化发展，现在的商业银行已经凸显出职能多元化的发展趋势。商业银行主要有五个基本职能。

(一)信用中介职能

信用中介是商业银行最基本、最能反映其经营活动特征的职能。这一职能的实质，是通过银行的负债业务，把社会上的各种闲散货币集中到银行里来，再通过资产业务，将其投向经济各部门。商业银行是作为货币资本的贷出者与借入者的中介人或代表，来实现资本的融通，并从吸收资金的成本与发放贷款利息收入、投资收益的差额中，获取利益收入，形成银行利润。商业银行成为买卖"资本商品"的"大商人"。商业银行通过信用中介的职能实现资本盈余和短缺之间的融通，并不改变货币资本的所有权，改变的只是货币资本的使用权。

(二)支付中介职能

商业银行除了作为信用中介、融通货币资本以外，还执行着货币经营业的职能。商业银行通过存款在账户上的转移，代理客户支付，在存款的基础上，为客户兑付现款等，成为工商企业、团体和个人的货币保管者、出纳者和支付代理人。以商业银行为中心，形成经济过程中无始无终的支付链条和债权债务关系。

(三)信用创造职能

商业银行在信用中介职能和支付中介职能的基础上，产生了信用创造职能。商业银行是能够吸收各种存款的银行，和用其所吸收的各种存款发放贷款，在支票流通和转账结算的基础上，贷款又转化为存款，在这种存款不提取现金或不完全提现的基础上，就增加了商业银行的资金来源，最后在整个银行体系，形成数倍于原始存款的派生存款。长期以来，商业银行是各种金融机构中唯一能吸收活期存款，开设支票存款账户的机构，并在此基础上产生了转账和支票流通。商业银行通过自己的信贷活动创造和收缩活期存款，而活期存款是构成贷款供给量的主要部分。因此，商业银行就可以把自己的负债作为货币来流通，具有了信用创造功能。

(四)金融服务职能

随着经济的发展，工商企业的业务经营环境日益复杂化，银行间的业务竞争也日益剧烈化，银行由于联系面广，信息比较灵通，特别是电子计算机在银行业务中的广泛应用，使其具备了为客户提供信息服务的条件。咨询服务、对企业“决策支援”等服务应运而生。工商企业生产和流通专业化的发展，又要求把许多原来的属于企业自身的货币业务转交给银行代为办理，如发放工资、代理支付其他费用等。个人消费也由原来的单纯钱物交易，发展为转账结算。现代化的社会生活，商业银行信用中介从多方面给商业银行提出了金融服务的要求。在强烈的业务竞争情况下，各商业银行也不断开拓服务领域，通过金融服务业务的发展，进一步促进资产负债业务的扩大，并把资产负债业务与金融服务结合起来，开拓新的业务领域。在现代经济生活中，金融服务已成为商业银行的重要职能。

（五）调节经济职能

调节经济是指商业银行通过其信用中介活动，调剂社会各部门的资金短缺，同时在央行货币政策和其他国家宏观政策的指引下，实现经济结构、消费比例投资、产业结构等方面的调整。此外，商业银行通过其在国际市场上的融资活动还可以调节本国的国际收支状况。

三、商业银行的设立

（一）商业银行设立的条件

商业银行的设立，需经中国人民银行审查批准。未经中国人民银行批准，任何单位和个人不得从事吸收公众存款等银行业务，任何单位不得在名称中使用“银行”字样。商业银行的设立必须具备法律规定的基本条件：

（1）有符合《商业银行法》和《公司法》规定的章程。章程是公司对外开展经营活动和对内进行管理的行为准则，公司的行为是否违法，主要看公司是否违反了公司章程的规定。公司章程经审批部门批准后，也就成为管理部门判断该公司行为合法与否的标准之一。因此，公司的章程对公司具有极其重要的作用。

（2）有符合规定的注册资本。注册资本是指商业银行成立时，记载于银行章程并已经筹足的自有资本额的总和，是其经营所必需的财产基础，也是其对外承担民事责任的财产保障。根据《商业银行法》规定，设立商业银行的注册资本最低限额为 10 亿元人民币（设有分支机构的全国性银行为 20 亿元，区域性银行为 8 亿元），城市合作商业银行为 1 亿元，农村合作商业银行为 5000 万元。中国人民银行根据经济发展可以调整注册资本的最低限额，但不得少于前述《商业银行法》规定的限额。

（3）有具备任职专业知识和业务工作经验的董事长（行长）、总经理和其他高级管理人员。商业银行高级管理人员的任职资格标准，一般从学历和资历上予以限定。此外，商业银行的法定代表人必须是中华人民共和国公民，法定代表人和主要负责人须与党政机关脱钩，并不得兼任企业、事业单位的法定代表人和主要负责人。

《商业银行法》第 27 条对担任商业银行高级管理人员作了禁止性规定，有下列情形之一的，不得担任商业银行的高级管理人员：①因犯有贪污、贿赂、侵占财产罪或者破坏社会经济秩序罪受刑事处分的；②担任因经营管理不善破产清算的公司、企业的董事或者厂长、经理，并对该公司、企业的破产负有个人责任的；③担任因违法被吊销营业执照的公司、企业的法定代表人，并负有个人责任的；④个人所负数额较大的债务到期未清偿的。

（4）有健全的组织机构和管理制度。根据我国《公司法》的规定，按照有限责任公司和股份有限公司的标准，要求商业银行设置相应的组织机构，建立必要的管理制度。国有独资商业银行设立监事会，其成员由人民银行、政府有关部门的代表、有关专家和本行的工作人员组成，其办法由国务院规定。监事会对国有独资商业银行的信贷资产质量、资产负债比例、国有资产保值增值等情况，以及对高级管理人员违反法律、行政法规、章程的行为和损害银行利益的行为进行监督。

(5)有符合要求的营业场所、安全防范措施和与业务有关的其他设施。

(二)商业银行设立的程序

根据《商业银行法》的规定，商业银行设立的基本程序主要分为三个阶段：

1. 申请程序

我国商业银行的设立申请程序分申请筹建和申请开业两个阶段。在申请程序的不同阶段，申请人需向审批机关提交规定的文件资料。

申请筹建阶段，申请人需向中国人民银行提交下列文件、资料：①申请书，申请书应当载明拟设立的商业银行的名称、所在地、注册资本、业务范围等；②可行性研究报告；③中国人民银行规定提交的其他文件、资料。根据中国人民银行 1994 年 8 月发布的《金融机构管理规定》，筹建申请经批准后方可筹建，筹建期限为 6 个月。筹建期内不得从事银行业务活动。

申请开业阶段，申请人向中国人民银行提出开业申请时，应填写正式申请表，并提交下列文件、资料：①章程草案；②拟任职的高级管理人员的资格证明；③法定验资机构出具的验资证明；④股东名册及其出资额、股份；⑤持有注册资本 10%以上的股东的资信证明和有关资料；⑥经营方针和计划；⑦营业场所、安全防范措施和与业务有关的其他设施的资料；⑧中国人民银行规定的其他文件、资料。

2. 审批程序

中国人民银行收到申请人开业申请后，应认真审查即将开业的商业银行是否符合设立商业银行的法定条件，是否符合国民经济和区域经济发展的需要，经审核后，作出是否批准的决定。经批准设立的商业银行，由中国人民银行颁发经营许可证。

3. 登记公告程序

经批准设立的商业银行，凭中国人民银行颁发的经营许可证，向工商行政管理部门办理登记，领取营业执照。商业银行取得营业执照后即可营业。经批准设立的商业银行及其分支机构，由中国人民银行予以公告。商业银行及其分支机构自取得营业执照之日起，无正当理由，超过 6 个月未开业的，或者开业后自行停业连续 6 个月以上的，中国人民银行可以吊销其经营许可证，并予以公告。

四、商业银行的组织与经营原则

(一)商业银行的组织

《商业银行法》规定，商业银行的组织形式和组织机构适用《公司法》的规定。《公司法》规定的公司形式有两类，即有限责任公司和股份有限公司，另有国有独资公司作为有限责任公司的特殊形态。相应地，商业银行也就分为有限责任商业银行、国有独资商业银行和股份有限商业银行。根据《公司法》的规定，有限责任商业银行的组织机构应由股东会、董事会、监事会及经理组成。国有独资商业银行的组织机构应由董事会、监事会及经理组成。股份有限责任商业银行的组织机构应由股东大会、董事会、监事会及经理组成。

国有独资商业银行设立监事会。根据国务院2000年3月5日发布的《国有重点金融机构监事会暂行条例》的规定，国有重点金融机构包括商业银行，其监事会由国务院派出，对国务院负责，代表国家对国有商业银行的资产质量及国有资产保值增值状况实施监督。监事会的日常管理工作由监事会管理机构负责。监事会与国有商业银行是监督与被监督的关系，监事会不参与、不干预国有商业银行的经营决策和经营管理活动。

(二)商业银行的经营原则

《商业银行法》第4条规定："商业银行以效益性、安全性、流动性为经营原则，实行自主经营，自担风险，自负盈亏，自我约束。"商业银行是金融市场上影响最大，数量最多，涉及面最广的金融机构。商业银行的经营一般遵守下列原则。

1.效益性、安全性、流动性原则

商业银行作为企业法人，盈利是其首要目的。但是，效益以资产的安全性和流动性为前提。安全性又集中体现在流动性方面，而流动性则以效益性为物质基础。商业银行在经营过程中，必须有效地在三者之间寻求有效的平衡。

2.依法独立自主经营原则

这是商业银行作为企业法人的具体体现，也是市场经济机制运行的必然要求。商业银行依法开展业务，不受任何单位和个人的干涉。作为独立的市场主体，有权依法处理其一切经营管理事务，自主参与民事活动，并以其全部法人财产独立承担民事责任。

3.保护存款人利益原则

存款是商业银行的主要资金来源，存款人是商业银行的基本客户。商业银行作为债务人，是否充分尊重存款人的利益，严格履行自己的债务，切实承担保护存款人利益的责任，直接关系到银行自身的经营。如果存款人的合法权益得不到有效的尊重和保护，他们就会选择其他银行或退出市场。

五、商业银行的业务范围

根据《商业银行法》的规定，我国商业银行可以经营下列业务：吸收公众存款，发放贷款；办理国内外结算、票据贴现、发行金融债券；代理发行、兑付、承销政府债券，买卖政府债券；从事同业拆借；买卖、代理买卖外汇；提供信用证服务及担保；代理收付款及代理保险业务等。按照规定，商业银行不得从事政府债券以外的证券业务和非银行金融业务。尽管各国商业银行的组织形式、名称、经营内容和重点各异，但就其经营的主要业务来说，一般均分为负债业务、资产业务以及中间业务。随着银行业国际化的发展，国内这些业务还可以延伸为国际业务。

(一)商业银行的负债业务

负债业务是形成商业银行的资金来源业务，是商业银行资产业务的前提和条件。归纳起来，商业银行广义的负债业务主要包括自有资本和吸收外来资金两大部分。商业银行的自有资本是其开展各项业务活动的初始资金，主要部分包括成立时发行股票所筹集的股份资本、公积金以及未分配的利润。自有资本一般只占其全部负债的很小一部分。银行自有资本的大小，体现银行的实力和信誉，也是一个银行吸收外来资金的基础。因此，自有资本的多少还体现银行资本实力对债权人的保障程度。具体来说，银行资本主要包括股本、盈余、债务资本和其他资金来源。

1. 吸收各类存款

吸收外来资金主要指各类存款，即活期存款、定期存款和储蓄存款。

(1)活期存款

活期存款主要是指可由存款户随时存取和转让的存款，它没有确切的期限规定，银行也无权要求客户取款时作事先的书面通知。持有活期存款账户的存款者可以用各种方式提取存款，如开出支票、本票、汇票、电话转账、使用自动柜员机或其他各种方式等手段。由于各种经济交易包括信用卡商业零售等都是通过活期存款账户进行的，所以在国外又把活期存款称之为交易账户。作为商业银行主要资金来源的活期存款有以下几个特点：①具有很强的派生能力。由于活期存款存取频繁，流动性大，在非现金结算的情况下，银行将吸收的原始存款中的超额准备金用于发放贷款，客户在取得贷款后，若不立即提现，而是转入活期存款账户，这样银行一方面增加了贷款，另一方面增加了活期存款，创造出派生存款。②流动性大、存取频繁、手续复杂、风险较大。由于活期存款存取频繁，而且还要提供多种服务，因此活期存款成本也较高，因此活期存款较少或不支付利息。③活期存款相对稳定部分可以用于发放贷款。尽管活期存款流动性大，但在银行的诸多储户中，总有一些余额可用于对外放款。④活期存款是密切银行与客户关系的桥梁。商业银行通过与客户频繁的活期存款的存取业务建立比较密切的业务往来，从而争取更多的客户，扩大业务规模。

(2)定期存款

定期存款是指客户与银行预先约定存款期限的存款。存款期限通常为 3 个月、6 个月和 1 年不等，期限最长的可达 5 年或 10 年。利率根据期限的长短不同而存在差异，但都要高于活期存款。定期存款的存单可以作为抵押品取得银行贷款。定期存款具有以下特点：①定期存款带有投资性。由于定期存款利率高，并且风险小，因而是一种风险最小的投资方式。对于银行来说，由于期限较长，按规定一般不能提前支取，因而是银行稳定的资金来源。②定期存款所要求的存款准备金率低于活期存款。因为定期存款有期限的约束，有较高的稳定性，所以定期存款准备金率就可以要求低一些。③手续简单，费用较低，风险性小。由于定期存款的存取是一次性办理，在存款期间不必有其他服务，因此除了利息以外没有其他的费用，因而费用低。同时，定期存款较高的稳定性使其风险性较小。

(3)储蓄存款

储蓄存款主要是指个人为了积蓄货币和取得一定的利息收入而开立的存款。储蓄存款也可分为活期存款和定期存款。储蓄存款具有两个特点：①储蓄存款多数是个人为了积蓄购买力而进行的存款。②金融监管当局对经营储蓄业务的商业银行有严格的规定。因为储蓄存款多数属于个人，分散于社会上的各家各户，为了保障储户的利益，因此各国对经营储蓄存款业务的商业银行有严格的管理规定，并要求银行对储蓄存款负有无限清偿责任。除上述各种传统的存款业务以外，为了吸收更多存款，打破有关法规限制，西方国家商业银行在存款工具上有许多创新。如可转让支付命令账户、自动转账账户、货币市场存款账户、大额定期存单等。

2.长、短期借款

吸收外来资金还包括商业银行的长、短期借款。商业银行对外借款根据时间不同，可分为短期借款和长期借款。

(1)短期借款

短期借款是指期限在1年以内的债务，包括同业借款、向中央银行借款和其他渠道的短期借款。同业借款是指金融机构之间的短期资金融通，主要用于支持日常性的资金周转，它是商业银行为解决短期余缺，调剂法定准备金头寸而融通资金的重要渠道。由于同业拆借一般是通过中央银行的存款账户进行的，实际上是超额准备金的调剂，因此又称为中央银行基金，在美国则称为联邦基金。中央银行借款，是中央银行向商业银行提供的信用，主要有两种形式：一是再贴现，二是再贷款。再贴现是经营票据贴现业务的商业银行将其买人的未到期的票据向中央银行再次申请贴现，也叫间接借款。再贷款是中央银行向商业银行提供的信用放款，也叫直接借款。再贷款和再贴现不仅是商业银行筹措短期资金的重要渠道，同时也是中央银行重要的货币政策工具。其他渠道的短期借款有转贴现、回购协议、大额定期存单和欧洲货币市场借款等。商业银行的短期借款对时间和金额上的流动性需要十分明确。短期借款在时间和金额上都有明确的契约规定，借款的偿还期约定明确，商业银行对于短期借款的流动性需要在时间和金额上即可事先精确掌握，又可计划地加以控制，为负债管理提供了方便。商业银行的短期借款对流动性的需要相对集中。短期借款不像存款对象那样分散，无论是在时间上还是在金额上都比存款相对集中。商业银行的短期借款存在较高的利率风险。在正常情况下，短期借款的利率一般要高于同期存款，尤其是短期借款的利率与市场的资金供求状况密切相关，导致短期借款的利率变化因素很多，因而风险较高。

(2)长期借款

长期借款是指偿还期限在1年以上的。商业银行的长期借款主要采取发行金融债券的形式。金融债券可分为资本性债券、一般性金融债券和国际金融债券。发行金融债券与存款相比有以下特点：一是筹资的目的不同。吸收存款是为了扩大银行资金来源总量，而发行金融债券是为了增加长期资金来源和满足特定用途的资金需要。二是筹资的机制不同。吸收存款是经常性的、无限额的，而金融债券的发行是集中、有限额的，吸收存款是被动型负债，而发行金融债券是银行的主动型负债。三是筹资的效率不同。由于金融债券的利率一般要高于同期存款的利率，对客户有较强的吸引力，因而其筹资效率要高于存款。四是所吸收的资金稳定性不同。金融债券有明确的偿还期，一般不用提前还本付息，有很高的稳定性，而存款的期限有一定弹性，稳定性要差些。五是资金的流动性不同。一般情况下，存款关系基本固定在银行与存户之间，不能转让，而金融债券一般不记名，有较好的流通市场，具有比存款更高的转让性。

(二)商业银行的资产业务

商业银行的资产业务是指其资金运用业务，主要分为贷款业务和投资业务两大类。资产业务也是商业银行收入的主要来源。商业银行吸收的存款除了留存部分准备金以外，全部可以用来贷款和投资。

1.商业银行的贷款业务

贷款是商业银行作为贷款人按照一定的贷款原则和政策，以还本付息为条件，将一定数量的货币资金提供给借款人使用的一种借贷行为。贷款是商业银行最大的资产业务，大致要占其全部资产业务的60%左右。贷款业务按照不同的分类标准，有以下几种分类方法：一是按贷款期限划分，可分为活期贷款、定期贷款和透支贷款三类。二是按照贷款的保障条件分类，可分为信用放款、担保放款和票据贴现。三是按贷款用途划分，若按行业划分有工业贷款、商业贷款、农业贷款、科技贷款和消费贷款；按具体用途划分又有流动资金贷款和固定资金贷款。四是按贷款的偿还方式划分，可分为一次性偿还和分期偿还。五是按贷款质量划分有正常贷款、关注贷款、次级贷款、可疑贷款和损失贷款等。对于任何一笔贷款，都必须遵循以下基本程序，即贷款的申请、贷款的调查、对借款人的信用评估、贷款的审批、借款合同的签订和担保、贷款发放、贷款检查、贷款收回。

2.商业银行的证券投资业务

商业银行的证券投资业务是商业银行将资金用于购买有价证券的活动。主要是通过证券市场买卖股票、债券进行投资的一种方式。商业银行的证券投资业务有分散风险、保持流动性、合理避税和提高收益等意义。商业银行投资业务的主要对象是各种证券，包括国库券、中长期国债、政府机构债券、市政债券或地方政府债券以及公司债券。在这些证券中，由于国库券风险小、流动性强而成为商业银行重要的投资工具。由于公司债券的差别较大，20世纪80年代以来，商业银行投资于公司债券的比重越来越小。商业银行其他资产业务还包括租赁业务等。

（三）商业银行的中间业务

中间业务是指商业银行从事的按会计准则不列入资产负债表内，不影响其资产负债总额，但能影响银行当期损益，改变银行资产报酬率的经营活动。中间业务有狭义和广义之分。狭义的中间业务指那些没有列入资产负债表，但同资产业务和负债业务关系密切，并在一定条件下会转为资产业务和负债业务的经营活动。广义的中间业务则除了狭义的中间业务外，还包括结算、代理、咨询等无风险的经营活动，所以广义的中间业务是指商业银行从事的所有不在资产负债表内反映的业务。中间业务已成为西方商业银行主要的盈利来源。商业银行中间业务主要有三种类型，即担保和类似的或有负债、承诺，以及与利率或汇率有关的项目。

六、商业银行的基本业务规则

《商业银行法》规定的商业银行经营有关业务应当遵循的基本规则，主要有以下几方面。

（一）存款业务的基本规则

（1）商业银行应当保障存款人的合法权益不受任何单位和个人的侵犯。

（2）商业银行办理个人储蓄存款业务，应当遵循存款自愿、取款自由、存款有息、为存款人保密的原则。

（3）商业银行应当保证存款本金和利息的支付，不得拖延、拒绝支付存款本金和利息。

（4）商业银行应当按照中国人民银行规定的存款利率上下限，确定存款利率，并予以公告。

（5）商业银行应当按照中国人民银行的规定，向中国人民银行交存存款准备金，留足备付金。

(6)对个人储蓄存款,商业银行有权拒绝任何单位或者个人查询、冻结、扣划,但法律另有规定的除外。对单位存款,商业银行有权拒绝任何单位或者个人查询、冻结、扣划,但法律、行政法规另有规定的除外。

(二)贷款业务的基本规则

贷款是商业银行的资产业务和利润来源,商业银行贷款业务的经营情况,贷款资产的质量高低,直接影响到商业银行的经营业绩和安全。因此,《商业银行法》从以下10个方面对商业银行经营贷款业务作了原则性规定:

1.贷款的指导思想

商业银行应当根据国民经济和社会发展的需要,在国家产业政策的指导下,开展贷款业务。

2.贷款自主权

根据《商业银行法》规定,商业银行依法开展业务,不受任何单位和个人的干涉。任何单位和个人不得强令商业银行发放商业贷款。商业银行有权拒绝任何单位和个人强令要求其发放商业贷款。

3.贷款的审查

商业银行的贷款实行审贷分离,分级审批制度。审查的内容包括借款用途、偿还能力、还款方式。对贷款项目实行贷前调查,贷时审查和贷后检查。任何单位和个人不得强令商业银行发放贷款或者提供担保。

4.担保原则

商业银行贷款,借款人应当提供担保,银行应当对保证人的偿还能力、抵押物、质物的权属和价值以及实现抵押权、质权的可行性进行严格的审查。除了资信情况良好,确能按时偿还贷款的,所有的贷款均需提供担保。其中,对银行的关系人贷款不得采用信用贷款形式。

5.借款合同管理

商业银行贷款,应当与借款人订立书面合同。借款合同应当约定贷款种类、用途、金额、利率、还款期限、还款方式、违约责任以及双方认为需要约定的其他事项。

6.利率管理

根据《商业银行法》规定,商业银行不得违反规定提高或者降低利率以及采用其他不正当手段,吸收存款,发放贷款。《贷款通则》对贷款利率也作出了规定,即贷款人应当按照中国人民银行规定的贷款利率的上下限,确定每笔贷款的利率,并在借款合同中记载清楚。

7.资产负债比例管理

为适应新的金融管理体制,增强商业银行的自我约束和自我发展能力,改进人民银行的宏观调控方式,保证银行业的稳定发展,中国人民银行从1994年开始对各商业银行的资金使用实行比例管理制度,对比例管理的考核指标采取区别对待、逐步过渡的办法。

8.对关系人贷款的限制

不得对银行高级职员及其亲友及银行投资的金融机构发放信用贷款,不得对银行高级职员及其亲友担任高级管理职务的公司、企业和其他经济组织发放信用贷款。

9.对借款人的限制

(1)借款人不得同时向同一辖区的贷款人的不同分支机构分别借款,借款人利用自己同一资产和同一经营、资产及担保资料作借款的条件，有可能使同一贷款行的不同分支机构产生错觉，认为借款人的资产及经营情况是能承担偿还贷款条件的，借款人就有可能利用贷款人对借款人资信情况调查不严而进行欺诈。为了防止出现这种情况，《贷款通则》规定借款人不得在一个贷款人的同一辖区的两个或两个以上同级分支机构取得贷款。

(2)借款人不得向贷款人提供虚假的或者隐瞒重要事实的资产负债表、损益表等有关生产经营的情况，以防止借款人利用虚假的生产经营资料借得与自己的偿还能力不相称的借款，影响金融机构的资金安全。根据《贷款通则》第 20 条第 8 项规定，借款人不得以欺骗手段骗取贷款。

(3)借款人不得利用贷款从事股本权益性的投资，除了国家另有规定的少数情况之外，我国的《公司法》和有关企业法和企业登记制度都明确规定，当事人成立公司或其他企业(包括作为公司企业的股东)，必须要有法律规定的最低限额的注册资金，该资金必须是自有的，不能以他人的或借贷的资金作为注册资金，在登记时，这些资金须附上有关银行及注册会计师事务所的证明。因为只有自有资产才能放在公司企业里任意地使用，他人的资金可能会产生权益上的归属问题和纠纷，就会使公司企业以自有资产承担民事责任的能力下降，从而给债权人带来不必要的损失。

(4)借款人不得利用贷款在有价证券、期货方面进行投机性的经营活动。有价证券市场和期货市场受外界影响的因素太多、太大，因而有价证券和期货的价格变动幅度也会很大，投资者根本无法按预期价格买进卖出，所以，投资有价证券和期货的风险较高。投资者只能以自有资金从事有价证券及期货投资，而不能使用贷款，将金融机构贷款卷入风险之中。

(5)除依法取得经营房地产资格的借款人之外，其他任何单位和个人均不得用贷款从事房地产业务；依法取得房地产经营业务资格的借款人，不得用贷款从事房地产投机。《贷款通则》这条规定限制了非房地产公司企业使用贷款在市场上进行无序竞争，限制了房地产公司利用贷款从事炒卖房地产，防止贷款被套牢，对维护贷款安全和稳定房地产市场秩序具有积极的意义。

(6)借款人不得套取贷款用于借贷牟取非法收入，《贷款通则》规定借款人不得作为中间商在原贷款价格(利率)上再加价转让，抬高融资市场利率，影响金融市场的稳定。

(7)借款人不得违反国家外汇管理的规定，使用外汇贷款。在我国的人民币尚未完全实现可自由兑换前，国家仍然要对外汇资金实行监管及对从业(外汇)机构进行资格限制，用来保证国家外汇资金流向有序和安全。

10. 建立贷款主办行制度

借款人应当按中国人民银行的规定，与其开立基本账户的贷款人建立贷款主办行的关系。借款人发生企业分立、股份制改造、重大项目建设等涉及信贷资金使用和安全的重大经济活动，事先应当征求主办行的意见。一个借款人只能有一个主办行，主办行应当随借款人的基本账户的变更而变更。

七、商业银行的变动

(一)商业银行的接管

当商业银行已经或者可能发生信用危机，严重影响存款人的利益时，中国人民银行可以对该银行实行接管。中央银行接管出现信用危机的商业银行的目的是保护存款人的利益，稳定金融市场的秩序，维护社会的安定。接管由中国人民银行决定，并组织实施。中国人民银行的接管决定应当载明被接管的商业银行名称、接管理由、接管组织、接管期限。接管决定由中国人民银行予以公告。接管可以由中国人民银行自己进行，也可以委托其他机构实行。自接管开始之日起，由接管组织行使商业银行的经营管理权力，接管组织的组成人员由中国人民银行指定。被接管的商业银行的债权债务关系不因接管发生变化。接管期限届满，中国人民银行可以决定延期，但接管期限最长不得超过 2 年，以维持金融行业的稳定。

根据《商业银行法》第 68 条规定，有下列情形之一的，接管终止：①接管决定规定的期限届满或者中国人民银行决定的接管延期届满。期限的届满一般有两种可能：其一是接管成功，银行恢复正常的经营，存款人的利益已经得到了有效的保障；其二是接管不成功，银行的经营危机仍然没有消除，为保护债权人的利益和维护金融秩序的稳定，该银行将被转入清算。②接管期限届满前，该商业银行已经恢复正常经营能力。③接管期限届满前，该商业银行被合并或者被依法宣告破产。这里所指的合并，意味着被接管的银行合并后的债权债务关系由合并后的银行全部承接，存款人的利益得到了保障，接管自然终止。而破产宣告则是指被接管的银行的经营危机不但得不到消除，而且还继续维持和发展，应债权人的申请，该银行可被宣告破产。

（二）商业银行的变更

商业银行下列变更事项，应事先报中国人民银行批准，才能办理变更手续：①变更名称；②变更注册资本；③变更总行或分支行所在地；④调整业务范围；⑤变更持有资本总额或者股份总额 10%以上的股东；⑥修改章程；⑦中国人民银行规定的其他变更事项。更换董事长、总经理时，应当报经中国人民银行审查其任职资格条件。

（三）商业银行的合并与分立

商业银行的合并、分立，适用《公司法》。商业银行的合并与分立，应当经中国人民银行审查批准。《商业银行法》特别规定，任何单位和个人购买商业银行的股份总额 10%以上的，应当事先经中国人民银行批准。未经中国人民银行批准，购买商业银行股份达 10%以上的，为违法行为，所购买的股份不受法律保护。

（四）商业银行的终止与清算

商业银行的终止是指商业银行因解散、被撤销和宣告破产等法律规定的情形，而消灭主体资格的法律行为。商业银行的终止是重大的金融活动，须经中央银行的批准在先，以及按照《商业银行法》和《公司法》、《公司登记条例》等法律法规的规定办理。商业银行终止的情形有三种：一是因解散而终止；二是因被撤销而终止；三是因被宣告破产而终止。

1. 因解散而终止

解散的原因有三种，因分立而解散、因合并而解散、因出现公司章程规定的解散事由而解散。商业银行因分立、合并或者出现公司章程规定的解散事由需要解散的，应当向中国人民银行提出申请，并附申请解散的理由和支付存款的本金和利息等债权债务清偿计划，经中国人民银行批准后方可解散。商业银行解散的，应当依法成立清算组，清算组成员由中国人民银行指定。由清算组进行清算，按照既定的清算计划及时偿还存款本金和利息等债务，然后再偿还银行其他的债务。中国人民银行监督清算过程，对清算的重大事项有否决权。

2. 因被撤销而终止

中国人民银行可以吊销商业银行经营许可证的情形有8种：①未经批准发行金融债券或者到境外借款的；②未经批准买卖政府债券或者买卖、代理买卖外汇的；③在境内从事信托投资和股票业务或者投资于非自用不动产的；④向境内非银行金融机构和企业投资的；⑤向关系人发放信用贷款或者发放担保贷款的条件优于其他借款人同类贷款条件的；⑥提供虚假的或者隐瞒重要事实的财务会计报表的；⑦拒绝中国人民银行稽核、检查监督的；⑧出租、出借经营许可证的。商业银行因被吊销经营许可证被撤销的，中国人民银行应当依法及时组织成立清算组，进行清算，按照清偿计划及时偿还存款本金和利息。

3. 因被宣告破产而终止

商业银行不能支付到期债务，经中国人民银行同意，由人民法院宣告破产。商业银行被宣告破产的，由人民法院组织中国人民银行等部门和有关人员成立清算组，进行清算。商业银行破产，除了按照《商业银行法》的有关规定进行破产程序外，主要还应根据《破产法》和《民事诉讼法》的规定办理。商业银行破产清算时，在支付清算费用、所欠职工工资和劳动保险费用后，应当优先支付个人储蓄存款的本金和利息。在此支付后剩余的破产财产才能按顺序支付国家的税款，之后的剩余才能清偿普通的债权，包括其他银行、单位、机构在银行的存款、拆出资金和破产银行所欠他人债务。

【思考题】

一、单项选择题

1. 关于商业银行贷款法律制度，下列哪一选项是错误的？ （　　）

A. 商业银行贷款应当实行审贷分离、分级审批的制度

B. 商业银行可以根据贷款数额以及贷款期限，自行确定贷款利率

C. 商业银行贷款，应当遵守资本充足率不得低于8%的规定

D. 商业银行贷款，应当对借款人的借款用途、偿还能力、还款方式等情况进行严格审查

2. 商业银行在吸收存款的基础上发放贷款，在票据流通和转账结算的基础上，贷款又转化为存款，在此存款不提取的情况下，商业银行增加了资金来源，可再次转为贷款，最后整个银行体系形成了超过原始存款的派生存款。这体现了商业银行的下列哪一种职能？（　　）

A. 支付中介职能　　　　B. 金融服务职能

C. 信用创造职能　　　　D. 金融工具创造职能

3. 根据《商业银行法》规定，商业银行的某些变更事项应当报经国务院银行业监督管理机构批准，否则不发生法律效力。下列哪一事项无需报经国务院银行业监督管理机构批准？ （　　）

A. 变更银行注册名称、变更注册资本

B. 变更银行总行或分支机构所在地

C. 缩小银行业务范围并相应修改银行章程

D. 变更持有资本总额或者股份总额4%的股东

二、多项选择题

1. 商业银行出现下列哪些行为时，中国人民银行有权建议银行业监督管理机构责令停

业整顿或吊销经营许可证? ( )

A. 未经批准分立、合并的　　B. 未经批准发行、买卖金融债券的

C. 提供虚假财务报告、报表和统计报表的　D. 违反规定同业拆借的

2. 根据我国《商业银行法》、《银行业监督管理法》的相关规定,下列哪些选项是正确的? ( )

A. 商业银行的组织形式既可以是有限责任公司,也可以是股份有限公司

B. 商业银行的设立、变更等应经中国人民银行批准

C. 由于商业银行涉及存款人的利益,故商业银行不能通过破产程序而终止

D. 中国银监会负责对所有金融机构的监管

3. 与《企业破产法》的规定相比较,《商业银行法》对商业银行破产的规定有哪些特殊之处? ( )

A. 仅以不能清偿到期债务为破产原因

B. 破产宣告前须经国务院银行业监督管理机构同意

C. 清算组成员须包括国务院银行业监督管理机构的人员

D. 破产清算时应优先支付个人储蓄存款的本息

三、简答题

1. 简述中央银行的概念。

2. 中央银行的职责包括哪些?

3. 商业银行的职能包括哪些?

4. 论述商业银行的业务规则。

第十三章　国有资产法

【主要内容】

本章介绍了国有资产的概念、国有资产法的含义，重点从四个方面说明了国有资产的产权界定、产权登记、产权评估和产权交易，对国有资产的理解具有重要意义。

【教学要求】

了解国有资产和国有资产法的含义；掌握国有资产的产权界定、产权登记、产权评估和产权交易的具体内容。

第一节　概　述

一、国有资产的概念与分类

(一)国有资产的概念

1993 年 12 月，原国家国有资产管理局发布的《国有资产产权界定和产权纠纷处理暂行办法》中规定，国有资产是指国家依法取得和认定的，或者国家以各种形式对企业投资和投资收益、国家向行政事业单位拨款等形成的资产，或者可以简单地理解为国有资产是所有权归国家的资产。

(二)国有资产的分类

按照占有单位的不同，国有资产可分为国家机关的国有资产、事业单位的国有资产、社会团体的国有资产、企业的国有资产。

按照经营属性的不同，国有资产可分为经营性国有资产、非经营性国有资产。

按照表现形式的不同，国有资产可分为实物型国有资产、货币型国有资产、知识产权型国有资产等。

二、国有资产法的概念与立法

(一)国有资产法的概念

国有资产法是调整国有资产关系的法律规范的总称。国有资产关系是指国有资产的所有者、管理者、投资者、占有者和其他主体，在国有资产运行过程中发生的，以国有资产全民所有制为基础和核心的社会关系。

（二）国有资产的立法

国有资产立法涉及国有资产清产核资、资产评估、产权界定、产权登记、产权交易以及国有企业生产经营、国有企业财产监督等内容。

目前，我国尚无统一的国有资产立法，基本都是从国有资产的具体方面来进行立法。如关于国有资产清产核资的法规、部门规章主要有《关于清产核资中全民所有制企业资产清查登记工作方案》、《清产核资总体方案（试行）》。涉及国有企业生产经营和财产监督的法律法规有《国有企业财产监督管理条例》、《全民所有制工业企业转换经营机制条例》等。

第二节 国有资产产权界定制度

一、概述

产权是指财产所有权和与财产所有权有关的财产权。产权界定是指国家依法划分财产所有权和经营权、使用权等产权归属，明确各类产权主体行使权利的财产范围及管理权限的一种法律行为。产权界定应遵循“谁投资，谁拥有产权”的原则。

国有资产产权界定是指对于全部或部分占用国有资产单位的产权、全民所有制单位与其他所有制单位之间以及全民所有制单位之间的产权，依法划分归属国家享有的资产所有权和企业享有的经营权及其他相关权利，明确各类产权主体行使权利的财产范围及管理权限的法律行为。

二、国有资产产权界定的范围

（一）全民所有制企业的产权界定

有权代表国家投资的部门和机构以货币、实物和所有权属于国家的土地使用权、知识产权等向企业投资，形成的国家资本金。

全民所有制企业运用国家资本金及在经营中借入的资金等所形成的税后利润，经国家批准留给企业作为增加投资的部分以及从税后利润中提取的盈余公积金、公益金和未分配利润等。

以全民所有制企业和行政事业单位（以下统称全民单位）担保，完全用国内外借入资金投资创办的或完全由其他单位借款创办的全民所有制企业，其收益积累的净资产。

其他全民所有制企业中的国有资产。

（二）集体所有制企业中国有资产所有权界定

全民所有制单位以货币、实物和所有权属于国家的土地使用权、知识产权等独资（包括几个全民单位合资，下同）创办的以集体所有制名义注册登记的企业单位，其资产所有权界定按照全民所有制企业中的产权界定有关规定办理。但依国家法律、法规规定或协议约定并经国有资产监督管理机构认定的属于无偿资助的除外。

全民所有制单位用国有资产在非全民所有制单位独资创办的集体企业(以下简称集体企业)中的投资以及按照投资份额应取得的资产收益,包括留给集体企业用于发展生产的资本金及其权益,界定为国有资产。

集体企业依据国家规定享受税前还贷形成的资产,其中属于国家税收应收未收的税款部分,界定为国有资产;集体企业依据国家规定享受减免税形成的资产,其中列为"国家扶持基金"等投资性的减免税部分界定为国有资产。

其他集体所有制企业中的国有资产。

(三)中外合资经营企业中国有资产所有权的界定

中方以国有资产出资投入的资本总额,包括现金、厂房建筑物、机器设备、场地使用权、无形资产等形成的资产。

企业注册资本增加,按双方协议,中方以分得利润向企业再投资或优先购买另一方股份的投资活动中所形成的资产。

可分配利润及从税后利润中提取的各项基金中中方按投资比例所占有的份额,不包括已提取用于职工奖励、福利等分配给个人消费的基金。

其他中外合资经营企业中的国有资产。

(四)股份制企业中国有资产所有权的界定

国家机关或其授权单位向股份制企业投资形成的股份,包括现有已投入企业的国有资产折成的股份、构成的股份制企业中的国家股。

全民所有制企业向股份制企业投资形成的股份,构成的国有法人股。

股份制企业公积金、公益金中,全民单位按照投资应占的份额。

其他股份制企业中的国有资产。

(五)国家机关及其所属事业单位的产权界定

国家机关及其所属事业单位占有、使用的资产以及政党、人民团体中由国家拨款等形成的资产,界定为国有资产。

三、国有资产产权界定的程序

(一)全民所有制单位产权界定的程序

全民所有制单位的各项资产及对外投资,由全民所有制单位首先进行清理和界定,其上级主管部门负责督促检查。必要时也可以由上级主管部门或国有资产监督管理机构直接进行清理和界定。

全民所有制单位经清理、界定已清楚属于国有资产的部分,按财务隶属关系报同级国有资产监督管理机构认定。

经认定的国有资产,须按规定办理产权登记等有关手续。

(二)集体企业产权界定的程序

集体企业的产权界定应从查账入手,查阅财政、银行和其他部门的拨款拨物账单,投资单位拨入资金或实物的证明或收据,以及税务部门给予企业减免税等优惠的文件规定和减免数额;还可对照检查企业收款收物账单和享受减免税额,上下结合,以确定国家投资或拨入资产。因为历史等原因,拨入资产手续不全,账单不存在的,可以事实为依据,确定拨入资产。

第三节　国有资产产权登记制度

一、概述

国有资产产权登记是指有关产权登记主管部门代表国家和政府对行政事业资产和占有国有资产的企业进行登记，依法确认国家对国有资产的所有权和企业的经营权、行政事业单位的占有、使用权及相关权利的法律行为。

1992 年 5 月 11 日国家国有资产管理局、财政部和国家工商行政管理总局联合发布了《国有资产产权登记管理试行办法》，经国务院批准在全国范围内开展国有资产产权登记工作。国务院于 1996 年 1 月 25 日发布了《企业国有资产产权登记管理办法》。财政部于 2006 年发布了《行政单位国有资产管理暂行办法》和《事业单位固有资产管理暂行办法》。以上法规是对我国国有资产产权进行登记的主要依据。

二、行政单位国有资产产权登记

行政单位国有资产产权登记是指财政部门代表国家对行政单位国有资产进行登记，依法确认国家对国有资产的所有权和行政单位占有、使用国有资产的法律行为。

行政单位国有资产管理，实行国家统一所有，政府分级监管，单位占有、使用的管理体制。各级财政部门是政府负责行政单位国有资产管理的职能部门，对行政单位国有资产实行综合管理。行政单位对本单位占有、使用的国有资产实施具体管理 。财政部门根据工作需要，可以将国有资产管理的部分工作交由有关单位完成。有关单位应当完成所交给的国有资产管理工作，向财政部门负责，并报告工作的完成情况。

行政单位国有资产管理活动，应当遵循资产管理与预算管理相结合的原则、资产管理与财务管理相结合的原则以及实物管理与价值管理相结合的原则。

三、事业单位国有资产产权登记

事业单位国有资产产权登记是指国家对事业单位占有、使用的国有资产进行登记，依法确认国家对国有资产的所有权和事业单位对国有资产的占有、使用权的行为。

事业单位国有资产包括国家拨给事业单位的资产、事业单位按照国家规定运用国有资产组织收入形成的资产以及接受捐赠和其他经法律确认为国家所有的资产，其表现形式为流动资产、固定资产、无形资产和对外投资等。

事业单位国有资产管理体制和管理部门与行政单位基本相同。

事业单位国有资产管理活动，应当坚持资产管理与预算管理相结合的原则，推行实物费用定额制度，促进事业资产整合与共享共用，实现资产管理和预算管理的紧密统一；应当坚持所有权和使用权相分离的原则；应当坚持资产管理与财务管理、实物管理与价值管理相结合的原则。

四、企业国有资产产权登记

(一)企业国有资产产权登记的概念

企业国有资产产权登记是指国有资产监督管理机构代表政府对占有国有资产的各类企业的资产、负债、所有者权益等产权状况进行登记,依法确认产权归属关系的法律行为。

(二)企业国有资产产权登记的范围

国有资产登记的范围一般包括国有企业、国有独资公司、持有国家股权的单位和以其他方式占有国有资产的企业。如果企业产权归属不清楚或发生产权纠纷,可以申请暂缓办理产权登记。经批准允许暂缓办理产权登记的企业,应当在暂缓办理产权登记期限内,将产权界定清楚,或将产权纠纷处理完毕,并及时办理产权登记。

(三)企业国有资产产权登记的种类

1.占有产权登记

占有国有资产的企业都应向国有资产监督管理机构办理占有产权登记。国有资产监督管理机构向企业核发国有资产产权登记表。产权登记表是企业的资信证明文件。

2.变动产权登记

企业的名称、住所、法定代表人、企业的资产、负债及所有者权益、企业的实有资本、国有资本、企业投资情况等发生变化时,应当在规定的时间内办理变动产权登记。

3.注销产权登记

当企业解散、被依法撤销或被依法宣告破产、企业转让全部产权或被划转时,应当在规定时间内办理注销产权登记。

(四)产权登记年度检查

企业应当在每一年度终结后,在规定的时间内办理产权年度检查登记,向国有资产监督管理机构提交财务报告和国有资产经营年度报告书。

五、产权登记的一般程序

(一)申请受理

需申办产权登记的单位,向有管辖权的产权登记机关申办产权登记,经产权登记机关受理后,填写《国有资产产权登记表》。

(二)填报审查

申报产权登记的单位将填好的《国有资产产权登记表》报主管部门审查,并由主管部门签署意见。

(三)审核认定

《国有资产产权登记表》经主管部门签署意见后,申办产权登记的单位将此表提交产权登记机关,并同时提交有关文件、证件、资料,由产权登记机关予以审核认定,并办理有关手续。

(四)核发证书

产权登记机关向审查合格的占有国有资产的单位核发《国有资产产权登记证》。

第四节　国有资产产权交易制度

一、概述

(一)国有资产产权交易的概念与特征

1. 国有资产产权交易的概念

国有资产产权交易是指交易双方当事人依照法律的规定和合同的约定，通过购买、出售、兼并、拍卖等方式，将一方当事人所享有的国有企业产权转让给另一方当事人的法律行为。

2. 国有资产产权交易的特征

国有资产产权交易行为具有以下特征：

(1)交易主体一方应是国有单位，另一方是国有单位、非国有单位或个人。法律允许企业产权在不同的所有者之间交易。

(2)产权交易是以企业的产权，包括所有权和经营权这一特定的企业财产权利和经营权利为标的而进行的一种交易行为。

(3)产权交易一般是有偿的，转让方要收回企业产权的资产价值。因此，产权交易区别于行政指令下的企业合并、撤销等变动方式。

(4)产权交易行为最终导致被交易企业产权结构的改变，如果全部产权转让，则会导致被交易企业法人地位的消灭或法人实体的改变。

(二)国有资产产权交易的法律依据

1989 年 1 月 19 日国家发布了《关于出售国有小型企业产权的暂行办法》，1989 年 2 月 19 日国家又发布了《关于企业兼并的暂行办法》，1994 年 2 月 22 日国务院办公厅发布了《关于加强国有企业产权交易管理的通知》，1995 年 5 月 12 日国家国有资产管理局发布了《关于加强企业国有产权转让监督管理工作的通知》，2003 年 12 月 31 日国务院国有资产监督管理委员会、财政部发布了《企业国有产权转让管理暂行办法》，2004 年国务院国有资产监督管理委员会发布了《关于企业国有产权转让有关问题的通知》等。这些法规对于企业国有资产产权交易的审批权限、法律要求、交易的程序、交易的资产评估等有关问题作了明确的规定。

二、国有资产产权交易的原则与监督管理

(一)国有资产产权交易遵循的原则

1. 经济责任制原则

经济责任制的确立和完善，责任承担机制的形成，是同整个国家的经济转轨和法治建设联系在一起的。

2. 效益优先、保值增值原则

效益优先、保值增值是贯穿于国有资产管理全过程，尤其是国有资产形态转换全过程的一项重要原则。

3. 国家监督和社会监督相结合原则

从国有资产产权交易的国家监督方面来看，必须按照权力与责任挂钩、权力与利益脱钩的要求，建立权责明确、行为规范、监督有效、保障有力的执法体制，防止、纠正地方保护主义和部门本位主义。

（二）国有资产产权交易的监督管理

国有资产监督管理机构负责企业国有资产产权转让的管理工作。根据《企业国有产权转让管理暂行办法》的规定，国有资产监督管理机构对企业国有资产产权转让履行下列监管职责：

(1)按照国家有关法律、行政法规的规定，制定企业国有资产产权交易监督制度和办法。

(2)决定或者批准所出资企业国有资产产权转让事项，研究、审议重大产权转让事项并报本级人民政府批准。

(3)选择确定从事企业国有产权交易活动的产权交易机构。

(4)负责企业国有产权交易情况的监督检查工作。

(5)负责企业国有产权转让信息的收集、汇总、分析和上报工作。

(6)履行本级政府赋予的其他监管职责。

所出资企业是指经国务院，省、自治区、直辖市人民政府，设区的市、自治州级人民政府授权国有资产监督管理机构履行出资人职责的企业。

三、国有资产产权交易的程序

（一）企业国有产权转让的程序

1. 内部审议

企业国有产权转让应当做好可行性研究，按照内部决策程序进行审议，并形成书面决议。国有独资企业的产权转让，应当由总经理办公会议审议。国有独资公司的产权转让，应当由董事会审议；没有设立董事会的，由总经理办公会议审议。涉及职工合法权益的，应当听取转让标的企业职工代表大会的意见，对职工安置等事项应当经职工代表大会讨论通过。

2. 清产核资、审计与资产评估

企业国有产权转让事项经批准或者决定后，转让方应当组织转让标的企业按照有关规定开展清产核资，根据清产核资结果编制资产负债表和资产移交清册，并委托会计师事务所实施全面审计。转让所出资企业国有产权导致转让方不再拥有控股地位的，由同级国有资产监督管理机构组织进行清产核资，并委托社会中介机构开展相关业务。在清产核资和审计的基础上，转让方应当委托具有相关资质的资产评估机构依照国家有关规定进行资产评估。评估报告经核准或者备案后，作为确定企业国有产权转让价格的参考依据。

3. 披露转让信息

转让方应当将产权转让公告委托产权交易机构刊登在省级以上公开发行的经济或者金融类报刊和产权交易机构的网站上，公开披露有关企业国有产权转让信息，广泛征集受让方。产权转让公告期为20个工作日。

4. 提出受让条件，审查受让方条件

在征集受让方时，转让方可以对受让方的资质、商业信誉、经营情况、财务状况、管理能力、资产规模等提出必要的受让条件。

5. 确定转让方式

经公开征集产生两个以上受让方时，转让方应当与产权交易机构协商，根据转让标的的具体情况采取拍卖或者招投标方式组织实施产权交易。采取拍卖方式转让企业国有产权的，应当按照《中华人民共和国拍卖法》及有关规定组织实施。采取招投标方式转让企业国有产权的，应当按照国家有关规定组织实施。企业国有产权转让成交后，转让方与受让方应当签订产权转让合同，并应当取得产权交易机构出具的产权交易凭证。

经公开征集只产生一个受让方或者按照有关规定经国有资产监督管理机构批准的，可以采取协议转让的方式。采取协议转让方式的，转让方应当与受让方进行充分协商，依法妥善处理转让中所涉及的相关事项后，草签产权转让合同，然后再按照有关规定办理产权交易合同。

6. 签订产权转让合同

产权转让合同应符合法律法规规定的主要内容。转让企业国有产权导致转让方不再拥有控股地位的，在签订产权转让合同时，转让方应当与受让方协商提出企业重组方案，包括在同等条件下对转让标的企业职工的优先安置方案。

7. 转让价款支付与转让收益处置

企业国有产权转让的全部价款，受让方应当按照产权转让合同的约定支付。转让价款原则上应当一次付清。如金额较大、一次付清确有困难的，可以采取分期付款的方式。采取分期付款方式的，受让方首期付款不得低于总价款的30%，并在合同生效之日起5个工作日内支付；其余款项应当提供合法的担保，并应当按同期银行贷款利率向转让方支付延期付款期间利息，付款期限不得超过1年。

8. 办理相关产权登记手续

企业国有产权转让成交后，转让和受让双方应当凭产权交易机构出具的产权交易凭证，按照国家有关规定及时办理相关产权登记手续。

（二）企业国有产权转让的批准程序

1. 确定批准机构

国有资产监督管理机构决定所出资企业的国有产权转让。其中，转让企业国有产权致使国家不再拥有控股地位的，应当报本级人民政府批准。所出资企业决定其子企业的国有产权转让。其中，重要子企业的重大国有产权转让事项，应当报同级国有资产监督管理机构会签财政部门后批准。其中，涉及政府社会公共管理审批事项的，需预先报经政府有关部门审批。

2. 审查相关文件

决定或者批准企业国有产权转让行为，应当审查下列书面文件：①转让企业国有产权的有关决议文件；②企业国有产权转让方案；③转让方和转让标的企业国有资产产权登记证；④律师事务所出具的法律意见书；⑤受让方应当具备的基本条件；⑥批准机构要求的其他文件。

3. 关键行业、领域产权转让的特殊要求

对于国民经济关键行业、领域中对受让方有特殊要求的，企业实施资产重组中将企业国有产权转让给所属控股企业的国有产权转让，经省级以上国有资产监督管理机构批准后，可以采取协议转让方式转让国有产权。企业国有产权转让事项经批准或者决定后，如转让和受让双方调整产权转让比例或者企业国有产权转让方案有重大变化的，应当按照规定程序重新报批。

第五节 国有资产评估制度

一、概述

(一)国有资产评估的概念

国有资产评估是指资产评估机构根据国家的法律、政策和特定目的,遵循一定的原则和法定程序,采用科学的方法,对国有资产现时价格进行评定和估算。

(二)国有资产评估的法律依据

国有资产评估必须依法进行,20 世纪 90 年代以来,国家制定了一系列资产评估法规和规章制度,主要有 1991 年国务院制定的《国有资产评估管理办法》,1992 年国家国有资产管理局发布的《国有资产评估管理办法施行细则》,2005 年 8 月国有资产监督管理委员会印发的《企业国有资产评估管理暂行办法》,2005 年 5 月 11 日财政部发布的《资产评估机构审批管理办法》,2001 年财政部制定的《国有资产评估违法行为处罚办法》等。这些法规和规章制度对于规范资产评估行业的管理,促使资产评估行业沿着法制化轨道不断发展和完善起到了十分重要的作用。

二、国有资产评估的适用范围

(一)应当进行资产评估的经济行为

应当进行的资产评估是指在国有企业产权变动中,除国有资产管理部门批准可以不予评估外,都必须进行的资产评估。根据《企业国有资产评估管理暂行办法》,企业有下列行为之一的,应当对相关资产进行评估:①整体或部分改建为有限责任公司或者股份有限公司;②以非货币资产对外投资;③合并、分立、清算;④除上市公司以外的原股东股权比例变动;⑤除上市公司以外的整体或者部分产权(股权)转让;⑥资产转让、置换、拍卖;⑦整体资产或者部分资产租赁给非国有单位;⑧以非货币资产偿还债务;⑨资产涉讼;⑩收购非国有单位的资产;⑪接受非国有单位以非货币资产出资;⑫接受非国有单位以非货币资产抵债;⑬法律、行政法规规定的其他需要进行评估的事项。

(二)可以不进行资产评估的经济行为

企业有下列行为之一的,可以不对相关国有资产进行评估:①经各级人民政府或其国有资产监督管理机构批准,对企业整体或者部分资产实施无偿划转;②国有独资企业与其下属独资企业(事业单位)之间或其下属独资企业(事业单位)之间的合并、资产(产权)置换和无偿划转。

(三)依据国家有关规定应当和需要进行资产评估的其他情况

对于境外国有资产,有关国有自然资源的有偿使用或开采,以及一些特定行业及大范围的资产评估(如清产核资等),由国务院规定。

(四)评估的资产范围

评估的资产范围包括流动资产、长期投资、固定资产、无形资产及其他资产。对负债及所有者权益也要进行对应调整。

三、国有资产评估机构

按照国有资产管理权限，国有资产评估工作由国有资产管理行政主管部门负责管理和监督。我国的资产评估机构主要有专营资产评估业务的资产评估公司（事务所）和兼营资产评估业务的会计师事务所、审计事务所、财务咨询公司等。另外，我国允许设立外商投资资产评估机构，允许外国资产评估机构在某些情况下来我国境内执业。专营资产评估机构指的是持有国务院或者省、自治区、直辖市人民政府国有资产管理行政主管部门颁发的国有资产评估资格证书的资产评估公司、会计师事务所、审计师事务所、财务咨询公司。兼营资产评估机构指的是经国务院或者省、自治区、直辖市人民政府国有资产管理行政主管部门认可的临时评估机构，可以接受占有单位的委托，从事国有资产评估业务。

四、国有资产评估项目管理

（一）国有资产评估项目核准机构

经各级人民政府批准的经济行为的事项涉及的资产评估项目，分别由其国有资产监督管理机构负责核准。

国有资产评估项目核准应在占有单位收到评估机构出具的评估报告后，应当上报其集团公司或有关部门初审，经集团公司或有关部门初审同意后，占有单位应在评估报告有效期届满前2个月向财政部门提出核准申请。财政部门收到核准申请后，对符合要求的，应在20个工作日内完成对评估报告的审核，下达核准文件；不符合要求的，予以退回。

（二）国有资产评估项目的备案管理

国有资产评估项目备案是指国有资产占有单位（以下简称占有单位）按有关规定进行资产评估后，在相应经济行为发生前将评估项目的有关情况专题向财政部门、集团公司、有关部门报告并由后者受理的行为。

国有资产评估项目备案工作实行分级管理。中央管理的企业集团公司及其子公司，国务院有关部门直属企事业单位的资产评估项目备案工作由财政部负责；子公司或直属企事业单位以下企业的资产评估项目备案工作由集团公司或有关部门负责。地方管理的占有单位的资产评估项目备案工作比照前面规定的原则执行。评估项目涉及多个国有产权主体的，按国有股最大股东的资产财务隶属关系办理备案手续；持股比例相等的，经协商可委托其中一方办理备案手续。

备案工作程序。占有单位收到评估机构出具的评估报告后，对评估报告无异议的，应将备案材料逐级报送财政部门（集团公司、有关部门）。财政部门（集团公司、有关部门）收到占有单位报送的备案材料后，对材料齐全的，应在10个工作日内办理备案手续；对材料不齐全的，待占有单位或评估机构补充完善有关材料后予以办理。

（三）国有资产评估项目的抽查管理

国有资产评估项目抽查是指各级国有资产监督管理机构定期或不定期地选取具体评估项目，对评估各方当事人的相关行为和评估报告的真实性、合法性进行检查，依法行使监督职能的行为。

国有资产评估项目抽查工作围绕评估各方当事人的相关行为和评估报告的真实性、合法性进行，重点检查以下内容：①占有单位经济行为的合法性；②被评估的资产范围与有关经济行为所涉及的资产范围；③占有单位提供的产权证明文件、生产经营资料及财务资料的真实性、完整性；④评估机构和评估人员的执业资格；⑤资产账面价值与评估结果的差异；⑥经济行为的实际成交价与评估结果的差异；⑦现场勘查活动及评估现场工作记录；⑧评估工作底稿；⑨必要的资产清查、函证工作；⑩评估依据的合理性；⑪评估报告对重大事项及评估结果影响的披露程度；⑫其他。

国有资产评估项目抽查工作应当遵循以下程序：①准备阶段。选取评估项目，研究、拟订抽查计划，确定具体抽查内容；组织不少于 2 人的相关人员成立抽查小组；抽查小组在实施抽查前 5 个工作日将《评估项目抽查通知书》下达给当事人。②检查阶段。抽查小组对评估项目当事人的具体工作进行检查；对重大、疑难的问题，财政部门可委托专家进行鉴定并做出结论；抽查小组起草《评估项目抽查结果报告》，对应当予以行政处罚的，提出初步意见，报告同级财政部门。③告知阶段。财政部门在作出行政处罚决定之前，应当告知当事人拟作出处罚决定的事实、理由及依据，并告知当事人依法享有的权利。④处理阶段。财政部门下达《行政处罚决定书》；对有关单位或个人的违法违纪行为，财政部门可以建议提交有关部门处理，涉嫌犯罪的，移送司法机关处理。

【思考题】

一、单项选择题

1. 财产所有权的核心是　　（　　）

A. 财产占有权　　B. 财产使用权　　C. 财产收益权　　D. 财产处分权

2. 申请取得法人资格的企业应当于申请办理工商注册登记前______内，向国有资产管理部门办理产权登记，填写《企业国有资产产权登记表》　　（　　）

A. 20 日　　B. 30 日　　C. 60 日　　D. 90 日

二、多项选择题

1. 行政单位国有资产包括　　（　　）

A. 行政单位用国家财政性资金形成的资产

B. 国家调拨给行政单位的资产

C. 行政单位按照国家规定组织收入形成的资产

D. 接受捐赠的资产

2. 行政单位国有资产管理活动，应当遵循以下原则　　（　　）

A. 资产管理与预算管理相结合　　B. 资产管理与财务管理相结合

C. 资产管理与人员考核相结合　　D. 实物管理与价值管理相结合

三、简答题

1. 国有企业产权交易的形式有哪些？

2. 对国有企业产权拍卖可能造成的国有资产流失问题，有哪些防范建议？

3. 在国有资产评估时，应注意哪些方面的问题？

第十四章　房地产法

【主要内容】

本章介绍了房地产的概念和房地产业的概念及特征，重点说明了房地产的所有权制度、房地产开发、房地产交易和物业管理制度。

【教学要求】

了解房地产的基本知识；掌握我国土地所有权和使用权制度；熟悉房地产开发的法律规定，能够进行房地产交易，应用物业管理制度。

第一节　概　述

一、房地产的概念与特征

（一）房地产的概念

房地产既是经济学上的概念，也是法学上的概念。我国现行法律法规对涉及房地产关系的很多问题都进行了相应的规定，但都没有界定房地产的含义。有学者认为，房地产是地产与房产的通称。有学者认为，房地产是指土地以及土地上的房屋等建筑物及构筑物。也有学者认为，房地产是土地财产和土地上的房屋财产的总称。物质形态的房屋和土地被赋予法律上的财产意义，即被称为“房产”和“地产”。

房地产是指土地、建筑物及附属物和固定于其上不可分离的部分，以及由此衍生的各种权益的总称。权益是指权利、利益和收益，包括法律属性和经济属性，它以房地产的自然属性为载体。单从经济属性看，房地产是房产与地产的合称。在生活资料方面，房产与地产属于财产范畴；在生产资料方面，房产与地产属于资产范畴。所谓“不可分离”，是指不能分离，或者虽能分离但分离后会严重破坏房地产的功能、价值和完整性。不可分离部分包括为提高房地产的使用价值而种植在土地上的花草、树木或人工建造的庭院、假山，也包括为提高建筑物的使用功能而安装在其上的水、暖、电、通风、消防、电梯等设备。房地产和不动产的含义不同，不动产是指不能移动或者移动后会使其价值、功能受到很大破坏的物体，包括房地产以及水坝、机场、港口、地下工程等构筑物。因此，不动产是比房地产内涵更广的概念。

(二)房地产的特征

1.位置的固定性和不可移动性

房地产中的建筑物及附属物等都必须要建立在土地上,离开土地是不太可能的,而土地本身是固定不变的,只能存在于某个地方,无法移动,其本身的价值等依托在地理位置上的,是无法改变的。

2.使用的长期性

在土地和房屋形成之后,其本身的使用价值不会因为被利用而被消耗掉,而是能够长期存在。

3.价值的保值增值性

房地产投资项目资金大、成本高、期限长、风险多,但从长远角度看,房地产一般具有保值增值性。

4.价值的区域差异性

就土地来说,其价值和自然环境、社会条件的关系非常紧密,一块同样大小的土地,在农村和城市区别很大,在城市中心和郊区的区别更是如此。

二、房地产业的概念与特征

(一)房地产业的概念

房地产业是指从事房地产开发、经营、管理和服务的产业。1987年原城乡建设环境保护部《关于发展城市房地产业的报告》对房地产业的定义为:"城市的开发,房屋的建设、维修、管理,土地使用权的出让、转让,房屋所有权的买卖、租赁,房地产的抵押,以及由此形成的房地产市场。"

随着社会的发展,房地产业已经成为国民经济的一个重要部门,属于第三产业。联合国在1986年修订的《全部经济活动产业分类》的国际标准中,把经济活动分为十大类,房地产业属于第八类;我国1985年实施的《国民经济行业分类和代码》,将我国经济分为十个门类,把房地产业列为第七类。国务院《关于国民经济和社会发展"九五"计划和2010年远景目标纲要的报告》亦明确将房地产业归入第三产业。这说明,无论是在国际市场还是国内市场,都把房地产业作为一个重要的独立的产业部门来进行看待。在房地产业的理解上,有人往往会和建筑业混为一谈,认为房地产业就是建筑业,其实不然。建筑业是直接从事房屋和建筑物的建造、改造、装修、安装的一个物质生产部门,属于第二产业,而房地产业则是从事房地产的投资开发、经营管理和服务,主要在流通领域活动的产业部门,属于第三产业。房地产业和房地产也是两个不同的概念,房地产业是一个经营行为,经营的客体是房地产,经营服务的对象是房地产消费者;而房地产是一种财产权,房地产消费者追求的是这种财产权,特别是它的稳定性。房地产业经营者直接追求的不是这种财产权,而是这种财产权的商业利益。

(二)房地产业的特征

1.经营性和投机性

房地产业的经营性和投机性首先来源于房地产这种资产的特点;其次在于房地产符合了商品经济的内在要求;最后,房地产业的投资特点使房地产业成为资金的聚集地。

2. 第三产业性和综合产业性

房地产业是第三产业，第三产业亦指广义的服务业，服务业决定了房地产业的基本功能是以满足最广大群众的住房需要为首要宗旨，保证房地产商品全面优质地实现在社会生活中的价值和使用价值。房地产业是诸多经济行业和部门共同进行的经济活动，房地产建设用地与作为第一产业的农业密切相关并相互制约，它的发展与建材、建筑、冶金、工程技术、能源、交通等第二产业部门以及金融、信贷、商业、服务业、信息业等第三产业部门直接联系并相互影响。房地产业是以这些一、二、三类产业部门的相关行业为基础组成和发展起来的综合性第三产业。

3. 综合导向性和泡沫性

房地产业在生产、流通和消费中需要大量的资金，同时又联系着许多相关的行业，使其成为现代社会经济系统的有机组成部分，直接影响着社会消费、社会就业以及金融、信贷和多种相关产业发展的社会经济活动。在房地产业的发展中，出现了所谓的"房地产热"和"开发区热"，形成土地供应量大于实际投资开发量的"地产热"。结果是过量的放地使政府的财政收入大增，房地产业的产值剧增，但这一切都是一种虚假的繁荣，其背后是社会资源的巨大浪费和经济危机的隐患。

三、房地产法的概念与调整对象

（一）房地产法的概念

房地产法是调整房地产经济关系的法律规范的总称。广义的房地产法包括确认和调整房地产产权、开发、经营、使用、交易、服务、管理及其他与房地产相关的各种社会关系的法律规范；狭义的房地产法指以《中华人民共和国城市房地产管理法》（以下简称《房地产管理法》）为核心的、及与之相配套的专门调整房地产关系的法律规范；最狭义的房地产法是特指《房地产管理法》。

（二）房地产法的调整对象

房地产法的调整对象是指房地产法所调整的特定领域的房地产社会经济关系。房地产法律关系可以有不同的分类。

1. 按照社会关系划分

按照所调整的社会关系来划分，房地产法律关系分为房地产民事法律关系、房地产行政法律关系、房地产经济法律关系。房地产民事法律关系是平等主体之间依法形成的权利义务关系；房地产行政法律关系是房地产管理部门依据国家赋予的职权对房地产市场实施管理、监督、检查等形成的法律关系；房地产经济法律关系是国家因宏观调控对经营者、消费者依法形成的法律关系。

2. 按照调整对象划分

按照调整对象不同，房地产法律关系分为房地产开发法律关系、房地产交易法律关系和房地产管理法律关系。房地产开发法律关系是在房地产权利人与土地所有权人之间及其他法人或经济组织之间所发生的经济关系；房地产交易法律关系是房地产权利人与其他平等主体之间在房地产转让、抵押、租赁的过程中发生的经济关系；房地产管理法律关系是房地产管理部门与公民、法人或其他组织在房地产管理过程中发生的社会关系。

第二节 房地产所有权法律制度

一、土地所有权

(一)土地所有权的概念与特征

1.土地所有权的概念

土地所有权是指土地所有者在法律规定的范围内,对其拥有的土地享有占有、使用、收益和处分的权利。我国是社会主义国家,实行的是土地的社会主义公有制。我国《土地管理法》第2条第1款明确规定:“中华人民共和国实行土地的社会主义公有制,即全民所有制和劳动群众所有制。”土地所有权的四项权能即占有、使用、收益和处分。

2.土地所有权的特征

我国土地所有权具有以下特征:

(1)主体的特定性。我国实行土地公有制,土地所有权的主体只限于国家和农民集体,私人以及其他主体不得成为土地所有人。

(2)客体的差异性。我国土地所有权客体的差异性表现为地域上的差异,其划分基本上是按照城市和农村的地域为标准。

(3)内容的限制性。我国的两种土地所有权的权利义务内容均受到法律较严格的限制,主要表现在土地所有权不能以任何形式交易,无论是两种所有制的不同主体之间,还是集体所有制不同主体之间,均不得以买卖、赠与、互易等任何形式进行土地所有权的交易。

(4)权能的分离性。土地归国家和农民集体所有,但是国家和农民集体一般不直接行使土地所有权,而是将土地的权能予以分离,国家把自己所有的土地以建设用地的形式划拨或出让给使用者进行占有、使用和收益,国家拥有最终的处分权。农民集体的土地主要以农村承包经营的方式承包给农民来占有、使用和收益。

(二)国家土地所有权

国家土地所有权是指国家对自己所有的土地依法享有占有、使用、收益和处分的权利。这是我国最为重要的土地所有权形式。

在我国,国家土地所有权的主体由《宪法》规定。同时,《土地管理法》也规定,国家土地所有权由国务院代表国家行使。国务院可通过制定行政法规或发布行政命令授权地方人民政府或其职能部门行使国家土地所有权。关于国有土地的范围,依据1998年12月27日国务院发布的《土地管理法实施条例》第2条规定,下列土地属于国家所有:①城市市区的土地;②农村和城市郊区中已经依法没收、征收、征购为国有的土地;③国家依法征用的土地;④依法不属于集体所有的林地、草地、荒地、滩涂及其他土地;⑤农村集体经济组织全部成员转为城镇居民的,原属于其成员集体所有的土地;⑥因国家组织移民、自然灾害等原因,农民成建制地集体迁移后不再使用的原属于迁移农民集体所有的土地。另外,原国家土地管理局在1995年3月11日发布了《确认土地所有权和使用权的若干规定》,详细规定了国有土地按照一些标准来确定。

（三）集体土地所有权

集体土地所有权是指农民集体组织对自己所有的土地依法享有占有、使用、收益和处分的权利。这是我国土地所有权的另一种形式。依照《民法通则》、《土地管理法》、《物权法》等法律规定，集体土地所有权的主体是农民集体组织，具体包括村农民集体、农村集体经济组织和乡（镇）农民集体，与国家土地所有权的主体具有唯一性相比，集体土地所有权具有多元性。关于集体土地所有权的范围，依据《土地管理法》第 8 条的规定，农村和城市郊区的土地，除由法律规定属于国家所有的以外，属于农民集体所有；宅基地和自留地、自留山，属于农民集体所有。在《确认土地所有权和使用权的若干规定》，同样详细规定了集体土地按照一些标准来确定。

二、房屋所有权

（一）房屋所有权的概念

房屋依附于土地而存在，两者具有不可分性，但是对于房屋依然存在房屋所有权。房屋所有权是指房屋所有权人对自己的房屋依法享有的占有、使用、收益和处分的权利。一般情形下，土地所有权人当然享有其上的房屋所有权，土地使用权人与房屋所有权人须为一致。根据《房地产管理法》第 31 条的规定，房地产转让、抵押时，房屋的所有权和该房屋占用范围内的土地使用权同时转让、抵押。房屋所有权的主体相当广泛，国家、法人、非法人组织及任何自然人都可以成为所有权的主体。

（二）建筑物区分所有权

我国《物权法》第 70 条规定："业主对建筑物内的住宅、经营性用房等专有部分享有所有权，对专有部分以外的共有部分享有共有和共同管理的权利。"根据这一规定，建筑物区分所有权是指多个区分所有权人共同拥有一栋区分所有建筑物时，区分所有权人（即业主）所享有的对其专有部分的所有权和对共同部分的共有权和管理权的总称。

1. 专有部分的所有权

建筑物的专有部分指的是建筑物中具有构造上和使用上的独立性的部分，由一定的平面的长度和一定立体的厚度构成，与其他专有部分或共有部分以墙壁、天花板、地板相间隔。区分所有权人对建筑物内属于自己所有的专有部分可以直接占有、使用，实现居住或者经营的目的；也可以依法对自己的住宅、经营性用房等租、出借，获取收益；还可以用来抵押贷款或出售给他人。

2. 共有部分享有共有权

建筑物的共有部分是指供区分所有权人共用、属于区分所有权人共有的部分。区分所有权人在法律对所有权未作特殊规定的情形下，对专有部分以外的走廊、楼梯、过道、电梯、外墙面、水箱、水电气管线等共有部分，对小区内道路、绿地、公用设施、物业管理用房以及其他公共场所等共有部分享有占有、使用、收益、处分的权利。

3. 建筑物区分所有权的成员权

成员权又称社员权，是指区分所有权人基于在一栋建筑物的构造、权利归属及使用权上的不可分离的共同关系而产生的，作为一个建筑物的一个团体组织的成员而享有的权利和承担的义务。区分所有权人有权对共用部位与公共设备设施的使用、收益、维护等事项通过参加和组织业主大会进行管理，如享有表决权、参与制定规约权、选举及解任管理者的权利及对公共事项管理和公共利益的应得份额的请求权等。

三、房地产相邻关系

房地产相邻关系是指不动产的相邻各方因行使房地产所有权或使用权而发生的权利义务关系。房地产相邻关系从本质上看是一方房地产所有人或使用人的财产权利的延伸，同时又是对他方房地产所有人或使用人的房地产权利的限制。在处理相邻关系时应遵循兼顾各方利益、互谅互让、团结互助的原则，有利于生产、方便生活的原则。

房地产相邻关系的主要内容包括：相邻土地使用关系；相邻流水、用水、截水、排水关系；相邻管线安设关系；相邻光照、通风、音响震动关系；相邻疆界关系；相邻环境与安全关系。

第三节　房地产开发法律制度

一、概述

(一)房地产开发的概念

房地产开发是指在依法取得国有土地使用权的土地上，进行基础设施和房屋建设的行为。所谓基础设施建设指的是给水、排水、供电、供热、供气、通讯和道路等设施建设和土地的平整(通常所说的七通一平)。房屋建设包括住宅用房、工业厂房、商业用房等其他用房。

(二)房地产开发的分类

1. 按开发对象划分

按开发对象来划分，房地产开发可分为新区开发和旧区改造。新区开发主要是通过对城市郊区的农地和荒地的改造，使之变成建设用地，并进行一系列的房屋、道路、公用设施等方面的建设和铺设，使之变成新的城区。旧区开发也被称为旧城改造，主要是对建成区段某些区段的建筑和各项配套设施进行性质和功能的再开发。

2. 按开发方式划分

按开发方式来划分，房地产开发可分为单项开发、成片开发和小区开发。单项开发是指开发方式规模小、占地不大、项目功能单一、配套设施简单的开发形式。成片开发是指范围广阔(其范围大到可以相近于开辟一个新的城区)、投入资金巨大、项目众多、建设周期长的综合性开发。小区开发是指新城开发中一个独立小区的综合开发或旧城区改造中一个相对独立的局部区域的更新改建，即等于相对独立街坊的更新改造。

3. 按开发目的划分

按开发目的来划分，房地产开发可分为经营性房地产开发和自用性房地产开发。经营性房地产开发是指由专业化的房地产开发企业进行，通过房地产的投资开发活动将开发产品(房屋、基础设施、土地使用权)作为商品进行交易，以追求利润回报的开发活动。自用性的房地产开发是指为自用而进行的房地产开发活动，开发者即使用者，开发的房地产产品不进行流通领域，只是满足开发者自己进行生产、经营或消费的需要，开发环节本身不追求营利。

二、房地产开发用地

(一)房地产开发用地的概念

房地产开发用地是指房地产开发商在房地产开发过程中所需要使用的土地，具体而言，就是对依法取得的国有土地使用权进行投资开发建设基础设施和房屋的国有土地。主要类型有国有土地使用权划拨、出让、转让、租赁、地下空间利用等。

(二)国有土地使用权划拨

国有土地使用权划拨是指县级以上人民政府依法批准，在土地使用者缴纳补偿、安置等费用后将该幅土地交付其使用，或者将土地使用权无偿交付给土地使用者使用的行为。根据《土地管理法》规定，经县级以上人民政府依法批准，以下建设用地可以通过划拨方式取得：①国家机关用地和军事用地；②城市基础设施用地和公益事业用地；③国家重点扶持的能源、交通、水利等基础设施用地；④法律、行政法规规定的其他用地。

(三)国有土地使用权出让

国有土地使用权出让是指县级以上人民政府和土地行政主管部门依法把符合规划要求的国有土地有期限有偿地转移给土地使用者的行为。根据我国《城镇国有土地使用权出让和转让暂行条例》规定，国有土地使用权出让过程中，出让方与受让方必须要签署土地使用权出让合同，出让方是代表国家行使权利的县级以上人民政府的土地行政主管部门，受让方可以是中国境内外的公司、企业、其他经济组织和公民自然人。

根据《房地产管理法》和《招标拍卖挂牌出让国有土地使用权规定》规定，我国当前的国有土地使用权出让方式有四种：协议出让、招标出让、拍卖出让和挂牌出让。

1. 协议出让

协议出让是指县级人民政府及其土地行政主管部门代表国家与土地的申请使用者就土地使用权的价格、使用年限、用地条件等问题相互协商成一致意见而进行的国有土地使用权出让。《招标拍卖挂牌出让国有土地使用权规定》中明确规定：自 2002 年 7 月 1 日起，全国各地区的商业、旅游、娱乐、写字楼和商品住宅等各类经营性用地都必须以招标拍卖挂牌出让。自 2003 年 8 月 1 日起开始施行的《协议出让国有土地使用权规定》更是对协议出让的审批、程序过程作出了详细而又严格的规范。

2. 招标出让

招标出让是指市、县人民政府土地行政主管部门或者其委托的中介结构就国有土地的使用权发布招标公告，邀请特定或者不特定的公民、法人和其他组织参加国有土地使用权投标，根据投标结果确定土地使用者的行为。

3. 拍卖出让

拍卖出让是指市、县人民政府土地行政主管部门或者其委托的中介结构就国有土地的使用权发布拍卖公告，由竞买人在指定时间、地点进行公开竞价，根据出价结果确定土地使用者的行为。

4. 挂牌出让

挂牌出让是指市、县人民政府土地行政主管部门或者其委托的中介结构就国有土地的使用权发布挂牌公告，按公告规定的期限将拟出让宗地的交易条件在指定的土地交易场所挂牌公布，接受竞买人的报价申请并更新挂牌价格，根据挂牌期限截止时的出价结果确定土地使用者的行为。

三、房地产开发企业

（一）房地产开发企业的概念与分类

1.房地产开发企业的概念

房地产开发企业是指按照城市房地产管理法的规定，是以营利为目的，从事房地产开发和经营的企业。它是房地产开发的专业服务企业，从事开发决策筹划、组织建造、经营销售、使用管理等活动。

2.房地产开发企业的分类

按房地产开发业务在企业经营范围中地位的不同，可将房地产开发企业分为房地产开发专营企业、兼营企业和项目公司。专营企业是指专门以房地产开发为经营内容或为主要内容的企业，主要形式是房地产综合开发公司。兼营企业是指以其他经营为主，兼营房地产开发经营业务的企业。项目公司是指以房地产开发项目为对象，从事单项房地产开发经营的企业，其经营对象只限于批准的项目，项目开发完毕后，即向工商部门核销或核减经营范围的登记。

（二）房地产开发企业的设立条件

房地产开发企业的设立，除了应遵守我国《公司法》规定的公司设立条件之外，还应遵循我国《房地产管理法》、《城市房地产开发经营管理条例》（1998 年 7 月 20 日实施）、《房地产开发企业资质管理规定》（2000 年 3 月 23 日公布）等相关法律法规的有关条件。

1.有自己的名称和组织机构

房地产开发企业的名称应当符合企业、公司名称的相关法律规定，办理审批手续，同时向公司名称登记机构核准注册。

2.有固定的经营场所

房地产开发企业要有自己的经营场所，包括自有的或租赁的经营场所。企业必须拥有固定的经营场所，有企业法人的固定地址。房地产开发企业的住所就是企业的主要办事机构所在地，经公司登记机关登记的公司的住所只能是一个。

3.符合国务院规定的注册资本

根据《城市房地产开发经营管理条例》的规定，设立房地产开发企业，除符合有关法律、行政法规规定的企业设立条件外，还应当有人民币 100 万元以上的注册资本。《房地产开发企业资质管理规定》中，对房地产开发企业的四个资质等级分别规定了不低于人民币 5000 万元、人民币 2000 万元、人民币 800 万元和人民币 100 万元的注册资本，人民币 100 万元是最低注册资本。

4.有足够的专业技术人员

房地产开发企业必须具有 4 名以上持有资格证书的房地产专业、建筑工程专业的专职技术人员，2 名以上持有资格证书的专职会计人员。省、自治区、直辖市人民政府可以根据本地方的实际情况，对设立房地产开发企业的注册资本和专业技术人员的条件作出更高的规定。

5.法律、行政法规规定的其他条件

房地产开发企业,在取得股份有限公司或有限责任公司形式后,应当按照公司法的有关公司设立条件来设立。如果外商投资设立房地产开发企业,应当按照外商投资企业的法律法规来办理有关审批手续。

第四节 房地产交易法律制度

一、概述

(一)房地产交易的概念

房地产交易是指以房屋等建筑物、构筑物及其占用范围内的土地使用权为对象而进行的一种商品交换活动。《房地产管理法》第 2 条第 4 款规定:"本法所称房地产交易,包括房地产转让、房地产抵押和房屋租赁。"

(二)房地产交易的原则

从目前我国房地产管理立法的规定来看,房地产交易主要遵循以下几项原则。

1.房地一体原则

房地产转让、抵押时,房屋所有权和该房屋占用范围内的土地使用权同时转让、抵押。

2.房地产价格评估原则

房地产价格评估,应当遵循公正、公平、公开的原则,按照国家规定的技术标准和评估程序,以基准地价、标定地价和各类房屋的重置价格为基准,参照当地的市场价格进行评估。

3.房地产成交价格申报原则

房地产权利人转让房地产,应当向县级以上地方人民政府规定的部门如实申报成交价,不得瞒报或者作不实的申报。

4.依法登记原则

房地产转让、抵押时,当事人应当依法办理权属变更或抵押登记,房屋租赁当事人应当依法办理租赁登记备案。房地产转让、抵押时,未办理权属登记的,其转让、抵押行为无效。

二、房地产转让

(一)房地产转让的概念与形式

1.房地产转让的概念

房地产转让是指房地产权利人通过买卖、赠与或者其他合法方式将其房地产转移给他人的行为。房地产权利人包括房地产所有人和房地产开发企业及其他使用人,转让的客体就是房屋所有权和占用的土地使用权。

2.房地产转让的形式

房地产转让的形式包括买卖、赠与或者其他合法方式。房地产买卖是房地产转让的主要形式,权利人按照平等、自愿、等价有偿的原则转让给受让人,受让人支付相应的价款。房地产赠与即权利人将房地产产权无偿转移给受赠人的行为,城市中属于国家所有的房屋不能成为受赠的对象。其他合法方式有：①以房地产作价入股、与他人成立企业法人，使房地产权属发生变更的；②一方提供土地使用权，另一方或者多方提供资金，合资、合作开发经营房地产，而使房地产权属发生变更的；③因企业被收购、兼并或合并，房地产权属随之转移的；④以房地产抵债的。

（二）房地产转让的条件

1.房地产转让应具备的条件

(1)签订书面转让合同。根据《房地产管理法》第40条规定，房地产转让，应当签订书面转让合同，合同中应当载明土地使用权取得的方式。《商品房销售管理办法》第16条也规定，商品房销售时，房地产开发企业和买受人应当订立书面商品房买卖合同。

(2)土地使用权必须符合要求。根据《房地产管理法》的规定，以划拨方式取得土地使用权的，转让房地产时应符合以下条件：按照国务院规定，报有批准权的人民政府审批。有批准权的人民政府准予转让的，应当由受让方办理土地使用权出让手续，并依照国家有关规定缴纳土地使用权出让金。以划拨方式取得土地使用权的，转让房地产报批时，有批准权的人民政府按照国务院规定决定可以不办理土地使用权出让手续的，转让方应当按照国务院规定将转让房地产所获收益中的土地收益上缴国家或者做其他处理。

以出让方式取得土地使用权的，转让房地产时，应当符合下列条件：按照出让合同约定已经支付全部土地使用权出让金，并取得土地使用权证书；按照出让合同约定进行投资开发，属于房屋建设工程的，完成开发投资总额的25%以上，属于成片开发土地的，形成工业用地或者其他建设用地条件。转让房地产时房屋已经建成的，还应当持有房屋所有权证书。

2.房地产转让的禁止条件

根据《房地产管理法》的规定，下列房地产不得转让：①司法机关和行政机关依法裁定、决定查封或者以其他形式限制房地产权利的；②依法收回土地使用权的；③共有房地产，未经其他共有人书面同意的；④权属有争议的；⑤未依法登记领取权属证书的；⑥法律、行政法规规定禁止转让的其他情形。

三、房地产抵押

房地产抵押是指抵押人以其合法的房地产以不转移占有的方式向抵押权人提供债务履行担保的行为。当债务人不履行债务时，抵押权人有权依法以抵押的房地产拍卖所得的价款优先受偿。抵押人是指将依法取得的房地产提供给抵押权人，作为本人或者第三人履行债务担保的公民、法人或者其他组织。抵押权人是指接受房地产抵押作为债务担保的公民、法人或者其他组织。房地产抵押，应向县级以上人民政府规定部门办理抵押登记。在进行房地产抵押时，抵押人和抵押权人要签订书面抵押合同。

依据《担保法》和《物权法》的规定，下列房地产可以设定抵押权：①国有土地使用权；②依法承包并经发包方同意抵押的荒山、荒沟、荒丘、荒滩等荒地的土地使用权；③以乡(镇)、村企业的厂房等建筑物抵押的，其占用范围内的土地使用权同时抵押；④房屋；⑤在建工程等。另外在《城市房地产抵押管理办法》中规定了下列房地产不得设定抵押：①权属有争议的房地产；②用于教育、医疗、市政等公共福利事业的房地产；③列入文物保护的建筑物和有重要纪念意义的其他建筑物；④已依法公告列入拆迁范围的房地产；⑤被依法查封、扣押、监管或者以其他形式限制的房地产；⑥土地所有权等。

四、房屋租赁

房屋租赁是指房屋出租人将房屋提供给承租人使用，承租人定期给付约定租金的行为。出租人是提供房屋给他人使用的个人或单位，承租人是使用房屋并支付租金的个人或单位。

房屋租赁一般采用合同的形式，《合同法》规定，租赁期限6个月以上的，应采用书面形式，未采用书面形式的，视为不定期租赁。《城市房屋租赁管理办法》等房地产管理法规中，则要求房屋租赁需采用书面形式。可见在一般法和专门法中出现了冲突。房屋租赁合同中应约定租赁期限、租赁用途、租赁价格、修缮责任等条款，以及双方的其他权利和义务，并向房产管理部门登记备案。

在《城市房屋租赁管理办法》中规定下列房屋不得租赁：①未依法取得房屋所有权证的；②司法机关和行政机关依法裁定、决定查封或者以其他形式限制房地权利的；③共有房屋未取得共有人同意的；④权属有争议的；⑤属于违法建筑的；⑥不符合安全标准的；⑦已抵押，未经抵押权人同意的；⑧不符合公安、环保、卫生等主管部门有关规定的；⑨有关法律、法规规定禁止出租的其他情形。

第五节 物业管理法律制度

一、概述

（一）物业的含义

“物业”是由我国香港地区传入大陆，并逐渐流传，现在已被普遍接受和应用的一个专有名词，指的是单元性的房地产，确切地说是指已建成并投入使用的各类房屋建筑及其附属设施、设备和相关场地。近年来，随着物业管理业务领域的拓展，住宅楼、写字楼、商业大厦、公园、游乐场所等皆已成为物业管理的对象，因此，物业的含义有时被延伸至一定的空间场所。

（二）物业管理的概念

物业管理有广义与狭义之分，广义的物业管理既包括政府部门的行政管理和行业管理，又包括企业化专业化的管理，也包括个人的、分散的、自发性的房屋管理，并且涉及物业生产、交换、分配、消费的各个环节。狭义的物业管理仅指企业主要针对物业的消费环节对物业所做的维修、养护、管理。国务院2003年9月1日颁发的《物业管理条例》第2条规定：“本条例所称物业管理，是指业主通过选聘物业管理企业，由业主和物业管理企业按照物业服务合同约定，对房屋及配套的设施设备和相关场地进行维修、养护、管理，维护相关区域内的环境卫生和秩序的活动。”本节物业管理的概念取其狭义。

（三）物业管理的种类

1. 按是否成立业主委员会划分

以是否成立了业主委员会的标准来划分，物业管理可分为前期物业管理和后期物业管理。业主委员会成立之前的物业管理被称为前期物业管理，业主委员会成立之后的物业管理被称为后期物业管理。

2.按开发商、业主和物业管理部门的关系划分

依据开发商、业主和物业管理部门的关系，物业管理可分为委托管理型和自主经营型。前者指开发商、业主采用招投标或协议的方式，通过物业管理服务合同委托专业化的物业管理企业，提供劳务、商品的管理行为。后者指开发商、业主将自有的物业由自己单位内部设立物业管理部门来管理。

二、物业管理法律关系主体及其权利和义务

(一)业主的权利和义务

"业主"意即物业的主人，即对物业享有所有权的人。在物业管理中，业主即是物业管理市场的需求主体，又是物业服务企业所提供的物业服务对象。业主的权利主要有以下几个方面：①按照物业服务合同的约定，接受物业管理企业提供的服务；②提议召开业主大会会议，并就物业管理的有关事项提出建议；③提出制定和修改业主公约、业主大会议事规则的建议；④参加业主大会会议，行使投票权；⑤选举业主委员会委员，并享有被选举权；⑥监督业主委员会的工作；⑦监督物业管理企业履行物业服务合同；⑧对物业共用部位、共用设施设备和相关场地使用情况享有知情权和监督权；⑨监督物业共用部位、共用设施设备专项维修资金的管理和使用；⑩法律、法规规定的其他权利。

业主在物业管理活动中，应履行下列义务：①遵守业主公约、业主大会议事规则；②遵守物业管理区域内物业共用部位和共用设施设备的使用、公共秩序和环境卫生的维护等方面的规章制度；③执行业主大会的决定和业主大会授权业主委员会作出的决定；④按照国家有关规定交纳专项维修资金和交纳物业服务费用；⑤法律、法规规定的其他义务。

(二)业主大会的权利和义务

业主大会是指由业主自行组成的维护业主整体利益的组织。依据《物业管理条例》规定，一个物业管理区域成立一个业主大会。物业管理区域的划分应当考虑物业的共用设施设备、建筑物规模、社区建设等因素。同一个物业管理区域内的业主，应当在物业所在地的区、县人民政府房地产行政主管部门的指导下成立业主大会，并选举产生业主委员会。但是，只有一个业主的，或者业主人数较少且经全体业主一致同意，决定不成立业主大会的，由业主共同履行业主大会、业主委员会职责。业主大会履行下列职责：①制定、修改业主公约和业主大会议事规则；②选举、更换业主委员会委员，监督业主委员会的工作；③选聘、解聘物业管理企业；④决定专项维修资金使用、续筹方案，并监督实施；⑤制定、修改物业管理区域内物业共用部位和共用设施设备的使用、公共秩序和环境卫生的维护等方面的规章制度；⑥法律、法规或者业主大会议事规则规定的其他有关物业管理的职责。

业主大会会议可以采用集体讨论的形式，也可以采用书面征求意见的形式；但应当有物业管理区域内持有 1/2 以上投票权的业主参加。业主大会作出决定，必须经与会业主所持投票权 1/2 以上通过。业主大会作出制定和修改业主公约、业主大会议事规则，选聘和解聘物业管理企业，专项维修资金使用和续筹方案的决定，必须经物业管理区域内全体业主所持投票权 2/3 以上通过。

(三)物业服务企业及其权利和义务

物业服务企业是指具有法人资格，根据合同接受业主或者业主委员会的委托，依照有关

法律、法规的规定或合同的约定，对特定区域内的物业实行专业化管理以获取相应报酬的经济组织。

国家对从事物业管理活动的企业实行资质管理制度，我国的物业服务企业分为四个等级，具体标准由建设部的《物业服务企业资质管理试行办法》规定。

物业服务企业的权利：①根据有关法律、法规规定和物业管理服务合同，对物业及其环境秩序进行管理；②依照物业管理服务合同和有关规定收取物业服务费用；③制止物业管理区域内损害公共利益的行为；④有权选聘专业机构承担某项专项服务业务；⑤法律、法规规定的其他权利。

物业服务企业的义务：①履行物业管理服务合同，提供安全防范、卫生保洁服务，提供共用部分及设施设备和园林景观等维护养护服务；②公布日常维护费用等公共费用的使用情况；③接受业主委员会和业主的监督；④对于专项维修资金必须按照规定用途使用，不得挪作他用；⑤法律、法规规定以及物业管理服务合同约定的其他义务。

三、物业管理的主要方法

（一）物业管理规约

物业管理规约是指由业主承诺或订立的，对全体业主具有约束力的，由全体业主共同遵守的有关物业的使用、维护及管理等方面的行为准则。它是业主自治原则的主要体现。

管理规约的主要内容一般包括：物业的基本情况；业主及业主大会的权利和义务；物业服务和使用；物业的维修养护；违约责任。

（二）物业服务合同

物业服务合同是指物业管理区域内的业主委员会代表全体业主与业主大会选聘的物业服务企业签订的，确立物业服务企业、业主和业主委员会在物业管理活动中的权利、义务关系的协议。

物业服务合同应当对物业管理事项、服务质量、服务费用、双方的权利义务、专项维修资金的管理与使用、物业管理用房、合同期限、违约责任等内容进行约定。

【思考题】

一、单项选择题

1. 依据有关法律规定，下列哪一建设用地项目不能取得划拨土地使用权？（　　）

A. 湾底村乡政府办公楼建设用地

B. 毛集镇水库建设用地

C. 桐南市军事基地通往市区的道路建设用地

D. 高港市某私立贵族学校校区用地

2. 房地产转让、抵押时，房屋的所有权和该房屋占用范围内的______同时转让、抵押（　　）

A. 土地所有权　　B. 土地使用权

C. 土地收益权　　D. 土地占有权

3. 物业管理部门的管理权源于（　　）

A. 房地产开发商　　B. 业主的委托

C. 房地产管理部门　　D. 政府授权

二、多项选择题

1. 下列关于集体土地所有权说法正确的是　（　）

A. 集体所有的土地不得直接用于房地产开发

B. 集体所有的土地不能转让、出让用于非农业建设，但是可以出租用于非农业建设

C. 只要经过村委会的一致同意，集体所有的土地可以改变土地用途

D. 农村集体经济组织将土地发包给本集体经济组织成员，无须经人民政府审批

2. 土地使用权出让的方式包括　（　）

A. 拍卖　　B. 赠与　　C. 招标　　D. 协议

3. 建筑物区分所有权是由三种权利构成的，即　（　）

A. 专有所有权　　B. 共有部分持分权

C. 成员权　　D. 相邻权

三、简答题

1. 试分析我国房地产业近几年的发展变化。

2. 我国房地产开发用地在实践中存在哪些问题？

3. 我国物业的业主委员会的地位如何？

四、案例分析题

大公棉毛厂是一家国有企业，该厂的土地是建厂初期政府划供其建设厂房做生产经营之用。该厂由于经营不善而陷于困境，为增加企业流动资金，决定将该厂门市部的房屋转让给一家民营企业，转让的门市部是该划拨土地的一部分。2010 年 12 月，大公棉毛厂与该民营企业签订房地产转让合同，合同约定：大公棉毛厂将门市部的房屋转让给该民营企业，房屋的所有权归该民营企业，房屋所占土地的使用权仍由大公棉毛厂持有。

请回答下列问题：

(1)该房地产转让合同的内容是否符合法律的规定？

(2)本案中的房地产如转让，应符合哪些条件？

第十五章　经济纠纷解决的法律制度

【主要内容】

本章介绍了经济纠纷的三种解决方式，私力救济、社会救济和公力救济，重点说明了调解、仲裁和诉讼的解决纠纷的程序规定。

【教学要求】

熟悉经济纠纷的解决方式；掌握调解、仲裁和诉讼对解决纠纷具体规定；学会应用如何解决经济纠纷。

第一节　经济纠纷的解决方式

经济纠纷是指经济法律关系主体之间因经济权利和经济义务的矛盾而引起的争议。它包括平等主体之间涉及经济内容的纠纷和公民、法人或者其他组织作为行政管理相对人与行政机关之间因行政管理所发生的涉及经济内容的纠纷。在市场经济条件下，经济法主体为实现各自的经济目标，必须要进行各种经济活动，由于各自的经济权益相互独立，加之客观情况经常变化，难免会发生各种各样的纠纷、矛盾。为了保护当事人的合法权益，维持社会经济秩序，必须利用有效手段，及时解决这些纠纷。

经济纠纷的解决方式是指缓解和消除经济纠纷的方式和方法。经济纠纷的解决方式主要有以下三种途径。

一、私力救济方式

私力救济也可称为自力救济，包括自决与和解。它是指纠纷主体依靠自身力量解决纠纷，以达到维护自己的权益。“私力救济”和“公力救济”是相对而言的，“私力救济”是指权利主体在法律允许的范围内，依靠自身的实力来救济自己被侵害的权利。

（一）自决

“自决”一词，在不同的场合和背景下有不同的含义。在法律上，自决是指特定主体依据自己意志来解决纠纷或保护权益。由于自决是一种自我权利行使的行为，在许多情况下很难受到正当程序的控制。因此在自决的过程和结果中，强者难免以其优势强行解决纠纷，从而使弱者得到不公平的对待或结果。所以，在现代法治社会中，当事人一方能够使用的须是法律允许的"自决"方式。

在我国现行民事、经济法律中，当事人可以运用的"自决"方式，主要有以下两种。

1. 当事人的自助行为和自卫行为

自助行为是指权利人受到不法侵害之后，为保全或者恢复自己的权利，在情势紧迫而不能及时请求国家机关予以救助的情况下，依靠自己的力量，对他人的财产或自由施加扣押、拘束或其他相应措施的行为。自助行为必须符合以下条件：①必须是为保护权利人保护自己的合法权益；②必须情势紧迫而又不能及时请求国家机关予以救助；③必须为法律和社会公德所认可的强制措施；④必须不得超过必要限度；⑤必须事后及时提请有关部门处理。

自卫行为是指当一个人受到他人的即时非法打击并没有机会为其抵抗打击而诉诸法律时，而对侵犯者采取合理的武力打击以防卫自己不受身体伤害，其在这种情况下对加害人的打击是合法的。自卫行为包括正当防卫、紧急避险等。

正当防卫是指为了保护国家、公共利益、他人或本人的合法权利免受正在进行的不法侵害采取的对不法侵害者造成一定损害的自卫行为。正当防卫须符合以下构成要件：①侵害现实存在；②侵害正在进行；③具有防卫意识；④针对侵害人防卫；⑤没有明显超过必要限度。

紧急避险是指为了使国家、公共利益、本人或者他人的人身、财产和其他权利免受正在发生的危险，不得已采取的行为。其构成要件为：①必须针对正在发生的紧急危险；②所采取的行为应当是避免危险所必需的；③所保全的必须是法律所保护的权利；④不可超过必要的限度，就是说，所损害的利益应当小于所保全的利益。紧急避险不负法律责任。

紧急避险与正当防卫虽然都属于自卫行为，但两者也有一定的区别和联系：

区别：①危险的来源不同。正当防卫的危险来源是人的不法侵害行为；而紧急避险的危险来源比较广泛，可以是不法侵害，也可以是自然灾害、动物的侵袭。在遭遇到人的不法侵害时，如果行为人是对不法侵害人进行反击，属于正当防卫的范畴；如果为了躲避不法侵害，而损害第三人(不法侵害之外的人)利益的，属于紧急避险的范畴。②紧急避险必须是出于迫不得已，而正当防卫无此要求。③对主体的要求不同。紧急避险要求主体不能有特定的身份(如警察、军人或消防队员等)，而正当防卫就没有这样的要求，任何人均有正当防卫的权利。④避险保护的是合法利益，损害的也是合法的利益(第三者的利益)。⑤实施对象不同。正当防卫只能对不法侵害人实施，而紧急避险必须是向第三者实施。

联系：①目的相同。两者都是为了保护国家、公共利益、本人或者他人的人身、财产和其他权利。②前提相同。两者都必须是合法权益正在受到侵害时才能实施。③责任相同。两者超过法定的限度造成相应损害后果的，都应当负刑事责任。

2. 权利人的救济权

权利人可以自力行使实体法上的救济权，来保护受到侵害的民事实体权。比如，物权人可以自力行使物上请求权来保护受到侵害的物权，如向非法占有人请求归还自己的物；权利人可以自力行使合同解除权来解除合同，使合同不再履行。

(二)和解

和解又称协商，是以"和"的方式，即协商、互谅、互让，达到"解"的目的，即解决纠纷。和解是指当事人在自愿互谅的基础上，就已经发生的争议进行协商并达成协议，自行解决争议的一种方式，可分为诉讼前的和解是与诉讼中的和解。诉讼前的和解指发生诉讼以前，双方当事人互相协商达成协议，解决双方的争执。诉讼中的和解是指当事人在诉讼进行中互相协商，达成协议，解决双方的争执。

和解的法律特征一般包括：①高度的自治性，即和解是依照双方纠纷主体自身力量解决纠纷，没有第三者协助或主持解决纠纷，和解的过程和结果均取决于双方纠纷主体的意思自治；②非严格的规范性，即和解的过程和结果不受也无需规范的严格制约，既不必严格依据程序规范进行和解，也不必严格依据实体规范达成和解协议。

通常情况下，和解协议具有民事合同或民事契约的性质和效力，但不具有强制执行力。然而应当注意的是，一些特殊的和解协议还具有特殊的法律效力。比如，破产和解协议，债务人不按破产和解协议规定的内容清偿全部债务的，相关债权人可以申请人民法院强制执行。不过，和解协议经过法定(转化)程序而具有强制执行力。比如，仲裁过程中，当事人达成和解协议的，可以请求仲裁庭根据和解协议作出裁决书；民事诉讼中，当事人达成和解协议的，可以请求法院根据和解协议制作调解书；公证机构根据和解协议，可依法制作公证债权文书等。

二、社会救济方式

社会救济包括调解和仲裁，是指依靠社会第三方力量处理民事、经济纠纷的一种机制。

调解是指经过第三者的排解疏导，说服教育，促使发生纠纷的双方当事人依法自愿达成协议，解决纠纷的一种活动。我国当前的调解制度已形成了一个调解体系，主要的有以下四种。

(一)人民调解

2010 年 8 月 28 日第十一届全国人民代表大会常务委员会第十六次会议通过的《中华人民共和国人民调解法》第 2 条规定："本法所称人民调解，是指人民调解委员会通过说服、疏导等方法，促使当事人在平等协商基础上自愿达成调解协议，解决民间纠纷的活动。"人民调解又称民间调解、群众调解，属于诉讼外调解。

人民调解委员会是依法设立的调解民间纠纷的群众性组织。村民委员会、居民委员会设立人民调解委员会。企业事业单位根据需要设立人民调解委员会。国务院司法行政部门负责指导全国的人民调解工作，县级以上地方人民政府司法行政部门负责指导本行政区域的人民调解工作。基层人民法院对人民调解委员会调解民间纠纷进行业务指导。

人民调解工作应遵循的原则有：①在当事人自愿、平等的基础上进行调解；②不违背法律、法规和国家政策；③尊重当事人的权利，不得因调解而阻止当事人依法通过仲裁、行政、司法等途径维护自己的权利。

经人民调解委员会调解达成的调解协议，具有法律约束力，当事人应当按照约定履行。人民调解委员会应当对调解协议的履行情况进行监督，督促当事人履行约定的义务。经人民调解委员会调解达成调解协议后，当事人之间就调解协议的履行或者调解协议的内容发生争议的，一方当事人可以向人民法院提起诉讼。经人民调解委员会调解达成调解协议后，双方当事人认为有必要的，可以自调解协议生效之日起 30 日内共同向人民法院申请司法确认，人民法院应当及时对调解协议进行审查，依法确认调解协议的效力。人民法院依法确认调解协议有效，一方当事人拒绝履行或者未全部履行的，对方当事人可以向人民法院申请强制执行。人民法院依法确认调解协议无效的，当事人可以通过人民调解方式变更原调解协议或者达成新的调解协议，也可以向人民法院提起诉讼。

（二）法院调解

法院调解是指人民法院对受理的民事、经济纠纷和轻微刑事案件进行的调解。法院调解是诉讼内调解。

法院调解又称诉讼中调解，包括调解活动、调解的原则、调解的程序、调解书和调解协议的效力等。诉讼中的调解是人民法院和当事人进行的诉讼行为，其调解协议经法院确认，即具有法律上的效力。

根据《民事诉讼法》规定，人民法院审理民事案件，应遵循查明事实、分清是非、自愿与合法的原则，调解不成，应及时判决。法院调解，可以由当事人的申请开始，也可以由人民法院依职权主动开始。调解案件时，当事人应当出庭；如果当事人不出庭，可以由经过特别授权的委托代理人到场协商。调解可以由审判员一人主持，也可以由合议庭主持，并尽可能就地进行。除法律规定的特殊原因外，一般应当公开调解。在法院调解中，被邀请的单位和个人，应当协助人民法院进行调解。在审判人员的主持下，双方当事人自愿、协商达成调解协议，协议内容符合法律规定的，应予批准。调解达成协议，人民法院应当制作调解书。调解书应当写明诉讼请求、案件的事实和调解结果，由审判人员、书记员署名，加盖人民法院印章，送达双方当事人签收后，即具有法律效力。下列案件调解达成协议，人民法院可以不制作调解书：①调解和好的离婚案件；②调解维持收养关系的案件；③能够即时履行义务的案件；④其他不需要制作调解书的案件。

（三）行政调解

行政调解是指在国家行政机关的主持下，以当事人双方自愿为基础，以国家法律、法规及政策为依据，通过对争议双方的说服与劝导，促使双方当事人互让互谅、平等协商、达成协议，以解决有关争议而达成和解协议的活动。《中共中央关于构建社会主义和谐社会若干重大问题的决定》中指出要"完善矛盾纠纷排查调处工作制度，建立党和政府主导的维护群众权益机制，实现人民调解、行政调解、司法调解有机结合，把矛盾化解在基层、解决在萌芽状态"。可见行政调解是我国调解制度的一个重要组成部分。行政调解也是一种诉讼外调解。

行政调解也应同人民调解和法院调解一样，均应在查明事实、分清是非、明确责任的基础上，说服当事人互谅互让，依照法律、法规及有关政策的规定，让双方当事人自愿达成协议解决争端。如果当事人不愿经过调解，或者经过调解达不成协议，或者达成协议后又反悔的，一方或双方当事人都有权向人民法院起诉。这是法律赋予每个公民的诉讼权利。

行政机关依法可以调解的种类很多。可以说，行政机关在行使行政管理职能过程中，所遇到的纠纷，基本上都可以进行调解。但主要常指的行政调解有这样几类：

1. 基层人民政府的调解

调解民事纠纷和轻微刑事案件一直是我国基层人民政府的一项职责，这项工作主要是由乡镇人民政府和街道办事处的司法助理员负责进行。司法助理员是基层人民政府的组成人员，也是司法行政工作人员。

2. 我国合同管理机关的调解

法律规定的合同管理机关，是国家工商行政管理局和地方各级工商行政管理局。法人和个体工商户之间、公民和法人之间的经济纠纷，都可以向工商行政管理机关申请调解。

3. 公安机关的调解

我国《治安管理处罚条例》规定，对于因民间纠纷引起的打架斗殴或者损毁他人财物等违反治安管理的行为，情节轻微的，公安机关可以调解处理。我国《道路交通事故处理办法》也规定，公安机关处理交通事故，应当在查明交通事故原因、认定交通事故责任、确定交通事故造成的损失情况后，组织当事人和有关人员对损害赔偿进行调解。

4. 婚姻登记机关的调解

我国《婚姻法》规定，男、女一方提出离婚，可由有关部门进行调解或直接向人民法院提出离婚诉讼。同时又规定，男、女双方自愿离婚的，应同时到婚姻登记机关申请。所以，婚姻登记机关也可以对婚姻双方当事人进行调解。

（四）仲裁调解

仲裁调解是指在仲裁机构主持下，仲裁当事人在自愿协商、互谅互让基础上达成协议，从而解决纠纷的一种制度。这也是诉讼外调解。

仲裁调解应遵循自愿原则；查明事实、分清是非原则；合法原则。

目前我国进行仲裁调解的法律依据主要有两个：1995 年 9 月 1 日起施行的《中华人民共和国仲裁法》（以下简称《仲裁法》）和 2008 年 5 月 1 日起施行的《中华人民共和国劳动争议调解仲裁法》（以下简称《劳动争议调解仲裁法》）。

依据我国《仲裁法》的规定，经仲裁庭调解，当事人达成协议的，仲裁庭应当制作调解书。调解书要写明仲裁请求和当事人协议的结果，并由仲裁员签名，加盖仲裁委员会印章。仲裁调解书经双方当事人签收后即发生法律效力。如果在调解书签收前当事人反悔的，仲裁庭除了可以制作仲裁调解书之外，也可以根据协议的结果制作裁决书。调解书与裁决书具有同等的法律效力。调解书的法律效力主要表现在：①使仲裁程序终结。调解书一经生效，仲裁程序即告结束，仲裁机构便不再对该案进行审理。②纠纷当事人的权利义务关系被确定。③当事人不得再行申请仲裁或起诉。调解书的生效表明当事人已接受仲裁机构的裁决结果，依一裁终局原则，当事人不得再以同一事实和理由重新申请仲裁或向法院起诉。④任何机关或组织都要在重新处理该案方面受调解书约束。也就是说，对于仲裁机构出具了调解书的争议，任何机关或组织都不得再做处理。这也是一裁终局原则的要求。⑤调解书是强制执行的依据。具有给付内容的调解书生效后，如果一方当事人不履行调解书所确定的义务，对方当事人有权根据调解书申请人民法院强制执行。

依据我国《劳动争议调解仲裁法》的规定，仲裁庭在作出裁决前，应当先行调解。调解达成协议的，仲裁庭应当制作调解书。调解书应当写明仲裁请求和当事人协议的结果。调解书由仲裁员签名，加盖劳动争议仲裁委员会印章，送达双方当事人。调解书经双方当事人签收后，发生法律效力。调解不成或者调解书送达前，一方当事人反悔的，仲裁庭应当及时作出裁决。当事人对发生法律效力的调解书、裁决书，应当依照规定的期限履行。一方当事人逾期不履行的，另一方当事人可以依照民事诉讼法的有关规定向人民法院申请执行。受理申请的人民法院应当依法执行。

三、公力救济方式

公力救济主要包括行政裁决和民事诉讼。按照我国现行法律的有关规定，行政机关或者具有行政职能的机构只能对特定的经济纠纷依职权解决。如《土地管理法》、《环境保护法》、《商标法》、《专利法》、《婚姻法》等法律法规中都规定了行政裁决机制。以行政裁决处理经济纠纷应当采取法律明定原则。法律没有明文规定的，行政机关或者具有行政职能的机构不得以行政裁决的方式处理经济纠纷，以免行政机关滥用权力侵害经济纠纷主体的合法权益。在法律没有明文规定的情况下，当事人只能依法通过和解、调解、仲裁或者民事诉讼的方式来解决经济纠纷。行政裁决在我国经济纠纷解决中发挥着重要的作用，但在经济纠纷解决领域，民事诉讼还是主要的公力救济。民事诉讼法律制度将在本章第三节具体介绍。

第二节 仲裁法律制度

一、仲裁的概念与特征

（一）仲裁的概念

仲裁在我国又称“公断”，是指民事争议、经济纠纷的双方当事人达成协议，自愿将争议提交选定的第三者，根据一定程序规则和公正原则作出裁决，并有义务履行裁决的一种法律制度。仲裁通常为行业性的民间活动，是一种私行为，即私人裁判行为，而非国家裁判行为，它与和解、调解、诉讼并列为解决民（商）事争议的方式。但仲裁依法受国家监督，国家通过法院对仲裁协议的效力、仲裁程序的制定以及仲裁裁决的执行和遇有当事人不自愿执行的情况时可按照法律所规定的范围进行干预。

（二）仲裁的特征

1.自愿性

当事人的自愿性是仲裁最突出的特点。仲裁以双方当事人的自愿为前提，即当事人之间的纠纷是否提交仲裁，交与谁仲裁，仲裁庭如何组成，由谁组成，以及仲裁的审理方式、开庭形式等都是在当事人自愿的基础上，由双方当事人协商确定的。

2.专业性

民事、经济纠纷往往涉及特殊的知识领域，会遇到许多复杂的法律、经济贸易和有关的技术性问题，故专家裁判更能体现专业权威性。因此，由具有一定专业水平和能力的专家担任仲裁员对当事人之间的纠纷进行裁决是仲裁公正性的重要保障。

3.灵活性

由于仲裁充分体现当事人的意思自治，仲裁中的诸多具体程序都是由当事人协商确定与选择的。

4.保密性

仲裁以不公开审理为原则。有关的仲裁法律和仲裁规则也同时规定了仲裁员及仲裁秘书人员的保密义务。

5. 快捷性

仲裁实行一裁终局制，仲裁裁决一经仲裁庭作出即发生法律效力。这使得当事人之间的纠纷能够迅速得以解决。

6. 经济性

时间上的快捷性使得仲裁所需费用相对减少；仲裁无需多审级收费，使得仲裁费往往低于诉讼费；仲裁的自愿性、保密性使当事人之间通常没有激烈的对抗，且商业秘密不必公之于众。

7. 独立性

仲裁机构独立于行政和司法机关，仲裁机构之间也无隶属关系。在仲裁过程中，仲裁庭独立进行仲裁，不受任何机关、社会团体和个人的干涉，亦不受仲裁机构的干涉，显示出最大的独立性。

二、仲裁的类型

（一）国内仲裁和国际仲裁

国内仲裁是指解决本国当事人之间没有涉外因素的国内民商事纠纷的仲裁。

国际仲裁也称为涉外仲裁或国际商事仲裁，是指解决具有涉外因素的民商事争议或国际性民商事争议的仲裁。

（二）机构仲裁和临时仲裁

根据仲裁组织产生和存续的状态，仲裁分为机构仲裁和临时仲裁。

机构仲裁也称为制度性仲裁或常设仲裁，是指当事人根据仲裁协议，将其之间的纠纷交给某个常设仲裁机构进行审理并作出裁决的仲裁。需要说明的是，仲裁机构（如我国的仲裁委员会）本身并不审理案件，具体审理案件的，是由该机构的仲裁员为某一案件组成的仲裁庭，仲裁程序终结后仲裁庭即告解散。

临时仲裁也称为临时性仲裁或特别仲裁，是指在事先并不存在仲裁机构的情况下，当事人根据仲裁协议，将其争议交给双方共同信赖的仲裁员临时组成的仲裁庭进行审理并作出裁决的仲裁。

（三）依法仲裁和友好仲裁

以仲裁的裁决依据为标准，仲裁分为依法仲裁和友好仲裁。

依法仲裁是指仲裁庭裁决纠纷必须依据相关法律规定。依法仲裁是现代仲裁制度的主要形态，也是各国对仲裁的一般要求。

友好仲裁也称为原则仲裁或友谊仲裁，是指仲裁庭依据当事人的明示性授权，可以依照相关法律规定裁决纠纷，也可以不根据法律规定而按照公允、善良、善意等原则和商业惯例裁决纠纷，但仲裁不得违背仲裁地的相关法律和公共秩序。

三、仲裁法的概念

仲裁法是国家制定或认可的，规范仲裁法律关系主体的行为和调整仲裁法律关系的法律规范的总称。仲裁法包括以《仲裁法》命名的专门法律和其他法律法规中包括仲裁法律规定的部分、国家缔结和参加的国际公约或双边协定中有关仲裁的规定，以及仲裁机构的章程和规则等。

我国1995年9月1日实施的《中华人民共和国仲裁法》是规定我国仲裁法律制度,调整仲裁法律关系,确认仲裁法律责任的法律规范。它是总结我国以往的仲裁实践经验,吸收了国外仲裁的通行做法而制定的,使我国的仲裁制度与国际仲裁制度相接轨。下面以我国《仲裁法》的规定来介绍有关内容。

四、仲裁的适用范围

根据《仲裁法》第2条的规定,平等主体的公民、法人和其他组织之间发生的合同纠纷和其他财产权益纠纷,可以仲裁。

同时,根据《仲裁法》第3条规定,下列纠纷不能仲裁:①婚姻、收养、监护、扶养、继承纠纷;②依法应当由行政机关处理的行政争议。另外,根据《仲裁法》第77条的规定,劳动争议和农业集体经济组织内部的农业承包合同纠纷的仲裁,另行规定,即劳动争议和农业集体经济组织内部的农业承包合同纠纷,不属于仲裁法所规定的仲裁范围。劳动争议的仲裁适用2008年1月1日施行的《劳动争议调解仲裁法》,农业集体经济组织内部的农业承包合同纠纷的仲裁适用2010年1月1日施行的《农村土地承包经营纠纷调解仲裁法》。

五、仲裁的基本制度

(一)协议仲裁制度

协议仲裁是仲裁中当事人自愿原则的最根本体现。《仲裁法》规定仲裁必须要有书面的仲裁协议,仲裁协议可以是合同中写明的仲裁条款,也可以是单独书写的仲裁协议书(包括可以确认的其他书面方式)。仲裁协议的内容应当包括请求仲裁的意思表示、约定的仲裁事项以及选定的仲裁委员会。

(二)或裁或审制度

或裁或审是指尊重当事人选择解决争议途径的制度。其含义是,当事人达成书面仲裁协议的,应当向仲裁机构申请仲裁,不能向法院起诉,人民法院也不受理有仲裁协议的起诉。如果一方当事人出于自身的利益或者其他原因,没有信守仲裁协议或者有意回避仲裁而将争议起诉到法院,那么被诉方当事人可以依据仲裁协议向法院提出管辖权异议,要求法院驳回起诉,法院按照《仲裁法》的规定,将对具有有效仲裁协议的起诉予以驳回并让当事人将争议交付仲裁。如果一方当事人没有按照仲裁协议向仲裁机构提出仲裁,而直接向人民法院起诉,而另一方当事人没有提出异议,接受人民法院的管辖,人民法院就可以受理争议。在没有仲裁协议或者仲裁协议无效的情况下,人民法院也可以受理双方当事人的争议。

(三)一裁终局制度

根据《仲裁法》第9条的规定,仲裁实行一裁终局的制度,裁决作出后,当事人就同一纠纷再申请仲裁或者向人民法院起诉的,仲裁委员会不予受理。一裁终局的基本含义在于,裁决作出后,即产生法律效力,即使当事人对裁决不服,也不能就同一案件向法院提出起诉。

六、仲裁协议的效力

一份有效的仲裁协议,对法院的效力表现为排斥了法院对该案件的管辖权。仲裁协议独立存在,合同的变更、解除、终止或者无效,不影响仲裁协议的效力。

当事人对仲裁协议的效力有异议的,可以请求仲裁委员会作出决定或者请求人民法院作出裁定。一方请求仲裁委员会作出决定,另一方请求人民法院作出裁定的,由人民法院裁定。当事人对仲裁协议的效力有异议,应当在仲裁庭首次开庭前提出。

七、仲裁的基本程序

(一)申请和受理

根据《仲裁法》的规定,仲裁不实行级别管辖和地域管辖,由当事人协议选定仲裁委员会。当事人申请仲裁应当符合下列条件:①有仲裁协议,仲裁协议一经依法成立,即具有法律约束力;②有具体的仲裁请求和事实、理由;③属于仲裁委员会的受理范围。

当符合申请仲裁的条件时,当事人可以向双方约定的仲裁机构申请仲裁,向仲裁委员会递交仲裁协议、仲裁申请书及副本。仲裁委员会收到仲裁申请书之日起 5 日内,认为符合受理条件的,应当受理,并通知当事人;认为不符合受理条件的,应当书面通知当事人不予受理,并说明理由。

(二)组成仲裁庭

仲裁庭可以由 3 名仲裁员或者 1 名仲裁员组成。由 3 名仲裁员组成的,设首席仲裁员,当事人约定由 3 名仲裁员组成仲裁庭的,应当各自选定或者各自委托仲裁委员会主任指定 1 名仲裁员,第 3 名仲裁员由当事人共同选定或者共同委托仲裁委员会主任指定,第 3 名仲裁员是首席仲裁员。当事人约定由 1 名仲裁员成立仲裁庭的,应当由当事人共同选定或者共同委托仲裁委员会主任指定。当事人没有在仲裁规则规定的期限内约定仲裁庭的组成方式或者选定仲裁员的,由仲裁委员会主任指定。

仲裁庭组成后,仲裁委员会应当将仲裁庭的组成情况书面通知当事人。当事人在收到组庭通知书后,对仲裁员的公正性有怀疑的,可以在首次开庭前提出回避申请,同时应当说明理由。若回避事由在首次开庭后知道的,可以在最后一次开庭终结前提出。因回避而重新选定或指定仲裁员后,当事人可以请求已进行的仲裁程序重新进行,是否准许,由仲裁庭决定。

仲裁员有下列情形之一的,必须回避,当事人也有权提出回避申请:①是本案当事人或者当事人、代理人的近亲属;②与本案有利害关系;③与本案当事人、代理人有其他关系,可能影响公正仲裁的;④私自会见当事人、代理人,或者接受当事人、代理人的请客送礼的。

(三)开庭和裁决

1. 开庭

仲裁应当开庭进行。当事人协议不开庭的,仲裁庭可以根据仲裁申请书、答辩书以及其他材料作出裁决。仲裁不公开进行。当事人协议公开的,可以公开进行,但涉及国家秘密的除外。

2. 自行和解与先行调解

当事人申请仲裁后,可以自行和解。达成和解协议的,可以请求仲裁庭根据和解协议作出裁决书,也可以撤回仲裁申请。当事人达成和解协议,撤回仲裁申请后反悔的,可以根据仲裁协议申请仲裁。仲裁庭在作出裁决前,可以先行调解。当事人自愿调解的,仲裁庭应当调解;调解不成的,应当及时作出裁决。调解达成协议的,仲裁庭应当制作调解书或者根据协议的结果制作裁决书。调解书与裁决书具有同等法律效力。

3.裁决

仲裁庭的裁决应当按照多数仲裁员的意见作出,少数仲裁员的不同意见可以记入笔录。仲裁庭不能形成多数意见时,裁决应当按照首席仲裁员的意见作出。仲裁庭仲裁纠纷时,其中一部分事实已经清楚,可以就该部分先行裁决。裁决书自作出之日起发生法律效力。

4.执行

当事人应当履行裁决。一方当事人不履行的,另一方当事人可以依照《民事诉讼法》的有关规定向人民法院申请执行。受理申请的人民法院应当执行。

八、仲裁裁决的撤销

仲裁裁决作出后,当事人提出证据证明裁决有下列情形之一的,可以向仲裁委员会所在地的中级人民法院申请撤销裁决:①没有仲裁协议的;②裁决的事项不属于仲裁协议的范围或者仲裁委员会无权仲裁的;③仲裁庭的组成或者仲裁的程序违反法定程序的;④裁决所根据的证据是伪造的;⑤对方当事人隐瞒了足以影响公正裁决的证据的;⑥仲裁员在仲裁该案时有索贿受贿、徇私舞弊、枉法裁决行为的。人民法院经组成合议庭审查核实裁决有前款规定情形之一的,应当裁定撤销。人民法院认定该裁决违背社会公共利益的,也应当裁定撤销。

人民法院受理撤销裁决的申请后,认为可以由仲裁庭重新仲裁的,通知仲裁庭在一定期限内重新仲裁,并裁定中止撤销程序。仲裁庭拒绝重新仲裁的,人民法院应当裁定恢复撤销程序。

第三节 民事诉讼法律制度

一、民事诉讼与民事诉讼法

民事诉讼是指人民法院在当事人和全体诉讼参与人的参加下,依法审理和解决民事纠纷的活动。民事诉讼是解决纠纷的重要手段之一。与社会生活中解决民事争议的其他方法,如和解、调解、仲裁相比,民事诉讼是在国家审判机关的主持下进行的,民事诉讼的进行应当依照严格的诉讼程序和诉讼制度,民事诉讼具有强制性。

民事诉讼法是指国家制定的、规范人民法院与民事诉讼参与人的诉讼活动,调整法院与诉讼参与人法律关系的法律规范的总和。狭义上的民事诉讼法,是指我国制定的民事诉讼法法典,即《中华人民共和国民事诉讼法》(以下简称《民事诉讼法》),该法于1982年10月1日实施,经过1991年4月9日和2007年10月28日全国人民代表大会常务委员会两次修改。广义上的民事诉讼法,不仅包括民事诉讼法法典,而且还包括宪法、其他法律法规中有关民事诉讼的规范,以及最高人民法院作出的有关民事诉讼的规范性文件即司法解释。

二、我国的民事诉讼审判程序

审判程序是指人民法院对民事案件进行审理和作出裁判所适用的程序。我国实行两审终审的审级制度,经济纠纷案件的审判程序,有第一审程序和第二审程序之分。此外,为了纠正已经发生法律效力的裁判中的错误,在审级制度之外,又设立了特殊的救济程序,即审判监督程序。其中,第一审程序根据所审理的案件的类型不同,分为普通程序和简易程序。非讼案件的审判程序,包括特别程序、督促程序、公示催告程序。本节介绍第一审普通程序和第二审程序。

三、第一审审判程序

(一)管辖

经济案件的管辖是指确定各级人民法院之间和同级人民法院之间受理第一审经济案件的分工和权限。我国《民事诉讼法》规定的管辖,包括级别管辖、地域管辖、移送管辖、指定管辖和管辖权的转移。

1.级别管辖

级别管辖是指上、下级人民法院之间受理第一审经济案件的分工和权限。我国四级人民法院由于职能分工不同,受理第一审经济案件的权限范围也不同。基层人民法院管辖第一审经济案件。中级人民法院管辖的第一审经济案件有:重大涉外案件、在本辖区有重大影响的案件、最高人民法院确定由中级人民法院管辖的案件。高级人民法院管辖在本辖区有重大影响的第一审经济案件。最高人民法院只受理在全国有重大影响的案件或认为应当由最高人民法院审理的案件。

2.地域管辖

地域管辖是指同级人民法院之间受理第一审经济案件的分工和权限。地域管辖分为一般地域管辖、特殊地域管辖、专属管辖、共同管辖和协议管辖。

(1)一般地域管辖。一般地域管辖又称普通管辖,是指以当事人住所地与法院辖区的关系来确定管辖法院。一般地域管辖的原则是“原告就被告”,即民事诉讼由被告住所地人民法院管辖。被告住所地与经常居住地不一致的,由经常居住地人民法院管辖。

在某些特殊情况下,由原告住所地人民法院管辖,原告的住所地与经常居住地不一致的,由经常居住地人民法院管辖。这些情况包括:①对不在中华人民共和国领域内居住的人提起的有关身份关系的诉讼;②对下落不明或者宣告失踪的人提起的有关身份关系的诉讼;③对被劳动教养的人提起的诉讼;④对被监禁的人提起的诉讼。

(2)特殊地域管辖。特殊地域管辖是指以诉讼标的所在地或者引起民事法律关系发生、变更、消灭的法律事实所在地为标准确定的管辖。《民事诉讼法》规定了特殊地域管辖的9种情形:①因合同纠纷提起的诉讼,由被告住所地或者合同履行地人民法院管辖;②因保险合同纠纷提起的诉讼,由被告住所地或者保险标的物所在地人民法院管辖;③因票据纠纷提起的诉讼,由票据支付地或者被告住所地人民法院管辖;④因铁路、公路、水上、航空运输和联合运输合同纠纷提起的诉讼,由运输始发地、目的地或者被告住所地人民法院管辖;⑤因侵权行为提起的诉讼,由侵权行为地或者被告住所地人民法院管辖;⑥因铁路、公路、水上和航空事故请求损害赔偿提起的诉讼，由事故发生地或者车辆、船舶最先到达地、航空器最先降落地或者被告住所地人民法院管辖；⑦因船舶碰撞或者其他海事损害事故请求损害赔偿提起的诉讼，由碰撞发生地、碰撞船舶最先到达地、加害船舶被扣留地或者被告住所地人民法院管辖；⑧因海难救助费用提起的诉讼，由救助地或者被救助船舶最先到达地人民法院管辖；⑨因共同海损提起的诉讼，由船舶最先到达地、共同海损理算地或者航程终止地人民法院管辖。

(3)专属管辖。专属管辖是指对某些特定类型的案件，法律强制规定只能由特定的人民法院行使管辖权。根据《民事诉讼法》第 34 条的规定，下列案件由人民法院专属管辖：①因不动产纠纷提起的诉讼，由不动产所在地人民法院管辖；②因港口作业中发生纠纷提起的诉讼，由港口所在地人民法院管辖；③因继承遗产纠纷提起的诉讼，由被继承人死亡时住所地或者主要遗产所在地人民法院管辖。

(4)共同管辖。共同管辖是指依照法律规定两个或两个以上的人民法院对同一诉讼案件都有管辖权。解决管辖权冲突的最主要办法，是赋予原告选择权，原告可以向其中任一法院起诉。如果原告向两个以上有管辖权的人民法院起诉，由最先立案的人民法院管辖。

(5)协议管辖。协议管辖是指双方当事人在纠纷发生之前或发生之后，以合意方式约定解决他们之间纠纷的管辖法院。《民事诉讼法》第 25 条规定："合同的双方当事人可以在书面合同中协议选择被告住所地、合同履行地、合同签订地、原告住所地、标的物所在地人民法院管辖，但不得违反本法对级别管辖和专属管辖的规定。"协议管辖必须符合以下几个条件：①当事人协议管辖的案件，只限于合同纠纷案件，并且只限于第一审经济纠纷案件中的合同案件；②当事人协议选择管辖法院的范围，只限于被告住所地、合同履行地、合同签订地、原告住所地、标的物所在地人民法院，如果当事人选择了与合同没有实际联系地点的人民法院，该协议无效；③必须以书面合同的形式选择管辖，包括书面合同中的协议管辖条款或者是诉讼前双方当事人达成的书面管辖协议，口头协议无效；④当事人必须进行确定的、单一的选择，当事人必须在上述五个法院中选择其一，如果选择的法院在两个或两个以上，约定管辖的协议或有关条款无效；⑤协议管辖不得违反《民事诉讼法》关于级别管辖和专属管辖的规定。

3. 移送管辖

移送管辖是指人民法院受理民事案件后，发现自己对该案没有管辖权，将案件移送给有管辖权的人民法院受理。《民事诉讼法》第 36 条规定："人民法院发现受理的案件不属于本院管辖的，应当移送有管辖权的人民法院，受移送的人民法院应当受理。受移送的人民法院认为受移送的案件依照规定不属于本院管辖的，应当报请上级人民法院指定管辖，不得再自行移送。"

4. 指定管辖

指定管辖是指上级人民法院用裁定的方式将某一案件交由某一个下级人民法院管辖。《民事诉讼法》第 37 条规定："有管辖权的人民法院由于特殊原因，不能行使管辖权的，由上级人民法院指定管辖。人民法院之间因管辖权发生争议，由争议双方协商解决；协商解决不了的，报请它们的共同上级人民法院指定管辖。"

(二)诉讼时效

诉讼时效是指民事权利受到侵害的权利人在法定的时效期间内不行使权利，当时效期间届满时，人民法院对权利人的权利不再进行保护的制度。在法律规定的诉讼时效期间内，权利人提出请求的，人民法院就强制义务人履行所承担的义务。而在法定的诉讼时效期间届满之后，权利人行使请求权的，人民法院就不再予以保护。值得注意的是，诉讼时效届满后，义务人虽可拒绝履行其义务，权利人请求权的行使仅发生障碍，权利本身及请求权并不消灭。当事人超过诉讼时效后起诉的，人民法院应当受理。受理后查明无中止，中断，延长事由的，判决驳回其诉讼请求。

1. 诉讼时效的种类

(1)普通诉讼时效。普通诉讼时效是指由民事基本法统一规定的，普遍适用于各种民事法律关系的时效。除法律另有特别规定外，所有的民事法律关系皆适用普通诉讼时效。《民法通则》第 135 条规定："向人民法院请求保护民事权利的诉讼时效期间为 2 年，法律另有规定的除外。"

(2)特别诉讼时效。特别诉讼时效是指针对某些特定的民事法律关而制定的诉讼时效。特殊时效优于普通时效，也就是说，凡有特殊时效规定的，适用特殊时效。《民法通则》第 141 条规定："法律对时效另有规定的，依照法律规定。"

根据《民法通则》第 136 条的规定，下列民事法律关系的特别诉讼时效期间为 1 年：①身体受到伤害要求赔偿的；②出售质量不合格的商品未声明的；③延付或拒付租金的；④寄存财物被丢失或者损毁的。

我国《海商法》规定的特别诉讼时效有：第 257 条规定，海上货物运输向承运人要求赔偿的请求权，时效期间为 1 年；第 260 条规定，有关海上拖航合同的请求权，时效期间为 1 年；第 263 条规定，有关共同海损分摊的请求权，时效期间为 1 年；第 265 条规定，有关船舶发生油污损害的请求权，时效期间为 3 年。另外，根据《合同法》第 129 条规定，因国际货物买卖合同和技术进出口合同发生纠纷，要求保护权利的诉讼时效期间为 4 年。

(3)最长权利保护期限。《民法通则》第 137 条同时规定，诉讼时效期间从知道或者应当知道权利被侵害时起计算。但是，从权利被侵害之日起超过 20 年的，人民法院不予保护。有特殊情况的，人民法院可以延长诉讼时效期间。也就是说，即使权利人不知道或不应该知道权利已被侵害，自权利被侵害之日起经过 20 年的，其权利也失去法律的保护。

2. 诉讼时效届满后的法律后果

依据我国《民法通则》的有关规定，诉讼时效届满后，当事人丧失请求人民法院保护其民事权利的权利，即胜诉权。诉讼时效届满后，权利人仍然享有向人民法院提起诉讼的起诉权，而且法院受理后，还可以审查是否存在诉讼时效届满的事实以及是否存在诉讼时效延长的理由，然后再决定是不是否定其胜诉权。

(三)起诉

1. 起诉的概念

起诉是指公民、法人或者其他组织认为其民事权益受到侵害或者与他人发生民事争议时，请求人民法院通过审判方式予以司法保护的诉讼行为。

2. 起诉的条件

(1)有适格的原告。原告必须是有诉讼权利能力、与本案有直接利害关系的公民、法人和其他组织。"直接利害关系"是指公民、法人和其他组织自己的或受自己管理、支配的经济权益受到了侵害或与他人发生经济争议。这种直接利害关系只要原告认为存在并声明即可，至于是否客观真实尚有待法院通过审理加以认定。与争议案件没有直接利害关系的，不是适格的原告，不能以自己的名义向人民法院起诉。没有诉讼行为能力的，必须由法定代理人代理。

(2)有明确的被告。诉讼所要解决的是相互对立的当事人之间的权利义务争议，因此，原告起诉时要指明发生争议的相对一方。如果被告不明确，诉讼无法进行。

(3)有具体的诉讼请求和事实、理由。"具体的诉讼请求"是指原告在起诉时必须明确请求法院予以司法保护的具体内容和方式。"事实"是指原告向法院提出诉讼请求所依据的案件事实和证据事实 。"理由"是指证明该诉讼请求是合理、合法的，应得到法院支持的原因。

(4)属于人民法院主管范围和受诉人民法院管辖。

(5)不是重复诉讼，不属于依法在一定时期内不得起诉的案件。判决不准离婚、调解和好的离婚案件，判决、调解维持收养关系的案件，没有新情况、新理由，原告在 6 个月内又起诉的，不予受理。判决不准离婚、调解和好的离婚案件以及判决、调解维持收养关系的案件的被告向人民法院起诉的，人民法院应予受理。

3.起诉的方式

起诉方式以书面起诉为原则，以口头起诉为例外。《民事诉讼法》第 109 条规定："起诉应当向人民法院递交起诉状，并按照被告人数提出副本。书写起诉状确有困难的，可以口头起诉，由人民法院记入笔录，并告知对方当事人。"

(四)受理

人民法院收到原告的起诉状或口头起诉后，应当对起诉进行审查，查明是否符合法律的规定，以便确定是否立案受理。根据《民事诉讼法》第 112 条的规定，人民法院对起诉的审查期限为 7 日。人民法院收到起诉状或者口头起诉后，必须在 7 日内完成对起诉的审查，并根据审查的结果确定受理或不予受理。经审查，认为符合起诉条件的，应当在 7 日内立案，并通知当事人；认为不符合起诉条件的，应当在 7 日内裁定不予受理；原告对裁定不服的，可以提起上诉。

(五)审理前的准备

审理前的准备又称审前准备程序，是指人民法院受理案件后至开庭审理之前为开庭审理所进行的一系列诉讼活动。根据我国《民事诉讼法》和最高人民法院司法解释的规定，审前准备程序的内容包括：①在法定期间内及时送达诉讼文书；②告知当事人的诉讼权利和合议庭的组成人员；③指定举证时限；④组织当事人交换证据；⑤审核诉讼材料，整理争议点；⑥调查收集必要的证据；⑦追加当事人。

(六)开庭审理

开庭审理是指人民法院在当事人和其他诉讼参与人的参加下，按照法定的方式和程序对案件进行全面审查并作出裁判的诉讼活动。

人民法院审理第一审民事案件，都必须开庭审理。开庭审理有公开审理和不公开审理两种方式。公开审理是指开庭审理时向群众和社会公开，允许群众旁听，允许新闻媒体对案件审理的情况进行采访报道，将案情公之于众。不公开审理是指不向社会公开，禁止群众旁听和新闻媒体采访报道。开庭审理以公开审理为原则，不公开审理为例外。根据《民事诉讼法》第 120 条的规定，人民法院审理民事案件，除涉及国家秘密、个人隐私或者法律另有规定的以外，应当公开进行。离婚案件、涉及商业秘密的案件，当事人申请不公开审理的，可以不公开审理。

开庭审理的过程分为几个既相互独立又相互联系的阶段：庭审准备、法庭调查、法庭辩论、合议庭评议和宣告判决。

（七）审结期限

审结期限是指法律规定的人民法院审结民事案件的时间限制，也称审限。《民事诉讼法》第 135 条规定："人民法院适用普通程序审理的案件，应当在立案之日起 6 个月内审结。有特殊情况需要延长的，由本院院长批准，可以延长 6 个月；还需要延长的，报请上级人民法院批准。"

四、第二审审判程序

第二审程序也称上诉程序，是指由于民事诉讼的当事人不服法院未生效的裁判，在法定期间内向其上一级法院提起变更或者撤销该未生效裁判的请求所引起的诉讼程序。

（一）上诉的提起和受理

上诉是指当事人不服第一审人民法院作出的尚未生效的裁判，在法定期间内请求上一级人民法院对上诉请求的有关事实和法律适用进行审理并撤销或者变更第一审裁判的诉讼行为。

上诉必须符合法定的条件，根据《民事诉讼法》第 141、147、148 条的规定，当事人提起上诉必须同时符合以下条件：

(1)上诉必须针对依法可以上诉的裁判提出。

(2)上诉必须有合格的上诉人与被上诉人。

(3)上诉必须在法定期间内提出。当事人不服第一审判决的，应在判决书送达之日起 15 日内向上一级人民法院提起上诉。当事人不服第一审裁定的，应在裁定书送达之日起 10 日内向上一级人民法院提起上诉。

(4)上诉必须递交上诉状。未在法定上诉期间内递交上诉状的，视为未提出上诉。

第二审人民法院经审查，认为上诉符合法定条件的，应当决定立案审理，这便是上诉的受理。认为不符合法定条件的，应当裁定不予受理；已经受理的，应当裁定驳回上诉。

（二）上诉案件的审理

1. 上诉案件的审理范围和方式

《民事诉讼法》第 151 条规定："第二审人民法院应当对上诉请求的有关事实和适用法律进行审查。"第二审人民法院审理上诉案件有两种方式，即开庭审理和径行裁判，而且在具体适用上，应当以开庭审理为原则，以径行裁判为例外。第二审人民法院审理上诉案件，可以在本院进行，也可以到案件发生地或者原审人民法院所在地进行。

2. 上诉案件的调解

在第二审程序中，人民法院可以就上诉请求范围内的实体问题进行调解，也可以对一审判决认定的而上诉人未提出异议的实体问题进行调解。

在二审调解时，应注意下列问题：①当事人在一审中已经提出的诉讼请求，原审法院未作审理、判决的，第二审法院可以根据当事人自愿的原则进行调解，调解不成的，发回重审；②必须参加诉讼的当事人在一审中未参加诉讼，第二审法院可以根据自愿原则进行调解，调解不成的，发回重审，但发回重审的调解书不列应当追加的当事人；③在第二审程序中，原审原告增加独立的诉讼请求或原审被告提出反诉的，第二审法院可根据当事人自愿的原则就其进行调解，调解不成的，告知当事人另行起诉；④一审判决不准离婚的案件，上诉后，第二审法院认为应当判决离婚的，可以根据当事人自愿的原则，与子女抚养、财产问题一并进行调解，调解不成的，发回重审。

3. 上诉案件的审理期限

根据《民事诉讼法》第 159 条的规定，人民法院审理对判决的上诉案件，应当在第二审立案之日起 3 个月内审结，有特殊情况需要延长的，由本院院长批准。人民法院审理对裁定的上诉案件，应当在第二审立案之日起 30 日内作出终审裁定。

4. 上诉案件的判决

第二审人民法院对上诉案件，经过审理，按照下列情形分别处理：①原判决认定事实清楚，适用法律正确的，判决驳回上诉，维持原判；②原判决适用法律错误的，依法改判；③原判决认定事实错误或者原判决认定事实不清，证据不足，裁定撤销原判决，发回原审法院重新审理，或者查清事实后改判；④原判决违反法定程序，可能影响案件正确判决的，也应裁定撤销原判决，发回原审法院重审。

【思考题】

一、单项选择题

1. 不属于人民调解委员会调解基本原则的是 （　　）

A. 依法原则　　　　B. 自愿平等原则

C. 不申请不受理原则　　　　D. 尊重当事人诉讼权力的原则

2. 甲、乙两公司因担保合同发生争议，争议数额为 100 万元人民币。现依据担保合同中的仲裁条款申请仲裁，本案仲裁庭应如何组成？ （　　）

A. 只能由三名仲裁员组成仲裁庭

B. 只能由一名仲裁员组成仲裁庭

C. 由仲裁委员会决定由三名仲裁员或由一名仲裁员组成仲裁庭

D. 由双方当事人约定由三名仲裁员或一名仲裁员组成仲裁庭，如没有在仲裁规则规定的期限内达成协议，则由仲裁委员会主任指定

3. 关于民事案件的级别管辖，下列哪一选项是正确的？ （　　）

A. 第一审民事案件原则上由基层法院管辖

B. 涉外案件的管辖权全部属于中级法院

C. 高级法院管辖的一审民事案件包括在本辖区内有重大影响的民事案件和它认为应当由自己审理的案件

D. 最高法院仅管辖在全国有重大影响的民事案件

二、多项选择题

1. 根据《人民调解法》，下列说法是正确的是 （　　）

A. 村民委员会、居民委员会应当设立人民调解委员会

B. 村民委员会、居民委员会根据需要设立人民调解委员会

C. 企业事业单位应当设立人民调解委员会

D. 企业事业单位根据需要设立人民调解委员会

2. 根据仲裁法的规定，仲裁裁决作出后，裁决书由仲裁员签名，加盖仲裁委员会印章，对裁决持不同意见的仲裁员，在裁决书作出时，可以选择的做法有哪几种？（　　）

A. 在仲裁书上签名

B. 不在仲裁书上签名

C. 向仲裁委员会提出申请，要求仲裁委员会对裁决书的裁决进行审查

D. 要求仲裁庭在仲裁书中补充说明自己对案件的裁决意见

3. 关于民事诉讼中的法院调解与诉讼和解的区别，下列哪些选项是正确的？（　　）

A. 法院调解是法院行使审判权的一种方式，诉讼和解是当事人对自己的实体权利和诉讼权利进行处分的一种方式

B. 法院调解的主体包括双方当事人和审理该案件的审判人员，诉讼和解的主体只有双方当事人

C. 法院调解以《民事诉讼法》为依据，具有程序上的要求，诉讼和解没有严格的程序要求

D. 经过法院调解达成的调解协议生效后如有给付内容则具有强制执行力，经过诉讼和解达成的和解协议即使有给付内容也不具有强制执行力

三、简答题

1. 试述解决经济纠纷的方式。

2. 简述仲裁协议的内容和效力。

3. 简述起诉的条件和上诉的条件的不同。

四、案例分析题

甲、乙是战友关系。甲住A市C区，乙住A市B区。2008年8月31日，甲向乙借款人民币20万元，书面约定以乙的名义购买“时风”牌挖土机一辆，乙只协助甲办理年检、纳税等义务，获取几百元人民币劳务费。由于乙要求甲提供担保，甲找来同住A市C区的朋友丁作担保。甲、丁与乙签订借款合同，约定如下：甲于2008年8月31日向乙借款人民币20万元，到2010年12月1日还清，由丁承担一般保证责任。购车后，甲以该车从事挖土工作，夜晚常寄放于位于A市D区丙的停车场，丙住在E市F区。2009年1月13日中午，甲又将车寄存于丙处，当晚挖土机被盗。次日，丙和甲一起向派出所报案，派出所立案侦查未果。甲多次要求丙赔偿，因丙拒绝，甲遂聘请律师，由登记车主乙做原告向人民法院起诉，请求判决丙承担因保管不善的违约责任。

请回答下列问题：

(1)本案中谁应是原告，为什么？

(2)本案可由哪个法院管辖？

(3)甲由于车辆被盗，在2010年1月仍未偿还乙的钱，若乙就借款纠纷向法院起诉，可否单独将甲或丁作为被告，为什么？

参考文献

[1] 李昌麒.经济法学.北京:法律出版社,2007.
[2] 漆多俊.经济法基础理论.武汉:武汉大学出版社,2004.
[3] 漆多俊.经济法学.北京:高等教育出版社,2007.
[4] 刘文华.中国经济法基础理论.北京:学苑出版社,2002.
[5] 史际春.经济法.北京:中国人民大学出版社,2005.
[6] 杨紫烜.经济法.北京:北京大学出版社,2008.
[7] 范健,王建文.公司法.北京:法律出版社,2011.
[8] 王利明.民法.北京:中国人民大学出版社,2010.
[9] 谢怀栻.票据法概论.北京:法律出版社,1990.
[10] 李永军等.破产法.北京:中国政法大学出版社,2009.
[11] 梁慧星,陈华彬.物权法.北京:法律出版社,2010.
[12] 王利明等.合同法.北京:中国人民大学出版社,2009.
[13] 王兴运,郑艳馨.竞争法学.北京:中国政法大学出版社,2010.
[14] 潘静成等.中国经济法教程.北京:中国人民大学出版社,1995.
[15] 唐德华,高圣平.房地产法及配套规定新释新解(上册).北京:人民法院出版社,2005.
[16] 房绍坤.用益物权基本问题研究.北京:北京大学出版社,2006.
[17] 李延荣,周珂.房地产法.北京:中国人民大学出版社,2008.
[18] 赵立新.经济法.北京:中国政法大学出版社,2010.
[19] 樊启荣.经济法.武汉:武汉大学出版社,2008.